Alexander Strauch

Das Zoologische Museum der Kaiserlichen Akademie der Wissenschaften zu St. Petersburg

Alexander Strauch

Das Zoologische Museum der Kaiserlichen Akademie der Wissenschaften zu St. Petersburg

ISBN/EAN: 9783743644496

Hergestellt in Europa, USA, Kanada, Australien, Japan

Cover: Foto ©ninafisch / pixelio.de

Weitere Bücher finden Sie auf **www.hansebooks.com**

DAS ZOOLOGISCHE MUSEUM

DER

KAISERLICHEN AKADEMIE DER WISSENSCHAFTEN

ZU S^{T.} PETERSBURG

IN SEINEM FÜNFZIGJÄHRIGEN BESTEHEN.

BERICHT ÜBER DIE ENTSTEHUNG, VERGRÖSSERUNG UND DEN
GEGENWÄRTIGEN ZUSTAND DESSELBEN

von

Dr. Alexander Strauch,

Director des Museums.

Der Akademie vorgelegt am 23. November 1882.

(Mit 3 xylographischen Plänen.)

S^{T.} PETERSBURG, 1889.

Commissionäre der Kaiserlichen Akademie der Wissenschaften:

in St. Petersburg:	In Riga:	In Leipzig:
Eggers & Co und J. Glasunow.	N. Kymmel.	Voss' Sortiment (G. Haessel).

Preis: 2 Rbl. 40 Kop. = 6 Mark.

Gedruckt auf Verfügung der Kaiserlichen Akademie der Wissenschaften.
Mai 1889.

C. Vesselofski, beständiger Secretär.

Buchdruckerei der Kaiserlichen Akademie der Wissenschaften.
Wass. Ostr., 9 Lin., № 12.

INHALTSVERZEICHNISS.

Vorwort 1
Dr. Johann Friedrich Brandt, der Begründer und erste Director des Museums 5
Das zoologische Museum der Kaiserlichen Akademie der Wissenschaften 29
   I. Die Räumlichkeiten des Museums 29
   II. Die Geldmittel des Museums 37
   III. Das Arbeitspersonal des Museums 43
   IV. Die Sammlungen des Museums 59
      Bereicherung der Sammlungen durch Ankauf 60
      Bereicherung der Sammlungen durch Tausch 63
      Bereicherung der Sammlungen durch die von der Akademie ausgerüsteten Expeditionen 65
      Bereicherung der Sammlungen durch Geschenke 69
      Liste der Geschenke für die ersten 50 Jahre (1832—82) 71
      Ueber die Präparation, Conservation und Aufstellung der Sammlung 102
      Ueber die Etiquettirung der Sammlung 104
      Ueber die Cataloge der Sammlung 114
      A. Die zoologische Abtheilung 126
         1. Die Sammlung der Säugethiere 145
            a. Die ausgestopften Säugethiere 158
            b. Die Säugethierbälge 163
            c. Die in Spiritus conservirten Säugethiere 169
         2. Die ornithologische Sammlung 172
            a. Die Vögel 173
            b. Die Eier und Nester 189
         3. Die herpetologische Sammlung 192
         4. Die ichthyologische Sammlung 205

5. Die Sammlung der Crustaceen, Myriopoden und Arachniden	222
a. Crustaceen	222
b. Myriopoden	229
c. Arachniden	232
6. Die malacozoologische Sammlung	233
7. Die Sammlung der Würmer	251
8. Die Sammlung der Echinodermen	255
9. Die Sammlung der Coelenteraten	260
a. Anthozoa	261
b. Hydromedusae	265
c. Spongiae	266
B. Die entomologische Abtheilung	270
C. Die osteologische Abtheilung	306
V. Die Bibliothek des Museums	338
VI. Bedeutung, Zweck und Nutzen des Museums	347
a. Bedeutung	347
b. Zweck	349
c. Nutzen	354
Schlusswort	363

In der Sitzung unserer Akademie vom 4ten Juli 1832 zeigte der Akademiker J. Fr. Brandt der Conferenz an, dass in den 3 ersten Sälen des neugegründeten zoologischen Museums die Sammlungen fertig aufgestellt seien, und forderte den Herrn Präsidenten und die Collegen auf, das neue Institut in Augenschein zu nehmen. Ob dieser Aufforderung Folge geleistet worden, oder nicht, ist aus den Protocollen nicht zu ersehen, jedenfalls muss aber der 4te Juli 1832 als der Stiftungstag des heutigen zoologischen Museums angesehen werden. Dieser Tag fällt aber gegenwärtig gerade in die Sommerferien der Akademie und überhaupt in eine Jahreszeit, wo so ziemlich Alles, was wir an Intelligenz besitzen, die Stadt zu verlassen und in der Umgegend oder auch in entfernteren Gegenden des Reichs und im Auslande Erholung zu suchen pflegt, so dass also schon aus diesem Grunde von einer etwa zu veranstaltenden Feier des Stiftungstages Abstand genommen werden musste. Nichts desto weniger bleibt der 4te Juli dieses Jahres, wo das Museum die ersten 50 Jahre seines Bestehens vollendet hat, für die Anstalt ein bedeutungsvoller Tag, und es dürfte in Anbetracht der Wichtigkeit, welche das Museum in wissenschaftlicher Beziehung als einzige derartige Anstalt des Reichs besitzt, so wie bei der Popularität, deren es sich im hiesigen Publicum erfreut, nicht ohne Interesse sein, einen Rückblick auf die verflossene Zeit zu werfen und Näheres über die Entstehung, die allmähliche Erweiterung und Bereicherung, so wie auch über den gegenwärtigen Zustand des Instituts zu erfahren.

J. Fr. Brandt, der Gründer und langjährige Leiter des Museums, hat zwar besonders in den ersten Jahren seiner Verwaltung fast alljährlich kurze Berichte über den Stand der Sammlungen im akademischen Bulletin veröffentlicht und im Jahre 1864 auch eine kurze Geschichte sowohl der alten Kunstkammer, aus welcher bekanntlich alle akademischen Museen hervorgegangen sind, als auch des Museums selbst geschrieben, jedoch ist diese letztere Schrift zu einer Zeit abgefasst, wo nur ein verhältnissmässig kleiner Theil aller vorhandenen Objecte geordnet und aufgestellt war, während ganze grosse Abtheilungen, wie z. B. die kaltblütigen Wirbelthiere entweder noch gar nicht, oder doch eben erst in Angriff genommen waren. Seitdem hat das Museum theils durch Vergrösserung seiner Räumlichkeiten und Geldmittel, hauptsächlich aber durch Vermehrung seines Arbeitspersonals einen sehr beträchtlichen Aufschwung genommen und die Zahl der geordneten und aufgestellten Objecte hat sich mehr als verdreifacht, denn während Brandt im Jahre 1864 z. B. die Zahl sämmtlicher aufgestellten Wirbelthiere auf 9067 Exemplare (1060 Säugethiere, 5675 Vögel, 810 Reptilien und Amphibien und 1522 Fische) angiebt, beträgt gegenwärtig allein die Zahl der aufgestellten und determinirten Fische mehr als 12000 Exemplare und die Gesammtzahl aller aufgestellten Exemplare von Wirbelthieren ist fast auf 30.000 gestiegen.

Brandt's ebenerwähnter Bericht vom Jahre 1864 enthält ausser einer kurzen Geschichte der alten Kunstkammer, auch Angaben über die Entstehung, Vergrösserung und den damaligen Zustand des Museums, so wie über die in demselben ausgeführten wissenschaftlichen Arbeiten; dabei hat Brandt das Hauptgewicht aber gerade auf diese letzteren gelegt und über die Sammlungen selbst, die, was Ordnung anbetrifft, aus leicht begreiflichen Gründen noch sehr zurück waren, nur ganz oberflächlich berichtet. Meiner Ansicht nach bilden aber in einem Museum gerade die Sammlungen die Hauptsache und müssen bei einem Bericht über das Museum in erster Linie berücksichtigt werden. Meine Absicht geht daher vor Allem dahin, in den nachfolgenden Blättern zu zeigen, einerseits, wie der Bestand der Sammlungen bei Gründung des Museums war, wie sie im Laufe der

Zeit gewachsen sind und in welchem Zustande sie sich am 4ten Juli dieses Jahres befunden haben; andererseits, was und wie viel in den 50 verflossenen Jahren für ihre Determinirung, Catalogisirung und überhaupt dafür geschehen ist, um das Museum in diejenige Ordnung zu bringen, die von einer derartigen wissenschaftlichen Anstalt gefordert werden muss und ohne welche sie entweder gar keinen, oder doch nur einen sehr beschränkten Nutzen bringen würde. Zu diesem Zwecke habe ich die Sitzungsprotocolle der Akademie für die letzten 60 Jahre genau durchgesehen und aus denselben Alles notirt, was irgendwie auf das Museum Bezug hatte; die so entstandenen Notizen sind alsdann nebst den Daten über den gegenwärtigen Bestand der Sammlungen zu dem vorliegenden Berichte verarbeitet worden.

Der Bericht zerfällt in 6 besondere Capitel, denen ich, gleichsam als Einleitung, eine Biographie Brandt's, des Gründers und ersten Directors der Anstalt vorausgeschickt habe. Im 1ten der 6 Capitel werden die Räumlichkeiten des Museums besprochen und sind demselben zum besseren Verständniss 2 Pläne des Museumsgebäudes beigelegt, die ich der ausserordentlichen Freundlichkeit des Herrn Fr. von Boltenhagen, Architecten der Akademie, verdanke. Das 2te Capitel handelt über die Geldmittel des Museums, das 3te über das Arbeitspersonal, das zum grossen Vortheil der Anstalt ein sehr beständiges gewesen ist und im Laufe der 50 Jahre verhältnissmässig sehr wenig Veränderungen, in den letzten Jahren aber eine beträchtliche Vermehrung erfahren hat. Das 4te Capitel ist den Sammlungen gewidmet und selbstverständlich auch am umfangreichsten ausgefallen, da es das wichtigste ist und, so zu sagen, den Kern des ganzen Berichts bildet. Bei der Reichhaltigkeit des zu behandelnden Stoffes musste schon der besseren Uebersicht wegen eine weitere Theilung des Capitels vorgenommen werden, und so bespreche ich denn zuerst die Vergrösserung der Sammlung, die auf 4-fache Weise vor sich gegangen ist, nämlich durch Ankauf, durch Tausch, durch die von der Akademie ausgerüsteten wissenschaftlichen Reisen und Expeditionen und durch Geschenke, und habe auch eine aus den Protocollen der Akademie ausgezogene, chronologisch geordnete Liste aller dem Museum im Laufe seines

50-jährigen Bestehens zugegangenen Geschenke beigelegt. Darauf folgen Bemerkungen über die Präparation und Conservation der Objecte, über die Etiquettirung derselben und über die Cataloge der Sammlung. Nach diesen gewissermaassen einleitenden Bemerkungen gehe ich zur Besprechung der 3 Abtheilungen über, in welche das Museum gegenwärtig zerfällt, nämlich der zoologischen, der entomologischen und der osteologischen, die vollkommen unabhängig von einander und auch räumlich getrennt, d. h. in 3 verschiedenen Etagen des Gebäudes untergebracht sind. Bei Besprechung der zoologischen Abtheilung, der umfangreichsten und zugleich der einzigen, die dem grossen Publicum geöffnet ist, habe ich die verschiedenen Classen der Wirbelthiere einzeln behandelt, bei den Wirbellosen dagegen, die bei uns theils sehr schwach vertreten, theils noch nicht in Ordnung gebracht sind, glaubte ich mich kürzer fassen zu können und habe die zu einem Thierkreise gehörenden Classen zusammen besprochen. Das 5te Capitel behandelt unsere Specialbibliothek, das wichtigste Hülfsmittel bei allen unseren Arbeiten, und das 6te endlich, das den Schluss bildet, enthält einige Betrachtungen über die Bedeutung, welche das Museum gegenwärtig hat, über den Zweck, der bei demselben hauptsächlich verfolgt wird, und endlich über den Nutzen, den es bisher gebracht und der von ihm für die Zukunft noch zu erwarten steht.

Vielleicht ist mein Bericht etwas zu umständlich ausgefallen, ich glaubte mich aber nicht kürzer fassen zu können, da mein Bestreben hauptsächlich dahin ging, den Zustand, in welchem sich die Sammlungen gegenwärtig befinden, möglichst genau darzustellen und zugleich auf einzelne Mängel, an welchen das Museum leidet, aufmerksam zu machen. In jedem Falle wird der vorliegende Bericht dem Leser die Möglichkeit geben, sich ein Urtheil darüber zu bilden, ob und in wie weit das zoologische Museum der Akademie den Anforderungen entspricht, welche man heutzutage an eine derartige Anstalt zu stellen berechtigt ist.

Dr. Johann Friedrich Brandt, der Begründer und erste Director des zoologischen Museums.

Im Sommer des Jahres 1879 hat unsere Akademie einen schweren Verlust erlitten in der Person ihres ältesten ordentlichen Mitgliedes, des Geheimraths Dr. Johann Friedrich Brandt, der am 3. (15.) Juli in Mercküll bei Narva, wo er seinen Sommeraufenthalt genommen hatte, nach kurzen, aber schweren Leiden verschied. Mir als dem directen Amtsnachfolger des Verewigten wurde der ehrenvolle Auftrag, eine Biographie desselben zu verfassen, und ich habe diesen Auftrag um so bereitwilliger übernommen, als ich den Verstorbenen über dreissig Jahre hindurch gekannt habe und die letzten achtzehn Jahre seines Lebens fast täglich mit ihm zusammengewesen bin. Bei dem beständigen, stets freundschaftlichen Verkehr hat mir der Seelige denn auch Mancherlei aus seinem früheren Leben, namentlich aus der Zeit, wo er seine Thätigkeit an unserer Akademie begann, mitgetheilt, und ausserdem existirt auch eine kurze, aber ziemlich eingehende Autobiographie Brandt's[1], welcher ich hauptsächlich die Daten über seine Jugend entnommen habe. Ferner bin ich der sehr zeitraubenden Mühe des Zusammensuchens der so überaus zahlreichen Abhandlungen

---

[1] Ratzeburg. Forstwissenschaftliches Schriftsteller-Lexicon. p. 72—76.

Brandt's ganz überhoben gewesen, da bekanntlich unser nunmehr leider gleichfalls verstorbener College A. Schiefner bei Gelegenheit der Feier des fünfzigjährigen Doctorjubiläums Brandt's letzterem als Gratulationsschrift von Seiten der akademischen Bibliothek ein vollständiges Verzeichniss von dessen sämmtlichen Werken überreicht hat. Endlich hat Brandt selbst seine wissenschaftliche Thätigkeit mit einem Ueberblick über die Leistungen, welche die Zoologie den Schriften unserer Akademie vom Jahre 1831 bis zum Jahre 1879 verdankt, beschlossen und in dieser Arbeit gleichfalls seine sämmtlichen Abhandlungen und Aufsätze aufgeführt.

Johann Friedrich Brandt wurde am 13. (25.) Mai 1802 zu Jüterbog als der älteste Sohn des dortigen praktischen Arztes Friedrich Brandt geboren und erhielt seine erste Erziehung im elterlichen Hause, so wie im Gymnasium seiner Vaterstadt; an diesem Institut wirkte damals ein Grossonkel Brandt's, mit Namen Heinsius, ein grosser Freund der Pflanzenzucht und Pflanzenkunde, der seine Liebhaberei auf den Knaben übertrug und so den ersten Keim zum künftigen Naturforscher weckte. Da Brandt von seinem Vater für den ärztlichen Beruf bestimmt war und die damaligen Anstalten Jüterbogs für eine gründliche humanistische Bildung nicht ausreichend gewesen sein mochten, wurde der Knabe auf einige Jahre in das Lyceum zu Wittenberg abgegeben, wo er unter Leitung dreier sehr bewährten Philologen eine gründliche classische Bildung erhielt und im Jahre 1821 mit dem Maturitätszeugniss die Universität zu Berlin bezog, um sich dem Studium der Medicin zu widmen.

Von dem damaligen Rector, dem bekannten Zoologen Lichtenstein, immatriculirt, besuchte Brandt hier ausser den Vorlesungen bei der medicinischen Facultät auch verschiedene bei der philosophischen, und namentlich war es die Pflanzenkunde, welche er mit besonderer Vorliebe betrieb. Er botanisirte fleissig in der Umgegend Berlins, unternahm noch im Jahre 1821 eine Ferienreise in den Harz, speciell um seine botanischen und mineralogischen Kenntnisse zu erweitern, und besuchte im folgenden Jahre das Riesengebirge, wozu er sich die Mittel durch Lösung einer von der medicinischen Facultät gestellten Preisaufgabe über den Athmuugsprocess verschafft hatte. Aber auch Zoologie und vergleichende Anatomie zogen ihn mächtig an; er nahm an den von dem geistreichen Lichtenstein im zoologischen Museum angestellten Demonstrationen Theil und beschäftigte sich einige Zeit hindurch im anatomischen Museum bei dem berühmten Rudolphi, für dessen Vorlesungen und Sammlungen er Präparate anfertigte. Diese anatomischen Studien sind denn auch von der grössten Bedeutung für ihn gewesen, und zwar nicht bloss in so fern, als er sich dadurch die später für ihn so wichtige Protection Rudolphi's erwarb, sondern hauptsächlich in so fern, als sie seine ganze wissenschaftliche Richtung auf das Entschiedenste beeinflusst haben, denn Brandt's wichtigste und berühmteste Arbeiten sind vergleichend-anatomischen oder osteologischen Inhalts und besonders in der letzteren Disciplin besass er wahrhaft staunenswerthe Kenntnisse und entwickelte bei Deutung fossiler Knochen und Knochenfragmente einen seltenen Scharfblick. Ungeachtet dieser zoologischen und zootomischen Arbeiten wurde aber die Botanik keineswegs vernachlässigt, denn bereits im Jahre 1825 gab er noch als Student sein erstes wissenschaftliches Opus, eine für Excursionen bestimmte Flora berolinensis, heraus. Dagegen scheinen diese vielen und verschiedenartigen Nebenbeschäftigungen wohl etwas auf Kosten des eigentlichen Brodstudiums betrieben worden zu sein, wenigstens musste Brandt zu dem damals für Mediciner geltenden Triennium noch anderthalb Jahre zugeben, während welcher er hauptsächlich dem Studium der praktisch-medicinischen Fächer oblag und am 12. (24.) Januar des Jahres 1826 nach absolvirtem Gradualexamen und nach Vertheidigung seiner Inauguraldissertation «Observationes anatomicae de mammalium quorundam vocis instrumento» zum Doctor der Medicin promovirt wurde.

Noch in demselben Jahre beendigte er die Staatsprüfungen und trat bei dem berühmten Heim als Assistent ein, verliess diese Stelle aber bereits nach neun Monaten, da ihm die medicinische Praxis nicht zusagte, und nahm eine Anstellung als Gehülfe am anatomischen Museum mit einem Gehalte von zehn Thalern monatlich an. Eine derartige Anstellung entsprach natürlich selbst den allerbescheidensten Ansprüchen an das Leben nicht, und obwohl Brandt sich sehr bald, nämlich im Jahre 1828, als Privatdocent an der Berliner Universität habilitirte und medicinische Botanik, vegetabilische Waarenkunde und Pharmacologie vortrug, so war er doch gezwungen, sich die zum Lebensunterhalt nöthigen Mittel hauptsächlich durch schriftstellerische Arbeiten zu erwerben. In diese Zeit fällt eine ganze Reihe der verschiedenartigsten Arbeiten, die alle zwar, so zu sagen, auf Bestellung geschrieben, aber durchweg mit der dem Verstorbenen eigenen und aus allen seinen Werken hervorleuchtenden Sachkenntniss, Gründlichkeit und Genauigkeit verfasst sind. So schrieb er den Text zum ersten Hefte der von Prof. Bürde nach der Natur gezeichneten und lithographirten merkwürdigen Säugethiere, gab gemeinschaftlich mit seinen Freunden und Studiengenossen Dr. Phoebus und Dr. Ratzeburg die wildwachsenden Giftgewächse Deutschlands heraus, betheiligte sich an der Fortsetzung von Hayne's Arzneigewächsen und veröffentlichte eine Uebersicht über die officinellen Pflanzen und Thiere; ferner schrieb er für die damals von den Professoren der medicinischen Facultät zu Berlin herausgegebene medicinische Encyclopaedie eine Reihe von Artikeln für die Buchstaben B und C und endlich unternahm er zu jener Zeit auch die Herausgabe der medicinischen Zoologie, an welcher er in Verbindung mit Ratzeburg arbeitete und welche bekanntlich seinen Ruhm begründet hat.

Diese medicinische Zoologie, die auf Subscription, aber zugleich mit Unterstützung des k. preussischen Kultus-Ministeriums herausgegeben und erst im Jahre 1833, also bereits nach Brandt's Eintritt in unsere Akademie, beendet wurde, besteht, wie bekannt, aus einer Reihe von Monographien einzelner Thier-Arten oder Gattungen, die nur in so fern im Zusammenhange mit einander stehen, als sämmtliche behandelten Arten oder Gattungen in irgend einer Weise in der Medicin in Betracht kommen. Jede der abgehandelten Thierformen ist nicht bloss in systematischer und anatomischer Beziehung eingehend erläutert, sondern auch die geographische Verbreitung derselben ist so genau, als es damals überhaupt möglich war, dargestellt und ausserdem findet sich neben sehr eingehenden Betrachtungen über die Verwerthung in der Medicin gewöhnlich auch ein Ueberblick über die Geschichte der Art, wobei die Schriften der alten Griechen und Römer ganz besonders berücksichtigt sind, genug, die einzelnen Monographien sind, was Form und Inhalt anbetrifft, wahre Muster und haben auch bis heute nichts an Werth eingebüsst, obwohl seit Beginn des Werkes mehr als ein halbes Jahrhundert verflossen ist, in welchem die Zoologie grossartige Fortschritte gemacht und ein gänzlich anderes Aussehen erhalten hat, als sie damals besass, wo Brandt und Ratzeburg ihre Artikel schrieben.

Derartige Arbeiten konnten natürlich nicht unbemerkt bleiben, namentlich zu einer Zeit, wo die Vielschreiberei noch nicht so im Gange war, wie heutzutage, und so erhielt denn Brandt von drei Seiten Anträge wegen eines an einer deutschen Universität einzunehmenden Lehrstuhles; da sich jedoch die darauf bezüglichen Verhandlungen sämmtlich zerschlugen, so folgte Brandt einem Rufe an unsere Akademie, welche ihn auf Empfehlung Alexander von Humboldt's und Rudolphi's am 15. (27.) December 1830 zum Adjuncten und Director des zoologischen Museums gewählt hatte. Da Brandt jedoch gerade zu jener Zeit mit den Arbeiten zum zweiten Bande der medicinischen Zoologie beschäftigt war und dieselben füglich nicht unterbrechen konnte, so verzögerte sich seine Abreise von Berlin, wo er inzwischen zum ausserordentlichen Professor ernannt worden war, mit Genehmigung unserer Akademie noch um einige Monate und er traf erst im August des Jahres 1831 hier in Petersburg ein.

Brandt's Eintritt in unsere Akademie bezeichnet den Beginn einer neuen glänzenden Epoche für die Zoologie in Russland und er hat durch seine Leistungen nicht wenig zum Glanze derselben beigetragen. Seine Thätigkeit hieselbst, die nahezu ein halbes Jahrhundert gedauert hat, war von Beginn an eine doppelte, nämlich einerseits eine wissenschaftlich-literarische und andererseits eine wissenschaftlich-administrative, welche letztere in der ihm übertragenen Reorganisation oder, richtiger gesagt, in der Neubegründung unseres zoologischen Museums bestand.

Hinsichtlich der wissenschaftlich-literärischen Thätigkeit Brandt's kann ich mich ziemlich kurz fassen, sind doch die zahlreichen Arbeiten des Verstorbenen längst Gemeingut der Wissenschaft und haben längst die gebührende Würdigung erfahren, dagegen ist seine Thätigkeit als Gründer unseres zoologischen Museums nur wenig bekannt, geschweige denn gewürdigt und doch ist das Resultat dieser Thätigkeit nicht bloss für die Akademie, sondern für das ganze Reich ein so wichtiges und fruchtbringendes, dass man es wohl natürlich finden wird, wenn ich etwas specieller darauf eingehe, zumal schwerlich ein anderer diese Leistung des Verstorbenen besser zu beurtheilen und gerechter zu würdigen im Stande sein würde, als ich, sein Nachfolger und langjähriger Mitarbeiter.

Seine literärische Thätigkeit an unserer Akademie begann Brandt mit einer kurzen Uebersicht über die Leistungen, welche die Zoologie bis zum Jahre 1831 den Schriften unserer Akademie verdankt, und sonderbarer Weise sollte eine ganz ähnliche Arbeit, welche die Epoche von 1831 bis 1879, d. h. die Zeit, während welcher er selbst hier thätig war, umfasst, die letzte seiner Arbeiten sein. An Material, das einer wissenschaftlichen Verwerthung harrte, fand Brandt hier ziemlich viel vor, denn ausser den Objecten der alten Kunstkammer, unter denen allerdings nur einige wenige, wie z. B. das Mammuthskelet und die Reste des *Rhinoceros tichorhinus*, ein besonderes Interesse darboten, waren kurz vor seinem Eintritt in die Akademie mehrere reiche Sammlungen exotischer Naturalien durch Dr. Jaeger, durch den Akademiker Langsdorff und besonders durch den Adjuncten Mertens eingesandt oder mitgebracht worden. Ausserdem fand er in den Vorrathskammern und auf den Böden der alten Kunstkammer noch eine Menge von Mammuthresten, so wie die berühmte Kauplatte der Steller'schen Seekuh, ein Unicum, das er bekanntlich in seiner Abhandlung über den Zahnbau der *Rhytina Stelleri* sehr eingehend beschrieben hat. Die Mammuthreste gaben ihm Veranlassung zu einer vorläufigen Notiz über die Existenz von nicht weniger als sechs Arten vorweltlicher Elephanten, welche im Zahnbau mit dem asiatischen übereinstimmen, und obwohl er diese seine Ansicht in Oken's Isis gegen die Angriffe eines Anonymus sehr entschieden vertheidigt hatte, scheint er im Laufe der Jahre doch selbst zur Ueberzeugung gelangt zu sein, dass diese vermeintlichen sechs Arten theils auf individuellen, theils auf sexuellen und Altersverschiedenheiten beruhten, wenigstens erwähnt er ihrer später nicht mehr. Ueberhaupt hat ihn das Mammuth sehr viel beschäftigt und er hat auch zu verschiedenen Zeiten mehrere kleinere Artikel über dasselbe veröffentlicht, die Hauptarbeit aber, eine vollständige vergleichende Osteographie desselben, ist unedirt geblieben, und zwar ausschliesslich desshalb, weil es dem Verstorbenen nicht gelungen war, sich ein Skelet oder wenigstens den Schädel eines afrikanischen Elephanten zu verschaffen, und er sich bei seiner Gründlichkeit und Genauigkeit nicht begnügen wollte, das in Rede stehende Thier nur mit der nächstverwandten Art, dem asiatischen Elephanten, verglichen zu haben.

Erfolgreicher waren seine Studien am fossilen Nashorn, der zweiten Rarität der alten Kunstkammer; von diesem Thiere fand er neben mehreren Schädeln auch die bereits von Pallas beschriebenen Reste, den Kopf und zwei Füsse, eines am Wilui entdeckten Exemplars, an welchen die Haut nebst den Weichtheilen zum Theil noch vollkommen erhalten war, und hat diese Reste in einer capitalen Monographie beschrieben, welche sowohl in unseren Memoiren, als auch separat unter dem Titel: «De Rhinocerotis antiquitatis seu tichorhini seu Pallasii structura externa et osteologica observationes, e reliquiis, quae in Musees petropolitanis servantur, erutae» erschienen und von zahlreichen, z. Th. colorirten Tafeln begleitet ist.

Von den oben erwähnten exotischen Naturalien, welche kurz vor Brandt's Eintritt in die Akademie hier angelangt waren, nahm er zuerst eine kleine, aber höchst interessante Sammlung von Thieren vor, welche Dr. Jaeger aus Haïti eingesandt hatte, und beschrieb aus derselben ein überaus merkwürdiges Säugethier aus der Ordnung der Insectenfresser unter dem Namen *Solenodon paradoxus*, welches viele Jahre hindurch der einzige Repräsentant der Ordnung *Insectivora* auf den westindischen Inseln blieb und erst im Anfange der sechziger Jahre in dem von

Prof. Peters beschriebenen *Solenodon cubanus* einen Gattungs- und Vaterlandsgenossen erhielt. Alsdann beschäftigte den Verstorbenen eine grössere Abhandlung über die schwierige Ordnung der Nager, zu welcher das Material vom Akademiker Langsdorff, der bekanntlich längere Zeit hindurch den Posten eines russischen Consuls in Rio Janeiro bekleidet hat, eingesandt worden war, und er gab in derselben unter anderem auch sehr werthvolle Beiträge zur genaueren Kenntniss der eigenthümlichen kletternden Stachelschweine Süd-Amerika's.

Das reichste und interessanteste Material bot sich dem Verewigten aber entschieden in der Ausbeute des kurz vorher im Jahre 1830 verstorbenen Adjuncten Dr. Mertens dar, welcher nebst den Herren Baron Kittlitz und Postels an der Weltumsegelung auf dem «Seniavin» unter Commando unseres kürzlich verstorbenen hochverehrten Präsidenten, damaligen Capitains Friedrich von Lütke Theil genommen hatte. Diese Ausbeute bestand hauptsächlich aus Seethieren und hatte dadurch noch einen ganz besonderen Werth, dass von den meisten gesammelten oder beobachteten Thieren zugleich auch ganz vorzüglich ausgeführte und nach lebenden Exemplaren colorirte, theils durch Postels, theils durch Baron Kittlitz angefertigte Zeichnungen vorhanden waren. Ueber diese Ausbeute hat Brandt zwei grössere Abhandlungen veröffentlicht, von denen die erste eine Uebersicht über die während der Expedition gesammelten oder beobachteten Polypen, Discophoren, Siphonophoren und Echinodermen enthält, während er in der zweiten eine ausführliche Beschreibung der Schirmquallen, hauptsächlich nach den meisterhaften Zeichnungen von Postels gegeben hat. Aber auch die selten reiche ichthyologische Ausbeute dieser Expedition hat den Verstorbenen beschäftigt, denn auf den einzelnen Fischtafeln, welche der berühmte Cuvier bei Abfassung seiner Histoire naturelle des Poissons zu consultiren Gelegenheit gehabt hat, finden sich neben den Notizen von des letztern Hand auch Bemerkungen von Brandt, die dafür sprechen, dass der Verstorbene auch an eine Bearbeitung der Mertens'schen Fische gedacht und dieselbe wohl nur wegen Mangels an dem unumgänglich nöthigen Vergleichsmaterial aufgegeben hat.

Neben diesen Abhandlungen, welche Brandt alle in den ersten Jahren seines hiesigen Aufenthalts veröffentlicht oder doch begonnen hatte, beendigte er noch den zweiten Band der medicinischen Zoologie und beschäftigte sich ausserdem noch mit monographischen Arbeiten über die Asseln und über die Myriopoden, die er bereits in Berlin begonnen und zu welchen er dort sehr schöne Abbildungen hatte anfertigen lassen. Diese Monographien sind nun zwar niemals erschienen, doch hat er eine ganze Reihe kleiner Artikel über Systematik und Anatomie dieser beiden Thiergruppen publicirt, von welchen diejenigen über die Myriopoden im Jahre 1841 unter dem Titel: Recueil des Mémoires relatifs à l'ordre des Insectes Myriopodes als separates Buch edirt worden sind. Endlich schrieb er gleichfalls in jener Zeit seine Bemerkungen über die Wurzelcochenille und gab in Verbindung mit Erichson eine Monographie der Gattung *Meloë* heraus, die beiden einzigen unter seinen zahlreichen Arbeiten, welche sich speciell auf die Classe der eigentlichen Insecten beziehen.

Gleich nach seinem Eintritt in die Akademie hatte Brandt im Interesse des zoologischen Museums mit verschiedenen Personen im Innern des Reiches, namentlich in West-Sibirien und im Kaukasus, Verbindungen angeknüpft und sehr bald auch mehr oder weniger reiche Sendungen russischer Thiere zugeschickt erhalten, und eben so hatte er bei seiner Vorliebe für osteologische Studien von Anfang an für Anfertigung von Skeleten, namentlich aus den Classen der Säugethiere und Vögel Sorge getragen, so dass das neu eingerichtete zoologische Museum schon bald nach seiner Eröffnung ein recht hübsches Material zu wissenschaftlichen Studien in sich vereinigte.

Es begann daher bereits im Jahre 1836 die lange Reihe derjenigen grösseren oder kleineren Arbeiten Brandt's, welche ausschliesslich oder doch hauptsächlich über Thiere der russischen Fauna handeln und deren specielle Aufzählung ich mir um so eher ersparen kann, als eine solche, wie oben bemerkt, sowohl in Schiefner's Gratulationsschrift zu Brandt's Doctorjubiläum, als auch in Brandt's letzter Arbeit bereits gegeben ist. Theils enthalten diese Arbeiten Beschreibungen neuer oder wenig bekannter Thier-Arten oder ganzer Artencomplexe, theils behandeln sie die Anatomie einzelner Organe oder ganzer Systeme von Organen, theils endlich sind sie vergleichend-osteologischen oder zoogeographischen Inhalts. Mit besonderer Vorliebe scheint der Verstorbene, wohl noch von der medicinischen Zoologie her, diejenigen Thierformen untersucht zu haben, welche die stark riechenden, in der Medicin so hoch geschätzten Stoffe, den Moschus und das Castoreum, liefern, also das Moschusthier und den Biber, und im Anschluss an den letzteren auch unseren Wychuchol, *Myogale moschata*, namentlich hat ihn aber der Biber viel beschäftigt. Nicht genug, dass in seinen Beiträgen zur Kenntniss der Säugethiere Russlands von den acht Abhandlungen, aus welchen diese Arbeit besteht, vier fast ausschliesslich dem Biber gewidmet sind, hat er ausserdem noch an einer vollständigen Anatomie dieses Thieres gearbeitet, und als der verstorbene Leibarzt Dr. Rauch im Anfange der sechziger Jahre dem Museum einen in Salz conservirten vollständig erhaltenen Biber aus dem Minsk'schen Gouvernement schenkte, präparirte Brandt wochenlang an der Muskulatur dieses Stückes und liess auch eine Menge von Zeichnungen anfertigen; obwohl das Manuscript, das er beim Eintreffen dieses Bibers hervorholte, bereits von sehr ansehnlichem Umfange war und während der wochenlangen Arbeit noch beträchtlich wuchs, ist diese Abhandlung leider doch unveröffentlicht geblieben. Ferner interessirten ihn alle diejenigen Thierformen, deren systematische Stellung in Folge ihrer vom Gewöhnlichen abweichenden Organisation noch nicht sicher festgestellt war, wie z. B. *Anomalurus Peli*, *Chiromys madagascariensis* und besonders der ausgestorbene Dronte, *Didus ineptus*, und er hat ihnen, Dank seinen umfassenden Kenntnissen und seinem Scharfblick, immer denjenigen Platz angewiesen, der sich später bei genauerer und unter günstigern Verhältnissen angestellter Untersuchung als der richtige erwies. Alsdann hat er die gegenwärtige und z. Th. auch ehemalige Verbreitung mehrerer allgemein bekannter und weitverbreiteter Säugethiere, wie namentlich des Tigers, des Auerochsen, des Renthiers, des Elens, des Kaninchens auf das Eingehendste studirt und mit einem seltenen Aufwand von Gelehrsamkeit und

Literaturkenntniss dargestellt; dabei begnügte er sich aber keineswegs mit der in europäischen Sprachen vorhandenen Literatur von den ältesten bis auf die neueste Zeit, sondern suchte sich auch, wie z. B. beim Tiger, durch Vermittelung verschiedener Orientalisten, namentlich auch des leider zu früh verstorbenen Schiefner, Nachrichten aus orientalischen, ihm nicht zugänglichen Quellen zu verschaffen. Seine vergleichend-osteologischen Arbeiten endlich, die zu dem Besten, was in dieser Richtung überhaupt geleistet worden ist, gehören, beziehen sich sowohl auf lebende, als auch untergegangene Formen, bewegen sich aber ausschliesslich im Kreise der warmblütigen Wirbelthiere, also der Säugethiere und Vögel. Neben diesen beiden Thierklassen, den Crustaceen und den bereits oben erwähnten Myriopoden und Radiaten, beschäftigten ihn auch die Fische sehr viel, ja er unternahm selbst im Jahre 1867 eine wissenschaftliche Reise in den Kaukasus, hauptsächlich zu ichthyologischen Zwecken, nichts desto weniger hat er verhältnissmässig sehr wenig Ichthyologisches publicirt und von diesem Wenigen ist sogar die Hauptarbeit, eine Monographie der Stör-Arten, die er zu C. E. v. Baer's fünfzigjährigem Doctorjubiläum verfasst hatte, im Drucke unvollendet geblieben, da durch einen unglücklichen Zufall ein Theil des Manuscripts verloren gegangen war.

In den späteren Jahren seines Lebens hat Brandt sich fast ausschliesslich nur mit fossilen, subfossilen oder noch in historischer Zeit untergegangenen Säugethieren abgegeben, und unter den letzteren ist es namentlich die Steller'sche Seekuh, die ihn von Beginn seiner hiesigen Thätigkeit bis fast an sein Lebensende beschäftigt und über welche er ausser zahlreichen kleineren auch mehrere sehr umfangreiche und gründliche Abhandlungen veröffentlicht hat. Durch das Studium dieses merkwürdigen Säugethiers, dessen genauere Kenntniss die Wissenschaft ausschliesslich dem Verstorbenen zu danken hat, wurde er auf die Sirenien überhaupt und von diesen einerseits auf die Walthiere, andererseits auf die Dickhäuter geführt. Ueber die ersteren hat er neben kleineren Aufsätzen über *Cetotherium*, *Zeuglodon*, über fossile Zahn- und Bartenwale auch eine sehr eingehende und umfangreiche Abhandlung nebst Nachträgen über die fossilen und subfossilen Cetaceen Europa's veröffentlicht und zu derselben ausser den in russischen Sammlungen vorhandenen Materialien auch solche ausländischer Museen, namentlich derjenigen zu Wien, Linz und München, benutzt. Unter den Dickhäutern, die gegenwärtig bekanntlich in mehrere selbstständige Ordnungen eingetheilt werden, interessirten ihn hauptsächlich zwei Gruppen, die Elephanten und die Nashörner. Aus der ersten Gruppe ist es vor allen das Mammuth, so wie überhaupt die Gattung *Elephas*, welche ihn, wie schon oben bemerkt, sehr viel beschäftigt hat, alsdann schrieb er über die Gattung *Mastodon*, und zwar speciell über ein Exemplar, welches bei Nikolajew ausgegraben worden und zu dessen Bergung er im Jahre 1860 eine Reise in das Gouvernement Cherson und in die Krym unternommen hatte, und endlich hat er im Jahre 1869 auch eine Arbeit über das *Dinotherium* herausgegeben, in welcher er, gestützt auf ein sehr gründliches Studium der einschlagenden Literatur und auf Untersuchung einiger Gypsabgüsse, welche im hiesigen Berg-Institute aufbewahrt werden, sich definitiv der Ansicht anschliesst, dass dieses Thier als Elephant und nicht, wie Einige wollten, als sireniformes Walthier aufzufassen ist. Nicht weniger eingehend sind auch Brandt's Studien über die Gruppe der Nashörner, denn ausser seiner capitalen Arbeit über die am Wilui aufgefundenen Reste des *Rhinoceros antiquitatis* seu *tichorhinus*, deren bereits oben erwähnt worden ist, hat er noch eine Monographie aller tichorbinen Nashörner, eine Synopsis sämmtlicher Nashörner, der fossilen sowohl, als der lebenden, und endlich noch mehrere Arbeiten über die gleichfalls hierher gehörige Gattung *Elasmotherium* veröffentlicht.

Die letztgenannte merkwürdige Gattung, von welcher man bekanntlich lange Zeit hindurch nur Zähne und Unterkiefer kannte, interessirte den Seeligen schon allein desshalb, weil sie zu den anomalen Thierformen gehört, indem nämlich die Zähne auf ein equines Thier hinweisen, während die Unterkiefer ganz entschieden ein Nashorn erkennen lassen. Nachdem er schon früher über die Zähne geschrieben hatte, zog er im Jahre 1864 das Facit unserer Kenntnisse über diese Gattung in seiner Abhandlung «de Elasmotherii reliquiis» und sprach darin die Ansicht aus, dass ein im Pariser Museum vorhandenes, aus den Rheingegenden stammendes Hinterhauptsfragment, das unter dem Namen *Stereoceros* bekannt war, dem *Elasmotherium* angehört habe. Diese allerdings etwas kühne Behauptung, die, als sie ausgesprochen wurde, wohl bei manchem Fachgenossen und Sachkenner ein ungläubiges Kopfschütteln veranlasst haben mag, ist durch die Entdeckung des prachtvollen Schädels, den Hr. A. Knobloch im Jahre 1878 unserem Museum zum Geschenke dargebracht hat, auf das Glänzendste bestätigt worden und der Verstorbene hat die grosse Genugthuung gehabt, diesen Triumph seines ungewöhnlichen Scharfblickes noch zu erleben und der wissenschaftlichen Welt die Richtigkeit seiner ehemals ausgesprochenen Ansicht in einer gediegenen Abhandlung demonstriren zu können.

Brandt's letzte Publication ist, wie schon bemerkt, eine Uebersicht über die zoologischen Arbeiten in den Schriften unserer Akademie für den Zeitraum von 1831 bis 1879, die letzte Arbeit aber, die ihn beschäftigt hat, gehört in ein Gebiet, welches er früher vielfach cultivirt, aber längst verlassen hatte. In den letzten Jahren seines Lebens ging er nämlich viel mit dem Gedanken um, diejenigen seiner zahlreichen unvollendeten Abhandlungen, zu welchen die Tafeln fertig vorlagen, zu beendigen, und wählte unter denselben eine Abhandlung «Descriptiones et icones animalium Rossicorum novorum vel minus rite cognitorum. Aves. Fasciculus primus (Ordo Natatores, Familia Lamellosodentatae Illg. seu Lamellirostres)» aus, welche im Jahre 1836 als separates Werk edirt, aber nicht vollendet ist, sondern mitten im Satze abbricht. Im Januar 1879, als er noch mit dem Drucke seiner letzten Publication beschäftigt war, begann er mit der Umarbeitung der Gattung *Pelecanus*, von welcher in dem oben genannten Werke nur ein Theil abgedruckt war, und hat dieselbe auch zu Ende gebracht, die folgende Gattung *Carbo* dagegen, für welche er eine Menge Collectaneen sowohl über Systematik, als auch über Anatomie besass, hatte er kaum begonnen, als ihn der Tod hinwegraffte. Die Edition dieser eben genannten Abhandlung wird im Auftrage unserer Akademie besorgt werden, ob es aber möglich sein wird, noch andere von des Verstorbenen unvollendeten Arbeiten zu veröffentlichen, darüber lässt sich zur Zeit noch kein Urtheil abgeben.

Betrachtet man die lange Reihe der Arbeiten Brandt's, so muss man staunen nicht bloss über die Anzahl derselben, die weit über dreihundert beträgt, sondern namentlich auch über die Mannichfaltigkeit des behandelten Stoffes; abgesehen von seinen botanischen Schriften, hat er über Thiere aller Classen, mit alleiniger Ausnahme der Weichthiere, geschrieben und dieselben stets sowohl in systematischer, als auch in anatomischer Beziehung erläutert. Seine Untersuchungen über die Verwandtschaften zwischen den einzelnen Formen und seine Deutungen fossiler Knochen und Knochenfragmente sprechen für sein enormes Wissen und lassen einen seltenen Scharfblick erkennen; seine zoogeographischen Untersuchungen zeugen von seiner immensen Belesenheit und umfassenden Literaturkenntniss und seine linguistischen Studien über einzelne Thiernamen in den Schriften der Alten lehren, dass er auch im Gebiete der classischen Philologie kein Fremdling war. Alle seine Arbeiten aber, sie mögen handeln, worüber es auch sei, haben ein gemeinsames Merkmal, sie tragen nämlich sämmtlich den Stempel der Gründlichkeit und Genauigkeit. Der einzige Vorwurf, den man dem Verstorbenen machen könnte und den er sich gegen Ende seines Lebens auch selbst gemacht hat, wäre der, dass er zu Vieles und zu Verschiedenartiges unternommen und in Folge dessen seine Kräfte zersplittert hat, und diesem Umstande allein ist es auch beizumessen, dass er keine einzige Arbeit über eine grössere, in sich abgeschlossene Abtheilung der russischen Fauna veröffentlicht hat, obwohl sein ganzes Streben während seiner langjährigen Thätigkeit hierselbst stets auf die Erforschung der Fauna seines zweiten Vaterlandes gerichtet war. Nichts desto weniger hat er viel, sehr viel für unsere vaterländische Fauna gethan, und zwar nicht bloss durch seine zahlreichen, darauf bezüglichen Schriften, sondern namentlich auch durch die Gründung unseres zoologischen Museums, in welchem, Dank hauptsächlich seinen Bemühungen, das Material zu einer künftigen Fauna des Russischen Reichs in einer Reichhaltigkeit vertreten ist, wie nirgends anderswo. Wie viele Zeit, Mühe und Arbeit er diesem Institute, seiner Lieblingsschöpfung, geopfert hat, wird sich aus den nachfolgenden Zeilen ergeben.

Um die Zeit des 100-jährigen Jubiläums der Akademie, oder wenigstens bald nach dem Jahre 1826, fasste die Conferenz den Beschluss, die akademischen Sammlungen, welche nebst der Bibliothek bekanntlich in der sogenannten Kunstkammer aufgestellt und stark in Verkommenheit gerathen waren, zu reformiren und in einen den damaligen Anforderungen der Wissenschaft mehr entsprechenden Zustand zu bringen. Zu diesem Zweck wählte die Conferenz, da Pander im Jahre 1827 die Akademie verlassen hatte, und Langsdorff, der zweite Zoolog, sich seit Jahren im Auslande aufhielt, am 15. August 1828 den berühmten Königsberger Professor C. E. von Baer zum ordentlichen Akademiker, so wie zum Director des zu gründenden zoologischen Museums und theilte ihm den bald darauf gewählten Adjuncten Dr. Mertens, der am 30. Mai 1830 von der Botanik zur Zoologie übergegangen war, als Gehülfen zu. Hr. von Baer, der in Königsberg bereits ein zoologisches Museum gegründet hatte, war somit sicherlich die geeignetste Persönlichkeit, um den Beschluss der Conferenz in Bezug auf das zoologische Museum in Ausführung zu bringen, leider verliess er aber bereits im October 1830 die Akademie und übernahm seine Professur in Königsberg von Neuem. Da nun Mertens im September 1830 gestorben war und Langsdorff sich noch immer im Auslande befand, so hatte das Fach der Zoologie in der Akademie gar keinen Repräsentanten. Es musste also eine Neuwahl vorgenommen werden und da berief die Conferenz, wie schon bemerkt, auf specielle Empfehlung A. von Humboldt's und Rudolphi's den Verstorbenen zum Adjuncten und machte es ihm zur ausdrücklichen Bedingung, das zoologische Museum zu reorganisiren. Brandt folgte dem Rufe und hat die Erwartungen, welche die Conferenz an seine Berufung knüpfte, nicht nur gerechtfertigt, sondern weitaus übertroffen.

Er traf, wie schon angegeben, in der ersten Hälfte des August 1831 hier ein und bereits in der Sitzung vom 24. August erstattete er der Conferenz Bericht über den Zustand, in welchem er die zoologischen Sammlungen der Kunstkammer gefunden hatte, und kam ausserdem mit zwei Vorschlägen ein, die von der grössten Bedeutung für das neu zu gründende Museum gewesen sind. Durch den einen dieser Vorschläge erwirkte er von der Conferenz die Erlaubniss, alle Bücher rein zoologischen Inhalts aus der Bibliothek auszusondern und in den Arbeitsräumen des neuen Museums aufzustellen, und legte damit den Grund zu unserer Museumsbibliothek, welche gegenwärtig, Dank hauptsächlich seinen Bemühungen, nicht bloss die reichste und vollständigste im ganzen Reiche ist, sondern auch schwerlich von einer der überhaupt wenig zahlreichen ausländischen Museumsbibliotheken an Reichthum übertroffen werden dürfte. Sein zweiter Vorschlag bezog sich auf das Laboratorium des Museums und ging dahin, unter Leitung des Conservators Schrader, bekanntlich eines äusserst geschickten Ausstopfers, eine Schule für Taxidermie einzurichten und in derselben die sowohl für das Museum selbst, als auch für andere ähnliche Anstalten des Reichs erforderlichen Präparanten heranzubilden. Die Conferenz ging auch auf diesen Vorschlag ein und so wurden anfangs 3 und in der Folge noch eine ganze Reihe von Zöglingen des Kaiserlichen Erziehungshauses von Schrader in die Lehre genommen, und die besten und befähigtesten unter ihnen sind später theils als Präparanten an unserem Museum, theils als Conservatoren an einigen Universitätssammlungen angestellt worden.

Brandt's Bericht über den Zustand der zoologischen Sammlung in der alten Kunstkammer lautete nichts weniger als günstig: fast alle ältern ausgestopften Säugethiere und besonders Vögel waren durch Licht, Insectenfrass und Feuchtigkeit in einen so traurigen Zustand gerathen, dass es kaum der Mühe verlohnte, sie in das neue Museum aufzunehmen; von den Originalen zu den Arbeiten Pallas', Güldenstaedt's, Lepechin's und der übrigen Zoologen der früheren Zeit fand sich so gut wie gar nichts mehr vor und die wenigen noch vorhandenen, theils gänzlich verdorbenen, theils sehr schlecht präparirten Stücke waren nicht speciell bezeichnet, konnten also auch nicht mit absoluter Sicherheit für Originale erklärt werden. Nur die osteologischen Objecte, die übrigens vorherrschend aus Fossilien bestanden, hatten sich gut erhalten und eben so hatten auch die

Conchylien und Corallen wenig oder gar nicht gelitten; die Spirituspräparate dagegen, hauptsächlich aus Reptilien und Amphibien bestehend, waren durch die jahrelange Einwirkung des Lichtes vollkommen weiss geworden, hatten also gleichfalls wenig Werth und wurden in das neue Museum nur herübergenommen, um die leeren Räume zu füllen. Neben den wenigen brauchbaren Gegenständen aus der alten Zeit, besass die Kunstkammer aber auch mancherlei frischeres Material, das im Laufe der zwanziger Jahre eingetroffen und zum Theil noch gar nicht aufgestellt war. Dahin gehörten die zahlreichen Bälge brasilianischer Wirbelthiere, die Langsdorff eingesandt oder Ménétriés mitgebracht hatte, so wie die besonders an Fischen reiche Ausbeute, welche von Mertens während der Weltumsegelung auf dem «Seniavin» zusammengebracht worden war. Ferner eine von Baron Kittlitz geschenkte, gleichfalls während der Reise des «Seniavin» formirte Vogelsammlung, drei Kisten mit verschiedenen von Dr. Jaeger in Port-au-Prince gesammelten zoologischen Objecten und die Kastalsky'sche Sammlung von Conchylien und Corallen, die von der Weltumsegelung auf dem «Moller» stammte. Alsdann die ganze Ausbeute, welche Ménétriés und sein Gehülfe Wosnessensky aus dem Kaukasus mitgebracht hatten und welche besonders an Vögeln und Insecten reich war, und endlich noch die Hummel'sche Insectensammlung, verschiedene von den Marine-Aerzten Dr. Kyber und Dr. Siewald geschenkte Objecte, so wie diverse Gegenstände aus der Sammlung der Admiralität.

Es war mithin eine nicht ganz unbeträchtliche Menge von Rohmaterial vorhanden und Brandt machte sich denn auch, unterstützt von seinen beiden Conservatoren Ménétriés und Schrader und dem Lehrling Wosnessensky, unverzüglich daran, alle diese Gegenstände in das neue Museumslocal überzuführen, sie dort zu ordnen und aufzustellen. Mit welchem Eifer und Erfolg dabei gearbeitet worden ist, lässt sich schon aus dem Umstande entnehmen, dass Brandt bereits nach Verlauf von etwa 10 Monaten der Conferenz in der Sitzung vom 4. Juli 1832 berichten konnte, dass die Sammlungen in den 3 ersten Sälen des neuen Museums geordnet und fertig aufgestellt wären.

Um das Museum gehörig zu organisiren und die Beschäftigungen besser zu regeln, war eine Theilung der Arbeit unerlässlich und Brandt nahm dieselbe denn auch in der Weise vor, dass er dem Conservator Ménétriés ausschliesslich die Insectensammlung übergab, den Conservator Schrader mit der Leitung des technischen Laboratoriums und der Führung der Accessionscataloge betraute und ihm den Lehrling Wosnessensky als Gehülfen zutheilte, und selbst endlich ausser der Oberleitung des Ganzen auch die wissenschaftliche Determination aller Thiere, mit alleiniger Ausnahme der Insecten, so wie die Verwaltung der Museumsbibliothek übernahm. Vor Allem that eine genaue Determination der Objecte Noth, denn es musste doch erst ermittelt werden, was vorhanden war, ehe an eine Completirung der Sammlung gegangen werden konnte, und Brandt begann diese mühevolle und zeitraubende Arbeit, wie es scheint mit den Säugethieren, wenigstens hat er bereits am 26. November 1831 der Conferenz einen Catalog sowohl der ausgestopften, als auch der in Weingeist conservirten Mammalien und wenige Jahre später, am 17. Juni 1836 ein systematisches Verzeichniss aller Säugethiere des Museums, als ersten Theil eines Generalcatalogs der Sammlung, vorgelegt. Ferner hat er nicht weniger Zeit und Mühe auf die Determination der ornithologischen Sammlung verwandt und sich auch sehr eingehend mit den Fischen und einzelnen Classen der Wirbellosen, wie besonders den Crustaceen und Myriopoden, beschäftigt, alle diese letzteren aber wohl wegen Mangels an Zeit nicht im Museum aufgestellt, sondern bis auf Weiteres in der damaligen grossen Vorrathskammer, dem heutigen Entomologicum, so weit möglich, systematisch geordnet, untergebracht. Wie genau und gewissenhaft Brandt bei seinen Determinationen verfahren ist, darüber legen seine z. Th. noch heute vorhandenen Etiquetten das beste Zeugniss ab; nicht genug, dass bei den meisten Objecten neben dem Namen und den auf die Herkunft derselben bezüglichen Daten auch das genaue Citat der von ihm verglichenen Beschreibung auf der Etiquette notirt ist, hat er in sehr vielen Fällen noch kurze, in lateinischer Sprache geschriebene Bemerkungen hinzugefügt über Abweichungen, welche das betreffende Exemplar von der bezüglichen Beschreibung etwa darbot.

Neben diesen Arbeiten begann er schon gleich im Anfange seiner Thätigkeit für die Completirung der Sammlungen zu sorgen, und knüpfte zu diesem Zwecke sowohl im Auslande, als auch im Innern des Reichs zahlreiche Verbindungen an, die eine sehr ausgebreitete und zeitraubende Correspondenz im Gefolge hatten. Unter den inländischen Correspondenten sind namentlich zwei besonders hervorzuheben, mit denen er lange Jahre in Verbindung blieb und die wohl am meisten zur Bereicherung der Sammlung beigetragen haben, nämlich Hohenacker, Pastor in der Colonie Helenendorf bei Elisabethpol in Transkaukasien, und Dr. Gebler, Medicinalinspector des altaischen Bergwerksbezirkes in Barnaul. Von beiden, besonders aber von Dr. Gebler erhielt Brandt grosse Mengen von seltenen und interessanten Naturalien, von denen er dasjenige, was für das Museum nöthig war, behielt und den Rest mit grossem Vortheil in's Ausland, theils an Museen, theils an Naturalienhändler, vertauschte. Dieser lebhafte Tauschverkehr und die damit verknüpfte sehr weitläufige Correspondenz ist von Brandt fast 30 Jahre hindurch mit dem grössten Eifer und beträchtlichem Zeitaufwande unterhalten worden und hat sehr wesentlich zur Vergrösserung und Bereicherung des Museums beigetragen.

In den ersten zehn Jahren ging die Sache auch ganz gut, Brandt konnte die Arbeit, wenn auch mit Aufwendung aller Kräfte bewältigen und obgleich Manches noch unbestimmt bleiben musste, so war er doch im Grossen und Ganzen über den Bestand der Sammlungen vollkommen orientirt und konnte, was die Hauptsache ist, unter den bereits recht ansehnlichen Materialien auch Alles, was er etwa wünschte, mit Leichtigkeit finden. Bis dahin hatte es sich bei allen Acquisitionen doch immer nur um bestimmte, bald mehr, bald weniger zahlreiche Objecte gehandelt, mit den 40-ger Jahren aber begann das Material, besonders in Folge der von der Akademie zu jener Zeit ausgerüsteten Reisen und Expeditionen, in ungleich reicherem Maasse zuzufliessen und damit änderte sich denn auch die Sachlage sehr bedeutend.

Gleich im Beginn der 40-ger Jahre erhielt das Museum einen beträchtlichen Theil des Materials, welches Hr. von Baer auf seiner Reise nach Nowaja Semlja gesammelt hatte, wenige

Jahre darauf kehrte Hr. von Middendorff mit überaus reichen Sammlungen von seiner Reise nach dem Norden und Osten Sibiriens zurück und endlich hatten bereits im Jahre 1841 die zahlreichen Sendungen einzutreffen begonnen, welche die von Wosnessensky während seines 9-jährigen Aufenthalts in den russisch-amerikanischen Kolonien und an der Ostküste Asiens gesammelten Objecte enthielten. Dabei wurde die Vergrösserung des Museums durch Tausch und Ankauf natürlich ununterbrochen fortgesetzt und eben so floss auch Vieles an Geschenken ein, wie z. B. die reiche von Nordmann bearbeitete Demidoff'sche Sammlung und die nicht weniger reiche von Dr. Clot-Bey geschenkte Sammlung ägyptischer Thiere, so dass also die Vermehrung des Materials durchaus in keinem Verhältnisse zu dem vorhandenen Arbeitspersonal stand. Dazu kam noch, dass Schrader im August 1846 das Museum verliess und Brandt dadurch seinen wichtigsten Gehülfen verlor, denn Schrader hatte sich keineswegs bloss mit der Leitung des technischen Laboratoriums und mit der Führung der Accessionscataloge befasst, sondern, als sehr kenntnissreicher Ornitholog, auch an der Determination der Vögel, namentlich der europäischen einen sehr hervorragenden Antheil genommen. Obgleich nun Hr. von Middendorff den grössten Theil seiner Reiseausbeute selbst bearbeitete und ausserdem noch die Verwaltung der Conchyliensammlung übernahm, blieb nichts desto weniger noch so viel Arbeit übrig, dass die Kraft eines Einzelnen lange nicht hinreichte, um sie zu bewältigen. Namentlich verursachte die Determination von Wosnessensky's Sammlungen besonders viel Mühe, und zwar nicht bloss, weil die Menge derselben ganz unglaublich gross war, sondern auch weil sie z. Th. wenigstens aus Gegenden stammten, wo bis dahin so gut wie gar nicht gesammelt worden war, und mithin viel Neues und Interessantes enthielten.

Unter solchen Umständen blieb Brandt nichts weiter übrig, als nach Durchsicht der eintreffenden Sendungen das eine oder andere Object, das ihm speciell interessant oder wichtig erschien, zur genaueren Untersuchung oder auch nur zur Aufstellung in der Sammlung auszusuchen und den Rest, theils in Kisten, theils in Gläser verpackt, in die Vorrathskammer abzustellen. An eine selbst nur vorläufige Determination sämmtlicher Objecte war bei der Menge und Verschiedenartigkeit derselben und bei dem Mangel an dem dazu erforderlichen Arbeitspersonal nicht zu denken und in Folge dessen konnten natürlich auch keine Cataloge darüber angefertigt werden. So speicherte sich denn im Laufe der Jahre eine ganz colossale Menge von Rohmaterial in den Vorrathskammern auf und trotz aller von Seiten Brandt's auf das Museum verwandten Zeit und Mühe war ihm dasselbe schliesslich doch über den Kopf gewachsen und er hatte den Ueberblick über den Bestand der Sammlung fast vollständig verloren. Nichts desto weniger wusste er, dank seinem vortrefflichen Gedächtnisse, wenigstens hinsichtlich der warmblütigen Wirbelthiere doch immer noch Bescheid, ob eine betreffende Art in der Sammlung vertreten war oder nicht, nur war er nicht mehr im Stande, dieselbe, falls sie nicht im Museum ausgestellt war, in den zahllosen Kisten und Kasten ohne tage-, ja selbst wochenlanges Suchen und Kramen herauszufinden. Es ist daher der Vorwurf, der dem Verstorbenen wiederholt gemacht worden ist, dass er nämlich das akademische Museum als sein ausschliessliches Eigenthum ansehe und allen anderen die Benutzung desselben vorenthalte, nicht ganz gerecht. Zwar lässt es sich nicht leugnen, dass die Sammlung, namentlich das in den Vorrathskammern aufbewahrte Rohmaterial, wirklich schwer zugänglich war, nur ist die Schuld daran weniger Brandt zuzuschreiben, als vielmehr der mangelhaften Einrichtung des Museums, welches von vornherein ein unzulängliches Arbeitspersonal erhalten hatte. Brandt konnte unter solchen Umständen beim besten Willen die Sammlung nicht zugänglicher machen, und wenn ihn in dieser Beziehung ein Vorwurf treffen kann, so ist es der, dass er in der Conferenz nicht energisch genug auf einer Vermehrung des Arbeitspersonals bestanden hat. Uebrigens will ich die Möglichkeit keineswegs in Abrede stellen, dass der Verstorbene in jungen Jahren vielleicht wirklich die Idee gehabt hat, das ganze Material des Museums allein bewältigen und bearbeiten zu können, jedenfalls ist er aber später von dieser Idee zurückgekommen und den besten Beweis dafür liefert sein Verhältniss zu mir. Als ich mich nämlich im Jahre 1861 mit der

Bitte an ihn wandte, mich im Museum zu beschäftigen, übergab er mir mit der grössten Bereitwilligkeit das ganze herpetologische Material und verfolgte meine Thätigkeit mit dem lebhaftesten Interesse; dieses Interesse ging so weit, dass er mehrere Jahre hinter einander fast die ganze Etatsumme des Museums auf Vervollständigung und Aufstellung dieser Abtheilung verwandte und es mir dabei gewissermaassen zur Bedingung machte, das Material zu wissenschaftlichen Publicationen zu verwerthen.

Mit zunehmendem Alter mochte Brandt wohl allmählich die Ueberzeugung gewonnen haben, dass er allein nicht mehr im Stande sein würde, das sich beständig vergrössernde Museum zu dirigiren, und er begann daher bald, nachdem ich im Jahre 1867 zum Adjuncten der Akademie gewählt worden war, mich in allen Angelegenheiten, die das Museum betrafen, zu Rathe zu ziehen, machte keine Ankäufe, ohne vorher mit mir Rücksprache genommen zu haben, und überliess dieselben später ganz mir, indem er höchstens auf dies oder jenes Object hinwies, das er für besonders wünschenswerth hielt und welches denn auch natürlich angekauft wurde. In jedem Sommer, wo er entweder auf's Land zog oder in's Ausland reiste, übergab er mit Genehmigung der physico-mathematischen Classe die Direction des Museums mir und bestand später sogar darauf, dass alle das Museum betreffenden Vorstellungen an die Conferenz von uns beiden unterschrieben würden, kurz, er machte mich, so zu sagen, zum Mitdirector und liess auf diese Weise die Verwaltung der ganzen Anstalt allmählich vollständig in meine Hände übergehen. Mit dem Jahre 1875, wo der neue Museumsetat in Kraft trat und in Folge dessen die Zahl der Conservatoren von 2 auf 5 erhöht wurde, begann im Museum ein regeres Leben, und da die damit verbundene Unruhe, das beständige Hin- und Hergehen in den Arbeitszimmern den Seeligen stören mochte, zog er sich von da ab ganz in die osteologische Abtheilung und, als diese im Jahre 1878 umgebaut wurde, in seine Wohnung zurück und beschäftigte sich ausschliesslich mit wissenschaftlichen Arbeiten, die Verwaltung der Anstalt vollständig mir überlassend. So hat sich denn an unserem Museum der Wechsel im Directorat nicht bloss ganz allmählich, sondern auch ganz unmerklich vollzogen und Brandt ist mit der Ueberzeugung in's Grab gegangen, dass seine Lieblingsschöpfung, der er so unendlich viel Zeit und Mühe geopfert hat, auch nach seinem Tode ganz in seinem Geiste verwaltet und geleitet werden würde.

Zum Schluss noch einige Worte über des Verstorbenen persönliche Verhältnisse. Brandt war ein anspruchsloser, herzensguter, durch und durch braver und ehrlicher Mensch, der wohl kaum jemals in seinem langen Leben einen persönlichen Feind gehabt haben mag. Auch an wissenschaftlichen Fehden hat er nur wenige auszufechten gehabt, war aber dann sehr kampfbereit und zähe, wie sein jahrelanger Streit mit dem alten Eichwald über die Vertilgung der Steller'schen Seekuh zur Genüge darthut. Ausser seiner Stellung als Akademiker und Director des zoologischen Museums hat er zeitweilig noch einige andere Posten bekleidet. So war er 15 Jahre hindurch Professor der Zoologie am ehemaligen pädagogischen Hauptinstitute, wurde 1851 zum Professor der Zoologie und vergleichenden Anatomie an der hiesigen medico-chirurgischen Akademie gewählt, die er 1869 verliess, und hat endlich kurze Zeit hindurch auch das Amt eines Kreisschuleninspectors versehen. An Anerkennung von Seiten der wissenschaftlichen Welt sowohl, als auch der Regierung hat es ihm nicht gefehlt. In Anbetracht seiner vielen und grossen Verdienste war er von den verschiedensten gelehrten Instituten und Gesellschaften[1]) des In- und Auslandes zum correspondirenden oder Ehrenmitgliede gewählt worden und wurde zu seinem 50-jährigen Doctorjubiläum, das er am 12. (24.) Januar 1876 beging, mit Glückwünschen und Ehrenbezeugungen geradezu überschüttet. Im Staatsdienste hatte er es bis zum Range eines Geheimraths gebracht und besass an Auszeichnungen den St. Stanislaus und den St. Annen-Orden 1. Classe, den St. Wladimir-Orden 2. Classe, den weissen Adler-Orden und mit letzterem zugleich wurde ihm zu seinem Doctorjubiläum der

---

1) Ein Verzeichniss aller der Gesellschaften etc., denen Brandt als Mitglied angehörte, findet sich in der von A. Schiefner verfassten Schrift: Das 50-jährige Doctorjubiläum des Akademikers Geheimrath J. Fr. Brandt. St. Petersburg, 1877.

k. preussische rothe Adler-Orden 2. Classe mit dem Stern verliehen. Ausserdem hatte ihn unsere Regierung durch Verleihung einer Arende von 1600 Rubel jährlich auf 12 Jahre belohnt und diese Arende bei Gelegenheit seines Jubiläums noch um 400 Rubel jährlich erhöht. Die Familienverhältnisse des Verstorbenen endlich waren durchaus glückliche, er hat zwar seine Frau und seinen ältesten Sohn überlebt, dafür aber auch die Freude und Befriedigung gehabt, seine übrigen 6 Kinder nicht bloss erwachsen, sondern auch versorgt und z. Th. sogar in Amt und Würden zu sehen.

Brandt's Name ist zu eng mit den Fortschritten der zoologischen Wissenschaft verknüpft, als dass er jemals vergessen werden könnte und hier bei uns hat er sich ausserdem noch durch Gründung des zoologischen Museums ein bleibendes Denkmal errichtet.

Das zoologische Museum der Kaiserlichen Akademie der Wissenschaften.

I. Die Räumlichkeiten des Museums.

Das Gebäude, in welchem sich das zoologische Museum befindet, liegt auf der Ostspitze der Wassiljew'schen Insel hinter dem Hauptgebäude der Akademie und besteht aus einem Mittelkörper, der dem Hauptgebäude parallel liegt, und zwei Flügeln, einem westlichen und einem östlichen, welche unter etwa rechtem Winkel mit dem Mittelkörper vereinigt, vom Hauptgebäude aber getrennt sind. Dieser Häusercomplex, der einen geräumigen viereckigen Hof, mit einem schmalen, zweistöckigen Hause in der Mitte, umschliesst, liegt ganz frei, d. h. ist rundherum von Strassen, z. Th. sogar von Plätzen umgeben und folglich gegen Feuersgefahr von Aussen wohl ziemlich gesichert. Das Hauptgebäude der Akademie ist nach Süden gerichtet und liegt am Quai der grossen Newa, der Mittelkörper des Museumsgebäudes, nach Norden zu gelegen, ist durch einen breiten Platz vom Börsensquare getrennt, der westliche Flügel sieht gegen die Universität und ist von derselben durch eine sehr breite, fast platzartige Strasse, die Universitätslinie, geschieden und der östliche Flügel ist von dem Gebäude der akademischen Bibliothek (in welchem sich ehemals die Kunstkammer befand) und den dahinter liegenden Packhäusern der Douane durch eine Strasse von gewöhnlicher Breite, die Zollgasse, getrennt.

Das Museumsgebäude, dessen untere Etage fast parterre liegt und durchweg gewölbt ist, wird seiner ganzen Länge nach durch eine Kapitalmauer in 2 Fronten getheilt, von denen die äussere, nach der Strasse zu gelegene, zweistöckig, die innere, in den Hof sehende, aber dreistöckig ist, indem hier über der zweiten Etage und auf Kosten ihrer Höhe noch eine dritte niedrige Etage vorhanden ist. In Folge dieser Einrichtung sind in der zweiten Etage die Zimmer der Hoffronte beträchtlich niedriger, als diejenigen der Strassenfronte, denn während die letzteren eine Höhe von 7,25 Arschin (= 5,15 M.) haben, besitzen die ersteren nur eine Höhe von 5 Arschin (= 3,55 M.). Die Strassenfronte des zweiten Stocks besteht aus einer ununterbrochenen Flucht von 15 meist sehr grossen Sälen, die zusammen 51 Fenster (darunter zwei blinde) besitzen, in der Hoffronte dagegen findet sich in jeder der beiden Ecken, wo die Flügel mit dem Mittelkörper zusammenstossen, eine sehr hohe Rotunde mit halbkugeligem Dache, wodurch die dritte Etage eine zweimalige Unterbrechung erleidet und also aus drei mit einander nicht communicirenden Theilen besteht. Ausserdem wird die Zimmerflucht der Hofseite auch durch die Treppen unterbrochen, deren im Mittelkörper zwei, früher sogar drei, in jedem der Flügel je eine vorhanden sind. Von der Strasse endlich führen überhaupt nur zwei Treppen in den oberen Stock, von denen die eine am Anfange des östlichen, die andere nahe bei dem Anfange des westlichen Flügels angebracht ist.

Dieses Museumsgebäude wurde in den Jahren 1826—28 unter persönlicher Leitung des Grafen Cancrin, des damaligen Finanzministers, erbaut und war für die akademische Druckerei und die damit zusammenhängenden Anstalten, so wie zu Wohnungen für die Beamten der Typographie und des astronomischen Observatoriums bestimmt. Da jedoch im Anfange des Jahres 1829 das Ganin'sche Haus in der 9. Linie, wo sich die Typographie zeitweilig befand, für die Akademie angekauft und die Druckerei darin belassen wurde, so ernannte Graf Uwarow, der damalige Präsident der Akademie, eine Commission aus mehreren Akademikern unter dem Vorsitze des Vice-Präsidenten, Akademikers H. Storch, welche über die Verwendung des neuen Gebäudes Beschluss fassen sollte. Diese Commission designirte nun für das neu zu gründende zoologische Museum die 2. Etage des östlichen Flügels nebst der östlichen Rotunde, in welcher der grosse Globus bereits aufgestellt war. Die 5 Säle der Strassenfronte dieses Flügels mit im Ganzen 13 Fenstern, so wie die Rotunde sollten die Sammlungen aufnehmen und wurden dem entsprechend möblirt, und in den darangrenzenden 6 Zimmern der Hofseite, die 15 Fenster besitzen, wurden die Arbeitsräume und das Laboratorium eingerichtet. Ausserdem erhielt das Museum wahrscheinlich schon damals noch 4 Zimmer in der dritten Etage, die im ganzen 11 sehr niedrige Fenster besassen und eben dieser niedrigen Fenster wegen nur als Vorraths- und Ablegekammern verwerthet werden konnten. Aber bereits im Jahre 1834 wurde auf Allerhöchsten Befehl die ganze zweite Etage des Museumsgebäudes, die bis dahin zum grösseren Theile von Wohnungen eingenommen war, für die akademischen Sammlungen bestimmt und dabei erhielt denn das zoologische Museum noch 6 grosse Säle nebst der westlichen Rotunde, so wie zur Einrichtung der Arbeitsräume die ganze zweite nach dem Hofe zu gelegene Etage des Mittelkörpers, musste aber dafür seine ehemaligen Arbeitsräume im östlichen Flügel dem botanischen Museum abtreten. Diese neuen Arbeitsräume, die aus 7 Zimmern mit im Ganzen 16 Fenstern bestanden, waren zwar geräumiger, wie die früheren, hatten aber das Unbequeme, dass sie durch eine kalte Treppe in 2 Theile getrennt waren. Diese kalte Treppe wurde nun dem Verkehr entzogen und nebst einem zweifenstrigen darangrenzenden Zimmer in der dritten Etage zu einer zweiten Vorrathskammer des Museums eingerichtet.

Im Jahre 1863 erfuhr das Museum eine weitere Vergrösserung seiner Räumlichkeiten, indem demselben in der unteren Etage des östlichen Flügels ein Raum angewiesen wurde, in welchem sich bis dahin ein Theil des Büchermagazins, d. h. der Niederlage der akademischen Editionen, befunden hatte und der aus 4 Zimmern mit im Ganzen 8 Fenstern nach der Strasse bestand. Dieser Raum, in welchen die osteologische Sammlung übergeführt wurde, erhielt endlich im Jahre 1878 durch Hinzuziehung einer Wohnung noch eine weitere Vergrösserung, die in 2 grossen Sälen mit 5 Fenstern nach der Zollgasse und 2 Fenstern nach dem Börsensquare bestand.

Ausserdem sind die Räumlichkeiten des Museums durch kleinere Umbauten z. Th. vergrössert, z. Th. besser und bequemer eingerichtet worden. So wurde im Jahre 1875 die grosse Vorrathskammer im dritten Stock des östlichen Flügels durch Vergrösserung der Fenster zu einem sehr guten hellen Raum umgewandelt und darin die entomologische Abtheilung untergebracht. In demselben und im darauf folgenden Jahre entfernte man in sämmtlichen Sälen der zoologischen Abtheilung die riesigen Kachelöfen, die niemals geheizt worden und folglich völlig überflüssig waren, und da in den grösseren Sälen je zwei solcher Oefen standen, so ergab ihre Entfernung einen beträchtlichen Gewinn an Raum, der zur Aufstellung neuer Schränke benutzt wurde. Im Jahre 1878 ferner wurde die mittlere Treppe im Mittelkörper des Museumsgebäudes, welche, wie schon bemerkt, als Vorrathskammer diente, abgetragen, wodurch in jeder der 3 Hofetagen je ein Zimmer gewonnen worden ist. Diese Abänderung war um so nöthiger, als die nicht heizbare Treppe das eigentliche Laboratorium von den Arbeitsräumen trennte und bei dem steten Verkehr zwischen diesen Räumen beständig Veranlassung zu Erkältungen der Beamten abgab. Im Jahre 1880 wurde im Museumsgebäude, so wie in den benachbarten akademischen Häusern Wasserleitung und die damit zusammenhängenden Bequemlichkeiten eingeführt und im verflossenen Jahre, 1881, sämmtliche Fenster des eigentlichen Museums mit inneren hölzernen Fensterladen versehen, an Stelle der bisherigen Storen, die beständig in Unordnung geriethen und dabei trotz ihrer grünen Farbe das Licht nicht gehörig abhielten.

Das zoologische Museum disponirt somit gegenwärtig über folgende Räumlichkeiten:

1) In der zweiten Etage des östlichen Flügels und des Mittelkörpers 11 Säle der Strassenfronte und die beiden nach dem Hofe zu liegenden Rotunden, mit einem Flächeninhalt von im Ganzen 259,63 □ Faden (= 1136,33 □ M.), in welchen die zoologische Sammlung untergebracht ist. In diesen 11 Sälen sind die Verbindungsthüren, wie es bei Wohnräumen üblich ist,

in der Nähe der Aussenwand, in welcher sich die Fenster befinden, angebracht, und es sind in Folge dessen die Schränke, die an den Fensterpfeilern und in den Ecken, zwischen Thür und Fenster stehen, sehr flach und dabei mit der Fronte vom Lichte abgekehrt. Wären dagegen die Thüren in der Mitte der die Zimmer trennenden Wände angebracht, wie es bei Museen sonst stets üblich ist, so würden sich an den sehr breiten Fensterpfeilern tiefe Schränke mit Thüren nach rechts und nach links aufstellen lassen, wodurch nicht bloss viel Raum gewonnen, sondern auch gerade der hellste Theil des Zimmers zur Aufstellung von Objecten ausgenutzt wäre, während er bei der jetzigen Einrichtung als Passage dienen muss. Eine Verlegung der Thüren in die Mitte der Säle liesse sich nun freilich mit verhältnissmässig sehr geringen Kosten bewerkstelligen, muss aber schon desshalb unterbleiben, weil bei einer solchen Aenderung ein sehr grosser Theil der Museumsschränke unbrauchbar würde und die Herstellung neuer Schränke mit sehr beträchtlichen Kosten verknüpft wäre. Sollte dagegen das Museum später einmal eine weitere Vergrösserung erfahren und auch den westlichen Flügel, in welchem sich jetzt das mineralogische und das asiatische Museum befinden, erhalten, dann müssten in diesen Räumen, die so wie so neu zu möbliren wären, auch die Verbindungsthüren unbedingt in die Mitte der die Zimmer trennenden Wände verlegt werden.

2) In der unteren Etage des östlichen Flügels 5 Säle der Strassenfronte mit einem Flächeninhalt von im Ganzen 79,68 ▢ Faden (= 362,7 ▢ M.), in denen sich die osteologische Sammlung befindet. Diese 5 Zimmer communiciren mit einander nicht durch Thüren, sondern durch breite Arcaden und bilden also einen zur Aufstellung einer Sammlung sehr geeigneten Raum. Bis zum Jahre 1878 waren diese Räume, bis auf ein durch eine Bretterwand vom 3. Sale abgetheiltes einfenstriges Zimmer, wo Brandt zu arbeiten pflegte, nicht heizbar, im genannten Jahre jedoch wurden bei Vergrösserung und Umbau derselben auch Oefen hingestellt, so dass die Säle jetzt heizbar sind, was unbedingt nöthig war, da die Objecte bereits stark zu schimmeln begonnen hatten.

3) In der dritten Etage des östlichen Flügels 4 Zimmer mit einem Flächeninhalt von im Ganzen 38,96 ☐ Faden (=177,35 ☐ M.), in welchen die ganze entomologische Abtheilung, sowohl die Sammlung und die Bibliothek, als auch die Arbeitsräume, untergebracht ist.

Die 3 soeben besprochenen Räumlichkeiten, in welchen die eigentliche Sammlung placirt ist, münden sämmtlich auf die Haupttreppe, die sich am Anfange des östlichen Flügels, mit den Fenstern gegen das Hauptgebäude der Akademie gerichtet, be- befindet und welche nebst dem kleinen Entrezimmer nach der Strasse gleichfalls vom zoologischen Museum in Besitz genommen ist.

4) In der zweiten Etage des Mittelkörpers, angrenzend an die Museumssäle und durch 2 Thüren mit ihnen verbunden, 8 Zimmer der Hoffronte mit einem Flächeninhalt von im Ganzen 68,37 ☐ Faden (= 311,22 ☐ M.), in denen sich das Laboratorium, die Arbeitszimmer der gelehrten Beamten und die Bibliothek befinden; durch eine innere hölzerne Treppe stehen mit diesem Raume noch 2 Zimmer der dritten Etage in Verbindung, welche über dem 4. und 5. Arbeitszimmer liegen und als Vorrathskammer benutzt werden.

5) Endlich besitzt das Museum in dem schmalen Gebäude auf dem Hofe noch einen Eiskeller und eine Remise, so wie unter dem Treppenhause des Hauptgebäudes der Akademie einen ziemlich grossen, aber halbdunkeln und etwas feuchten Raum, in welchem die Rohskelete aufbewahrt werden und wo sich auch ein Herd mit einem grossen Kupferkessel zum Auskochen der grossen Knochen befindet.

Im Anschluss an die soeben geschilderten Räumlichkeiten des Museums mögen hier noch einige Worte über das Ameublement desselben folgen. Die Schränke in der zoologischen Abtheilung sind sämmtlich von Mahagoniholz und haben, mit alleiniger Ausnahme der Schränke in der westlichen Rotunde, die etwas höher sind, eine Höhe von 3 Arschin 10 Werschok, während ihre Tiefe wechselt, aber meist eine Arschin beträgt. Sie sind entweder rund herum, oder, wenn sie an der Wand stehen, von 3 Seiten mit grossen Glasscheiben und im Innern mit verstellbaren Brettern versehen, deren Zahl natürlich eine sehr verschiedene ist und sich nach der Höhe der in den Schränken untergebrachten Objecte richtet. Diese Schränke, die im Innern sämmtlich mit weisser Leimfarbe angestrichen sind, haben selbstverständlich eine sehr verschiedene Länge, würden aber wenn man sie in eine Reihe, mit den Thüren nach einer Seite gerichtet, aufstellte, eine Gesammtlänge von 540 laufenden Arschin (= 180 Faden) ergeben. Ausserdem sind die an den Wänden stehenden Schränke in den Sälen № V, VI (die östliche Rotunde) VII und IX, so wie sämmtliche Schränke im Saale № VIII mit besonderen Untersätzen versehen, die eine Arschin hoch sind und entweder offene, z. Th. auch durch Glasdeckel verschliessbare Schiebladen enthalten, oder aber durch ein horizontales Brett in 2 übereinanderliegende Abtheilungen getheilt sind und fast ausschliesslich zur Aufbewahrung der nicht ausgestopften Vogelbälge dienen. In der östlichen Rotunde, deren Mitte vom Globus eingenommen ist, stehen um diesen letztern herum noch 4 niedrige, oben mit Vitrinen versehene Schränke mit zusammen 52 Schiebladen, in welchen die Molluskensammlung untergebracht ist, und 3 ähnlich gebaute Schränke im Saale № VIII enthalten in 40 Schiebladen die Sammlung der Vogeleier und Nester.

In der entomologischen Abtheilung, die sich in der 3. niedrigen Etage befindet, ist das Ameublement ebenfalls aus Mahagoniholz und besteht aus 5 sehr grossen, fast bis an die Lage reichenden Schränken mit zusammen 1360 Schiebladen und aus 10 niedrigen, oben z. Th. mit Vitrinen versehenen Schränken, welche in Summa 360 Schiebladen etwas grösseren Formats enthalten. Sämmtliche Schiebladen sind mit genau schliessenden Glasdeckeln versehen, ihr Boden ist mit Korkplatten ausgelegt und das ganze Innere mit weissem Glanzpapier ausgeklebt. Diese 1720 Schiebladen dienen zur Aufnahme der eigentlichen Sammlung; das zahlreiche Rohmaterial, so wie die Doubletten sind in anderen Schränken untergebracht, die meist gelegentlich acquirirt, aus sehr verschiedenem Holze angefertigt und auch in der Form sehr verschieden sind.

Das Ameublement in der osteologischen Abtheilung endlich, deren Räume in der unteren Etage liegen, ist aus gewöhnlichem

Fichtenholz, aber dunkelbraun gestrichen und lakirt in der Art wie polirtes Nussholz. Die Schränke, die eine Gesammtlänge von 88 laufenden Arschin 5 Werschok, bei einer Tiefe von 1 Arschin, haben, sind 3 Arschin 15 Werschok hoch und sonst ganz in derselben Weise eingerichtet, wie diejenigen der zoologischen Abtheilung. Ausserdem befinden sich in dieser Abtheilung noch 4 niedrige, oben mit je einer Vitrine versehene Schränke mit Schiebladen, so wie 29 Vitrinen, von denen 15 auf den Fensterbrettern stehen, während 14 etwas grösseren Formats mit Füssen versehen und im Zimmer № III rund um das Skelet des Revalschen Walfisches aufgestellt sind.

Alle diese Schränke, Schiebladen und Vitrinen in den 3 Abtheilungen des Museums sind gegenwärtig bereits derartig mit Objecten angefüllt, dass es kaum möglich ist, noch etwas hineinzustellen, und von der in früheren Zeiten vorhanden gewesenen hübschen Anordnung, wo jedes Object nicht bloss gut zu sehen, sondern auch so aufgestellt war, dass es sich von der vortheilhaftesten Seite präsentirte, ist längst keine Spur mehr übrig geblieben. Gegenwärtig gilt ausschliesslich das Princip, möglichst viele Objecte auf einen möglichst kleinen Raum zusammenzupressen, und es stehen daher die Objecte durchweg in 2—3, ja die Gläser mit den Spirituspräparaten in 8—10 Reihen hinter einander, was natürlich zur Folge hat, dass ein grosser Theil derselben schlecht, oder selbst gar nicht zu sehen ist. Eine Aenderung in dieser Beziehung ist bei den gegenwärtigen Raumverhältnissen absolut unmöglich, denn obgleich eine grosse Zahl von Objecten, die früher in den Schränken standen, an den Wänden über den Schränken angebracht oder auf die Schränke selbst aufgestellt worden ist, mangelt es doch immer noch an Raum und dabei ist reichlich ein Drittel des ganzen vorhandenen Materials, darunter besonders viele Wirbellose, bisher noch gar nicht aufgestellt worden, sondern wird in der Vorrathskammer aufbewahrt, wo es gleichfalls so eng placirt ist, dass nicht bloss die Beaufsichtigung desselben grosse Schwierigkeiten bietet, sondern dass es auch zu etwa vorzunehmenden wissenschaftlichen Arbeiten nur mit grossen Opfern an Zeit zusammengesucht werden kann.

II. Die Geldmittel des Museums.

In der ersten Zeit nach Abtrennung des zoologischen Museums von der Kunstkammer wurde dasselbe aus der für die letztere ausgesetzten Etatsumme unterhalten, und zwar scheint nicht einmal festgestellt gewesen zu sein, wie viel alljährlich von dieser Summe auf das Museum verwendet werden durfte. Erst mit dem Jahre 1836, wo der neue Etat der Akademie Allerhöchst bestätigt worden war, erhielt das Museum eine feste Etatsumme im Betrage von 7000 Rubeln Banco (2000 Rubeln Silber), von welcher der grössere Theil, 4000 Rubel, zum Ankauf von Objecten und überhaupt für die Arbeiten der Akademiker, der kleinere, 3000 Rubel, dagegen zum Unterhalte des Laboratoriums und der bei demselben angestellten Lehrlinge bestimmt war. Ob eine derartige Theilung der Summe auch jemals streng eingehalten worden ist, lässt sich schwer eruiren, sicher ist aber, dass es später dem Director frei stand, die Etatsumme nach vorher eingeholter Genehmigung der Conferenz ganz nach seinem Ermessen zu verausgaben. Neben dieser Etatsumme erhielt das Museum, wenigstens während der 3 ersten Decennien seines Bestehens fast alljährlich noch kleinere oder grössere Zuschüsse aus den Oeconomiesummen zugewiesen, entweder zum Ankaufe von Objecten, oder zur Besoldung von zeitweilig angestellten wissenschaftlichen oder technischen Hülfsarbeitern.

Mit dem Jahre 1875 trat der neue Etat in Kraft, durch welchen die Specialsumme des zoologischen Museums auf 5000 Rubel jährlich festgesetzt und ausserdem noch eine einmalige Summe von 8000 Rubeln bewilligt wurde zur Anschaffung des nöthigen Ameublements, welches bis dahin stets aus den Oeconomiesummen der Akademie beschafft worden war. Trotzdem durch diesen neuen Etat die Specialmittel des Museums mehr als verdoppelt worden sind, hat sich die pecuniäre Lage der Anstalt gegen früher doch kaum verbessert, denn, abgesehen von der seitdem eingetretenen allgemeinen Theuerung, sind mit der Vergrösserung und Bereicherung der Sammlung auch die Unterhaltskosten derselben ganz unverhältnissmässig gestiegen, und zwar sind es vor Allem zwei Artikel, die hier ganz besonders in Betracht kommen, nämlich Spiritus und Glasgefässe.

Bis zum Jahre 1847 scheint nur sehr wenig Spiritus verbraucht worden zu sein und wird derselbe wahrscheinlich zu einzelnen Eimern angekauft und aus den sogenannten Avancesummen, welche dem Director im Betrage von 57 Rubeln zu kleineren Ausgaben verabfolgt werden, bezahlt worden sein, wenigstens habe ich für diese Zeit in den Protocollen keine Rechnungen für Spiritus verzeichnet gefunden. Erst mit dem Jahre 1847 beginnt der Ankauf von Spiritus in grösseren Quantitäten, und zwar sind für diesen Artikel von 1847 bis 1861 incl. im Ganzen 1506 Rubel 80 Kop., also durchschnittlich fast genau 100 Rbl. jährlich verausgabt worden. Mit dem Jahre 1861, wo die Bestimmung und Aufstellung der in Spiritus conservirten Objecte, zuerst der Reptilien und Amphibien und einige Jahre später auch der Fische und Crustaceen, begann, steigerte sich auch der Verbrauch von Spiritus sehr beträchtlich, und zwar sind in den 20 Jahren von 1862 bis 1881 incl. 6810 Rubel, also jährlich durchschnittlich 340 Rubel 50 Kop. dafür verausgabt worden. Ungleich beträchtlicher sind die Ausgaben für Glasgefässe gewesen und haben namentlich in den lezten Jahren immer grössere Dimensionen angenommen. Bis zum Schluss des Jahres 1860 sind für diesen Artikel, so viel ich aus den Protocollen habe entnehmen können, im Ganzen nur 1339 Rubel 31 Kop. verausgabt worden, für die letzten 21 Jahre dagegen, d. h. von 1861—1881 incl., erforderte diese Ausgabe nicht weniger als 12688 Rbl. 72 Kop., und zwar entfällt der grössere Theil dieser Summe, nämlich 7307 Rubel 20 Kop., auf die Zeit von 1875 bis 1881 incl. Somit würden gegenwärtig allein die Glasgefässe durchschnittlich etwa 1000 Rubel jährlich kosten und man kann daher selbst bei der billigsten Berechnung die jährliche Ausgabe für Glasgefässe und Spiritus nicht unter 1200 Rubel ansetzen.

Eine weitere sehr beträchtliche Ausgabe verursacht der Unterhalt des Laboratoriums; dahin gehört zunächst die Anschaffung aller der verschiedenen Materialien, die beim Ausstopfen der Objecte und beim Montiren der Skelete erforderlich sind, wie Eisengestelle, Holzpostamente, Glasaugen, Arsenikseife, Drath, Schnur, Zwirn, Hede, Stroh, Farben, Leim, Nägel, Schrauben, Kork und Lindenholz für die künstlichen Säugethierschädel etc.; alsdann die Renovirung der zahlreichen Instrumente, die bei den technischen Arbeiten nöthig sind und stark abgenutzt werden, so wie die Ausgaben für die durch den Kürschner zu besorgende vorherige Präparation der grossen Säugethierfelle. Endlich müssen auch die Transportkosten für die aus dem Auslande und z. Th. auch aus dem Inlande eingehenden Sendungen, nebst einer Menge kleinerer Ausgaben in Betracht gezogen werden, welche letzteren zwar an und für sich sehr gering sind, aber am Schlusse des Jahres doch eine ganz respectable Summe repräsentiren. Alle diese zuletzt aufgeführten Ausgaben haben in der letzten Zeit, wo besonders viele grosse Mammalien ausgestopft und aufgestellt worden sind, jährlich 1500—1600 Rubel erfordert und man kann sie daher durchschnittlich nicht unter 1300 Rbl. jährlich ansetzen. Hiernach würde also die Präparation und Conservation der Objecte, incl. Spiritus und Glasgefässe, nebst den kleinen Ausgaben für Schreibmaterialien, Briefporto u. s. w. in runder Summe 2500 Rbl., d. h. die Hälfte der ganzen Etatsumme, erfordern, und es bleiben somit zum Ankaufe von Objecten, also zur Vergrösserung der Sammlung, nur 2500 Rubel übrig, eine Summe, die heutigen Tages lange nicht den Werth repräsentirt, wie die 4000 Rubel Banco, welche das Museum früher zu diesem Zwecke besessen hat. Zieht man nun noch den niedrigen Wechselcours, so wie den Umstand in Betracht, dass das Museum gegenwärtig die gewöhnlicheren, also auch billigeren Thierformen zum grossen Theile bereits besitzt und zu seiner Vervollständigung hauptsächlich der mehr seltenen, also auch theuerern Objecte bedarf, so liegt auf der Hand, dass die Geldmittel des Museums, trotz ihrer Verdoppelung im Jahre 1875, gegenwärtig noch viel weniger ausreichen, als es in den früheren Jahrzehnten, namentlich zur Zeit der Bancoberechnung, der Fall war.

Ausser seiner Etatsumme von 5000 Rubeln besitzt das Museum seit Kurzem auch ein kleines eigenes Kapital, das unantastbar ist und dessen Zinsen ausschliesslich zum Nutzen der Sammlung verwendet werden sollen. Freilich ist dieses Kapital gegenwärtig noch so gering, dass die Jahreszinsen kaum in Betracht kommen, jedoch ist die Möglichkeit einer Vergrösserung desselben nicht ausgeschlossen und ausserdem werden zunächst die Jahreszinsen zum Kapital geschlagen, so dass es auch schon dadurch, wenn auch nur sehr langsam, wachsen wird. Dieses Kapital führt den Namen Przewalsky-Kapital, zu Ehren des berühmten Reisenden, dem das Museum mit das Schönste und Interessanteste, was es an Thieren der Jetztwelt besitzt, zu verdanken hat. Der Ursprung dieses Kapitals ist folgender: nachdem Oberst N. M. Przewalsky von seiner dritten Reise zurückgekehrt war und dem Museum die ganze zoologische Ausbeute auch dieser Reise geschenkt hatte, beschloss die Akademie in richtiger Würdigung der grossen Verdienste, die sich der berühmte Reisende um die Zoologie überhaupt und speciell um das zoologische Museum der Akademie erworben hatte, und zugleich auch um das Publicum mit dem wahrhaft staunenswerthen Reichthum seiner Sammlungen bekannt zu machen, eine Ausstellung sämmtlicher von Oberst Przewalsky mitgebrachten Objecte zu veranstalten. Die Ausstellung fand im grossen Conferenz-Saal der Akademie statt und war dem Publicum vom 7. April bis zum 11. Mai 1881 gegen ein Eintrittsgeld von 30 Kop. (an einem Tage der Woche von 1 Rbl.) à Person täglich, die Sonn- und gewöhnlichen Feiertage nicht ausgenommen, von 11—4 Uhr zugänglich. Ausgestellt waren, wie einem kleinen in russischer Sprache veröffentlichten Cataloge zu entnehmen ist, im Ganzen 408 Säugethiere, darunter 134 grössere, 3425 Vögel, 976 Reptilien und Amphibien, 423 Fische und 4 Kasten mit Insecten; der Rest der Insecten, so wie Einiges an Mollusken, Spinnen, kleinen Crustaceen etc. war hauptsächlich wegen Raummangels nicht ausgestellt worden. Leider fiel die Ausstellung gerade in die Zeit der tiefsten Landestrauer und ist denn auch verhältnissmässig schwach besucht gewesen. Im Ganzen wurden 1890 Rubel 80 Kop. eingenommen, von denen 196 Rbl. 12 Kop. für die Einrichtung verausgabt worden sind; der Rest von 1694 Rubeln 68 Kop. ist, wie schon bemerkt, mit Allerhöchster Genehmigung als unantastbares Przewalsky-Kapital in zinstragenden Staatspapieren angelegt worden.

Schliesslich dürfte hier der Ort sein, auch Einiges über die Gagenverhältnisse der Museumsbeamten zu sagen. Das Statut von 1836 bestimmte für das zoologische Museum überhaupt nur zwei Conservatoren, die zugleich Präparanten waren und von denen jeder einen Gehalt von 2500 Rubeln Banco (= 714 Rbl. 28 Kop.) bei freier Wohnung erhielt. Ausserdem war, wie schon bemerkt, ein Theil der Etatsumme des Museums zum Unterhalte des Laboratoriums sowohl, als auch der bei demselben bestehenden Lehrlinge bestimmt, und sind die letzteren, wenn sie überhaupt einen Gehalt bezogen haben, wohl auch aus dieser Summe besoldet worden; da die Mehrzahl der Lehrlinge übrigens aus Zöglingen des Kaiserlichen Erziehungshauses bestand und das Erziehungshaus für jeden derselben 200 Rubel Banco jährlich zahlte, so wird ihr Unterhalt dem Museum wahrscheinlich nichts gekostet haben. Erst wenn die Lehrlinge ihre Lehrzeit, die auf c. 6 Jahre normirt gewesen zu sein scheint, absolvirt hatten, wurden einzelne derselben zu Präparanten-Gehülfen avancirt und erhielten von da ab einen festen Gehalt; der erste Präparanten-Gehülfe, der am Museum fungirt hat, war Wosnessensky, der im Jahre 1834 nach absolvirter mehr als sechsjähriger Lehrzeit mit einem Gehalt von 400 Rubeln Banco angestellt wurde. In der Folge haben am Museum stets 2 Präparanten-Gehülfen bestanden, die privatim angestellt waren; sie bezogen, wenigstens seit den 60ger Jahren, einen Gehalt von 228 Rubeln Silb., der ihnen anfänglich aus den Oeconomiesummen und später nach Einziehung der letzteren aus einer besonders dazu assignirten Summe gezahlt wurde. Bis zum Jahre 1861 hatten sämmtliche Museumsbeamten Kronswohnung, nach Ménétriés' im genannten Jahre erfolgten Tode trat hierin leider eine Aenderung ein. Seine Stelle blieb nämlich länger als ein Jahr unbesetzt und es wurde daher über seine Wohnung anderweitig disponirt, so dass der am 6. Juni 1862 gewählte neue Conservator, Herr Cand. Morawitz, keine Kronswohnung mehr erhalten konnte und mit einem sehr geringen Quartiergeld von anfänglich 120 Rbl. jährlich entschädigt wurde.

Mit Einführung des neuen Etats im Jahre 1875 wurde die Zahl der Beamten am zoologischen Museum beträchtlich vergrössert; statt der ehemaligen 2 Conservatoren und 2 Präparanten-

Gehülfen erhielt dasselbe nunmehr 5 gelehrte Conservatoren, 3 etatmässige und 2 ausseretatmässige, 2 ältere und 2 jüngere Präparanten und 1 Lehrling. Von den etatmässigen gelehrten Conservatoren bezieht jeder 700 Rubel Gage, 350 Rubel Tischgelder und 150 Rubel Quartiergeld, jeder der beiden ausseretatmässigen Conservatoren erhält in Summa 1000 Rbl. Gehalt, jeder ältere Präparant ist mit 500 Rubeln, jeder jüngere mit 300 Rubeln und der Lehrling mit 150 Rubeln besoldet. Dabei haben die 5 technischen Beamten sämmtlich Kronsquartier, von den gelehrten Conservatoren dagegen hat nur einer der 3 etatmässigen Amtswohnung, die beiden anderen müssen sich mit dem unverhältnissmässig geringen Quartiergeld von 150 Rubeln begnügen.

Der Posten des Directors endlich ist, wie alle ähnlichen Posten bei der Akademie, ein sogenannter Ehrenposten, d. h. der Director erhält ausser seiner Gage als Akademiker und seiner Amtswohnung keine weitere Remuneration.

Wie aus den obigen Angaben ersichtlich, sind die Gagen der Conservatoren sowohl, als auch der Präparanten leider so niedrig bemessen, dass sie selbst bei sehr bescheidenen Ansprüchen zum Leben in einer so theuren Stadt, wie St. Petersburg, nicht genügen, und die natürliche Folge davon ist, dass sich die Beamten, wenigstens die Verheiratheten, noch nach anderen Erwerbsquellen umsehen müssen und somit verhindert sind, ihre ganze Thätigkeit dem Museum zu widmen. Ausserdem liegt es auf der Hand, dass namentlich die gelehrten Conservatoren, sobald sich ihnen die Möglichkeit bietet, eine andere, besser besoldete Stelle zu erhalten, das Museum verlassen, die Conservatorstellen also gewissermaassen als eine Art von Uebergangsposten angesehen werden, was durchaus nicht im Interesse des Museums liegt. Die Hauptbeschäftigung der Conservatoren besteht bekanntlich im Bestimmen und Ordnen der Sammlungen, also in einer sehr mühevollen, zeitraubenden und keineswegs interessanten Arbeit, die nicht bloss grosse Uebung und Ausdauer, sondern auch solche Specialkenntnisse erfordert, wie sie an einer Universität nicht erworben werden können. Jeder neu eintretende Conservator braucht daher im allergünstigsten Falle doch immer mehrere

Monate, ehe er sich in seine neue Thätigkeit einarbeitet, d. h. ehe er sich mit dem betreffenden Material und der einschlagenden sehr speciellen Literatur vertraut macht, und es zieht demzufolge auch jeder Personalwechsel eine mehr oder weniger anhaltende Verzögerung in den laufenden Arbeiten nach sich. Der Abgang eines geübten Conservators ist somit für das Museum immer ein sehr empfindlicher Verlust und fällt in jetziger Zeit besonders in's Gewicht, da es gegenwärtig schon desshalb sehr schwer hält, geeignete Persönlichkeiten für diese Posten zu finden, weil bei der heutigen Richtung der zoologischen Wissenschaft die Zahl der Gelehrten, welche sich mit systematischer Zoologie beschäftigen, immer mehr und mehr abnimmt. Nach dem eben Gesagten ist leicht einzusehen, welche Bedeutung für das fernere Gedeihen des Museums ein ständiges, möglichst wenig wechselndes Arbeitspersonal besitzt, und um ein solches zu erlangen, müssen die Gagen der Beamten unbedingt erhöht und in einer Weise normirt werden, dass sie wenigstens für eine bescheidene Existenz ausreichen.

III. Das Arbeitspersonal des Museums.

Bei seiner Ankunft hierselbst im August 1831 fand Brandt vier Beamte an der Kunstkammer vor, nämlich Alexejew, Ménétriés, Schrader und Wosnessensky. Alexejew, dessen in den Protocollen stets mit der Bezeichnung «le commissaire» gedacht wird, war der eigentliche Verwalter der alten Kunstkammer und wird wahrscheinlich mit der Aufsicht über die ganze Anstalt, besonders in so weit es den Besuch des Publicums galt, betraut gewesen sein. Ob er ausserdem auch speciell an der zoologischen Abtheilung derselben gedient hat, weiss ich nicht, jedenfalls hat er sich aber mit dem Ausstopfen von Thieren beschäftigt und der Conferenz zu wiederholten Malen von ihm präparirte Gegenstände vorgestellt. Nach Abtrennung des zoologischen Museums ging er nicht an dasselbe über, sondern behielt seinen Posten an der Kunstkammer bis zu seinem einige Jahre darauf erfolgten Tode bei.

Die eigentlichen Conservatoren der zoologischen Abtheilung in der Kunstkammer und später auch des heutigen zoologischen Museums waren Ménétriés und Schrader. Der erstere, ein Schüler des Jardin des Plantes, war von Langsdorff im Jahre 1821 als Präparant nach Brasilien mitgenommen worden und wurde, als er von dort mit einem Theil der Langsdorff'schen Sammlungen hierher nach Petersburg kam, im Jahre 1826 als Ausstopfer mit dem Titel Conservator an der Kunstkammer angestellt; den letzteren berief die Conferenz auf Vorstellung des Adjuncten Mertens und auf specielle Recommandation von Seiten Lichtenstein's in Berlin im Jahre 1829 hierher und stellte ihn mit denselben Rechten und Pflichten, wie Ménétriés, an der Kunstkammer an. Wosnessensky endlich war im Jahre 1827 vom Verwaltungscomité dem Conservator Ménétriés als Lehrling zugetheilt worden, hatte letzteren auf seiner Reise in den Kaukasus begleitet und wurde, wie schon bemerkt, im Jahre 1834 als Präparanten-Gehülfe am Museum angestellt.

So lange die alte Kunstkammer bestand, hatten die Conservatoren ausschliesslich die Aufgabe sich mit der Präparation und Conservation der Objecte zu befassen, die wissenschaftliche Bestimmung der Sammlungen wurde oder sollte wenigstens von den Akademikern besorgt werden. Aber schon gleich bei Gründung des zoologischen Museums trat hierin eine Aenderung ein, indem Ménétriés die Verwaltung der entomologischen Sammlung, also auch die wissenschaftliche Determination der Objecte, übernahm und sehr bald von der Verpflichtung auszustopfen ganz befreit wurde. Schrader dagegen erhielt die Leitung des technischen Laboratoriums, das von Brandt gleich im Anfange eingerichtet worden war, und hatte somit vorherrschend, wenn auch nicht ausschliesslich, mit der Präparation und Conservation der Objecte zu thun; unter seiner Leitung wurden die rein technischen Arbeiten von seinem Gehülfen Wosnessensky und von einer ganzen Reihe von Lehrlingen ausgeführt. Es trat also eigentlich schon damals eine Scheidung der Museumsbeamten in gelehrte und technische ein, die aber in dem Statut von 1836 nicht berücksichtigt worden ist, denn in diesem Statut ist nur von Conservatoren die Rede, von denen ausdrücklich bemerkt ist, dass sie zugleich Präparanten sind. Da nun nach dem Statut der Akademie die technischen Beamten, sowohl was Rangverhältnisse, als auch Pensionsberechtigung anbetrifft, in einer ungleich niedrigeren Kategorie stehen, wie die gelehrten, so entstand dadurch das Missverhältniss, dass die Conservatorstellen, die später von Personen mit Universitätsbildung bekleidet worden sind, dienstlich in derselben Kategorie standen, wie die Stellen der gewöhnlichen Canzelleibeamten, zur Besetzung welcher bekanntlich Leute mit der allerelementarsten Bildung genügen. Diese missliche Sachlage hat leider lange genug, über 40 Jahre, gedauert und ist erst durch das Statut von 1875 beseitigt worden, indem von da ab die Conservatoren an sämmtlichen Museen der Akademie, worauf schon ihr neuer Titel «gelehrte Conservatoren» hinweist, alle Rechte des gelehrten Dienstes geniessen.

Obgleich das Museum also laut Statut von 1836 nur eine Kategorie von Beamten, nämlich technische, besass, ist thatsächlich doch von vornherein in sofern ein Unterschied zwischen Conservatoren und Präparanten gemacht worden, als den ersteren ausser den technischen, die Präparation und Conservation der Sammlung betreffenden Arbeiten auch die wissenschaftliche Determination wenigstens eines Theils der Objecte zur Pflicht gemacht wurde. Nun hatten zwar weder Ménétriés, noch Schrader Universitätsbildung genossen, waren aber beide nicht bloss vollkommen gebildete Leute, sondern besassen auch gründliche Specialkenntnisse, der eine in der Entomologie, der andere in der Ornithologie, und betheiligten sich somit auch an der wissenschaftlichen Bestimmung und Bearbeitung der Sammlungen. Ich glaube daher bei der nachfolgenden Aufzählung des Arbeitspersonals, das am Museum während der 50 Jahre seines Bestehens angestellt oder beschäftigt gewesen ist, von Anfang an zwei Kategorien unterscheiden zu können, nämlich Conservatoren oder gelehrte und Präparanten oder technische Arbeiter, zumal seit den 60ger Jahren zu Conservatoren immer nur wirkliche Fachgelehrte gewählt worden sind, mit alleiniger Ausnahme von Russow, der zwar keine Universität besucht, sich aber durch eigenes Studium solche Kenntnisse angeeignet hatte, dass er seinen Posten vollkommen auszufüllen im Stande war.

Von den beiden ersten Conservatoren des Museums verliess Schrader¹) nach 17-jährigem Dienste im August 1846 die Anstalt und ging in gleicher Eigenschaft an das Museum zu Bremen über. Seine Stelle, die Brandt dem Präparanten-Gehülfen Wosnessensky zugedacht hatte, blieb 3 Jahre lang unbesetzt und als letzterer im Jahre 1849 nach 9-jährigem Aufenthalt in den russisch-amerikanischen Kolonien und an der Ostküste Asiens hierher zurückgekehrt war, wurde er anfänglich stellvertretend und mit geringerem Gehalt, von 1852 an aber definitiv und mit vollem Gehalte als Conservator angestellt. Im Jahre 1861 starb Ménétriés²) nach 35-jährigem Dienst, und da sich mehrere Aspiranten für diesen Posten gemeldet hatten, so zögerte Brandt über ein Jahr lang mit der Besetzung und proponirte erst in der Sitzung vom 6. Juni 1862 den Candidaten der hiesigen Universität Herrn A. Morawitz zum Conservator, der denn auch von der Conferenz gewählt wurde. Eine weitere Veränderung im Museumspersonal trat 1871 ein, wo Wosnessensky³) nach 37-jährigem Dienst starb und durch Hrn. Dr.

---

1) Ueber Schraders' frühere und spätere Schicksale ist mir leider nichts bekannt.
2) Eine Biographie Ménétrié's, von Hrn. A. von Manderstjerna verfasst und von einem Portrait des Verstorbenen begleitet, findet sich in den Horae Societatis entomologicae Rossicae II, p. 1.
3) Ilja Gawrilowitsch Wosnessensky, ein in vielen Beziehungen sehr bemerkenswerther Mensch, wurde als Sohn eines verabschiedeten Unterofficiers am 19. Juli 1816 hier in Petersburg geboren und erhielt seinem Stande gemäss nur eine sehr elementare Bildung. Am 31. October 1827 wurde der Knabe dem damaligen Conservator an der Kunstkammer, Ménétriés, als Lehrling zugetheilt, um das Abbalgen und Ausstopfen zu erlernen, und begleitete denselben in den Jahren 1829—30 auf dessen Expedition in den Kaukasus. Auf dieser Reise legte Wosnessensky die ersten Proben seines Sammeleifers und seiner ungewöhnlichen Fähigkeiten ab, denn, wie Ménétriés in späteren Jahren oftmals erzählte, hatte Wosnessensky nicht bloss eine ganz erstaunliche Menge, namentlich von Insecten, gesammelt, sondern dieselben auch vorläufig theils nach den einzelnen Ordnungen, theils sogar nach den Gattungen classificirt. Nach seiner Rückkehr im December 1830 kam er zu Schrader in die Lehre und zeichnete sich durch Eifer und Talent so aus, dass er seinem Lehrer bald wenig nachstand und bereits am 28. August 1834 als Präparanten-Gehülfe am Museum angestellt wurde. Sein während der kaukasischen Reise gezeigter Sammeleifer, so wie seine ausserordentliche Geschicklichkeit im Anfertigen von Bälgen, gaben die Veranlassung dazu, dass die Akademie ihn auf Brandt's Vorschlag im August 1839 in die russisch-amerikanischen Kolonien entsandte mit dem speciellen Auftrage, dort zu sammeln, und er hat diesen Auftrag während seines 9-jährigen Aufenthalts daselbst und an der

med. A. Brandt, den Sohn des damaligen Directors, ersetzt wurde. Mit Einführung des neuen Etats im Jahre 1875 wurde, wie bereits bemerkt, die Zahl der Conservatorstellen auf 5 er-

---

Ostküste Asiens in der glänzendsten Weise durchgeführt. Die Reichhaltigkeit der Sammlungen, die er im Laufe der 9 Jahre zusammengebracht hat, streift wirklich an das Unglaubliche und dabei waren sämmtliche Objecte in der meisterhaftesten Weise präparirt und conservirt, so dass seine Sammlungen mit zu dem Besten gehören, was unser Museum überhaupt jemals erhalten hat. Ausser den Objecten selbst hatte Wosnessensky auch eine Menge von Beobachtungen über Häufigkeit, Lebensweise, Jagd, Zug- und Brütezeit etc. angestellt und in seinen Tagebüchern notirt, leider lagen aber die Verhältnisse damals so ungünstig, dass er nicht Gelegenheit erhielt, diese Notizen zu verarbeiten und zu verwerthen. Seine Tagebücher sind zwar nach seinem Tode an das Museum übergegangen und können also jederzeit consultirt werden, haben aber selbstverständlich gegenwärtig nicht mehr den Werth, wie damals, und werden sich auch lange nicht in so ergiebiger Weise ausnutzen lassen, wie es früher durch den Verstorbenen selbst hätte geschehen können.

Nach fast 10-jähriger Abwesenheit kehrte Wosnessensky im Jahre 1849 hierher zurück und sollte zur Belohnung für seine langjährige erfolgreiche Arbeit und die grossen Verdienste, welche er sich um das Museum erworben hatte, die durch Schrader's Abgang vacant gewordene Conservatorstelle erhalten. Da er aber weder seiner Herkunft, noch seiner Erziehung nach berechtigt war, eine im Klassenrange stehende Stelle zu bekleiden, so erhielt er dieselbe zunächst stellvertretend und wurde erst im Jahre 1852 definitiv als Conservator angestellt nachdem ihm durch einen Allerhöchsten Gnadenact das Recht, eine solche Stelle zu bekleiden, verliehen worden war.

Als Nachfolger Schrader's übernahm er auch dessen Functionen, nämlich die Leitung des technischen Laboratoriums nebst der Führung der Accessionscataloge, und wurde ausserdem noch mit der Aufsicht über das massenhafte Rohmaterial betraut, das in den Vorrathskammern aufgespeichert war. Hier war er, so zu sagen, alleiniger Herr, denn nur er wusste sich in der Menge von Kasten, Kisten, Gläsern, Blechbüchsen etc. zurechtzufinden und ohne seine Beihülfe war eine Benutzung dieses Theils der Sammlung selbst für Brandt eine Unmöglichkeit. Seiner unermüdlichen Fürsorge ist es denn auch hauptsächlich zu danken, dass die überaus werthvollen Thier- und Vogelbälge trotz der miserabelen Vorrichtung, die zu ihrer Aufbewahrung diente, sich so gut erhalten und nur in sehr geringem Grade durch Mottenfrass gelitten haben. Obwohl seine Obliegenheiten fast ausschliesslich in technischen und mechanischen Arbeiten bestanden, hatte er sich im Laufe der Zeit doch sehr hübsche zoologische Kenntnisse angeeignet und war besonders mit den jagdbaren Thieren, den Säugethieren und Vögeln, so vertraut, dass er die vorläufige Bestimmung und Sichtung der einlaufenden Sendungen ganz selbstständig zu besorgen pflegte. Ausserdem war er durch seine Kenntniss der deutschen und in geringerem Maasse auch der französischen Sprache vollkommen befähigt, auch wissenschaftliche Determinationen vorzunehmen und hat sich auch an der Bestimmung namentlich der Vogelsammlung betheiligt. Seine Hauptstärke lag aber in der Kenntniss der Pelzthiere, die er sich hauptsächlich wohl während seines langjährigen Aufenthalts in den russisch-amerikanischen Kolonien angeeignet hatte. Er galt hier in Petersburg nicht bloss bei den Kürschnern und Pelzhändlern als einer der besten Kenner von Pelzwerk, sondern wurde auch von der Akademie jedesmal, wenn das Zollamt Thierfelle zur

höht, und zwar waren 3 dieser Stellen etatmässig, die beiden anderen aber ausseretatmässig. Von den 3 etatmässigen Stellen besetzte man zwei mit den beiden bereits am Museum bestehenden Conservatoren, den Herrn Cand. A. Morawitz und Dr. A. Brandt, und berief zur Uebernahme der dritten den bis dahin am Dorpater Universitätsmuseum angestellten Conservator Hrn. V. Russow, die beiden ausseretatmässigen Stellen wurden gleichfalls von der Conferenz mit dem Cand. der Helsingforser Universität Hrn. W. Woldstedt und dem Cand. der Petersburger Universität Hrn. J. Poljakow besetzt. Leider verstarb der Conservator V. Russow[1] im Januar 1879, gleich nach seiner Rückkehr aus Turkestan, und an seine Stelle rückte Hr. Poljakow in den Etat ein, während die bisher von letzterem bekleidete ausseretatmässige Stelle mit Hr. Mag. M. N. Bogdanow besetzt wurde, und als im Jahre 1880 Hr. Dr. Brandt, einem Rufe als ordentlicher Professor am Charkow'schen Veterinar-Institut folgend, das Museum verliess, erhielt Hr. Cand. Woldstedt den vacant gewordenen etatmässigen Posten und an seine Stelle trat der Cand. der Petersburger Universität Hr. S. Herzenstein als ausseretatmässiger gelehrter Conservator ein.

Bestimmung eingesandt hatte, mit der Untersuchung und Determination derselben beauftragt. Ausser seinen Arbeiten am Museum hat Wosnessensky bis an sein Lebensende auch die Präparation und Montirung der zahlreichen auf den Kaiserlichen Jagden erlegten Thiere zu besorgen gehabt, und ist vom Hochseeligen Kaiser Alexander Nikolajewitsch, dem er persönlich bekannt war, für diese Arbeiten mit einem Brillantringe belohnt und später in Anbetracht seiner zahlreichen und grossen Verdienste um das Museum auch durch Verleihung des St. Stanislaus-Ordens 3. Classe ausgezeichnet worden.

Wosnessensky starb nach längerer Krankheit am 17. Mai 1871 und das Museum erlitt durch seinen Tod einen sehr empfindlichen Verlust; nicht bloss hatte das technische Laboratorium seinen langjährigen erfahrenen Leiter eingebüsst, mit ihm war überhaupt einer der thätigsten, zuverlässigsten Arbeiter und überdies der einzige, der in den Vorrathskammern Bescheid wusste, zu Grabe gegangen. In der ersten Zeit nach seinem Tode fehlte er überall, besonders aber war das Rohmaterial der Sammlung ohne ihn fast ganz unzugänglich geworden und es hat viele Zeit, Mühe und Arbeit erfordert, ehe es uns gelungen ist, dasselbe wieder, aber zugleich auch in vollkommenerer Weise, zugänglich zu machen.

1) Eine kurze Biographie des leider zu früh verstorbenen V. Russow findet sich in dem von Hrn. Th. Pleske herausgegebenen Werke Russow's: «Die Ornis Ehst-, Liv- und Kurlands mit besonderer Berücksichtigung der Zug- und Brutverhältnisse» (Archiv für die Naturkunde Liv-, Ehst- und Kurlands IX, Lief. 1).

Ausser diesen etatmässigen, oder doch in den Etat aufgenommenen ausseretatmässigen Conservatoren haben am Museum zu verschiedenen Zeiten noch besondere wissenschaftliche Hülfsarbeiter bestanden, die früher aus den Oeconomie-Summen, später aus der für wissenschaftliche Reisen und Unternehmungen bestimmten Summe besoldet worden sind. So war der bekannte Entomolog Dr. Kolenati etwas über ein Jahr (vom 23. Mai 1845 bis 1. August 1846) als ausseretatmässiger Conservator angestellt und hat sich mit der Bestimmung und Bearbeitung einzelner Insectenordnungen, wie namentlich der Neuropteren, Hemipteren etc., beschäftigt. Ferner hat ein hiesiger Architect, Hr. Otto Bremer, über 10 Jahre lang (von 1852 bis 1863) als Assistent an der entomologischen Sammlung fungirt und sich ausschliesslich mit dem Bestimmen und Aufstellen der Lepidopteren befasst, und endlich waren auch die gelehrten Conservatoren Dr. Brandt, Cand. Woldstedt und Cand. Herzenstein, bevor sie in die genannte Stellung einrückten, als Hülfsarbeiter am Museum thätig: Dr. Brandt hat im Jahre 1871 im Verlaufe von mehreren Monaten eine gründliche Revision des in der Vorrathskammer aufgespeicherten Rohmaterials ausgeführt, Cand. Woldstedt beschäftigte sich fast 2 Jahre hindurch (vom 1. Februar 1873 bis 1. Januar 1875) an der entomologischen Abtheilung mit der Determination der Ichneumoniden und der Aufstellung der Coleopteren und Cand. Herzenstein hat in den Jahren 1879 und 1880 die Quadrumanen und Cephalopoden des Museums durchbestimmt und auch die Determination unserer Fischsammlung begonnen.

Ferner sind zu wiederholten Malen auch unbesoldete Beamte am Museum angestellt oder thätig gewesen; dahin gehört zunächst ein Zögling des ehemaligen pädagogischen Hauptinstituts, Cand. P. Dolotsky, der nach absolvirten Studien fast 5 Jahre (vom 7. November 1845 bis 4. October 1850) hindurch die Stelle eines Conservators-Gehülfen ohne Gage bekleidet, sich aber wahrscheinlich nur mit Studien zu seiner weiteren Ausbildung beschäftigt hat, wenigstens sind im Museum keine Spuren seiner Thätigkeit nachgeblieben. Alsdann wurde Mag. G. Gerstfeldt am 28. März 1856 als Conservator ohne Gage angestellt und hat die kurze Zeit, während welcher er diese Stelle bekleidete, zur Bearbeitung unseres Materials an europäischen Flusskrebsen, so wie an sibirischen Land- und Süsswasser-Mollusken, Crustaceen, Myriopoden und Würmern benutzt. Eben so hat auch Dr. G. Radde während dreier Jahre (vom März 1860 bis März 1863) als Conservator ohne Gage am Museum fungirt und in dieser Zeit das von ihm in Ost-Sibirien gesammelte Material an warmblütigen Wirbelthieren bearbeitet. Schliesslich müssen hier noch die beiden Aspiranten auf die durch Ménétriés' Tod vacant gewordene Conservatorstelle, die Herrn Mag. C. Blessig und Cand. A. Morawitz, genannt werden, welche beide über anderthalb Jahre ohne irgend welche Remuneration an der entomologischen Sammlung gearbeitet haben; da Brandt seine ursprüngliche Absicht, beide anzustellen, leider nicht in Ausführung bringen konnte und sich zuletzt für Herrn Morawitz entschied, so zog sich Herr Blessig zurück und das Museum verlor in ihm einen überaus kenntnissreichen und thätigen Arbeiter.

Endlich haben sich auch Brandt's specielle Fachgenossen, die Akademiker für Zoologie, in nicht unwesentlicher Weise an den Museumsarbeiten betheiligt. So hat Herr Akad. A. von Middendorff nicht bloss den grössten Theil der zoologischen Ausbeute von seiner grossen Reise selbst bearbeitet, sondern auch die ganze Molluskensammlung des Museums im Verlaufe von 10 Jahren, von 1845 bis 1855, vollständig verwaltet; Herr Akad. L. von Schrenck, der anfänglich mit den Rechten eines Adjuncten angestellt war, beschäftigte sich eine Reihe von Jahren im Museum, zuerst mit der Bearbeitung der von ihm und von Herrn Cand. R. Maack gesammelten Säugethiere und Vögel des Amurlandes und später mit der Bearbeitung und Aufstellung sämmtlichen aus dem genannten Lande und den angrenzenden Meeren vorhandenen Materials an Mollusken. Schliesslich muss ich auch meiner Thätigkeit am Museum mit einigen Worten gedenken: ich begann dieselbe am 1. Mai 1861 in durchaus privater Weise mit der Bestimmung, Bearbeitung und Aufstellung der herpetologischen Sammlung, die ich auch heute noch verwalte; nach meiner Wahl zum Adjuncten im Jahre 1867 nahm ich mich auch der ichthyologischen Sammlung an und darauf ging, wie schon weiter oben erwähnt, die Verwaltung des ganzen Museums allmählich vollständig in meine Hände über, bis ich am 28. August 1879 von der Conferenz zum Director der Anstalt ernannt wurde.

Was die zweite Kategorie der Museumsbeamten, die technischen oder Präparanten, anbetrifft, so ist es gegenwärtig kaum möglich, sie alle namhaft zu machen, da sie fast sämmtlich nur privatim angestellt gewesen sind und ihrer daher in den Protocollen nicht immer erwähnt wird. Es ist desshalb die nachfolgende Aufzählung nicht ganz vollständig, namentlich so weit sie sich auf die ersten Decennien bezieht, wo gerade zahlreichere Lehrlinge am Museum thätig waren, die mir aber nicht einmal alle dem Namen nach bekannt geworden sind. Als nämlich im August 1831 das Laboratorium eingerichtet und an demselben, wie schon bemerkt, eine Präparantenschule angelegt worden war, traten bereits im December 3 und im darauf folgenden Jahre noch 4 Zöglinge des Kaiserlichen Erziehungshauses als Lehrlinge in dasselbe ein, so dass also mit Einschluss Wosnessensky's gleich in der ersten Zeit unter Schrader's Leitung 8 Schüler im Laboratorium beschäftigt waren. Von diesen 8 Schülern wurde zuerst der nachmalige Conservator Ilja Wosnessensky im Jahre 1834 und einige Zeit später noch zwei andere, die Namensvetter Konstantin und Pamphil Iwanow, zu Präparanten-Gehülfen befördert und die beiden letzteren haben auch lange Jahre in dieser Eigenschaft am Museum bestanden. K. Iwanow, der sich ausschliesslich mit osteologischen Arbeiten befasste, war ein sehr geschickter und fleissiger Arbeiter, dem das Museum einen sehr beträchtlichen Theil seiner osteologischen Präparate verdankt; P. Iwanow, gleichfalls ein sehr geschickter und fleissiger Arbeiter, beschäftigte sich dagegen ausschliesslich mit Ausstopfen und hat anfänglich unter Schrader's Leitung, später ganz selbstständig die meisten der in den 40ger und 50ger Jahren aufgestellten Säugetbiere, so wie auch eine Menge von Vögeln montirt. Im Jahre 1845 wurde die Zahl der Präparanten noch um einen vermehrt, indem auf Allerhöchsten Befehl der Unterofficier des Orenburger Kosakenheeres Alexei Skornjakow zum Museum zukommandirt worden war, speciell um das Abbalgen und Ausstopfen zu erlernen; derselbe hat im Ganzen 7 Jahre am Museum gearbeitet, anfangs als Lehrling, später als Präparanten-Gehülfe, und verliess die Anstalt, nachdem er im Jahre 1849 zum Officier befördert worden war, im Februar 1852, kehrte in seine Heimath zurück und hat später an einer der Expeditionen des Dr. Sewerzow als Präparant Theil genommen. An Skornjakow's Stelle trat 1853 Konstantin Nikitin, ein geschickter Zeichner und Ausstopfer, der aber im Ganzen nur wenig am Museum gearbeitet hat, da er fast beständig auf Reisen war, zuerst mit Herrn von Baer auf dessen Kaspischen Expeditionen, und später mit Herrn Danilewsky am Weissen und am Eismeer. Eben so vorübergehend war auch die Thätigkeit des Urjadniks Shukow, der 1860 von der altaischen Bergwerksverwaltung an das Museum abkommandirt worden war, um sich zum Präparanten auszubilden, denn auch er ging, nachdem er etwa drei Jahre mit gutem Erfolge im Laboratorium gearbeitet hatte, an das Museum zu Barnaul über, wo er jedoch leider schon sehr bald nach seiner Ankunft starb.

Der erste Wechsel im ständigen Personal des Laboratoriums erfolgte im Jahre 1864, wo der Präparant K. Iwanow eines plötzlichen Todes starb und durch den Sculpteur Konstantin Prichodko, einen überaus geschickten Ausstopfer, der im plastischen Atelier des bekannten hiesigen Sculpteurs Häuser gelernt hatte, ersetzt wurde. Bald darauf, gegen Schluss des Jahres 1867, verliess auch P. Iwanow das Museum, indem er als Conservator an das zoologische Kabinet der hiesigen medico-chirurgischen Akademie überging, und an seine Stelle trat ein Beamter des Verwaltungs-Comités, Peter Perschtschetzky, der sich ausschliesslich osteologischen Arbeiten widmete und auch die Sorge für die seit K. Iwanow's Tode gänzlich verwaiste osteologische Abtheilung übernahm. Inzwischen waren auch drei neue Lehrlinge eingetreten, nämlich 1864 Jacob Saweljew, der im Jahre 1866 Hrn. Mag. Friedr. Schmidt auf dessen Expedition an den Jenissei und im Jahre 1868 Hrn. von Middendorff auf dessen Reise in das südwestliche Sibirien begleitete, — und im Jahre 1866 Iwan Kaiser und Paul Desjatow. Kaiser verliess das Museum bereits im Januar 1869 und trat in's Militär ein, P. Desjatow dagegen verblieb am Museum, wurde von 1869 an mit Gehalt angestellt und hat sich durch Fleiss und ein ausgesprochenes Talent für Taxidermie zu einem ganz ausgezeichneten Ausstopfer herangebildet, ja ist unter den Schülern, welche während der letzten 20 Jahre am Museum gelernt haben, ohne Widerrede der Beste. Im Jahre 1871 ging J. Saweljew an das Museum zu Moskau über und wurde durch den ehemaligen Lehrling unseres Laboratoriums Iwan Terentjew ersetzt, der mehrere Jahre hindurch anfänglich mit Dr. Sewerzow, später mit dem Obristen A. Kuschakewitsch das Turkestansche Gebiet bereist hatte. Als ferner gegen Ende 1872 P. Perschtschetzky das Museum verliess, rückte I. Terentjew in seine Stelle ein und wurde seinerseits durch Jegor Wassiljew ersetzt, der sich fast ausschliesslich mit osteologischen Arbeiten beschäftigt hat. Endlich wurde im darauf folgenden Jahre noch ein Lehrling Joseph Firley mit einem kleinen Gehalt von 5 Rubeln monatlich am Laboratorium angestellt.

Mit Einführung des neuen Etats im Januar 1875 war, wie schon bemerkt, die Zahl der technischen Arbeiter auf 5 erhöht worden, nämlich 2 ältere, 2 jüngere Präparanten und ein Lehrling. Die eine Stelle des ältern Präparanten erhielt selbstverständlich K. Prichodko, der durch seine Geschicklichkeit und seinen langjährigen eifrigen Dienst die gegründetsten Ansprüche darauf hatte, die zweite Stelle dagegen, die mit einem Präparanten für Osteologie besetzt werden sollte, musste zunächst vacant bleiben, da unter dem vorhandenen Personal keiner die nöthige Qualification besass, und wurde erst nach einigen Monaten, im November, mit Julius Ananow besetzt, einem selten geschickten Arbeiter, der sich mit beispiellosem Eifer der osteologischen Abtheilung annahm und sie in wenigen Jahren von Grund aus umgestaltet hat. Als jüngere Präparanten traten I. Terentjew und P. Desjatow ein und die Stelle des Schülers erhielt J. Wassiljew, der aber bereits im Jahre 1877 starb und durch J. Firley ersetzt wurde. Im Jahre 1880, als der Beschluss gefasst worden war, eine Ausstellung sämmtlicher zoologischen Objecte, welche Obrist N. M. Przewalsky von seinen 3 Reisen mitgebracht hatte, zu veranstalten, musste das Arbeitspersonal im Laboratorium verstärkt werden, da noch Vieles von des berühmten Reisenden Ausbeute auszustopfen war. Es wurden daher zeitweilig zwei Hülfsarbeiter, Michael Danilewsky und Fedor Desjatow, mit einem entsprechenden aus der Etatsumme des Museums zu zahlenden Gehalt angestellt, welche beide im Sommer 1881 die Anstalt wieder verliessen; zu gleicher Zeit ging auch der Schüler J. Firley ab und an seine Stelle trat Peter Kowalenko. Ausserdem war im Beginn des Jahres 1881 vom Kaiserlichen Jägerhof in Gatschina ein Jäger Dmitrij Suchoparow an das Museum abkommandirt worden, der das Abbalgen und Ausstopfen erlernen sollte und, so weit das in der kurzen Zeit von anderthalb Jahren möglich war, auch unter Anleitung des ältern Präparanten K. Prichodko erlernt hat. Endlich trat noch in letzter Zeit ein Personalwechsel ein: im April 1882 starb nämlich nach längerer Krankheit der jüngere Präparant J. Terentjew und wurde durch F. Desjatow ersetzt, der eben so, wie sein Bruder P. Desjatow, ein ausgesprochenes Talent für Taxidermie besitzt und auch bereits früher, während seiner zeitweiligen Anstellung als Hülfsarbeiter, Proben seiner Geschicklichkeit abgelegt hatte.

Die Oberaufsicht über das Laboratorium, so wie die Leitung der in demselben ausgeführten technischen Arbeiten war bei Gründung des Museums, wie schon bemerkt, dem Conservator Schrader übertragen worden und er hat sie auch mit grossem Erfolge bis zu seinem Abgange im Jahre 1846 geführt. Zu seinem Nachfolger war Wosnessensky designirt, der sich aber damals noch auf Reisen befand, und es wurde daher, um das Institut nicht ganz ohne Aufsicht zu lassen, ein Maler Prüss interimistisch mit einem kleinen Gehalt und freier Wohnung als Chef des Laboratoriums angestellt. Als Wosnessensky im Jahre 1849 zurückgekehrt war, übernahm er die Leitung der technischen Arbeiten und hat dem Laboratorium zum grossen Nutzen des Museums im Verlaufe von 22 Jahren vorgestanden und eben so, wie sein Lehrer Schrader, eine ganze Reihe von Präparanten herangebildet. Nach Wosnessensky's im Jahre 1871 erfolgtem Tode musste sein Nachfolger, der Conservator Dr. A. Brandt, obwohl er die Kunst des Ausstopfens nicht verstand, die Oberaufsicht über das Laboratorium übernehmen, trat dieselbe aber bereits 1875 an den Conservator V. Russow, bekanntlich einen Meister in der Taxidermie, ab, welcher letztere sie bis zu seiner Abreise nach Turkestan im Januar 1878 sehr erfolgreich geführt hat. Von da ab ging dieselbe in meine Hände über, anfänglich nur für die Zeit von Russow's Abwesenheit, da derselbe aber leider gleich nach seiner Rückkehr im Januar 1879 starb, so musste ich die Oberaufsicht behalten und stehe auch gegenwärtig noch dem Laboratorium vor; da ich die Kunst des Ausstopfens jedoch nicht verstehe, so kann von einer Leitung der technischen Arbeiten meinerseits eigentlich nicht die Rede sein und meine Thätigkeit im Laboratorium beschränkt sich auf die Vertheilung der Arbeit, auf die Auswahl und Angabe der Zeichnungen, nach welchen gestopft werden soll, so wie endlich auf eine Begutachtung der angefertigten Präparate. Trotzdem nun ein wirklicher, sachkundiger Leiter des Laboratoriums fehlt, gehen die Arbeiten doch nicht bloss sehr gut von statten, sondern es werden auch gegenwärtig noch Schüler ausgebildet, Dank unseren 4 Präparanten, die wirkliche Meister in ihrer Kunst sind.

Das Arbeitspersonal des Museums bestand somit am 4. Juli 1882, den Director nicht mitgerechnet, aus folgenden 10 Personen:

Etatmässige gelehrte Conservatoren: Cand. A. Morawitz, Mag. J. Poljakow und Cand. W. Woldstedt.

Ausseretatmässige gelehrte Conservatoren: Dr. M. Bogdanow und Cand. S. Herzenstein.

Aeltere Präparanten: K. Prichodko und J. Ananow.

Jüngere Präparanten: P. Desjatow und F. Desjatow.

Lehrling: P. Kowalenko.

Endlich sind am Museum noch 5 Diener angestellt, die neben den gewöhnlichen Arbeiten solcher Leute, wie Ofenheizen, Reinigen der Zimmer etc., auch die Verpflichtung haben, das runde Jahr hindurch an allen Montagen, wo bekanntlich die zoologische Abtheilung des Museums für das Publicum von 11—3 Uhr geöffnet ist, in den Sälen der Sammlung zu dejouriren und für die Aufrechterhaltung der Ordnung zu sorgen. Ausserdem müssen sie täglich, die Sonn- und Feiertage ausgenommen, während der Arbeitszeit im Laboratorium anwesend sein, um bei den Arbeiten die nöthige Hülfe zu leisten, und zwei von ihnen sind abwechselnd jede Woche dujour, d. h. sie sind verpflichtet sich täglich, die Sonn- und Feiertage nicht ausgenommen, so lange im Laboratorium aufzuhalten, als überhaupt noch jemand von den Beamten im Museum beschäftigt ist. Bei Licht wird bei uns nur ausnahmsweise gearbeitet, und zwar ausschliesslich nur in den Arbeitszimmern, nicht aber in der Sammlung und im Laboratorium; früher beschäftigten sich auch die Präparanten bei Licht, jedoch ist ihnen das Mitte der 70ger Jahre durch eine Verordnung des Verwaltungs-Comités untersagt worden, und wohl mit Recht, da die bei den technischen Arbeiten in Anwendung kommenden Materialien (Stroh, Werg und Hede) gar zu feuergefährlich sind. Zugleich mit dieser Verfügung des Comités wurde auch die Anordnung getroffen, dass sämmtliche Museumsräume zur Nacht einfach abgeschlossen werden, so das der dejourirende Diener von da ab nicht mehr verpflichtet war, im Laboratorium zu nächtigen.

Die Arbeitszeit für die Präparanten ist von jeher auf 5 Stunden täglich normirt gewesen, und zwar waren dazu früher die Stunden von 9—2, seit Wosnessensky's Tode aber von 10—3 Uhr bestimmt. Für die Conservatoren wird ursprünglich wohl die gleiche Arbeitszeit festgesetzt gewesen sein, jedoch hat man sich nie genau daran gehalten und auch jetzt, wo durch eine Mitte der 70ger Jahre erlassene Verordnung unseres Präsidenten als Arbeitszeit für die gelehrten Beamten die Stunden von 11—3 Uhr angesetzt sind, steht es jedem der letzteren frei, nach vorheriger Verständigung mit dem Director andere Stunden zu wählen. Ueberhaupt ist es eine eigene Sache um die Bestimmung der Arbeitszeit für die gelehrten Conservatoren. Wissenschaftliche Beschäftigungen lassen sich bekanntlich nicht wohl controliren, man kann nicht einfach festsetzen, dass in einer bestimmten Zeit eine bestimmte Anzahl von Objecten determinirt, etiquettirt, catalogisirt etc. sein müsse, denn oft erfordert es stunden-, ja selbst tagelanger Arbeit, ehe man darüber ins Klare kommt, ob ein betreffendes Object bereits benannt und beschrieben, oder aber neu für die Wissenschaft ist. Ausserdem besteht ein grosser Theil der Arbeit, welche die gelehrten Conservatoren zu leisten haben, im Nachlesen und Excerpiren von Beschreibungen, im Anfertigen von vorläufigen synoptischen Tabellen zur leichteren und bequemeren Bestimmung der Objecte, im Zusammenstellen von Verzeichnissen aller Arten, die aus einer bestimmten Thiergruppe beschrieben sind, etc., also in fast lauter solchen Arbeiten, die eben so gut auch zu Hause gemacht werden können, und es wäre doch geradezu pedantisch, wenn man verlangen wollte, dass alle diese Arbeiten durchaus im Museum vorgenommen werden. Es wird daher ein Conservator, der vielleicht die officiellen Arbeitsstunden nicht regelmässig einhält, sich aber auch zu Hause mit Museumsarbeiten beschäftigt, die Sammlung ungleich mehr vorwärts bringen, als ein anderer, der die Arbeitszeit pünktlich einhält, damit aber auch allen seinen Verpflichtungen genügt zu haben glaubt. Das Hauptmoment liegt hierbei also keineswegs in dem pünktlichen Einhalten der officiellen Dienststunden, wie etwa in einer Canzellei, sondern vielmehr darin, dass der Conservator, der die ihm unterstellte Abtheilung der Sammlung vollkommen selbstständig verwaltet, auch wirklich ein specielles Interesse für dieselbe hat. Ist ein solches Interesse vorhanden, so wird die Sache auch ohne besonderes Reglement gefördert werden, fehlt es dagegen, so helfen auch alle Verordnungen und Vorschriften nichts, dann wird die Arbeit nie in gewünschter Weise vorwärts gehen und der Nutzen, den ein derartiger Conservator dem Museum bringt, wird immer nur ein sehr beschränkter sein. Es haben daher die Conservatoren bei uns in Bezug auf ihre Beschäftigungen von jeher grosse Freiheiten genossen und geniessen sie auch heute noch, da kein Grund vorlag, darin irgend eine Aenderung eintreten zu lassen.

Was nun die einzelnen Abtheilungen der Sammlung und die Bibliothek anbetrifft, so war die Verwaltung derselben am 4. Juli 1882 (und ist es auch gegenwärtig noch) in folgender Weise vertheilt:

I. Zoologische Abtheilung.

    Säugethiere — Conservator Mag. J. Poljakow und in dessen Abwesenheit der Director.

Vögel — Conservator Dr. M. Bogdanow.

Reptilien und Amphibien — der Director.

Fische — Conservator Cand. S. Herzenstein.

Mollusken, Crustaceen, Myriopoden, Arachniden, Würmer, Strahlthiere, Schwämme — Consvervator Cand. S. Herzenstein.

II. Entomologische Abtheilung — Conservator Cand. A. Morawitz und Conservator Cand. F. Woldstedt.

III. Osteologische Abtheilung — Aelterer Präparant J. Ananow unter specieller Leitung des Directors.

IV. Bibliothek — der Director.

Abgesehen von Herrn Poljakow, der sich seit seinem Eintritt in den Dienst grösstentheils auf Reisen befunden hat und auch gegenwärtig noch befindet, also eigentlich den Posten eines Reisenden des Museums bekleidet, ist zur Zeit nur Dr. Bogdanow so gestellt, dass er mit der ihm anvertrauten Abtheilung der Sammlung auch wirklich vollkommen zurecht zu kommen, d. h. sie nicht bloss in Ordnung zu bringen und zu erhalten, sondern auch wissenschaftlich zu verwerthen im Stande ist. Die übrigen Conservatoren dagegen sind derartig mit Arbeit überladen, dass sie selbst bei Aufwendung aller Kräfte mit dem Ordnen und Aufstellen der ihnen überantworteten Abtheilungen des Museums nicht fertig werden können und daher gezwungen sind, von einer wissenschaftlichen Verwerthung des Materials wenigstens für's erste abzusehen, schon allein desshalb, weil die Abfassung einer wissenschaftlichen Abhandlung unbedingt eine, besonders gegenwärtig sehr störende, Unterbrechung in den laufenden Museumsarbeiten nach sich ziehen würde. Zwar haben die beiden Entomologen gleichfalls nur eine einzige Thierclasse, die Insecten, zu versehen, jedoch umfasst diese Classe allein bekanntlich mehr Formen, wie das ganze übrige Thierreich zusammengenommen, und bildet somit ein derartig colossales Material, dass zwei Menschen es beim besten Willen nicht zu bewältigen im Stande sind. Am meisten mit Arbeit überladen ist aber ohne Widerrede Herr Herzenstein, der neben den Fischen auch noch sämmtliche Wirbellosen, mit alleiniger Ausnahme der Insecten, zu verwalten hat; dass unter solchen Umständen von einer gleichmässigen Berücksichtigung aller der verschiedenen Classen, die ihm anvertraut sind, nicht die Rede sein kann, versteht sich wohl von selbst, und die natürliche Folge davon ist, dass ganze grosse Abtheilungen der Wirbellosen, wie namentlich sämmtliche Würmer und die Echinodermen, sich noch in vollkommen rohem Zustande befinden und voraussichtlich noch lange befinden werden, da es sich gar nicht absehen lässt, wann die Reihe, geordnet zu werden, diese Classen treffen wird.

Es ist also an unserem Museum das Personal für die wissenschaftlichen Arbeiten ein durchaus unzureichendes und eine Verstärkung desselben bildet eines der wesentlichsten Bedürfnisse der Anstalt, ja ist für das Gedeihen derselben geradezu eine conditio sine qua non. Nur wenn die Zahl der gelehrten Conservatoren eine entsprechende Vermehrung erfährt, wird es möglich sein, nicht bloss alle Abtheilungen der Sammlung in die gehörige Ordnung zu bringen, sondern auch das massenhaft aufgespeicherte Material an russischen Thieren wissenschaftlich zu verwerthen, d. h. eine möglichst vollständige Fauna des Russischen Reichs abzufassen und auf diese Weise das Hauptziel, auf welches im Museum seit seiner Gründung hingearbeitet worden ist, zu erreichen.

IV. Die Sammlungen des Museums.

Die zoologische Sammlung der alten Kunstkammer, aus welcher, wie bereits bemerkt, das heutige zoologische Museum hervorgegangen ist, war im Laufe der Jahre durch Einwirkung von Licht, Insectenfrass und Feuchtigkeit derartig in Verfall gerathen, dass nur wenige Objecte aus derselben sich als brauchbar und der Aufnahme in das neue Museum werth erwiesen, und man kann daher wohl ohne Weiteres behaupten, dass der seelige J. F. Brandt das zoologische Museum nicht sowohl reorganisirt, als vielmehr von Grund aus neu geschaffen hat. Die Mittel, durch welche die Completirung und Bereicherung der Sammlungen bewerkstelligt wurde und auch heute noch bewerkstelligt wird, sind vierfacher

Art, nämlich 1) durch Ankauf, 2) durch Tausch, 3) durch die Expeditionen und Reisen, welche von der Akademie ausgerüstet oder auch nur unterstützt worden sind, und endlich 4) durch Geschenke.

Bereicherung der Sammlung durch Ankauf.

Bei den mehr als bescheidenen Geldmitteln, über welche das Museum namentlich in den ersten Decennien seines Bestehens disponirte, konnte anfänglich nur sehr wenig angekauft werden, zumal gerade damals der Unterhalt des Laboratoriums beträchtliche Summen erforderte, da in demselben scharf gearbeitet werden musste, schon allein um die leeren Säle zu füllen. Da nun mit der Zahl der Ankäufe auch die Menge des abgebbaren Tauschmaterials in direktem Zusammenhange steht, so hätte das Museum bei Weitem nicht so rasch wachsen können, wenn nicht in den drei ersten Decennien fast alljährlich kleinere oder grössere Zuschüsse aus den Oeconomie-Summen der Akademie zum Ankaufe von Objecten gewährt worden wären. Im Jahre 1875 wurde die Etatsumme des Museums zwar verdoppelt, doch stand diese Vergrösserung schon keineswegs mehr im richtigen Verhältnisse zu den Bedürfnissen desselben, denn einerseits hatten mit Einführung der Kasseneinheit für das ganze Reich und der damit zusammenhängenden Einziehung der akademischen Oeconomie-Summen im Anfange der 60ger Jahre jegliche Zuschüsse von Extra-Summen aufgehört, und andererseits erforderte mit der allmählichen Vergrösserung der Sammlungen die Conservation und Aufstellung ungleich grössere Ausgaben, als früher, wo namentlich für Glasgefässe und Spiritus nur wenig verwendet zu werden brauchte.

Das Princip, von welchem sich Brandt bei den Ankäufen leiten liess, war zu verschiedenen Zeiten natürlich auch ein verschiedenes. Anfangs war er bestrebt, alle Thierclassen in möglichst gleichmässiger Weise zu bedenken, und kaufte, ohne besonders wählerisch zu sein, die verschiedenartigsten Objecte, nur um für jede einzelne Thierclasse einen Grundstock zu bilden. Später jedoch, als von jeder Classe die Hauptrepräsentanten, oder doch wenigstens einige derselben vorhanden waren, gab er diesen Modus der Ankäufe auf und suchte von nun ab nur solche Objecte zu acquiriren, welche gerade für die laufenden Arbeiten unumgänglich nöthig waren. Dadurch wurden zwar die einzelnen Thierclassen in sehr ungleichmässiger Weise bereichert und completirt und die niederen Wirbellosen, mit denen Brandt sich nur wenig beschäftigt hat, sind auch im Vergleich zu den Wirbelthieren sehr arm geblieben, dennoch muss der letztere Modus unter den obwaltenden Verhältnissen als der einzig richtige anerkannt werden, denn nur auf die Weise war es möglich, ein zu wissenschaftlichen Arbeiten wenigstens einigermaassen ausreichendes Material zu beschaffen. Eine Ausnahme in dieser Beziehung bildeten nur die russischen Thiere, indem von diesen stets Alles, was irgend zu haben war, angekauft wurde und auch heute noch angekauft wird.

Eine Aufzählung aller im Laufe der 50 seit Gründung des Museums verflossenen Jahre effectuirten Ankäufe kann hier natürlich nicht gegeben werden, es wird genügen nur diejenigen hervorzuheben, die sich auf ganze, mehr oder weniger bekannte und durchgearbeitete Sammlungen beziehen. Derartige Sammlungen sind im Ganzen 4 für das Museum angekauft worden, die hier, chronologisch geordnet, folgen:

1) Die Crustaceensammlung des Dr. R. A. Philippi, bestehend aus 250 Arten in c. 2000 Exemplaren, die in Neapel und Sicilien gesammelt worden waren. Mit dieser Sammlung, die im Jahre 1851 für 300 Rbl. acquirirt wurde, erhielt das Museum auch ein nahezu druckfertiges, aber bereits etwas veraltetes Manuscript, in welchem Philippi die einzelnen Arten beschrieben und zum grossen Theile auch durch Handzeichnungen erläutert hatte. Nach jahrelangem Liegen ist sowohl die Sammlung, als auch das Manuscript Ende der 70ger Jahre von dem damaligen Conservator Dr. A. Brandt in Gemeinschaft mit Hrn. W. J. Czerniawsky durchgesehen worden, und der erstere hat auch bereits einen Theil der Resultate, zu welchen er bei dieser Durchsicht gelangt, im Bulletin der Akademie veröffentlicht.

2) Die Insectensammlung des verstorbenen William Grey, weiland Gärtners am Kaiserlichen Taurischen Palais hierselbst,

ausschliesslich Käfer und Schmetterlinge enthaltend. Diese Sammlung war in den 50ger Jahren ohne Widerrede die reichste und bedeutendste unter den Privatsammlungen Petersburgs und stand an Artenzahl der damaligen akademischen Sammlung kaum nach, übertraf dieselbe aber hinsichtlich der Güte und Vollständigkeit der Exemplare. Nach Grey's Mitte der 60ger Jahre erfolgtem Tode wurde die Sammlung zuerst in der hiesigen entomologischen Gesellschaft deponirt, ging später aber in Privathände über und gelangte schliesslich durch öffentliche Versteigerung in den Besitz des wirkl. Staatsraths Anton Iwanowitsch Lagoda, von welchem sie im Jahre 1871 für die Summe von 500 Rbl. angekauft wurde. Ungeachtet dessen, dass die Sammlung fast auf die Hälfte ihres früheren Bestandes reducirt war, bildete sie dennoch eine ganz wesentliche Bereicherung unseres Museums.

3) Die Sammlung des verstorbenen Kasaner Professors Dr. Eduard Eversmann, bestehend aus 112 Arten von Säugethieren in 189 Exemplaren und 368 Arten von Vögeln in 1166 Exemplaren. Diese Sammlung, die nur einen Theil aller Eversmann'schen Sammlungen bildet, wurde im Jahre 1877 durch Vermittelung des gegenwärtigen Conservators Dr. M. N. Bogdanow von Eversmann's Sohne für 1000 Rbl. angekauft und muss schon desshalb als eine der wichtigsten Acquisitionen unseres Museums angesehen werden, weil sie neben vielem Anderen auch sämmtliche Typen zu Eversmann's Naturgeschichte des Orenburger Landes enthält.

4) Die Käfersammlung des verstorbenen wirkl. Staatsraths Semen Martynowitsch Solsky, bestehend aus etwa 12000 Arten in c. 35000 Exemplaren. Nach Solsky's im Anfange des Jahres 1879 erfolgtem Tode war diese reiche und gut erhaltene Sammlung in den Besitz des (in entomologischen Kreisen unter dem Namen Erschoff bekannten) Lepidopterologen N. Jerschow übergegangen und wurde von demselben im Jahre 1880 für 2000 Rbl. angekauft. Sie ist besonders reich an Staphyliniden, welche der seelige Solsky mit Vorliebe gesammelt und studirt hat, und enthält sämmtliche Typen zu den von ihm beschriebenen neuen Arten dieser Familie, so wie auch eine

Menge von Original-Exemplaren zu verschiedenen, von Solsky über andere Familien verfassten Arbeiten.

Bereicherung der Sammlung durch Tausch.

Der Tauschverkehr hat in unserem Museum, namentlich in den ersten Decennien nach Gründung der Anstalt, eine sehr grosse Rolle gespielt. Noch vor Brandt's Ankunft hierselbst hatte Ménétriés bereits Tauschverbindungen mit Paris, dem damaligen Centrum für die ganze Entomologie, angeknüpft, um die an Insecten besonders reiche Ausbeute, die er mit Hülfe Wosnessensky's während seiner Reise in den Kaukasus zusammengebracht hatte, zu verwerthen. Kaukasische Insecten sind auch heute noch gesucht und waren es damals um so mehr, da sie fast aus lauter neuen oder doch in Sammlungen noch wenig verbreiteten Arten bestanden; sie liessen sich daher sehr vortheilhaft verwerthen und die akademische Insectensammlung ist durch diesen Tauschverkehr ohne Widerrede mehr bereichert worden, als es in Anbetracht der geringen Geldmittel durch Ankauf hätte geschehen können. Diesen Tauschverkehr setzte Ménétriés, der die entomologische Sammlung ganz selbstständig verwaltete, auch später fort, sowohl mit den von Dr. Gebler in Masse eingesandten, sehr gesuchten Altai-Insecten, als auch mit den übrigen sibirischen, die dem Museum theils durch die von der Akademie ausgesandten Reisenden, theils von anderen Personen zuflossen. In ganz ähnlicher Weise hat auch Brandt einen sehr lebhaften Tauschverkehr sowohl mit Museen, als auch besonders mit Naturalienhändlern unterhalten und ebenfalls sehr günstige Resultate für die Vergrösserung und Bereicherung des Museums erzielt. Zu jener Zeit bildete unser Museum, so zu sagen, das Depot für russische Thiere, die nur hier und sonst nirgends zu haben waren, ein Verhältniss, das sich im Laufe der Jahre sehr geändert, ja beinahe umgekehrt hat, denn gegenwärtig müssen wir, wenigstens die russischen Insecten, und zwar gerade diejenigen aus den interessantesten Gegenden des Reichs, aus dem Kaukasus, aus Turkestan, aus den Altai-Gegenden und aus dem Amurlande, vom Auslande her, namentlich von Dresden, beziehen.

Dieser rege Tauschverkehr, bei welchem selbstverständlich nur russische Thierarten in Betracht kamen, hat bei all seinem Nutzen und seinen Vortheilen doch auch seine nachtheiligen Folgen für das Museum gehabt, welche sich namentlich gegenwärtig sehr fühlbar machen. In früheren Zeiten begnügte man sich nämlich fast in allen Sammlungen mit einem Pärchen oder doch mit einigen wenigen Exemplaren jeder einzelnen Art und suchte nur die Zahl der Arten nach Möglichkeit zu vergrössern; gegenwärtig dagegen ist man zugleich bestrebt, wenn möglich, ganze Reihen von Exemplaren einer und derselben Art zu erlangen, um sich ein Urtheil über die Variabilitaetsgrenzen der einzelnen Arten bilden zu können, und eben solche Reihen von Exemplaren fehlen unserem Museum, da fast von allen Arten, die früher in Menge eingesandt worden waren, stets nur 1—2 Exemplare der Sammlung einverleibt, der Rest dagegen vertauscht worden ist. Da es sich bei dem Tauschverkehr ausser um Insecten nur noch um Vögel und Säugethiere gehandelt hat, die kaltblütigen Wirbelthiere aber von demselben unberührt geblieben sind, so erklärt es sich auch, wesshalb gerade die letzteren, was Reichthum und Vollständigkeit der Reihen anbetrifft, in ungleich besserer Verfassung sind, als die Warmblüter und namentlich als die Insecten. In Betreff der Säugethiere und Vögel ist der obengerügte Schaden mit der Zeit im Grossen und Ganzen wohl wieder reparirt worden, in Betreff der Insecten aber nicht, und es dürfte noch einige Zeit vergehen, ehe unsere Insectensammlung in diejenige Verfassung kommt, um ein ausreichendes Material für die Bearbeitung einer russischen Fauna abgeben zu können.

Mit dem Beginn der 60ger Jahre hörte der Tauschverkehr mit Insecten völlig auf, nicht bloss weil Ménétriés gestorben, sondern weil das vorhandene Tauschmaterial aufgebraucht war, und auch Brandt beschränkte den von ihm betriebenen Tauschhandel auf ein Geringes, aber nicht etwa, weil es an Material fehlte, sondern weil er sich fast ausschliesslich osteologischen Studien zuwandte und nicht mehr soviel Zeit auf den Tauschverkehr und die damit zusammenhängende weitläufige Correspondenz verwenden konnte. Von da ab ist im Ganzen wenig getauscht worden, und zwar aus zweierlei Gründen: einerseits vertauschen wir Objecte nur aus solchen Abtheilungen, die durchgearbeitet oder doch ganz sicher bestimmt sind, und geben auch da nur dasjenige ab, was ohne Beeinträchtigung der Sammlung entbehrt werden kann; andererseits befolgen wir nach Möglichkeit das Princip, Alles, was für Geld zu haben ist, zu kaufen und nur dasjenige in Tausch zu nehmen, was absolut nicht käuflich erworben werden kann. Es sind daher in letzter Zeit fast nur kaltblütige Wirbelthiere, namentlich Reptilien und Amphibien, so wie Einiges an Fischen, abgegeben und dagegen sehr werthvolle, grösstentheils nicht käuflich zu habende Objecte aus denselben Classen, darunter auch viele Originalexemplare (oder doch solche, welche von dem Begründer der betreffenden Art selbst determinirt sind,) eingetauscht worden. Aus den übrigen Thierclassen, die Insecten theilweise mit einbegriffen, ist zwar gegenwärtig gleichfalls ein reiches Material, also unzweifelhaft auch Vieles an disponibelen Doubletten vorhanden, doch können dieselben nicht eher abgegeben werden, als bis die betreffenden Classen durchgearbeitet oder doch wenigstens genau determinirt sind. Endlich haben wir, um den ganzen Tauschverkehr mehr zu regeln und gewisse, früher vorgekommene Inconvenienzen zu vermeiden, unter uns die Abmachung getroffen, dass jeder Conservator für den Fall eines beabsichtigten Tauschgeschäftes erst die Genehmigung des Directors einholen muss, dass aber auch der Director Nichts vertauschen kann, ohne vorher mit dem Conservator der betreffenden Thierclasse, vorausgesetzt, dass ein solcher vorhanden ist, Rücksprache genommen zu haben. Durch diese Abmachung ist allen Misshelligkeiten von vornherein vorgebeugt und zugleich den Conservatoren, welche ihre betreffenden Abtheilungen selbstständig verwalten, die Möglichkeit gegeben, auch wirklich für die Integrität der ihnen anvertrauten Abtheilung der Sammlung einzustehen.

Bereicherung der Sammlung durch die von der Akademie ausgerüsteten oder auch nur unterstützten Reisen und Expeditionen.

Für den Hauptzweck unseres Museums, der bekanntlich von jeher in der Bildung einer möglichst vollständigen Sammlung aller im Russischen Reiche vorkommenden Thierarten bestanden hat, waren die von der Akademie ausgesandten oder auch nur unterstützten Reisen und Expeditionen schon desshalb von der grössten Wichtigkeit, weil sie, wenigstens in den letzten 50 Jahren, alle die Aufgabe verfolgten, einzelne mehr oder weniger entfernte Theile des Reichs in naturhistorischer Beziehung zu erforschen. Ausserdem war von der Conferenz im Jahre 1842 auf Vorschlag Brandt's festgesetzt worden, dass alle von akademischen Reisenden gesammelten Objecte unbedingt den akademischen Sammlungen einverleibt werden müssten, und so haben denn die Museen, besonders auch das zoologische, von diesen Reisen sehr grossen Nutzen gezogen und sehr beträchtliche Bereicherungen erfahren. Bis zum Anfange der 60-ger Jahre wurden die Kosten dieser Reisen entweder aus den Oeconomie-Summen der Akademie (in einem Falle sogar aus den Specialmitteln der Museen), oder, wenn es sich um grössere Expeditionen handelte, aus besonderen, Allerhöchst dazu bewilligten Summen bestritten, von den 60-ger Jahren an dagegen, mit einer einzigen Ausnahme, stets aus der Summe von c. 2550 Rubl., welche der Akademie jährlich zu wissenschaftlichen Reisen und Unternehmungen zur Disposition steht. Demzufolge sind denn auch in den letzten 20 Jahren entweder nur kleinere Expeditionen von kurzer Dauer ausgeführt, oder aber Reisende, die von der Kaiserlichen Russischen Geographischen Gesellschaft ausgesandt waren, mit Geld unterstützt worden, speciell zu dem Zwecke, um zoologische und botanische Objecte für die Akademie zu sammeln. Von den im Ganzen ziemlich zahlreichen Reisen und Expeditionen, an deren Ausführung die Akademie in den letzten 50 Jahren betheiligt gewesen ist, haben die nachfolgend in chronologischer Reihenfolge aufgezählten in grösserem oder geringerem Maasse zur Bereicherung des zoologischen Museums beigetragen:

1832. Reise des Dr. Lessing nach Ost-Sibirien, die zwar auf des Reisenden eigene Kosten unternommen, aber von der Akademie durch einen jährlichen Beitrag von 1000 Rub. und durch Zukommandirung eines akademischen Präparanten (Wassilij Andrejew) unterstützt worden ist.

1835. Reise des Odessaer Professors Dr. Alexander von Nordmann in die Gegenden zwischen dem Schwarzen und Kaspischen Meer.

1837. Reise des Akademikers Carl Ernst von Baer nach Nowaja Semlja.

1838. Reise des Präparanten Politow, der von Dr. Gebler auf Kosten der Akademie in die Steppen am Nor-Saissan geschickt wurde.

1839. Reise des Geologen W. Böhtlingk nach Kola und in's russische Lappland.

1839—49. Reise des Präparanten J. G. Wosnessensky in die russisch-amerikanischen Kolonien und nach Kamtschatka [1]).

---

1) Wosnessensky's Reise ist unter allen von der Akademie in den letzten 50 Jahren ausgerüsteten Expeditionen diejenige, welche am längsten gedauert und, da der Reisende ausschliesslich zum Zwecke, Sammlungen zu veranstalten, ausgesandt war, auch die für das Museum ausgiebigsten Resultate geliefert hat. Ueber diese Reise ist niemals etwas an die Oeffentlichkeit gelangt und es dürfte daher nicht überflüssig sein, hier einen kurzen Ueberblick über den Gang derselben zu geben. Da ich den Bericht, den Wosnessensky über seine neunjährige Reise abgefasst und den Brandt der Conferenz in der Sitzung vom 28. September 1849 vorgelegt hat, im Archiv der Conferenz nicht habe finden können, bin ich genöthigt gewesen, die nachfolgende Notiz aus den von Brandt zu verschiedenen Zeiten der Conferenz mitgetheilten Berichten über die Resultate von Wosnessensky's Reise zusammenzustellen. Wosnessensky verliess Petersburg im August 1839 und reiste auf dem gewöhnlichen Wege um Cap Horn und mit den üblichen Landungen in Rio Janeiro und Valparaiso in die russisch-amerikanischen Kolonien, wo er am 1. Mai 1840 in Nowo-Archangelsk auf Sitcha eintraf. Von diesem Punkte aus machte er verschiedene Excursionen von längerer oder kürzerer Dauer, und zwar besuchte er im Jahre 1841 die Kolonie Ross in Russisch Californien und später auch den Golf von Californien. Im Jahre 1842 finden wir ihn sammelnd auf der Insel Kadjak und am Busen von Kenai; 1843 bereiste er die Pribylow-Inseln, die Aleuten, von Unalaschka bis Attu, die Commodore-Inseln und besuchte auch die Küste von Asien bei dem Metschigmenskischen Busen, so wie auch weiter nordwärts bis jenseits der Behringstrasse. Im darauf folgenden Jahre ging er auf die Kurilen und hat namentlich auf den Inseln Schumschu, Paramuschir, Simusir und Urup mit grossem Erfolge gesammelt und gejagt. Im Jahre 1845 schiffte er sich nach Ochotsk und in den Golf von Ajan ein, an welchen Orten er sich fast ein Jahr aufgehalten hat, und ging dann nach Petropawlowsk, wo er am 14. August 1846 eintraf. Von letzterem Orte aus bereiste er zuerst die Ostküste Kamtschatka's bis nach Nishne-Kamtschatsk, ging darauf im April 1847 an die Westküste, später auch an die Südspitze zum Cap Lopatka und verliess Kamtschatka im Jahre 1848, um von Sitcha aus nach Europa zurückzukehren. Am 30. September 1848 trat er von Nowo-Archangelsk aus die Rückreise nach Europa an und hatte noch im December desselben Jahres Gelegenheit einige

1840. Reise des Akademikers Carl Ernst von Baer in's russische Lappland.
1842—45 Reise des Kiew'schen Adjunkt-Professors, nachmaligen Akademikers Dr. A. Th. von Middendorff in den äussersten Norden und Osten von Sibirien.
1853. Reise des Schulinspectors Popow in Troitzkosawsk in den Jablonnoi Chrebet und in den Nertschinsker Kreis.
1853—56. Reise des nachmaligen Akademikers Dr. Leopold von Schrenck auf die Insel Sachalin und in's Amurland.
1857—58. Reise des Magisters der K. Moskauer Universität N A. Sewerzow an den Syr-Darja.
1860. Reise des Akademikers J. Fr. Brandt nach Nikolajew und in die Krym.
1863. Reise des Magisters A. Goebel, Conservators am mineralogischen Museum der Akademie, an das Kaspische Meer, die in den beiden folgenden Jahren wiederholt worden ist.
1866. Reise des nachmaligen Akademikers Magister Fr. Schmidt an den unteren Jenissei zur Bergung einer dort angeblich gefundenen Mammuthleiche.
1867. Reise des Akademikers J. Fr. Brandt nach Transkaukasien.
1869. Reise des Canditaten Baron G. von Maydell in das Tschuktschenland, im Auftrage der Kais. Russischen Geographischen Gesellschaft, aber mit einer Unterstützung von 1500 Rubeln von Seiten der Akademie, speciell zu dem Zwecke, um eine in jenem Lande angeblich zum Vorschein gekommene Mammuthleiche zu untersuchen.

Zeit auf den Sandwich-Inseln, namentlich in der Umgegend von Honolulu zu sammeln. Diese wichtige und ergiebige Reise, die ausschliesslich aus den Summen der Museen, namentlich des zoologischen und des botanischen, bestritten worden ist, hat ausserordentlich wenig gekostet, da sowohl die Hin- und Rückreise Wosnessensky's, als auch alle die zahlreichen Fahrten, die er während seines mehrjährigen Aufenthalts in den Kolonien unternommen hat, stets auf Schiffen der russisch-amerikanischen Compagnie ausgeführt worden sind, und die Compagnie auf jegliche Zahlung sowohl für diese Reisen, als auch für den Transport der überaus zahlreichen Sammlungen Wosnessensky's im Interesse der Wissenschaft renoncirt hat.

1876. Reise des Candidaten J. S. Poljakow, gelehrten Conservators am zoologischen Museum der Akademie, an den Ob-Fluss.
1877. Reise des Candidaten J. S. Poljakow in's Kusnetzkische Gebirge, um eine dort angeblich gefundene Mammuthleiche zu bergen, und in das Siebenstromland.
1878. Reise des gelehrten Conservators am zoologischen Museum der Akademie Valerian Russow nach Turkestan und in das Ferghana-Gebiet.
1879. Reise des Dr. A. F. Brandt, gelehrten Conservators am zoologischen Museum der Akademie, nach Transkaukasien und in den Kreis von Kars.
1881. Reise des Magisters J. S. Poljakow, gelehrten Conservators am zoologischen Museum der Akademie, auf die Insel Sachalin, im Auftrage der Kais. Russischen Geographischen Gesellschaft, aber zugleich mit einer auf drei Jahre bewilligten Unterstützung von 1500 Rubeln jährlich von Seiten der Akademie.
1882. Reise des Dr. Alexander von Bunge an die Mündung der Lena, im Auftrage der Kais. Russischen Geographischen Gesellschaft, aber mit einer Unterstützung von 1000 Rubeln von Seiten der Akademie.

Bereicherung der Sammlung durch Geschenke.

Unter den Mitteln, durch welche die Sammlung bereichert worden ist, nehmen die zahlreichen Geschenke, welche dem Museum im Laufe der 50 Jahre seines Bestehens zugegangen sind, nicht die letzte Stelle ein. Vor allem hat sich die Anstalt von jeher der hohen Protection unseres erhabenen Kaiserhauses zu erfreuen gehabt, und namentlich haben die beiden hochseeligen Kaiser Nikolai Pawlowitsch und Alexander Nikolajewitsch zu wiederholten Malen das Museum mit interessanten und grösstentheils sehr werthvollen Objecten zu beschenken geruht. Nächstdem verdankt das Museum der ehemaligen russisch-amerikanischen Compagnie, der Kaiserlichen Russischen Geographischen Gesellschaft und dem Kaiserlichen botanischen Garten manchen sehr beträchtlichen und wichtigen Zuwachs und endlich haben auch viele hochgestellte Beamte, so wie verschiedene Reisende und Privatpersonen nicht wenig zur Bereicherung der Sammlung beigetragen. Um zu zeigen, wie reichlich die Geschenke geflossen sind und wie dieser Modus der Bereicherung des Museums namentlich in dem letzten Decennium ganz grossartige Dimensionen angenommen hat, lasse ich eine chronologisch geordnete Liste aller derjenigen Geschenke folgen, die in den Protocollen der Akademie für die Zeit vom 4. Juli 1832 bis zum 4. Juli 1882 verzeichnet sind. Ganz vollständig ist die Liste der Geschenke aber keineswegs, denn nicht bloss fehlen in derselben mancherlei kleine Geschenke, über welche der Conferenz nicht besonders Bericht erstattet worden ist und die daher auch nicht in die Protocolle aufgenommen werden konnten, sondern es sind auch einzelne grössere Geschenke, ja sogar solche von Mitgliedern unseres erlauchten Kaiserhauses aus nicht näher bekannten Gründen in den Protocollen nicht verzeichnet worden. So besitzt das Museum einen prachtvollen Tur (*Capra Pallasii*) im Sommerkleide nebst dazugehörigem Skelet, der von S. K. H. dem Grossfürsten Nikolai Nikolajewitsch dem Aeltern geschenkt worden ist und dessen in den Protocollen nicht erwähnt wird; eben so wenig geschieht darin eines wunderschönen St. Bernhard-Hundes echter Race Erwähnung, welchen das Museum S. K. H. dem Prinzen Peter von Oldenburg verdankt. Ferner habe ich auch über die zoologische Sammlung, welche der bekannte Botaniker Dr. Buhse in Riga von seiner Reise nach Persien mitgebracht und dem Museum geschenkt hat, in den Protocollen nichts gefunden, und eben so wird darin auch des vollständigen (in Salz conservirten) Bibers aus dem Minskischen Gouvernement nicht gedacht, welchen der frühere Leibarzt Dr. Rauch dem Museum geschenkt und welchen Brandt zu sehr eingehenden myologischen Untersuchungen benutzt hat. Das sind Fälle, von denen ich weiss, es mögen in der Sammlung aber noch andere Objecte stehen, die gleichfalls geschenkt worden sind, und in der nachfolgenden Liste doch fehlen. Ich bemerke daher nochmals ausdrücklich, dass in der Liste nur diejenigen Geschenke enthalten sind, über welche der Conferenz Bericht erstattet worden ist.

Liste der dem Museum während seines 50-jährigen Bestehens (vom 4. Juli 1832 — 4. Juli 1882) zugegangenen Geschenke.

1832.

1) Von Hrn. Ogarew, Civilgouverneur von Archangelsk.
    Einen ausgestopften, Pinagori genannten Fisch (*Cyclopterus lumpus.*)
2) Von S. M. dem Kaiser Nikolai Pawlowitsch.
    Die zoologische Sammlung der aufgehobenen Warschauer Hauptschule; aus dieser Sammlung hat die Akademie 32 fossile Säugethierknochen, 100 Mollusken, 15 Würmer und 6 Zoophyten behalten und den Rest auf Allerhöchsten Befehl an die hiesige Universität und an das pädagogische Institut übergeben.
3) Von Hrn. Turtschaninow in Irkutsk.
    Eine Schachtel mit Insecten aus der chinesischen Mongolei und aus Nord-China.
4) Von Hrn. Zigra in Riga.
    Einen indischen Zwergochsen und einen Affen.

1833.

5) Vom Lehrer Chrzczonowicz in Bialystok.
    Eine Schachtel mit Insecten aus der dortigen Gegend.
6) Vom Grafen Sergei Semenowitsch Uwarow, Präsidenten der Akademie.
    Einen Vorderarm vom Mammuth, der an den Ufern der Oka ausgegraben worden ist.
7) Von Hrn. Ogarew, Civilgouverneur von Archangelsk.
    Zwei ausgestopfte Fische (*Cottus scorpius* und *Raja clavata*) aus dem weissen Meer.
8) Vom Generalmajor Engelhardt in Pjatigorsk.
    Eine Kiste mit diversen Naturalien aus dortiger Gegend.
9) Vom Kammerherrn Solomirsky.
    Fünf Schachteln mit Insecten, die er auf einer Reise in Sibirien gesammelt hat.
10) Von Dr. Fischer, Director des K. botanischen Gartens.
    Drei Säugethierschädel (*Bradypus tridactylus, Hystrix dorsata, Ursus arctos.*)

11) Von Baron Wrangel, Director der russisch-amerikanischen Compagnie.
   Sechs Kisten mit Naturalien aus den russisch-amerikanischen Besitzungen.
12) Von Hrn. Chlebnikow, Commissionair der russisch-amerikanischen Compagnie.
   Eine Sammlung mexicanischer Insecten.

1834.

13) Von Hrn. Ogarew, Civilgouverneur von Archangelsk.
   Zehn Arten Fische, eine Acalephe, zwei Vogelbälge, diverse Conchylien und einen getrockneten Seewolf (*Anarrhichas lupus*) aus den weissen Meer.
14) Vom Chef der Stadt Peterhof Hrn. Eichen.
   Drei Bälge von Damhirschen (*Cervus dama*) aus dem dortigen Thierpark.
15) Vom Akademiker Joseph Hamel.
   Zwei Exemplare von *Proteus anguinus* in Weingeist.
16) Von Hrn. Merkulow.
   Einen Mammuthzahn von den Ufern der Ssura im Kurmysch'schen Kreise des Gouvernements Ssimbirsk.
17) Von Hrn. Stschukin, Gouvernements-Schulendirector in Irkutsk.
   Zwei Kästchen mit Hemipteren aus Kirensk und Werchne-Udinsk, so wie eine Sammlung Käfer aus Irkutsk und den transbaikalischen Steppen.
18) Vom General Weljaminow in Stawropol.
   Mammuthreste, nämlich einen Backenzahn und ein Rippenfragment aus der Gegend von Stawropol und ein Oberschenkelbein, das am rechten Ufer des Kuban gefunden worden ist.
19) Vom Oberst Ladyshensky.
   Eine Sammlung Insecten aus der Mongolei.

1835.

20) Von Hrn. Turtschaninow in Irkutsk.
   Eine Schachtel mit Insecten aus der dortigen Gegend.

— 73 —

21) Von Hrn. G. S. Karelin durch Vermittelung des asiatischen Departements.

Sieben Säugethierbälge (*Antilope saiga* und *subgutturosa*, *Equus hemionus*) und eine Kiste mit Vögelbälgen vom Ostufer des Kaspischen Meeres.

22) Von der Canzellei des Ministeriums der Volksaufklärung.

Fossile Reste (2 grosse Stosszähne, ein Backenzahn, eine rechte Tibia vom Mammuth und 1 Backenzahn von *Rhinoceros*), welche bei Usen im Saratowschen und bei Jeruslan im Kamyschin'schen Kreise aus der Wolga gefischt worden sind.

23) Von der Verwaltung der Stadt Zarskoje Sselo.

Die Leichen zweier Lama's (*Auchenia lama*) aus der dortigen Menagerie.

24) Von S. M. dem Kaiser Nikolai Pawlowitsch.

Eine ausgestopfte junge Giraffe (*Camelopardalis giraffa*.)

25) Von Hrn. Stschukin, Gouvernements-Schulendirector in Irkutsk.

Ein Kästchen mit Insecten aus Transbaikalien und zwei Crustaceen aus Flüssen des Kreises Nertschinsk.

26) Von Hrn. Faldermann, Gärtner am Kais. botanischen Garten.

88 Arten exotischer Orthopteren, Hemipteren, Dipteren und Neuropteren.

1836.

27) Von Baron Wrangel, Director der russisch-americanischen Compagnie.

4 Säugethierbälge (darunter 2 *Enhydris marina*), 20 Vogelbälge, 5 Säugethierskelete (*Delphinapterus*, *Enhydris*, *Lutra*, *Castor*, *Hystrix*), Unterkiefer von Cetaceen und 28 Arten Fische in Weingeist in 70 Exemplaren.

28) Von S. M. dem Kaiser Nikolai Pawlowitsch.

Einen Rochen und das Horn eines fossilen Nashorns, dessen Schädel 1809 an der Mündung der Jana gefunden und der Akademie übergeben worden ist.

29) Vom Fürsten Michael Andrejewitsch Dondukow-Korssakow, Vicepräsidenten der Akademie.

Eine Varietät des gemeinen Seehundes.

30) Vom General Petrow, Chef des Stabes im Kaukasus.
Eine weisse Varietät des gewöhnlichen Fuchses.
31) Von Hrn. Ogarew, Civilgouverneur von Archangelsk.
Einen Tintenfisch (*Loligo* sp.?) aus dem weissen Meer.
32) Von S. K. H. dem Grossfürsten Konstantin Nikolajewitsch.
Eine weisse Varietät des Zobels.
33) Von Hrn. Wallenstein, russischem Consul in Brasilien.
Mehrere Knochen vom *Megatherium*, die am La-Plata Strom gefunden worden sind.
34) Vom Generaladjutanten Baron Rosen, Gouverneur der Kaukasischen Provinzen.
Den Balg eines jungen Auerochsen, der am linken Ufer des Kuban erlegt worden, so wie die Häute von *Canis caragan, Felis catus ferus, Antilope subgutturosa* und 4 Vogelbälge.
35) Von Hrn. Jewssejew, Civilgouverneur von Irkutsk.
Das Fragment eines Mammuthzahnes, das an der chinesischen Grenze bei der Festung Tschindant-Turuchajewsk gefunden worden ist.

1837.

36) Von der Direction der russisch-amerikanischen Compagnie.
Ein Fässchen mit Fischen in Weingeist.
37) Von Dr. W. J. Dahl in Orenburg.
Die Bälge eines Wildesels und eines kirgisischen Schafes, so wie eine Kiste mit kleineren Thierbälgen aus dem Orenburger Gouvernement.
38) Von Dr. S. S. Kutorga, Professor an der hiesigen Universität.
Gypsabgüsse von Resten des *Megalonyx laqueatus*.
39) Von Hrn. Stschukin, Gouvernements-Schulendirector in Irkutsk.
Verschiedene Insecten aus Kjachta, Kirensk, Irkutsk und Transbaikalien.
40) Vom Generaladjutanten Baron Rosen, Gouverneur der Kaukasischen Provinzen.
19 Säugethierbälge (*Felis chaus* und *catus ferus, Canis aureus, Lutra vulgaris, Ursus arctos, Cervus pygargus,*

Antilope subgutturosa, Capra aegagrus) einen Balg von *Neophron percnopterus*, ein Ei von *Vultus fulvus* und 1100 transkaukasische Insecten.

41) Von Dr. Fischer, Director des Kais. botanischen Gartens.
Zwei Eier von *Rhea americana* aus Minas Geraës.

42) Vom Collegien-Assessor Behrens.
Eine Flasche mit Taranteln aus Georgien.

43) Von Hrn. Chlebnikow, Comissionair der russisch-amerikanischen Compagnie.
Ein Stück präparirte Walfischhaut.

44) Vom General Weljaminow in Stawropol.
Diverse fossile Knochen mit genauen Fundortsangaben.

45) Von S. M. dem Kaiser Nikolai Pawlowitsch.
Zwei schöne Papageien aus den Gattungen *Eclectus* und *Palaeornis*.

1838.

46) Von Dr. Fischer, Director des Kais. botanischen Gartens.
Einen gefrorenen Seehund (*Phoca caspia*) aus dem Kaspischen Meere, eine Flasche mit diversen in Spiritus conservirten Thieren aus New-Orleans und eine Sammlung in Spiritus conservirter brasilianischer Thiere, bestehend aus 4 Eidechsen, 26 Schlangen, 2 Fröschen, 18 Fischen, 1 Scorpion, 1 Krebs, 8 Myriopoden und 2 Schnecken.

47) Von Hrn. Chlebnikow, Commissionair der russisch-amerikanischen Compagnie.
Die Haut einer weissen Seeotter und einige Mollusken von der Nordwestküste Amerika's.

48) Von S. K. H. dem Grossfürsten Thronfolger Alexander Nikolajewitsch.
Drei ausgestopfte Säugethiere, nämlich eine prachtvolle Seeotter (*Enhydris marina*), eine Fischotter und einen Zobel, so wie zwei Varietäten des Zobels in Bälgen.

49) Von der Direction der russisch-amerikanischen Compagnie.
Ein Fässchen mit Fischen in Weingeist aus den russisch-amerikanischen Kolonien.

50) Von Hrn. Stschukin, Gouvernements-Schulendirector in Irkutsk.
Drei Schachteln mit Insecten aus Nertschinsk, Kjachta und Werchne-Udinsk.
51) Von Hrn. G. S. Karelin.
Vier Arten Säugethiere in 7 Exemplaren, 60 Arten Vögel in 103 Exemplaren, so wie einige Hörner von *Ovis arkal* und *Capra aegagrus*.
52) Von Hrn. Konstantin Krohn.
93 Arten aegyptischer und syrischer Insecten in 400 Exemplaren.
53) Von der Direction des Bergcorps.
Die Haut eines Auerochsen mit Schädel aus der Bjeloweshskaja Puschtscha.
54) Vom Leibarzt Dr. Marcus.
Zwei Condorbälge (*Sarcorhamphus gryphus.*)
55) Vom Professor E. Eichwald.
Zwei Muscheln (*Anodonta ponderosa* und *Unio Michaudi*) aus Süd-Russland.
56) Von Hrn. W. Böhtlingk.
50 Vögel, die er auf seinen Reisen in Russland gesammelt hat.
57) Von Dr. W. J. Dahl in Orenburg.
Einen Wildesel-Balg und 14 Vogelbälge aus dem Orenburger Gouvernement.

1839.

58) Von Hrn. Grooten, Kaufmann hieselbst.
Einen bei Oranienbaum erlegten Baer von ungewöhnlicher Grösse.
59) Vom Generallieutenant Golowin, Gouverneur von Georgien.
Die Bälge einer sehr grossen Hyäne und zweier jungen Bären.
60) Vom Senator Baron Hahn.
Ein Exemplar von *Megaloperdix caucasica*, das er selbst im Kaukasus geschossen.
61) Von Hrn. V. Koslowsky, Prof. an der practischen Forstschule des Königreichs Polen.
Eine Sammlung von 125 Arten von Vogeleiern aus Polen.

62) Von Hrn. Kuprejanow, Director der russisch-amerikanischen Compagnie.
Eine Sammlung von Fischen in Weingeist aus der Kolonie Ross in Russisch Californien.
63) Vom Obrist Oseretzkowsky.
4 Exemplare von *Proteus anguinus* aus der Adelsberger Grotte.
64) Von Dr. Alexander von Schrenck.
Wirbel und Barten vom Walfisch.
65) Vom Apotheker Schmidt in Tiflis.
15 Schlangen und 5 Eidechsen in Weingeist aus dem Kaukasus.

1840.

66) Von S. M. dem Kaiser Nikolai Pawlowitsch.
5 Knochenfragmente vom Mammuth, 2 Skelettheile eines unbekannten Thieres, ein Fischwirbel und 3 fossile Meeresconchylien, sämmtlich im Jahre 1837 bei Anapa ausgegraben.
67) Vom Marine-Arzt Dr. Fischer.
Eine bedeutende Sammlung verschiedener Thiere, die er während einer Reise um die Welt 1838—39 zusammengebracht hat.
68) Vom asiatischen Departement.
Die Haut eines Tigers von ungewöhnlicher Grösse, welche der russische Consul Chodzko aus Ghilan eingesandt hat.

1841.

69) Von Dr. A. von Schrenck, Reisenden des K. botanischen Gartens.
5 Säugethier-, 11 Vogelbälge und eine Schachtel mit Insecten aus dem Südosten der Kirgisensteppe und den benachbarten chinesischen Gebirgen, ferner 4 Schildkröten, 38 Eidechsen, 15 Schlangen, 8 Fische in Weingeist und 99 Käfer aus dem Siebenstromlande.
70) Von Dr. Gebler, Medicinalinspector in Barnaul.
12 Nager aus dem Altai-Gebirge.

71) Vom Kaufmann Cayley hieselbst.
Einen Eisfuchs (*Canis lagopus*), der bei Oranienbaum erlegt worden ist.
72) Von S. M. dem Kaiser Nikolai Pawlowitsch.
12 Orang-Utang-Schädel, welche Sr. Majestät nebst einer reichen Sammlung von Menschenschädeln vom Obrist Peitsch testamentarisch vermacht worden.
73) Von Hrn. Falck, Beamten im Finnischen Senat.
Einen Eisfuchs (*Canis lagopus*) aus der Umgegend von Helsingfors.
74) Vom Grafen Sergei Semenowitsch Uwarow, Präsidenten der Akademie.
Den Balg eines schwarzen Hasen aus der Gegend von Mesen.
75) Vom Capitain 1. Ranges Kuprejanow, ehemaligen Gouverneur von Sitcha.
5 Säugethiere und 11 Vögel in Bälgen, ein Fässchen mit Fischen in Weingeist, 19 Vogel- und Säugethierskelete aus den russisch-amerikanischen Kolonien
76) Von Hrn. Overmeer-Fischer.
Zwei riesige Schädel des ostindischen Crocodils (*Crocodilus biporcatus raninus*.)
77) Von Hrn. Luzenberg, Präsidenten der Naturforscher-Gesellschaft in New-Orleans.
37 Reptilien und Fische in Weingeist aus Louisiana.
78) Vom Grafen Stroganow, Präsidenten der Moskauer Naturforscher-Gesellschaft.
Gypsabgüsse von Theilen des *Elasmotherium*, *Plesiosaurus*, *Rhopalodon* und *Bos Pallasii*.
79) Von Hrn. Bystrow, Schulinspector in Mesen.
62 Arten dortiger Vögel in 99 Exemplaren.

1842.

80) Von S. M. dem Kaiser Nikolai Pawlowitsch.
Das Fell einer weissen Fischotter (*Lutra vulgaris*) aus Sibirien.
81) Vom asiatischen Departement.
44 Vogelbälge und 200 Insecten, welche von den Missionairen in Peking gesammelt und eingesandt worden sind.

82) Von Dr. A. von Schrenck, Reisenden des Kais. botanischen Gartens.
   37 Eidechsen, 15 Schlangen und 6 Fische in Weingeist aus dem Siebenstromlande.
83) Vom Kammerjunker Anatol Nikolajewitsch Demidoff.
   Die zoologische Ausbeute seiner Reise im südlichen Russland, welche von Nordmann in der Faune pontique beschrieben worden ist.
84) Von Dr. Clot-Bey, Professor in Cairo.
   Eine reiche Sammlung ägyptischer Thiere, besonders viele Nilfische.
85) Vom Pater Hyacinth, Missionair in Peking.
   Den Balg eines chinesischen Schuppenthiers (*Manis Dalmani.*)
86) Von Dr. August Krohn in Neapel.
   Eine sehr reiche Sammlung wirbelloser Thiere aus dem Golf von Neapel.

1843.

87) Vom Ministerium des Kaiserlichen Hofes.
   Die Bälge von 2 schwarzen Wölfen, 5 weissen und 2 braunen Zobeln, 2 weissen und einem grauen Eichhörnchen, so wie 2 Walrosszähne.
88) Von Dr. Kolenati, Reisenden des Kais. botanischen Gartens.
   Einen Kasten mit den verschiedenen Entwickelungsstufen der Seidenraupe (*Bombyx mori.*)
89) Vom Vice-Admiral Ricord.
   Einen zahmen lebenden Zobel aus Krasnojarsk.
90) Vom Generallieutenant Obrutschew, General-Gouverneur von Orenburg.
   Einen grossen, 3 Arschin langen Stosszahn vom Mammuth, der im Lehmboden des Flusses Tschermassana im Belibejew'schen Kreise des Gouvernements Orenburg gefunden worden ist.
91) Von S. M. dem Kaiser Nikolai Pawlowitsch.
   Einen vollständigen Schädel von *Rhinoceros tichorhinus*, der an den Ufern des Eismeeres bei Tschukotskoi Noss gefunden worden ist.

92) Von Hrn. Hoffmann.
Zwei Bälge vom Baikal-Seehund (*Phoca baicalensis*.)
93) Von Hrn. Zigra in Riga.
Einen Fischbalg (*Coryphaena hippurus*) aus Havana.
94) Von Baron Wrangel, früherem Gouverneur von Sitcha.
Die Leiche einer amerikanischen Bisonkuh, welche lebend hierher gebracht und längere Zeit in der landwirthschaftlichen Schule gehalten worden ist.

1844.

95) Von Hrn. Sedakow in Irkutsk.
Mehrere Fische, so wie 82 Arten Käfer in 225 Exemplaren aus Ost-Sibirien.
96) Vom Bergingenieur Obristlieutenant Woskoboinikow.
2 Säugethierbälge, 77 Vogelbälge und eine Flasche mit Zecken (*Argas persicus*) aus Persien.
97) Von der Kais. Naturforscher-Gesellschaft in Moskau.
Eine Collection Käfer, die Karelin im Altai und in der Songarei gesammelt hat.
98) Von Hrn. Schergin in Irkutsk.
2 wohlerhaltene Schädel von *Rhinoceros tichorhinus*, so wie ein Kiefer- und 2 Schädelfragmente vom Mammuth.
99) Vom asiatischen Departement.
Zwei Vogelbälge aus China.
100) Vom Ministerium des Kaiserlichen Hofes.
Zwei weisse Zobelbälge.
101) Von Dr. August Krohn in Neapel.
Eine Sammlung von 100 Meerthieren (Fische, Crustaceen, Mollusken, Anneliden, Echinodermen und Zoophyten) aus dem Golf von Neapel.
102) Von Dr. W. J. Dahl in Orenburg.
Ein lebendes Fettschwanz-Schaf aus der Kirgisensteppe.
103) Vom Akademiker Joseph Hamel.
Gypsabgüsse vom Kopf des Dronte und von Röhrenknochen des *Dinornis*.
104) Von Dr. Alexander Lehmann's Angehörigen.
Die ganze zoologische Ausbeute von Lehmann's Reise nach Buchara und Samarkand.

1845.

105) Von Madame Say, Wittwe des bekannten amerikanischen Conchyliologen.
    56 Arten nordamerikanischer Mollusken in 126 Exemplaren.
106) Von S. K. H. dem Grossfürsten Thronfolger Alexander Nikolajewitsch.
    Den Unterkiefer eines Mammuth, der an den Ufern der kleinen Ssiwerka im Bronnitzy'schen Kreise des Gouvernements Moskau ausgegraben worden ist.
107) Von Herrn Sedakow in Irkutsk.
    Eine Collection Käfer aus Irkutsk, Werchneudinsk und Nertschinsk.
108) Vom Bergingenieur Oberstlieutenant Woskoboinikow.
    17 Säugethiere und Vögel in Bälgen und 1 Fledermaus in Weingeist aus Persien.
109) Vom Grafen Sergei Semenowitsch Uwarow, Präsidenten der Akademie.
    Zähne vom Mammuth, vom Nashorn und vom Eber aus Wyschnij-Wolotschok.
110) Von der Canzellei des Irkutsker Civilgouverneurs.
    Drei Mammuthknochen aus dem Flüsschen Onon-Borsa im Distrikt Troitzkossawsk.

1846.

111) Vom Medicinaldepartement des Ministeriums des Innern.
    Einen Backenzahn vom Mammuth aus dem See Spaskoje im Gouvernement Rjasan.
112) Vom Marine-Lieutenant Sagoskin.
    Vögel und Insecten aus dem Kotzebue-Sund.
113) Von S. M. dem Kaiser Nikolai Pawlowitsch.
    Die Leiche eines Irbis (*Felis irbis*) von der chinesischen Grenze, der in der Menagerie zu Zarskoje Sselo gehalten worden war.
114) Von Dr. Stubendorff.
    Eine Sammlung sibirischer Schmetterlinge.
115) Von Herrn Rjabow in Nishne-Tagilsk.
    Eine Flasche mit Molch-Larven (*Isodoctylium* sp?) aus der dortigen Gegend.

116) Vom Kaufmann Awerow in Neshin.
Eine reiche Sammlung verschiedener aegyptischer Thiere.
117) Vom Ehrenbürger Sensinow in Nertschinsk.
Verschiedene zoologische Objecte aus der dortigen Gegend und eine Muschel (*Anodonta herculea*) aus dem Ononfluss.

1847.

118) Von Dr. Stubendorff.
20 Säugethier- und Vogelbälge von Ust-Ansha in den Goldwäschen von Birjusinsk.
119) Vom Lehrer Shelesnikow in Werchneudinsk.
11 Vogelbälge aus Transbaikalien.
120) Vom Ministerium des Kaiserlichen Hofes.
Zwei hellbraune Zobelbälge.
121) Von S. K. H. dem Grossfürsten Thronfolger Alexander Nikolajewitsch.
Verschiedene Mammuthknochen von den Ufern der Malaja Ssiwerka im Kreise Bronnitzy des Gouvernements Moskau.

1848.

122) Von Dr. Alexander von Schrenck in Dorpat.
Eine sehr vollständige Sammlung livländischer Land- und Süsswasser-Mollusken.
123) Von Hrn. Lomonossow, russischem Gesandten in Brasilien.
Zwei sehr seltene Affenarten aus den Wäldern am Amazonenstrom.
124) Vom Consularagenten Bokty in Cairo.
Zwei sehr reiche Sammlungen wirbelloser Meerthiere aus dem rothen Meer.
125) Vom Lehrer Shelesnikow in Werchneudinsk.
Eine Kiste mit Vogelbälgen aus Transbaikalien.
126) Vom Grafen Leo Alexejewitsch Perowsky, Minister des Innern.
Den Balg eines schwarzen Jaguars (*Felis onça* var.), 2 ausgestopfte Bären, einen fossilen *Rhinoceros*-Schädel ohne Unterkiefer, einen Backenzahn und eine Tibia vom Mammuth.

127) Von Dr. Stubendorff.
Eine Sammlung verschiedener zoologischer Objecte aus Sibirien, 19 Vogelbälge aus dem Altai und 15 Arten sibirischer Schmetterlinge in c. 300 Exemplaren.
128) Vom Baron Tiesenhausen in Livland.
Einen Luchs (*Felis lynx*) aus Weissensee in Livland.
129) Von Dr. Clot-Bey, Professor in Cairo.
Zwei Blechbüchsen mit Mollusken aus dem rothen Meere.
130) Vom Ministerium des Kaiserlichen Hofes.
Einen weissen Fuchs, einen röthlichen Zobelbalg und einen Eisbär, welcher in der Menagerie in Zarskoje Sselo gehalten worden war.
131) Von der russisch-amerikanischen Compagnie.
Zwei Tonnen mit Knochen der Seekuh (*Rhytina Stelleri*) von der Behrings-Insel.
132) Von der ostindischen Compagnie in London.
Eine Sammlung von 81 Gypsabgüssen der von Cautley und Falconer in den Siwalik Hills entdeckten fossilen Thiere.
133) Von Hrn. Solsky, Rath bei der Verwaltung von Ost-Sibirien.
Einen ausgestopften ostsibirischen Fahrhund.
134) Vom Akademiker Marius Brosset.
Ein Paar Hörner vom Tur (*Capra Pallasii*) aus dem Eriwanschen Kreise und 2 Paar Hörner von *Ovis anatolica* vom Alagbös.
135) Vom Professor Nordenskiöld in Helsingfors.
2 *Hypudaeus ratticeps* aus der Gegend von Nyland.
136) Vom Akademiker Joseph Hamel.
5 mehr oder weniger vollständige Pinguine nebst 3 Eiern aus den Guanolagern an der Westküste von Amerika.

1849.

137) Vom General Murawiow, General-Gouverneur von Ost-Sibirien.
Einen Säugethierbalg, 15 Vogelbälge, 1 Schlange und diverse Fische in Weingeist, so wie ein Schädelfragment

von *Bos latifrons* und 2 Stosszahnfragmente vom Mammuth.
138) Von Dr. Stubendorff.
3 Säugethiere, 103 Vogelbälge und einige Süsswassermollusken aus Sibirien.
139) Von Hrn. Peter v. Tschichatschow.
Eine Angoraziege, eine Angorakatze, so wie Bälge und Schädelfragmente von *Capra aegagrus* aus Angora.
140) Von Hrn. Kowalsky, Astronomen der Ural-Expedition.
Mähnenhaare und ein Klumpen Fett desjenigen Mammuths, dessen Skelet in Moskau aufbewahrt wird.
141) Von Dr. K. Grewingk, Conservator am mineralogischen Museum der Akademie.
Mehrere Crustaceen (*Lithodes* und *Hyas*), so wie 50 Seesterne (*Asteracanthion* und *Echinaster*) aus den nördlichen Meeren Russlands.
142) Vom Fürsten Eristow.
Zwei Bälge des Tur (*Capra Pallasii*) aus dem Gebirge des Distrikts Tuschino-Pschawo-Chewsursk.

1850.

143) Von der Kais. Russischen Geographischen Gesellschaft.
Mammuthreste (2 Wirbel, 2 Backenzähne und ein Stosszahnfragment), die am rechten Ufer der Oka ausgegraben worden sind.
144) Von S. K. H. dem Herzog Maximilian von Leuchtenberg.
Eine reiche Sammlung zoologischer Objecte von der Insel Madeira, bestehend aus 2 Säugethieren, 372 Fischen, 26 Crustaceen, 51 Mollusken, 3 Anneliden und 7 Asteriden, zum grössten Theile in Spiritus conservirt.

1851.

145) Von Hrn. Nikolai Wladimirowitsch Chanykow.
Einen Balg von *Ovis anatolica* aus dem Kaukasus.
146) Von der Kais. freien oeconomischen Gesellschaft.
Eine Muschel aus dem Ononfluss, einen Femur vom Mammuth und ein Schädelfragment von *Bos latifrons* aus Je-

notajewsk, und den Balg eines weissen Vielfrasses (*Gulo borealis*) aus Naryn.
147) Von Dr. Mitscherlich in Krestowosdwishensk.
Ein Skelet vom Vielfrass (*Gulo borealis*).
148) Vom Capitain Brown, Conservator am Museum zu Manschester.
Eine australische Ente (*Choristopus semipalmatus*).
149) Vom Professor Bujalsky.
Zwei schön präparirte Schädel des gewöhnlichen Welses (*Silurus glanis*).
150) Vom Ingenieur-Oberst Kowalewsky.
7 Säugethiere und 19 Vögel aus China.
151) Vom Kaiserlichen botanischen Garten.
6 Flaschen mit transkaukasischen und persischen Thieren, nämlich 2 Säugethieren, 27 Reptilien, 2 Fischen, 3 Crustaceen und zahlreichen Scorpionen und Scolopendren.

1852.

152) Vom Contre-Admiral Wonljarljarsky.
101 Vogelbälge, eine Eidechse und 2 Kasten mit Insecten aus Brasilien.
153) Von Senator von Bradtke, Curator des Charkow'schen Lehrbezirks.
Fragmente eines *Mastodon*-Unterkiefers aus dem Ananiewschen Kreise des Gouvernements Charkow.
154) Von Dr. Moritz, Director des meteorologischen Observatoriums in Tiflis.
Den Balg einer kaukasischen Gemse (*Capella rupicapra*).
155) Von Dr. S. Fischer, Leibarzt S. K. H. des Herzogs von Leuchtenberg.
Mehrere Fledermäuse, so wie eine beträchtliche Anzahl von Crustaceen und Insecten aus Aegypten.
156) Vom Ministerium des Kaiserlichen Hofes.
Den Balg eines weissen Zobels.
157) Von Hrn. Kindermann.
Eine kleine Collection sibirischer Käfer und Schmetterlinge.

158) Von S. M. dem Kaiser Nikolai Pawlowitsch.
Ein Auerkalb (*Bos urus*), das in Zarskoje Sselo gehalten worden war.

1853.

159) Vom Obersten Chodsko.
Den Balg eines Tur (*Capra Pallasii*) aus dem Kaukasus.
160) Vom Generallieutenant von der Brüggen, Chef der Militärcolonie in Nowgorod.
Ein Schädelfragment von *Bos latifrons*, das bei Medwed, 60 Werst von Nowgorod, ausgegraben worden ist.

1854.

161) Vom Oberstlieutenant Valerian Alexandrowitsch Kiprijanow.
11 fossile Säugethierknochen aus verschiedenen Gegenden des Reichs.

1855.

162) Vom Professor Laskowsky in Moskau.
Theile vom Mammuth, namentlich Muskeln, bei 100° C. getrocknet, Knochenmark und Gehirn.

1856.

163) Vom Kaiserlichen botanischen Garten.
12 Säugethiere, 20 Vögel und 1 Reptil aus Süd-Afrika.
164) Vom Collegienrath Balabin.
Das Skelet eines riesigen Walfisches (das gegenwärtig im hiesigen zoologischen Garten ausgestellt ist.)
165) Von S. M. dem Kaiser Alexander Nikolajewitsch.
Einen Narwalzahn und ein gelblichweisses Zobelfell.
166) Von Dr. Chr. Steven in Simpheropol.
Verschiedene in Weingeist conservirte Fische, Reptilien und Crustaceen aus der Krym.
167) Von Hrn. Fleischer in Tiflis.
Einen Albino vom gewöhnlichen Fuchs, so wie einige andere zoologische Objecte.

168) Vom Grafen Perowsky, General-Gouverneur von Orenburg.
Bälge von 7 Säugethieren und 40 Vögeln aus dem Orenburger Gouvernement.
169) Von der Kaiserlichen freien oeconomischen Gesellschaft.
Den Balg eines Argalischafes aus Sibirien.
170) Von Hrn. Gaschkewitsch, russischem Consul in Japan.
Eine Sammlung japanischer Reptilien in Weingeist.

1857.

171) Vom Fischereipächter Saposhnikow in Astrachan.
Einen 4 Arschin 14 Werschok langen Hausen (*Acipenser huso*) von 17 Pud Gewicht.
172) Von den Hrn. Collegienrath Gaschkewitsch und Hofrath Tatarinow.
Eine Sammlung chinesischer Insecten, vorherrschend Schmetterlinge enthaltend.
173) Vom Marine-Lieutenant Konstantin Nikolajewitsch Possiet.
Mehrere japanische Glaspolypen (*Hyalochaeta*).
174) Vom Oberst Wendrich.
20 Schmetterlinge aus Tomsk.
175) Von der Palaisverwaltung in Gatschino.
Die Leiche eines Wildesels (*Equus hemionus*) aus dem dortigen Thierpark.
176) Von der russisch-amerikanischen Compagnie.
Das fast vollständige Skelet einer nordischen Seekuh (*Rhytina Stelleri*) von der Behrings-Insel.
177) Von Hrn. Armstrong, Chef des sibirischen Zollbezirks.
Einen vollständigen Argali-Schädel aus dem Altai.
178) Von S. M. dem Kaiser Alexander Nikolajewitsch.
Zwei Wölfe und einen Fuchs von sehr heller Farbe, einen gelben und einen weissen Zobel, ein Biberfell und 3 Eichhörnchen verschiedener Farbe aus Beresow.
179) Vom Medicinaldepartement des Ministeriums des Innern.
Eine Sammlung Vogelbälge und 2 Schildkröten von den Ufern des Kaspischen Meeres.

180) Vom Marine-Capitain Archimandritow.
   8 Säugethiere, 16 Vögel und 1 Vogelskelet von der Insel St. Paul, so wie Mollusken und Würmer von der Insel Sitcha.
181) Vom Marine-Lieutenant Kusnezow.
   Eine weisse Coralle aus Japan, einen fliegenden Fisch aus Java und eine Schildkröte aus China.

1858.

182) Vom Generallieutenant J. A. Bartholomaei in Tiflis.
   Eine Collection von Schmetterlingen aus Lenkoran.
183) Von Hrn. Barnet-Lyon, französischem Viceconsul in Paramaribo.
   Eine reiche Sammlung südamerikanischer Vögel und Insecten.
184) Von Dr. Stubendorff.
   Einen weissen Fuchs, einen schwarz und weiss gefleckten Ziesel und ein buntes Hermelin; ferner Spinnen und Larven aus dem Stanowoi Chrebet.
185) Vom Grafen Kuschelew-Besborodko.
   Ein prachtvolles Exemplar des Schuhschnabels (*Balaeniceps rex*), so wie einen Schädel desselben, vom weissen Nil.
186) Von Hrn. Peter Petrowitsch Pekarsky.
   Einige Reptilien und Arachniden vom Aralsee.

1859.

187) Von der russisch-amerikanischen Compagnie.
   3 Cetaceenschädel (*Hyperoodon* und *Orca*) aus dem nördlichsten Theile des stillen Oceans.
188) Von Dr. Stubendorff.
   Ein weisses und ein graues Eichhörnchen aus Jakutsk.
189) Von Hrn. Mulsant in Lyon.
   Eine Collection diverser Insecten.
190) Von S. K. H. dem Grossfürsten Nikolai Nikolajewitsch.
   2 Darking- und 2 Bantamhühner.

1860.

191) Vom Dolmatow'schen Bürger Birjukow.
Mehrere ausgestopfte Vögel aus dem Gouvernement Perm.
192) Von der Kaiserlichen Russischen Geographischen Gesellschaft.
Eine sehr reiche Sammlung ostsibirischer Thiere, bestehend aus je einem Exemplar sämmtlicher von Hrn. G. Radde während seiner Reise erbeuteten Arten.
193) Von Hrn. Danilewsky.
Mehrere Seehunde und Vögel vom weissen Meer.
194) Vom Kaufmann Solowjow in Jakutsk.
5 Säugethierbälge aus Kolywan.

1861.

195) Von Dr. Stubendorff, Civilgouverneur von Jakutsk.
Eine Collection verschiedener Insecten aus der dortigen Gegend.
196) Vom Contre-Admiral Glasenapp in Nikolajew.
Eine Tibia vom *Mastodon*, die bei Nikolajew ausgegraben worden ist.
197) Von Hrn. Newton in London.
5 Eier von *Ampelis garrula* aus Finnland.
198) Vom Cand. C. Maximowicz, Reisenden des Kais. botanischen Gartens.
Eine reiche Sammlung verschiedener Thiere aus dem Ussuri Lande und aus der Mantschurei.
199) Von S. M. dem Kaiser Alexander Nikolajewitsch.
Die Bälge von 3 Auerochsen, einem Elen, einem Damhirsch, einem Reh, einem Wildschwein, 3 Hasen, einem Wolf, einem Fuchs und einem Dachs, die auf der Allerhöchsten Jagd in der Bjeloweshskaja Puschtscha erlegt worden sind.
200) Von Dr. Guyon in Algier.
4 Hornvipern (*Vipera cerastes*) aus der algierischen Sahara.
201) Von Hrn. Gaschkewitsch, russischem Consul in Japan.
44 Exemplare von Reptilien und Fischen aus der Gegend von Hakodate.

202) Von Dr. Albrecht, Arzt bei der Kais. russischen Gesandtschaft in Japan.
Eine reiche Sammlung von Insecten, 230 Arten von Mollusken, so wie einige Crustaceen, Corallen und Schwämme aus Japan.

1862.

203) Von Dr. Albrecht, Arzt bei der Kais. russischen Gesandtschaft in Japan.
Eine Collection japanischer Insecten.
204) Von Dr. Holtermann in Nikolajewsk.
Zwei Säugethierbälge (*Canis alpinus* und *Mustela flavigula*) aus dem Chinggan-Gebirge.
205) Vom Geheimrath Abraham Sergejewitsch Norow.
Den Kopf eines grossen Sägefisches (*Pristis*) aus dem rothen Meer.
206) Vom Marine-Arzt Dr. P. Wulffius.
Eine reiche Sammlung verschiedener zoologischer Objecte aus dem Amurlande und aus Japan.
207) Vom Acclimatisations-Comité der agronomischen Gesellschaft in Moskau.
Ein lebendes Exemplar des vermeintlichen wilden Pferdes (Tarpan) aus den südrussischen Steppen.

1863.

208) Von S. M. dem Kaiser Alexander Nikolajewitsch.
Drei Kisten mit Bälgen, Schädeln und Skeleten von verschiedenen Säugethieren, die auf der am 6.—7. October 1860 Allerhöchst veranstalteten Jagd erlegt worden sind.
209) Vom Capitain I. Ranges I. I. Butakow, Commandeur der Swetlana.
Eine reiche Collection verschiedener zoologischer Objecte, welche er während seiner Weltumsegelung gesammelt hat.
210) Vom Magister Friedrich Schmidt und Candidat Peter Glehn.
Mollusken, Echinodermen und Fische, im Ganzen 50 Arten in 300 Exemplaren, von der Insel Sachalin und aus dem Amurlande.

211) Von Hrn. Danilewsky.
   80 Arten Fische und 79 Gläser mit Crustaceen, Anneliden und Zoophyten aus dem weissen Meere.
212) Von Hrn. Skatschkow, ehemals K. russischem Consul in Tschugutschak.
   Bälge von einem Säugethier und 14 Vögeln aus China.
213) Vom Flügeladjutanten Marine-Capitain Birilew.
   Gegen 250 Arten Mollusken in 2000 Exemplaren aus Nagasaki, ferner Crustaceen, Insecten, Fische und Reptilien aus Japan und aus dem Kaplande.
214) Von Dr. A. Strauch.
   Eine Sammlung algierischer Reptilien, Amphibien und Fische, so wie eine Sammlung von 1000 Arten meist exotischer Käfer.
215) Von Dr. Albrecht, Arzt bei der Kais. russischen Gesandtschaft in Japan.
   Eine Kiste mit diversen zoologischen Objecten aus Hakodate.

1864.

216) Von S. M. dem Kaiser Alexander Nikolajewitsch.
   Den Balg eines schwarzen Hasen aus Minussinsk.
217) Von Hrn. Guérin-Meneville in Paris.
   Zwei Kasten mit verschiedenen Entwickelungsstadien der grossen exotischen Seidenspinner (*Bombyx cynthia, arrindia, Yama-mai, Pernyi, mylitta* und *cecropia*)
218) Von Dr. Albrecht, Arzt bei der Kais. russischen Gesandtschaft in Japan.
   56 Arten neucaledonischer Conchylien in 71 Exemplaren.
219) Vom hiesigen Kaufmann Fedor Iwanowitsch Basilewsky.
   12 schöne ausgestopfte Vögel.
220) Vom Akademiker Julius Fedorowitsch Fritzsche.
   Eine Sammlung aus Glas nachgebildeter Actinien und Medusen.
221) Von der Fürstin Elisabeth Iwanowna Suworow.
   3 Bälge und einen Schädel des Nilcrocodils aus der Hinterlassenschaft ihres Bruders, des Grafen N. Kuschelew-Besborodko.

222) Von Hrn. Varlet, Artist des französischen Theaters hierselbst.
Einen ausgestopften Vogel (*Procellaria gigantea*).
223) Vom Generaladjutanten Glasenapp in Nikolajew.
Mastodon-Reste, die bei dem Dorfe Gorochowka, 12 Werst von Nikolajew, gefunden worden sind.

1865.

224) Vom Stabscapitain Klünder.
Einige fossile Säugethierknochen aus der Gegend von Nikolajew.
225) Vom Capitain I. Ranges Iwaschinzow, Chef der kaspischen Expedition.
Eine Sammlung von Seethieren aus dem kaspischen Meer.
226) Von Hrn. Sesemann hierselbst.
Einen grossen von Spechten (*Picus martius*) bearbeiteten Baumstumpf.
227) Vom Fregattencapitain Garraud in Toulon.
Das Skelet eines Gorilla-Weibchens, einen Schädel von *Hippopotamus liberiensis*, 61 sehr seltene Vogelbälge, 2 Käfer (*Goliathus*), 210 Conchylien und 2 Corallen aus West-Africa.

1866.

228) Von S. K. H. dem Grossfürsten Konstantin Nikolajewitsch.
Eine interessante Farbenvarietät des gewöhnlichen Fuchses (*Canis vulpes*).
229) Vom Marine-Lieutenant Ulsky.
Zwei Flaschen mit Reptilien und Spinnen von der Insel Tscheleken.

1867.

230) Vom Generalmajor Kukel, Stabschef des ostsibirischen Bezirks.
Eine *Antilope gutturosa* aus der Mongolei.
231) Vom Dr. Touzet in Brasilien.
Eine sehr reiche Sammlung in Weingeist conservirter brasilianischer Reptilien und Amphibien, bestehend aus

12 Eidechsen, 82 Schlangen, 2 Blindwühlen (*Siphonops*) und 14 Schlangeneiern mit mehr oder weniger entwickelten Embryonen.

1868.

232) Von Hrn. Lartet in Paris.
Fossile Knochen vom Pferde, Hirsch etc. aus einer Höhle in Frankreich.
233) Vom Dr. A. Th. von Middendorff, Ehrenmitgliede der Akademie.
Eine reiche Sammlung verschiedener Thiere von den Cap-Verde-Inseln, bestehend aus 13 Eidechsen, 12 Laubfröschen, 14 Fischen, 30 Crustaceen, 12 Mollusken, 6 Echinodermen und 9 Corallen.
234) Von S. K. H. dem Grossfürsten Thronfolger Alexander Alexandrowitsch.
Einen prachtvollen ausgestopften Albino vom gewöhnlichen Fuchs (*Canis vulpes*).

1869.

235) Von Herrn N. G. Wlassenkow, Gehülfen des Postdirectors.
15 Molche (*Ranodon sibiricus*) nebst 3 Larven aus der Gegend von Kopal.
236) Vom Generallieutenant M. S. Korssakow, General-Gouverneur von Ost-Sibirien.
Einen ausgestopften Ziegenbock (*Capra sibirica*) aus den tunkinskischen Bergen.
237) Vom Contre-Admiral Butakow.
Mehrere sehr grosse Würmer (*Eunice gigantea*) aus dem Meer bei Corfu.
238) Vom Stabsrittmeister Martynow, Aeltesten des Uralischen Kosakenheeres.
Zwei Mammuthknochen aus dem Flusse Irgis im Nikolajewschen und aus dem Dorfe Lopatino im Samaraschen Kreise des Gouvernements Samara.

1870.

239) Von Hrn. Riedel in Gorontalo auf Celebes.
   88 Vogelbälge, 14 Vogeleier, so wie verschiedene Insecten und Conchylien aus Celebes.
240) Von der Smithsonian Institution in Washington
   43 Arten westindischer Vögel in 57 Exemplaren.
241) Von Hrn. Fock in Stawropol.
   Mehrere Knochen eines in dortiger Gegend ausgegrabenen fossilen Walthieres.
242) Vom Bergingenieur I. A. Lopatin in Krasnojarsk.
   Eine Sammlung von Mollusken von der Insel Sachalin.
243) Vom Priester Ardaschew, Prediger am Correctionshause der Marine.
   Eine weisse Elster (*Pica caudata*) aus hiesiger Gegend.
244) Von Hrn. Klimaschewsky.
   Ein Nest von *Parus pendulinus* aus dem Minskischen Gouvernement.

1872.

245) Vom Collegien-Assessor Michael Konstantinowitsch Sidorow.
   Balg nebst Schädel einer Belucha (*Delphinapterus leucas*) aus Nowaja Semlja.
246) Von der Kaiserlichen Russischen Geographischen Gesellschaft.
   Eine reiche Sammlung von Vogel- und Fischbälgen, die Baron G. von Maydell im Tschuktschenlande gesammelt hat.
247) Von Hrn. Skanke, K. russischem Viceconsul in Wardö.
   Eine kleine Sammlung Vogeleier und ein Nest aus dortiger Gegend.
248) Von Hrn. W. I. Basilewsky.
   Einen schönen ausgestopften Blaufuchs aus der Umgegend von Jenisseisk.
249) Von Hrn. G. F. Sellheim, Inspector der Commerzschule.
   Einen Paradiesvogel (*Paradisea magnifica*) aus Neu-Guinea.

250) Vom Bergingenieur I. S. Bogoljubsky.
   50 Exemplare von Schnecken und Echinodermen aus Wladiwostok.
251) Von den Hrn. Mlokosiewicz und Kaschkin in Transcaucasien.
   Diverse Reptilien in Weingeist aus der Gegend von Lagodechi.

1873.

252) Vom Collegien-Assessor Michael Konstantinowitschu Sidorow.
   Die Skelete einer Belucha (*Delphinapterus leucas*), eines Eisbären, eines Seehundes und eines Eisfuchses von Nowaja Semlja.
253) Vom Generalmajor P. L. Wrangel.
   Ein Luchs-Skelet.
254) Von Hrn. L. P. Lagunow, Studenten der hiesigen Universität.
   Den Leichnam eines Affen (*Cercopithecus ruber*).

1874.

255) Von S. M. dem Kaiser Alexander Nikolajewitsch.
   Eine prachtvoll gestopfte Gruppe, bestehend aus 2 männlichen Tigern von aussergewöhnlicher Grösse aus dem Amurlande, und die ganze zoologische Ausbeute, die Oberstlieutenant N. M. Przewalsky von seiner Reise in die Mongolei und in das Land der Tanguten mitgebracht hat.
256) Vom nordamerikanischen Bürger Wassermann in San Francisco.
   Einen ausgestopften jungen Seebär (*Otaria ursina*) aus Californien.
257) Vom Oberst Iwanow, Chef des Amu-Darja Gebietes.
   Den Balg eines sehr grossen Tigers vom Amu-Darja.
258) Von der Kaiserlichen Russischen Geographischen Gesellschaft.
   Zwei gut erhaltene Stosszähne vom Mammuth.
259) Von Hrn. R. Maack, Gouvernements-Schulen-Inspector von Ost-Sibirien.
   Den Balg einer *Antilope subgutturosa* aus der Gegend von Urga.

1875.

260) Von Dr. Hirsch, Leibarzt S. K. H. des Grossfürsten Thronfolgers.

Einen sehr gut erhaltenen Schädel von *Bos primigenius*, der bei der Ternowskaja Staniza aus dem Don gefischt worden ist.

261) Von Hrn. Iljin, Geschäftsführer in der Canzellei des Gouverneurs von Kutais.

200 Insecten aus der Gegend von Kutais.

262) Vom Gouverneur von Kursk.

Einen Nashorn-Schädel (*Rhinoceros tichorhinus*), der beim Dorfe Bupel im Flusse Seim im Rylskischen Kreise des Gouvernements Kursk gefunden worden ist.

1876.

263) Von Dr. Winckel, Advocaten in Samarang auf Java.

Eine überaus reiche Sammlung von in Weingeist conservirten Thieren von den Inseln des Sunda-Molukkischen Archipels, bestehend aus 1 Säugethier, 320 Reptilien, 15 Amphibien, 60 Insecten, Myriapoden und Crustaceen und 18 Süsswassermollusken.

264) Von Dr. Alexander Agassiz in Cambridge in Massuchusetts.

61 Arten in Spiritus conservirter amerikanischer Fische in 66 Exemplaren.

265) Von Dr. Pjassezky hierselbst.

Eine kleine Sammlung chinesischer Vogelbälge.

266) Von S. M. dem Kaiser Alexander Nikolajewitsch.

Zwei ganz vollständige Stosszähne vom Mammuth, eine reiche Sammlung canadischer Vogelbälge und Vogeleier und eine Sammlung von Copalharzstücken mit organischen (meist thierischen) Einschlüssen aus dem Innern von Afrika.

1877.

267) Von Hrn. I. I. Slowzow, Erzieher am Militärgymnasium zu Omsk.

3 Säugethierbälge, nämlich 2 Wildschafe (*Ovis collium*)

von den Akmolinskischen Bergen und einen Tiger vom Balchasch-See, so wie verschiedene Nager, Reptilien und Fische in Weingeist aus der Gegend von Omsk und Smeinogorsk.

268) Von der Kaiserlichen Russischen Geographischen Gesellschaft.

Einige Säugethier- und Vogelbälge, welche Generalstabs-Capitain M. W. Pewzow in der nordwestlichen Mongolei gesammelt hat.

1878.

269) Von Herrn Alexander Knobloch, Fabrikant in Sarepta.

Einen prachtvoll erhaltenen Schädel des *Elasmotherium*, so wie eine grosse Zahl fossiler Knochen vom Mammuth und vom breitstirnigen Ochsen, *Bos latifrons*, die sämmtlich bei dem Dorfe Lutschka aus der Wolga gefischt worden sind.

270) Von Hrn. Tjumenzew, stellvertretenden Director der Tomsker Realschule.

Eine Collection Insecten, so wie einige Säugethiere und Fische in Weingeist aus der Umgegend von Tomsk.

271) Vom Wirkl. Staatsrath Parunow hieselbst.

Elephantenknochen, die auf seinem Grundstück im Petersburger Stadttheil ausgegraben worden sind.

272) Vom Professor Carlos Berg in Buenos-Ayres.

25 Arten Vögel aus der dortigen Gegend.

273) Vom Generalstabs-Oberst Nikolai Michailowitsch Przewalsky.

Die ganze zoologische Ausbeute von seiner Reise an den Lob-Nor, bestehend in 119 Säugethieren nebst 15 Schädeln, 606 Vögeln, 41 Vogeleiern und 17 Vogelnestern, 120 Reptilien und Amphibien, 80 Fischen und einer beträchtlichen Anzahl von Insecten.

274) Von Candidat N. A. Grebnitzky und Hofrath A. F. Philippeus.

9 vollständige Schädel und zahlreiche Skelettheile der nordischen Seekuh (*Rhytina Stelleri*) von der Behrings-Insel.

1879.

275) Von Hrn. P. I. Pusik.

Einen vorzüglich erhaltenen Nashorn-Schädel (*Rhinoceros tichorhinus*) aus Westsibirien.

276) Von Dr. Wilhelm Junker.

10 Gehörne von 5 verschiedenen Antilopen-Arten, so wie c. 20 Vögel, 28 Reptilien und 33 Fische in Weingeist, die er auf seiner Reise im äquatorialen Ost-Afrika gesammelt hat.

277) Von der sibirischen Abtheilung der K. Russischen Geographischen Gesellschaft.

Einen Kopf von *Rhinoceros Merckii* mit vollkommen erhaltener Hautbedeckung und Behaarung, der vom Kaufmann Gorochow am Bytantai, einem Nebenfluss der Jana, gefunden worden ist.

278) Von Hrn. S. P. Glasenapp, Prof. an der hiesigen Universität.

Eine abgebalgte Flussschildkröte (*Trionyx Maackii*) aus dem Chanka-See im Ussurilande.

279) Vom Generalmajor A. P. Prozenko, Präsidenten des Semipalatinsker statistischen Bezirkscomités.

Die Bälge von 2 Wildschafen und einem Hirschweibchen nebst den Schädeln, aus den Tschingis-Bergen im Bassin des Bakanas.

280) Vom Kaufmann W. F. Kamensky.

Balg und Skelet eines Wildschafes (*Ovis collium*) aus der Umgegend des Ebi-Nor.

281) Vom Priester Perwuschin.

Einen Backenzahn vom Mammuth aus dem Gouvernement Perm.

1880.

282) Von W. F. Milowidow, Lehrer am Gymnasium zu Stawropol.

200 Vogeleier, 48 Arten angehörend, aus dem Stawropolschen Gouvernement.

283) Vom stellvertretenden Gouverneur von Rjasan.

Einen bei dem Dorfe Satischje im Rjasanschen Kreise gefundenen Mammuth-Knochen.

284) Vom Candidat N. A. Grebnitzky, Verwalter der Commodore-Inseln.
Eine beträchtliche Sammlung verschiedener wirbelloser Thiere von der Behrings-Insel.

285) Von Hrn. Alexander Knobloch, Fabrikant in Sarepta.
Diverse fossile Knochen, die bei Lutschka in der Wolga gefunden worden sind und vom *Elasmotherium*, vom Mammuth, vom breitstirnigen Ochsen, vom Riesenhirsch, vom Pferde und vom Kameel stammen.

1881.

286) Vom Kaufmann W. F. Kamensky.
Eine reiche Sammlung von Wirbelthieren, bestehend aus 28 Säugethierbälgen, 5 Skeleten grosser Säugethiere und 168 Vogelbälgen vom Alatau und aus der Umgegend des Ebi-Nor.

287) Von Hrn. Sergei Nikolajewitsch Alpheraky in Taganrog.
Eine überaus reiche Sammlung von Wirbelthieren aus dem Tjan-Schan, bestehend aus 84 Säugethieren (darunter allein 13 Wildschafe verschiedenen Alters und Geschlechts) 157 Vogelbälgen, 151 Reptilien und Amphibien und 92 Fischen.

288) Vom Generalstabs-Oberst N. M. Przewalsky.
Die ganze ausserordentlich reiche Ausbeute von seiner dritten Expedition nach Tibet, bestehend in 159 Säugethieren, 1689 Vögeln, 772 Reptilien und Amphibien und 317 Fischen.

289) Von Hrn. Th. Pleske, Studenten der St. Petersburger Universität.
Eine Sammlung meist im Petersburger Gouvernement erbeuteter Vögel, die aus 350 Bälgen und 133 ausgestopften Exemplaren besteht.

290) Vom Kaufmann Iwan Gerassimow in Krementschug.
Einen vorzüglich erhaltenen Unterkiefer vom Mammuth, der bei dem Krjukowskij Possad im Dnjepr gefunden worden ist.

291) Von der Frau Fürstin A. A. Obolensky geb. Polowzew.
30 Schmetterlinge und 27 Käfer, lauter exotische Prachtstücke.

292) Von Prof. A. W. Grigorjew, Mitglied der Kais. Russ. Geographischen Gesellschaft.
Eine werthvolle Sammlung von in Weingeist conservirten Thieren aus Japan, bestehend in 60 meist grossen Fischen, 6 Holothurien, 8 Crustaceen und c. 50 Mollusken.

293) Vom W. St. R. Wassily Jakowlewitsch Tulinow.
Die reiche Insectensammlung seines verstorbenen Sohnes Nicolai, die fast ausschliesslich aus Käfern und Schmetterlingen besteht und besonders viele exotische Arten enthält.

294) Von Dr. J. C. W. Fischer, Arzt auf der Insel Ternate.
Eine reiche und vorzüglich präparirte Sammlung von Säugethieren, Vögeln, Reptilien, Insecten und Mollusken von Ternate, Neu-Guinea, Batjan, Key-Island und Amboina, im Ganzen mehr als 1200 Exemplare enthaltend.

295) Vom freien Steuermann N. I. Schestunow.
Zwei Bären- und einen Otterschädel aus dem nördlichen Theile der Insel Jesso.

296) Vom Capitain-Lieutenant M. A. Rykatschow.
Eine lebende sehr grosse Eidechse (*Varanus scincus*) vom Ostufer des Kaspischen Meeres.

297) Von Midshipman L. L. Gawrischow.
164 diverse Conchylien aus der Tafelbai und aus Singapore.

1882.

298) Von Hrn. Carl Hagenbeck in Hamburg.
Drei grosse Riesenschlangen (eine *Boa constrictor* und 2 *Python regius*) in Weingeist aus seiner Handelsmenagerie.

299) Vom Generalstabs-Oberst M. W. Pewzow.
24 Vögel, 1 Säugethier, 10 Reptilien und Amphibien und einige Fische in Weingeist, auf seiner Reise in die Mongolei gesammelt.

300) Vom Akademiker A. M. Butlerow.
   70 Arten von Schmetterlingen in 152 Exemplaren aus dem Orenburger Gouvernement und den angrenzenden Gegenden Vorder-Asiens.
301) Von Frau Julie von Dittmar hieselbst.
   5 Mumien junger Krokodile aus Aegypten.
302) Vom Contre-Admiral Baron O. R. Stackelberg.
   Einen prachtvoll erhaltenen grossen Schwamm (*Poterion Neptuni*) von den Philippinen.
303) Vom Capitain-Lieutenant E. I. von Grünewaldt in Kronstadt.
   Den Schädel eines ungewöhnlich grossen Krokodils (*Crocodilus biporcatus*) aus Ost-Indien.
304) Vom Baron Alexander Uexküll, Stadthaupt von Reval.
   Schädelfragmente vom Höhlenlöwen (*Felis spelaea*) und vom Höhlenbären (*Ursus spelaeus*), so wie einige Säugethierschädel aus Mitteldeutschland.
305) Von Hrn. G. N. Potanin, Mitglied der Kais. Russischen Geographischen Gesellschaft.
   Eine Sammlung von in Weingeist conservirten Objecten, bestehend aus 50 Reptilien, 68 Fischen, einigen Mollusken und 8 Gläschen mit Spinnen, die er von seiner Reise in die nordwestliche Mongolei mitgebracht hat.
306) Vom Garde-Capitain M. W. Andrejewsky.
   Den Balg eines jungen, sehr auffallend gezeichneten Bären aus dem Gouvernement Olonetz.

Das zoologische Museum besteht gegenwärtig aus drei Abtheilungen, der zoologischen, der entomologischen und der osteologischen, die, wie bereits früher bemerkt, auch räumlich von einander geschieden und in 3 verschiedenen Etagen des Museumsgebäudes untergebracht sind. Bevor ich nun an eine Besprechung dieser 3 Abtheilungen gehe, möchte ich noch einige Bemerkungen vorausschicken

Ueber die Präparation, Conservation, Aufstellung und Etiquettirung der Objecte, so wie über die Cataloge der Sammlung.

Ausgestopft wird bei uns nach einer alten, von Schrader eingeführten Methode, die aber nicht wesentlich von den neueren, gegenwärtig gebräuchlichen abweicht. Das für grosse Thiere aus Eisen, für kleinere aus Drath angefertigte Gestell wird mit Stroh oder Heu bewickelt, bis die gewünschte Form erzielt ist, und nachdem alsdann noch eine dünne Schicht Hede darauf gelegt und befestigt worden, wird die vorher mit Arsenikseife gehörig vergiftete Haut darüber gezogen und festgenäht, worauf dann die noch nöthigen Erhabenheiten und Vertiefungen durch Nachstopfen mit gehakter Hede und durch Anbringung geeigneten Bandagen hervorgebracht werden. In ähnlicher Weise werden auch die Vögel ausgestopft, nur wird für dieselben kein besonderes Gestell angefertigt, sondern die Dräthe für die Extremitäten und den Hals in den vorher fertig gewickelten Rumpf eingesteckt, in entsprechender Weise mit Hede bewickelt und dann die vergiftete Haut darüber gezogen, festgenäht und die nöthige Appretirung vorgenommen. Die Schädel der Säugethiere sind, wenigstens in den letzten 20 Jahren, stets herausgenommen und durch künstliche, für die grösseren aus Lindenholz, für die kleineren aus Kork gefertigte, ersetzt worden. Um bei den gehörnten Säugethieren eine richtige Stellung der Hörner oder Geweihe zu erzielen, wird vorher von der Stirn und der Horn- oder Geweihbasis ein Abguss in Gyps abgeformt und zugleich die Entfernung der Horn- oder Geweihenden von einander genau gemessen; darauf werden die Hornscheiden oder Geweihe auf dem Holzschädel befestigt und die Richtigkeit ihrer Stellung und Richtung vermittelst des Gypsabgusses und der genommenen Maasse controlirt. Alle Objecte werden schon der beengten Raumverhältnisse wegen fast ausnahmslos in gewöhnlicher, ruhiger Stellung ausgestopft und dabei die besten vorhandenen Abbildungen zum Vorbilde genommen, so dass unsere Sammlung fast aus lauter hübsch aussehenden Stücken besteht und nur sehr wenige jener scheusslichen Carricaturen des vorigen Jahrhunderts enthält, die in den älteren Bänden von Schreber's Naturgeschichte der Säugethiere verewigt sind. Die ausgestopften Objecte stehen sämmtlich auf viereckigen Holzpostamenten, die hell bräunlich-gelb, etwa sandfarben, mit Oelfarbe gestrichen sind, für die Skelete dagegen waren von früher her schwarze lakirte Postamente eingeführt; auf den Postamenten, welche für die auf Aesten sitzenden Vögel bestimmt sind, findet sich in der Mitte ein gedrechselter, etwa vasenförmiger Aufsatz, in welchen der betreffende Ast eingelassen und durch Leim befestigt wird. Um unsere ausgestopften Objecte vor Mottenfrass zu schützen, sind dieselben nicht bloss von innen gründlich mit Arsenikseife vergiftet, sondern bei der jährlichen Revision und Reinigung der Sammlung werden alle Exemplare, die von Motten inficirt oder auch nur darauf hin verdächtig sind, auch von aussen mit einer sehr concentrirten Lösung von arsenigsaurem Natron befeuchtet. Es kann daher das Publicum vor dem Berühren der freistehenden Objecte nicht genugsam gewarnt werden, denn gerade unter diesen sind die meisten, besonders die wollhaarigen, wie z. B. die Kameel-Arten, sehr stark von aussen vergiftet.

Die in Spiritus conservirten Objecte sind in hübschen, cylinderförmigen farblosen Gläsern ohne Hals aufgestellt, die entweder durch eingeschliffene Glasstöpsel oder durch angeschliffene Glasplatten verschlossen werden. Um den Verschluss vollkommener zu machen, werden alle Gläser mit einer aus Wachs, Lichttalg, Baumöl und Terpentin bestehenden Masse verschmiert, die heiss gemacht und dann mit einem Pinsel aufgetragen wird. Der Spiritus, der bei dieser Art des Verschlusses nur in sehr geringem Maasse verdunstet, besitzt eine Stärke von $70°$ nach Tralles und wird nur aus ästhetischen Gründen gewechselt, nämlich nur dann, wenn er eine gar zu dunkle Farbe angenommen hat, was bei den meisten Objecten, die gewöhnlich in sehr schmutzigem Spiritus anlangen, 2—3, ja bisweilen sogar 5—6 Mal geschehen muss. Der abgegossene schmutzige Spiritus wird gereinigt, auf $70°$ Stärke gebracht und lässt sich dann wieder verwenden, da er eben so wasserhell wie der reine ist und sich von letzterem nur durch einen penetranten, freilich höchst widerwärtigen Geruch unterscheidet. Andere Conservirungsflüssigkeiten werden bei uns nicht verwendet und es liegt zunächst auch nicht die Absicht vor, sie einzuführen; sie sind nämlich sämmtlich noch viel zu kurze Zeit im Gebrauch und es lässt sich daher gegenwärtig noch kein Urtheil darüber fällen, auf wie lange sich ihre conservirende Wirkung erstreckt, während wir vom Spiritus aus Erfahrung wissen, dass er die Objecte Jahrhunderte[1]) lang conservirt.

Was die Etiquettirung der Objecte anbetrifft, so scheinen in der alten Kunstkammer, wenigstens in der letzten Zeit ihres Bestehens, ausschliesslich gedruckte Etiquetten in Gebrauch gewesen zu sein, und zwar gab 'es deren zwei Sorten. Die eine Sorte war ausschliesslich für die in Spiritus conservirten Objecte bestimmt und bestand aus kleinen, mit einem Rande versehenen Zetteln weissen Papiers, auf welchen in zwei Zeilen sowohl der französische, als auch darunter der lateinische Namen, aber keine Daten über die Herkunft der Objecte, also weder Fundort, noch Name des Einsenders, gedruckt waren. Die andere Sorte, die sich bis heute noch an einzelnen Mammalien und Vögeln hauptsächlich der Langsdorff'schen Ausbeute erhalten hat, bestand aus gleichfalls viereckigen Zetteln aber verschiedenfarbigen Papiers, die mit einem Rande versehen und auf denen der Namen des Thiers und darunter in der linken Ecke der Namen des Einsenders oder Sammlers, in der rechten der Fundort oder das Vaterland verzeichnet waren.

Gedruckte Etiquetten sehen nun zwar sehr hübsch und sauber aus, sind aber im Grunde genommen denn doch ein grosser

---

1) Unter den Eidechsen der alten Kunstkammer fand sich ein in Spiritus conservirtes Exemplar von *Gerrhosaurus Bibronii* Smith, welches, wie sich aus der Form des Glases schliessen liess, ohne Zweifel aus der von Peter dem Grossen angekauften Seba'schen Sammlung stammt. Am Boden des Glases war von aussen ein kleiner Zettel aufgeklebt, auf welchem mit sehr vergilbter Tinte die Worte «3. Juni 1699» geschrieben waren. Obwohl es nun nicht bekannt ist, was dieses Datum zu bedeuten hat, so liegt doch die Vermuthung nahe, dass damit der Tag bezeichnet werden sollte, an welchem die Eidechse entweder gefangen und in Spiritus gesetzt, oder aber an welchem sie in die Sammlung desjenigen, der den Zettel geschrieben hat, gekommen ist. Jedenfalls hat das Object seit jenem Tage in Weingeist gelegen und sich also durch fast 2 Jahrhunderte, abgesehen von der völlig geschwundenen Farbe, so gut erhalten, dass es sich mit Sicherheit und ohne alle Mühe bestimmen liess.

Luxus und ihre Herstellung verursacht nicht bloss beträchtliche Kosten, sondern ist auch mit grossen Weitläufigkeiten verbunden. Da die Etiquetten nämlich nur in den allerseltensten Fällen gleich lauten, sondern wenigstens doch in den Daten über die Herkunft der Exemplare differiren, so ist, genau genommen, von jeder Etiquette nur ein einziges Exemplar erforderlich und folglich muss jede derselben einzeln gesetzt werden, was, wo es sich um viele Tausende handelt, doch am Ende nicht unbeträchtliche Summen erfordern würde. Ausserdem müssten die einzelnen Etiquetten, um in der Typographie gesetzt werden zu können, doch erst geschrieben und dann der Satz einer Correctur unterworfen werden, wodurch eine doppelte und selbst dreifache Arbeit verursacht und folglich viel Zeit erfordert würde. Einfacher wäre es freilich, wenn jeder Conservator die Etiquetten für seine Abtheilung mit einem Handapparat, wie solche gegenwärtig überall käuflich zu haben sind, selbst setzte und druckte, dann fiele der Kostenpunkt allerdings fort, der Zeitaufwand bliebe aber doch ein grösserer, denn das einfache Schreiben der Etiquetten geht ungleich rascher, als das Setzen und Drucken derselben mit dem Handapparat, selbst dann noch, wenn man sich in dieser letztern Manipulation einige Uebung angeeignet hat. Nur für den Fall, wo es sich um die Herstellung einer grossen Zahl von gleichlautenden Etiquetten handelt, also etwa bei Acquisition einer grösseren Menge von Objecten von ein und demselben Fundorte, wo jedes einzelne Stück mit der Fundortsangabe zu versehen ist, wären gedruckte Etiquetten den geschriebenen vorzuziehen, da sie sich mit geringerem Zeitaufwand herstellen lassen, indem der Druck, wenn der Satz einmal fertig ist und nicht abgeändert zu werden braucht, ungleich rascher geht, als das Schreiben.

Wahrscheinlich von ähnlichen Erwägungen geleitet, ging Brandt von den gedruckten Etiquetten ab und führte geschriebene ein, legte aber, da er dieselben nur als Interimsetiquetten ansah, auf ihre Form, resp. Uniformität, weiter kein Gewicht. Seine Etiquetten bestanden aus kleinen viereckigen Zetteln gewöhnlichen Schreibpapiers, die entweder mit einem durchgezogenen Bindfaden an die Objecte angebunden, oder, bei den Spirituspräparaten, auf die Gläser aufgeklebt wurden. Abgesehen davon, dass diese Etiquetten nichts weniger als hübsch aussahen, hatten diejenigen unter ihnen, die mit Bindfaden befestigt waren, noch den grossen Nachtheil, dass sie in Folge des dünnen Papiers, aus welchem sie hergestellt waren, sehr leicht abrissen, was namentlich bei den Bälgen, die in Kisten verpackt liegen, bei dem wiederholten Herausnehmen und Einpacken leider auch nicht selten geschehen ist. Aber auch bei den ausgestopften Objecten sind bei Gelegenheit der alljährlich einmal vorzunehmenden allgemeinen Reinigung manche Etiquetten abgerissen und entweder ganz verloren gegangen, oder von den Präparanten und Lehrlingen, welche die Reinigung zu besorgen hatten, beim Wiederanbinden verwechselt worden, wenigstens fanden sich bei der in den 70ger Jahren vorgenommenen Inventarisirung sämmtlicher Säugethiere und eines Theils der Vögel eine ziemliche Anzahl von Exemplaren, theils mit notorisch falschen Etiquetten, theils auch ganz ohne dieselben, wobei aber der noch vorhandene Bindfaden anzeigte, dass ehemals Etiquetten vorhanden gewesen waren.

Die gleichen Etiquetten waren auch in der osteologischen Abtheilung im Gebrauch, und zwar hatte Brandt dieselben auf die meist grossen fossilen Knochen direct aufkleben, an die Skelete aber mit Bindfaden anbinden lassen. Bei Etiquettirung der Säugethier-Schädel, mit Ausnahme jedoch der ganz kleinen, an welche man die Etiquetten hatte anbinden müssen, war er in ganz abweichender Weise verfahren und hatte die Namen, so wie die Daten über die Herkunft mit Tinte direct auf die Objecte selbst geschrieben. Dieser letztere Modus besass nun allerdings den grossen Vorzug, dass einem Verlorengehen der aufgeschriebenen Daten vorgebeugt war, erwies sich aber schliesslich doch als nicht ganz practisch, allerdings nur daher, weil unsere Schädel dazu nicht gehörig vorbereitet waren. Man hatte dieselben nämlich zwar von den anhaftenden Weichtheilen vollkommen gereinigt, aber entweder gar nicht, oder doch wenigstens ungenügend macerirt und ausgekocht, so dass sich an den meisten im Laufe der Jahre eine mehr oder weniger beträchtliche Aussonderung von Fett eingestellt und mit dem auf keine Weise zu vermeidenden Staube allmählich geradezu eine Schmutzkruste gebildet hatte, die ein Entziffern der Schrift ohne vorherige Reinigung ganz unmöglich machte. Bei einer solchen Reinigung, die nur durch Auskochen zu bewerkstelligen ist, wird aber gewöhnlich die Tinte mit ausgezogen, oder doch wenigstens so alterirt, dass die Schrift nur mit Mühe gelesen werden kann; es hat daher die Entzifferung der Aufschriften auf denjenigen Schädeln, die besonders viel Fett abgesondert hatten, sehr viel Mühe verursacht und wäre bei manchen ohne den später zu besprechenden Catalog des Präparanten P. Perschtschetzky vielleicht überhaupt unmöglich gewesen.

In der entomologischen Abtheilung endlich war die Etiquettirung eine durchaus andere, indem hier der systematische Namen und der Fundort des Objectes getrennt auf verschiedenen Etiquetten verzeichnet wurden. Für die systematischen Benennungen hatte Ménétriés besondere viereckige, mit einem schwarzen Rande versehene Etiquetten aus weissem Cartonpapier in 4 verschiedenen Grössen (für den Namen der Species, des Genus, der Familie und der Ordnung) anfertigen lassen, die mit besonderen ganz kurzen Nadeln an den mit Kork ausgelegten Boden des Kastens befestigt wurden und auch heute noch im Gebrauche geblieben sind. Die Fundortsangaben dagegen hatte er, wohl nach dem Beispiele der französischen Entomologen, auf Octavblätter verschiedenfarbigen Papiers drucken lassen und dabei folgende 6 Farben adoptirt: weiss für Europa mit Ausschluss des russischen Reichs, gelb für Asien mit Ausschluss des russischen Reichs, blau für Afrika, violett für Australien und Oceanien, grün für Amerika mit Ausschluss der russischen Besitzungen und endlich roth für das gesammte russische Reich in Europa, Asien und Amerika. Auf jedem solchen Blatte waren in alphabetischer Ordnung die hauptsächlichsten Staaten und Länder des betreffenden Welttheils, resp. Gouvernements des russischen Reichs, gedruckt und denselben noch einzelne solcher Ortschaften und Städte hinzugefügt, aus welchen entweder bereits Objecte in grösserer Menge vorhanden waren, oder aber aus irgend einem Grunde erwartet werden konnten. Diese Fundortsangaben kamen dann in der Weise zur Verwendung, dass man den Namen des betreffenden Landes, Staates etc. ausschnitt und an die Nadel, welche das Insect trägt, aufsteckte.

Selbstverständlich war es nicht möglich, alle die Fundorte, von welchen im Laufe der Jahre Insecten acquirirt worden sind, im Voraus fertig gedruckt zu haben und es hätte daher jedes Mal, wenn eine Sendung aus einer Gegend eintraf, deren Namen nicht unter den gedruckten Fundorten vorhanden war, dieser Namen entweder besonders gedruckt, oder aber, was ungleich einfacher war, auf Papier von entsprechender Farbe geschrieben werden müssen. Das ist jedoch leider in den seltensten Fällen geschehen, gewöhnlich begnügte sich Ménétriés mit einer mehr allgemeinen Fundortsangabe, indem er dem Namen der Ortschaft denjenigen des Landes oder Staates, in welchem diese Ortschaft gelegen, substituirte. In Folge dessen sind denn die meisten unserer Insecten mit sehr allgemeinen, d. h. ungenauen Fundortsangaben, wie z. B. Rossia meridionalis, Sibiria orientalis, Sibiria occidentalis, Europa meridionalis etc. versehen und es ist daher derjenige Theil der entomologischen Sammlung, der noch aus Ménétriés' Zeiten stammt, für zoogeographische Zwecke absolut unbrauchbar und werthlos.

Die ersten uniformen Etiquetten in der zoologischen Abtheilung wurden etwa Mitte der 40ger Jahre von Hrn. von Middendorff zunächst für die von ihm verwaltete Conchyliensammlung eingeführt; dieselben waren typographisch hergestellt und bestanden aus ziemlich grossen, 60 Mm. langen und 40 Mm. breiten, schwarz umrandeten Vierecken von gewöhnlichem Schreibpapier, auf welche der Namen des Thieres und darunter in der linken Ecke der Fundort, in der rechten der Geber oder Sammler, so wie das Jahr der Acquisition geschrieben wurde. Diese Etiquetten wurden später von Wosnessensky auch für die Säugethiere und Vögel, so wie überhaupt für alle trocken conservirten Objecte benutzt, und ebenso war auch ich in der ersten Zeit genöthigt, mich derselben in Ermangelung anderer für die in Spiritus aufbewahrten Reptilien und Amphibien zu bedienen, musste sie aber der Länge nach zerschneiden, da sie für die meisten Gläser zu gross waren. Erst Mitte der 60ger Jahre, als die ganze herpetologische Sammlung auseinander gelegt und zum grösseren Theile determinirt war, wurden speciell für diese beiden Classen neue lithographirte Etiquetten aus farbigem Papier bestellt, und zwar in drei Formaten, nämlich die kleinsten von 53 Mm. Länge und 18 Mm. Breite, die mittleren von 58 Mm. Länge, bei einer Höhe von 24 Mm., und die grössten von 75 Mm. Länge und 30 Mm. Breite. Dieselben haben einen entsprechend breiten mit Schnörkeln verzierten Rand, in dessen Mitte oben eine Stelle für die Nummer freigelassen ist, während fast der ganze untere Rand von den Worten «Mus. Zool. Acad. Litt. Caes. Petrop.» eingenommen ist. Auf diesen Etiquetten, die der Länge nach durch einen schwarzen Strich in 2 gleiche Theile getheilt sind, werden die Aufschriften in der einmal angenommenen Weise gemacht, nämlich über dem Strich der Namen des Objects mit beigefügtem Autor der Art, und darunter in der linken Ecke der Fundort, in der rechten der Namen des Gebers oder Sammlers, so wie das Jahr, in welchem das Object entweder erbeutet, oder der Sammlung einverleibt worden ist. Die Farben der Etiquetten sind dieselben, welche Ménétriés seiner Zeit für die Fundortsangaben in der entomologischen Abtheilung eingeführt hatte, nämlich roth für das gesammte russische Reich, weiss für das übrige Europa, gelb für das übrige Asien, blau für Afrika, violett für Australien und Oceanien und endlich grün für Amerika.

Im Laufe der Jahre sind diese Etiquetten auch für die übrigen Thierclassen in Anwendung gekommen, und zwar nicht bloss für die in Spiritus conservirten, sondern auch für die ausgestopften und überhaupt trocken aufbewahrten Objecte, und es soll allmählich die ganze zoologische Abtheilung mit denselben versehen werden, mit Ausnahme jedoch der in Bälgen aufbewahrten Säugethiere, Vögel und Fische, so wie wahrscheinlich auch der Conchylien.

Für die Sammlung der Bälge, die fast ausschliesslich nur russische Exemplare enthält, sind neuerdings statt der früher gebräuchlichen, leicht abreissenden Etiquetten aus gewöhnlichem Schreibpapier solche aus Cartonpapier eingeführt worden, die mit der gleichen Umrandung, wie die farbigen, versehen sind, sich aber durch die Form sehr beträchtlich von jenen unterscheiden. Da wir nämlich die Erfahrung gemacht haben, dass viereckige Carton-Etiquetten mit den scharfen Ecken leicht am Gefieder der Vögel haken bleiben und sich oft nur mit

Verlust der betreffenden Feder loslösen lassen, wurden bei den neu eingeführten die Ecken sehr stark abgerundet und dadurch diesem Uebelstande abgeholfen. Diese Etiquetten, deren wir zwei Formate besitzen, sind etwas länger und schmäler, wie die oben besprochenen farbigen, und werden mit Bindfaden, der durch ein am linken Ende durchgestossenes Loch durchgezogen ist, sehr kurz an das Object befestigt; dabei sind sie sämmtlich von weisser Farbe, theils weil farbiges Cartonpapier ohne besondere Bestellung nicht zu haben war, hauptsächlich aber weil für die in Kisten aufbewahrten, dem Publicum nicht sichtbaren und überdies fast ausschliesslich einheimischen Arten angehörenden Bälge farbige Etiquetten kaum von irgend welchem besonderen Nutzen gewesen wären.

Hinsichtlich der Etiquettirung unserer Conchyliensammlung ist zur Zeit schon desshalb noch kein definitiver Entschluss gefasst worden, weil die Sammlung selbst noch nicht in Angriff genommen worden ist. Gegenwärtig ist diese Abtheilung noch mit den von Hrn. v. Middendorff eingeführten Etiquetten versehen, welche auf dem Boden der die einzelnen Arten enthaltenden offenen Schachteln, also unter den Objecten selbst, liegen und sich mitunter ohne Entfernung des Objects nicht lesen lassen. Da wir nun beabsichtigen, die kleinen Conchylien-Arten in Probirgläsern unterzubringen und sowohl unsere alten, als auch die neuerdings eingeführten farbigen Etiquetten durchweg zu gross sind, um auf Probirgläschen geklebt, oder in dieselben eingelegt zu werden, so wird es wohl nöthig sein, besondere Etiquetten von kleinerem Format anfertigen zu lassen. Selbstverständlich werden bei der vorzunehmenden Umetiquettirung alle diejenigen früheren Etiquetten, welche wissenschaftliche Bedeutung haben, d. h. welche von Hrn. von Middendorff, Hrn. von Schrenck. Hrn. Lischke etc. geschrieben sind und sich entweder auf von ihnen begründete Arten, oder auch nur in ihren Arbeiten besprochene Exemplare beziehen, neben den neuen Etiquetten erhalten bleiben.

In der entomologischen Abtheilung sind, wie bereits bemerkt, die von Ménétriés für den Namen des Objects eingeführten Etiquetten in Gebrauch geblieben, für die Fundortsangaben dagegen sind neue Etiquetten in den 6 bei uns gebräuchlichen Farben eingeführt worden, die aus kleinen 12 Mm. langen, 4 Mm. breiten, durch eine der Länge nach verlaufende Linie in 2 Theile getheilten Vierecken bestehen, auf welche über der Linie die Nummer der Art und, durch einen Strich davon getrennt, die Nummer des Exemplars, und unter der Linie der Fundort geschrieben werden. Diese Etiquetten werden, um ihnen die nöthige Festigkeit zu geben, auf Schreibpapier aufgeklebt und dann ebenso wie die früheren Ménétriés'schen Fundortsetiquetten an die Nadel, welche das Insect trägt, aufgesteckt. Die Angabe der Person, von welcher ein betreffendes Stück gesammelt, oder der Sammlung, aus welcher es stammt, liess sich in geeigneter Weise am Object selbst nicht anbringen, wird aber im Cataloge stets vermerkt, mit Ausnahme jedoch der aus Ménétriés' Zeiten stammenden Exemplare, über deren Herkunft sich gegenwärtig nur in den seltensten Fällen Genaueres ermitteln lässt.

In der osteologischen Abtheilung endlich sind gleichfalls neue Etiquetten aus Cartonpapier eingeführt worden, und zwar haben wir für dieselben aus ästhetischen Rücksichten die ovale Form gewählt. Sie sind genau mit demselben Rande, wie die Etiquetten der Balgsammlung, versehen, nur mit dem Unterschiede, dass die freie Stelle für die Nummer sich in der Mitte des Unterrandes und die Aufschrift «Mus. Zool.-Acad. Litt. Caes. Petrop.» im obern Rande befindet; diese Abweichung war desshalb unumgänglich, weil die Etiquetten horizontal angehängt werden und der Bindfaden, der durch ein unter der Mitte des Oberrandes durchgestossenes Loch gezogen wird, die Nummer, falls sie sich im Oberrande befände, verdecken würde. Diese Etiquetten, von denen die grösseren 66 Mm. lang und 34 Mm. breit sind, die kleineren dagegen eine Länge von 38 Mm. und eine Breite von 23 Mm. besitzen, sind sämmtlich weiss, weil, wie schon bemerkt, farbiges Cartonpapier nicht zu haben war, und werden mit gelber Seide möglichst kurz an das Object, gewöhnlich an den linken Jochbogen des Schädels, angebunden. Zugleich wird auf jedem Schädel und dem dazugehörigen Unterkiefer, und bei den Skeleten ausserdem noch auf einzelnen der grösseren Knochen die Nummer mit rother Oelfarbe verzeichnet, so dass bei

Benutzung der Objecte, wo gewöhnlich der Unterkiefer behufs genauerer Untersuchung des Gebisses abgehakt werden muss, bei dem nachherigen Zusammensetzen, niemals eine Verwechselung vorkommen kann.

Wie in allen Museen, so sind auch bei uns die Etiquetten sämmtlich in lateinischer Sprache abgefasst, jedoch erlauben wir uns in Bezug auf die Fundortsangaben mancherlei Freiheiten; so schreiben wir z. B. Rossia, Germania, Gallia, Vistula, Danubius, Petropolis, Vindobona etc., zugleich aber auch Andalusia, Don, Dnjepr, Ural, Nowgorod, New York, New Orleans etc., statt, wie es doch eigentlich heissen müsste, Vandalitia, Tanais, Borysthenes, Rhymnus, Neogardia, Eboracum novum, Aurelianum novum. Theils geschieht das der Kürze wegen, theils aber auch, weil in unserem unclassischen Zeitalter und namentlich bei uns zu Lande die zuletzt aufgeführten lateinischen Benennungen selbst manchem Zoologen ohne Zuhülfenahme eines Lexicons nicht mehr verständlich sein dürften.

Diese lateinischen Etiquetten dienen ausschliesslich wissenschaftlichen Zwecken und sind dem Publicum meist ganz unverständlich, ja die den niederen Ständen angehörenden Besucher unseres Museums sind nicht einmal im Stande, die Aufschriften der lateinischen Lettern wegen zu lesen. Da nun das Museum ein öffentliches Institut ist und vom Publicum sehr stark frequentirt wird, so war es unumgänglich, wenigstens die auffallenderen und besonders interessanten Objecte mit dem Publicum verständlichen Aufschriften zu versehen und überhaupt dafür zu sorgen, dass die Besucher nicht bloss sehen, sondern auch erfahren, was sie sehen. In dieser Beziehung hat sich der ehemalige Conservator Dr. A. Brandt ein grosses Verdienst erworben, indem er noch vor seiner Anstellung am Museum, im Jahre 1864, einen Führer durch die zoologische Abtheilung, die dem Publicum bekanntlich allein zugänglich ist, in russischer Sprache abfasste, in welchem die besonders auffallenden, oder für den Besucher interessanten, eigends zu diesem Zwecke mit leicht sichtbaren Nummern versehenen Objecte dieser Abtheilung unter eben diesen Nummern aufgezählt und von entsprechenden Bemerkungen und Erläuterungen begleitet sind. Wie sehr dieser

Führer dem Bedürfniss des Publicums entsprach, lässt sich schon aus dem Umstande entnehmen, dass im Laufe von 15 Jahren 4 starke, jedesmal beträchtlich vermehrte Auflagen desselben verkauft worden sind und im Jahre 1880 bereits die fünfte, gleichfalls vermehrte und verbesserte Auflage erschien, die auch heute noch im Gebrauche ist. Zugleich hatte Dr. A. Brandt die in seinem Führer aufgezählten ausgestopften und überhaupt trocken conservirten Objecte mit besonderen, in russischer Sprache abgefassten, gedruckten Etiquetten versehen, die aber unserer beengten Raumverhältnisse wegen zum grössern Theile in so kleinem Format angefertigt werden mussten, dass sie nur dann gelesen werden können, wenn sich das mit ihnen versehene Object etwa in der Höhe des Auges befindet; die Etiquetten der auf den oberen Brettern der Schränke stehenden Objecte sind ihrer geringen Dimensionen wegen selbst mit einem Binocle kaum zu lesen und entsprechen daher keineswegs ihrem Zwecke. Um diesen Uebelstand zu beseitigen, haben wir in neuester Zeit begonnen, einzelne, besonders hervorragende Objecte, und zwar zunächst nur solche, welche dem Museum als Geschenke zugekommen sind, mit besonderen Etiquetten in grossem Format zu versehen. Diese neuen Etiquetten haben etwa die Grösse eines Quartblattes und bestehen aus dickem weissem Cartonpapier, auf welchem ausser dem lateinischen Namen des Thieres auch die russische Benennung, so wie der Fundort und der Namen des Gebers in russischer Sprache verzeichnet sind. Zur Herstellung dieser Aufschriften benutzen wir die hier käuflich zu habenden, sehr hübschen Buchstaben aus schwarzem Glanzpapier und überziehen jede solche Etiquette, nachdem sie fertig gestellt ist, mit einem wasserhellen Lack, wodurch einerseits verhindert wird, dass die Buchstaben sich ablösen, und andererseits die Möglichkeit gegeben ist, die Etiquette jederzeit mit einem angefeuchteten Schwamm von dem auf keine Weise zu vermeidenden Staube zu reinigen. Leider lassen sich bei unseren gegenwärtigen sehr beengten Raumverhältnissen derartige Etiquetten an den kleineren Objecten nicht anbringen, ohne das Object selbst, oder doch die demselben zunächststehenden zu verdecken, und besteht daher die Absicht, die einzelnen Abtheilungen der Schränke mit in gleicher Weise hergestellten russischen Aufschriften zu versehen, die anzeigen, welche Familien, Gruppen oder selbst Gattungen in dem betreffenden Schranke enthalten sind. Selbstverständlich kann diese ausschliesslich für das besuchende Publicum bestimmte Etiquettirung nur ganz allmählich eingeführt werden, theils weil die Herstellung der Etiquetten ziemlich weitläufig ist und viel Zeit in Anspruch nimmt, theils und hauptsächlich aber, weil dieselbe doch erst in zweiter Linie berücksichtigt und erst dann vorgenommen werden kann, wenn die wissenschaftliche Determination und Etiquettirung des betreffenden Theils der Sammlung beendet ist, und hinsichtlich dieser letztern sind wir bei einzelnen Abtheilungen, wie z. B. bei den Säugethieren, leider noch sehr im Rückstande. Endlich tragen auch die verschiedenfarbigen Etiquetten, mit welchen zur Zeit bereits alle kaltblütigen Wirbelthiere, die Crustaceen, Corallen und z. Th. auch die Vögel versehen sind, das ihrige dazu bei, um das Publicum darüber aufzuklären, ob ein betreffendes Object der vaterländischen Fauna angehört und, wenn nicht, in welchem der 5 Welttheile es einheimisch ist. Zu diesem Zwecke sind an den Thüren derjenigen Säle, in welchen die Objecte bereits mit farbigen Etiquetten versehen sind, besondere Tafeln aufgehängt, welche über die 6 bei uns gebräuchlichen Farben den nöthigen Aufschluss geben.

Das wichtigste Hülfsmittel für die Benutzung einer Sammlung bilden bekanntlich die Cataloge und je genauer und ausführlicher dieselben geführt sind, um desto grösser ist die wissenschaftliche Bedeutung der Sammlung selbst. Cataloge gab es nun zwar schon in der alten Kunstkammer und einer derselben ist sogar im Jahre 1742 unter dem Titel Museum Imperiale Petropolitanum im Drucke erschienen, jedoch waren diese Cataloge, entsprechend dem damaligen Zustande der Wissenschaft, in einer Weise abgefasst, dass sie gegenwärtig kaum noch historisches Interesse darbieten. Nicht bloss, dass darin die einzelnen Objecte entweder gar nicht benannt, oder höchstens doch mit solchen Benennungen versehen waren, über deren Bedeutung gegenwärtig nur Muthmaassungen möglich sind, so fehlten auch die Fundortsangaben meist ganz, oder waren, da man in früheren Zeiten bekanntlich nur wenig Gewicht auf die Herkunft der Objecte legte, nicht genügend verbürgt und folglich unsicher. Aus dem eben Gesagten lässt sich somit leicht entnehmen, dass diese Cataloge für das neue Museum wenig oder gar keinen Werth hatten, zumal ausserdem noch von den Objecten der alten Kunstkammer ein verhältnissmässig nur sehr kleiner Theil in das heutige Museum übergegangen ist. Es musste daher die Catalogisirung der Sammlung durchaus von Neuem begonnen werden, und da es bei der geringen Zahl des wissenschaftlichen Arbeitspersonals unmöglich war, alle neu hinzukommenden Objecte gleich genau zu determiniren, so musste von einer Anfertigung systematischer, d. h. wissenschaftlicher Cataloge aller der verschiedenen Abtheilungen der Sammlung für's erste abgesehen werden, und Brandt begnügte sich denn auch zunächst mit der Anlage und Einrichtung eines sogenannten Accessionscatalogs. Dieser Accessionscatalog, den der Conservator Schrader eingerichtet und in musterhafter Weise geführt hat, bestand in einem paginirten Buche in Folioformat, in welches alle Acquisitionen in chronologischer Reihenfolge eingetragen wurden und welches am Schlusse mit einem alphabetischen Index versehen war, der die Namen aller derjenigen Personen und Institute, von denen das Museum Zusendungen erhalten hatte, nebst Angabe der Seitenzahl, wo sie im Catal_oge zu finden, enthielt. Jede Sendung war detaillirt eingetragen und die einzelnen Objecte entweder unter den Namen aufgeführt, unter welchen sie eingeschickt waren, oder, wo es sich um undeterminirte Stücke handelte, wenigstens annäherungsweise der Gattung oder auch nur der Ordnung nach bestimmt. Dabei war stets der Fundort, so wie die Anzahl der Exemplare jeder Art angegeben und bei den käuflich erworbenen auch die Preise, die dafür gezahlt worden, notirt. Nur bei den Insectensendungen fehlen die Detailangaben, denn hier beschränkte sich Schrader darauf, die Zahl der Arten und Exemplare, so wie den Preis, der etwa dafür gezahlt worden, zu notiren, und verwies hinsichtlich der Details auf das entomologische Journal, das von Ménétriés in ganz ähnlicher Weise geführt wurde.

Von diesem Schrader'schen Accessionscataloge, der uns

bei der späteren Inventarisirung und Catalogisirung der Sammlung von ganz unberechenbarem Nutzen gewesen ist, existiren 2 Bände, welche den Zeitraum vom 5. November 1831 bis zum 7. December 1845 umfassen. Vom Jahre 1846 an, wo Schrader das Museum verliess, bis zum Jahre 1849, wo Wosnessensky den Conservatorposten antrat, sind, abgesehen von den Insecten, keinerlei Cataloge über die Acquisitionen des Museums geführt worden, sondern Brandt beschränkte sich darauf, die Originalverzeichnisse, welche den einzelnen Sendungen beigelegt waren, aufzubewahren und zugleich der Conferenz über jeden einzelnen Zuwachs einen für die Aufnahme in das Sitzungsprotocoll bestimmten Bericht zu erstatten, so dass also trotz Mangels an einem Cataloge die nöthigen Daten über die in dieser Periode acquirirten Objecte immerhin vorhanden, aber freilich nicht mehr so leicht und bequem zu übersehen sind, wie in dem Schrader'schen Cataloge.

Von 1849 an führte Wosnessensky den Accessionscatalog, aber leider nicht mehr in derselben ausführlichen Weise, wie es von Schrader geschehen war, sondern registrirte einfach die eintreffenden Acquisitionen nach den verschiedenen Thierclassen mit Angabe der Arten- und Individuenzahl, aber ohne die einzelnen Stücke namentlich aufzuführen. Am Schlusse eines jeden Jahres stellte er einen Bericht über den Zuwachs der Sammlung zusammen, der nach den einzelnen Thierclassen geordnet war und von welchem eine Copie an das Verwaltungscomité abgeliefert wurde, während das Original im Museum verblieb; zugleich mit diesem Originalbericht wurden auch alle den Sendungen etwa beigelegten Verzeichnisse aufbewahrt, und da mitunter auch Sammlungen ohne Verzeichnisse acquirirt wurden, so fertigte in allen solchen Fällen entweder Wosnessensky oder, häufiger noch, Brandt selbst die nöthigen Verzeichnisse an, die dann zu den übrigen gelegt wurden. Auf diese Weise hatte sich im Laufe der Jahre eine ganz beträchtliche Masse von Verzeichnissen, Briefen und allerhand anderen, das Museum betreffenden Papieren angesammelt, die in einer Schrankabtheilung unserer Museums-Bibliothek aufbewahrt wurden und gewissermaassen das Archiv des Museums bildeten. Dieses Archiv war von Wosnessensky nach bestimmten, ihm allein bekannten Principien geordnet worden und so war denn auch nur er allein im Stande, sich in diesem Wust von Papieren zurechtzufinden. Nach seinem im Jahre 1871 erfolgten Tode mussten sämmtliche Papiere des Archivs, aus denen allein die nöthigen Aufschlüsse über die im Laufe von 25 Jahren gemachten Acquisitionen des Museums entnommen werden konnten, von Neuem, und zwar in einer Weise geordnet werden, die es jedem ermöglichte, sich in ihnen zurechtzufinden, und dieser Mühe unterzog sich Wosnessensky's Nachfolger Hr. Conservator Dr. A. Brandt; in einigen Wochen sah er sämmtliche Papiere durch, eliminirte die überflüssigen und brachte den Rest, nach Jahren geordnet, in eigends dazu bestellten Mappen unter, die in einem besonderen Schranke, der sich gegenwärtig im Arbeitszimmer № 4 befindet, aufgestellt wurden.

Zugleich übernahm Dr. A. Brandt auch den Accessionscatalog und führte ihn in der von Wosnessensky adoptirten Weise fort, jedoch nur bis zum Schlusse des Jahres 1874. Mit Beginn des nächstfolgenden Jahres, wo der neue Etat in Kraft trat und die Zahl der Conservatoren von 2 auf 5 erhöht wurde, konnte endlich auch die unumgängliche Theilung der Arbeit vorgenommen werden und geschah in der Weise, dass jeder Conservator eine oder, wo es nicht anders anging, auch mehrere Thierclassen zu selbstständiger Verwaltung zugewiesen erhielt. Damit übernahm derselbe auch die Sorge für die Registrirung der neuen Acquisitionen seiner Abtheilung und war verpflichtet am Schlusse eines jeden Jahres dem Director einen Bericht über den Zuwachs, welchen die ihm unterstellte Abtheilung der Sammlung in dieser Zeit erfahren hatte, abzustatten; aus diesen Berichten wurde dann der vorschriftmässige Generalbericht über die Bereicherung des ganzen Museums für das betreffende Jahr zusammengestellt und dem Verwaltungscomité übergeben. Eigentliche Accessionscataloge sind von da ab aber nicht mehr geführt worden, sondern fast alle neu hinzukommenden Objecte wurden, theils definitiv, theils auch nur approximativ determinirt, unter Nummern in die damals bereits vorhandenen Sammlungscataloge eingetragen und ausserdem auch die Originalverzeichnisse der

Sendungen, falls welche vorhanden waren, aufbewahrt. Nur in der entomologischen Abtheilung, deren Cataloge erst im Jahre 1881 begonnen worden sind, wurden die neuen Acquisitionen in etwas anderer Weise registrirt. Hr. Conservator Morawitz hatte nämlich bereits wenige Jahre nach seinem Eintritt in den Dienst, das massenhaft aufgespeicherte Rohmaterial, das in den verschiedenartigsten Kasten zerstreut war und über dessen Herkunft man nur aus den Aufschriften auf den Kasten das Nöthige entnehmen konnte, mit fortlaufenden Nummern versehen und zugleich in einem besonderen Buche die Fundorte, so wie die übrigen Daten über die Herkunft der Stücke notirt mit Angabe der Nummern, welche sich auf jeden einzelnen Fundort beziehen. Dieser einfache und überaus practische Modus, durch welchen sehr viel Zeit und Arbeit erspart wird, ist selbstverständlich auch für die Registrirung der neuen Acquisitionen beibehalten worden, jedoch nur für diejenigen, welche nicht determinirt waren. Für die determinirten Insecten adoptirte Hr. Morawitz den in der zoologischen Abtheilung eingeführten Modus, d. h. er rangirte die einzelnen Exemplare, nachdem sie mit den nöthigen Etiquetten versehen waren, in die Sammlung ein und bewahrte die jeder einzelnen Sendung beigefügten Originalverzeichnisse auf.

Obwohl wir nun bei der eben besprochenen Einrichtung jederzeit im Stande sind, uns über den jährlichen Zuwachs des ganzen Museums sowohl, als auch seiner einzelnen Abtheilungen ohne besondere Schwierigkeiten zu informiren, so lässt sich doch nicht leugnen, dass ein Accessionscatalog, in der Weise geführt, wie es seiner Zeit von Schrader geschehen ist, keineswegs überflüssig wäre, sondern die Orientirung über die jährliche Bereicherung der Sammlung ungemein erleichtern und vereinfachen würde. Leider liegen aber die Verhältnisse gegenwärtig nicht so, dass an die Wiedereinführung eines regelrechten Accessionscatalogs gedacht werden kann, denn sämmtliche Beamten des Museums sind zur Zeit bereits so mit Arbeit überladen, dass es keinem derselben zugemuthet werden könnte, auch noch die immerhin zeitraubende Führung des Accessionscataloges zu übernehmen.

Was die eigentlichen Sammlungscataloge anbetrifft, so hat

der seelige Brandt, wie ich schon in seiner Biographie erwähnt, seine Thätigkeit an unserem Museum mit der Determination der Säugethiere begonnen und der Conferenz bereits in der Sitzung vom 16. November 1831 einen Catalog sämmtlicher damals im Museum vorhandenen Mammalien vorgelegt. Einige Jahre später, nachdem die Sammlung schon beträchtlich bereichert worden war, stellte er der Conferenz in der Sitzung vom 17. Juni 1835 ein zweites, neu ausgearbeitetes systematisches Verzeichniss unserer Säugethiersammlung, als ersten Theil eines das ganze Museum umfassenden Generalcatalogs, vor. Leider scheint er aber durch anderweitige Arbeiten verhindert worden zu sein, die Catalogisirung der Sammlung in der beabsichtigten Weise weiter zu führen, wenigstens ist er die Fortsetzung dieses Generalcatalogs schuldig geblieben. Nichts desto weniger arbeitete er aber an der Determinirung und Catalogisirung der warmblütigen Wirbelthiere weiter fort, wofür ein der Conferenz am 11. December 1846 von ihm eingereichtes Verzeichniss der zu jener Zeit im Museum vorhandenen nicht ausgestopften Vogelbälge (Catalogus Avium nondum effarctarum Musei zoologici Academiae Scientiarum Petropolitanae) den Beweis liefert. Mitte der 50ger Jahre ferner verfasste der Conservator Ménétriés, unter sehr wesentlicher Assistenz von Bremer, einen Catalog unserer Schmetterlingssammlung, der auch Beschreibungen und Abbildungen neuer oder wenig bekannter Arten enthielt und unter dem vielversprechenden Titel «Enumeratio corporum animalium Musei Imperialis Academiae scientiarum Petropolitanae. Classis Insectorum. Ordo Lepidopterorum» mit einer lateinischen Vorrede von Brandt in 3 Lieferungen von 1855—1863, also z. Th. erst nach des Verfassers Tode, als separates Werk edirt worden ist. Endlich hat auch der vor einigen Jahren verstorbene hiesige Maler und Zeichenlehrer W. Pape, der früher als Zeichner bei unserer Akademie angestellt war und in der 2. Hälfte der 50ger Jahre gegen eine äusserst geringe Remuneration in ganz privater Weise die Verwaltung der Conchyliensammlung übernommen hatte, einen systematischen Catalog dieser Abtheilung angefertigt, dessen erste Hälfte am 5. März 1858, die zweite am 10. Juni 1859 der Conferenz vorgelegt worden ist.

Abgesehen davon, dass diese wenigen Cataloge nur einen verhältnissmässig kleinen Theil der Sammlung umfassten, hatten sie sämmtlich noch einen gemeinsamen Fehler, der von vornherein ihren Werth und ihre Brauchbarkeit sehr wesentlich beeinträchtigte: es waren in denselben nämlich die einzelnen Exemplare nicht speciell bezeichnet. In Folge dieses Mangels entsprachen diese Cataloge auch keineswegs den Anforderungen, die man an einen Sammlungscatalog stellen muss, sondern bestanden meist aus dürren Namensverzeichnissen, die wohl über die Zahl und die Namen der Arten, selten aber über die Zahl und die Herkunft der Exemplare Aufschluss gaben. Ich vermuthe daher, dass wenigstens Brandt bei Abfassung seiner Cataloge hauptsächlich das Ziel vor Augen gehabt hat, sich mit systematischen Verzeichnissen des vorhandenen Materials zu versehen, welche es ihm ermöglichten, sich bei vorkommenden Tausch-Offerten und Ankäufen möglichst rasch und mühelos darüber zu orientiren, welche der offerirten Objecte der Sammlung noch fehlten und folglich in erster Linie anzuschaffen waren.

Regelrechte Cataloge, in denen jedes einzelne Exemplar, sorgfältig determinirt, unter Nummer mit Angabe des systematischen Namens und der Daten über seine Herkunft verzeichnet ist, und welche folglich niemals ihren Werth verlieren, selbst dann nicht, wenn das betreffende Exemplar längst zu Grunde gegangen ist, gab es in unserem Museum damals nicht und somit konnte auch von einer Catalogisirung der Sammlung eigentlich gar nicht die Rede sein; denn die nach Hunderten zählenden Verzeichnisse einzelner, theils von unseren Reisenden mitgebrachter, theils von Händlern und Museen angekaufter oder eingetauschter Sammlungen und Sendungen ersetzten einen Generalcatalog keineswegs, wenngleich sich aus ihnen, freilich nur mit beträchtlichem Zeitaufwande, ein ungefährer Ueberblick über das vorhandene Material gewinnen liess. Es hatten daher sowohl Brandt selbst, als auch Ménétriés und Wosnessensky nur sehr vage Vorstellungen von dem thatsächlichen Bestande der Sammlungen, was ja am Ende auch durchaus verständlich ist, wenn man in Betracht zieht, dass das Museum gerade in den 40ger und 50ger Jahren, besonders durch die zahlreichen, in jener

Zeit von der Akademie ausgerüsteten Expeditionen, solche Massen von Objecten erhielt, dass die Kraft von drei Personen lange nicht hinreichte, um dasselbe selbst nur vorläufig zu ordnen, geschweige denn zu determiniren und zu catalogisiren. Besonders hatte Brandt, der ausser den Insecten und Mollusken sämmtliche übrigen Thierclassen, so wie die ganze osteologische Sammlung und die Museums-Bibliothek verwaltete, eine Aufgabe übernehmen müssen, die zu leisten er beim besten Willen nicht im Stande war, und so sah er sich denn endlich vor die Alternative gestellt, entweder seine ganze Zeit und Kraft ausschliesslich auf das Ordnen der Sammlungen und die Abfassung der Cataloge zu verwenden und seine wissenschaftlichen Arbeiten auf unbestimmte Zeit ganz zu suspendiren, oder aber sich in der früheren Weise mit wissenschaftlichen Untersuchungen zu befassen und das Museum bis auf günstigere Zeiten in dem, was Ordnung anbetrifft, keineswegs glänzenden Zustande zu lassen, in dem es sich Ende der 50ger Jahre befand. Er entschied sich für das Letztere, und zwar sicherlich nur aus dem Grunde, weil er von vornherein einsah, dass er allein, selbst bei Aufwendung aller Kräfte, doch nie im Stande sein würde, die beständig wachsenden Sammlungen in die nöthige Ordnung zu bringen und in gehöriger Weise zu catalogisiren.

Bei so bewandten Umständen war es natürlich, dass Brandt Jeden, der sich an der Bestimmung und Bearbeitung der im Museum aufgespeicherten Materialien zu betheiligen wünschte, mit offenen Armen empfing, und als ich mich daher im April 1861 mit der Bitte an ihn wandte, mich im Museum zu beschäftigen, übergab er mir auf das Bereitwilligste die ganze herpetologische Abtheilung der Sammlung, machte es mir aber zugleich zur ausdrücklichen Bedingung, einen systematischen Catalog der Reptilien und Amphibien, welche bekanntlich den Gegenstand der Herpetologie bilden, abzufassen. Die innere Einrichtung des anzufertigenden Catalogs überliess er ganz meinem Ermessen, und da ich damals in dergleichen Angelegenheiten noch wenig bewandert war, so wählte ich mir unter den verschiedenen Museums-Catalogen diejenigen des British Museums, die anerkannt besten, zum Muster, hielt es aber doch für indicirt, nicht bloss die einzelnen Exemplare jeder Art mit Buchstaben zu bezeichnen, wie es im genannten Museum geschieht, sondern auch die Arten selbst fortlaufend zu nummeriren. Jedoch schon nach wenigen Jahren überzeugte ich mich, dass die doppelte Bezeichnung mancherlei hier nicht näher zu erläuternde Inconvenienzen mit sich bringt, und dass die fortlaufende Nummerirung der Exemplare, wie sie im Berliner Museum eingeführt ist, in jeder Hinsicht den Vorzug verdient, da sie nicht nur einfacher, sondern auch bedeutend zweckmässiger ist. Da der begonnene Reptiliencatalog noch nicht weit gediehen war und nur 458 Arten in 1204 Exemplaren enthielt, so nahm ich die nöthige Abänderung in der Nummerirung der Exemplare vor und richtete einen neuen Catalog ein, in welchen die Exemplare unter fortlaufenden Nummern, ohne alle Rücksicht auf das System, bunt durch einander eingetragen werden. Dieser Catalog, der die Reptilien und Amphibien, aber jede Classe separat nummerirt, enthält, besteht aus einem liniirten Buche in Folio, in welchem jede Seite in 8 Colonnen von sehr verschiedener Breite getheilt ist. Die erste Colonne enthält die Nummer, die zweite den vollen systematischen Namen nebst Angabe des Autors der Species und des Geschlechts des Individuums, vorausgesetzt, dass sich dasselbe ohne Anwendung des Scalpells erkennen liess; in der dritten Colonne findet sich der möglichst genaue Fundort, in der vierten der Namen der Person oder des Instituts, von welchen das Stück acquirirt worden ist, und in der fünften das Jahr der Acquisition verzeichnet. Die sechste Colonne ist ferner dazu bestimmt, die Art der Conservation zu notiren, was durch Abkürzungen in der Weise geschieht, dass die in Weingeist conservirten Exemplare mit Sp. v. (= Spiritus vini), die ausgestopften mit eff. (= specimen effarctum), die Bälge mit exuv. (= exuviae), die einfach getrockneten (ausschliesslich Schildkröten) mit sicc. (= specimen siccum), die nur in einzelnen Theilen erhaltenen, wie z. B. die Schalen und Schilde von Schildkröten, je nachdem mit testa oder sc. dors. (= scutum dorsale) etc. bezeichnet werden. In der siebenten Colonne ist die Anzahl der Exemplare, die unter ein und derselben Nummer zusammengefasst sind, notirt, so dass also diese Colonne für die ausgestopften und überhaupt trocken aufbewahrten Objecte, von denen jedes unter besonderer Nummer eingetragen ist, weiter keine Bedeutung hat; bei den in Weingeist conservirten dagegen habe ich theils wegen unserer beengten Raumverhältnisse, theils auch um Gläser zu sparen, häufig mehrere Exemplare einer Art, die von demselben Fundorte stammten, in ein Glas zusammengelegt, und hier war es nöthig, die Zahl der Exemplare anzugeben, was denn eben in dieser siebenten Colonne geschehen ist[1]. Die achte Colonne endlich ist für besondere Bemerkungen reservirt.

Ein in dieser Weise eingerichteter Catalog giebt somit den nöthigen Aufschluss über jedes einzelne im Museum vorhandene Exemplar der betreffenden Thierclasse und nur die Arten selbst und ihre Anzahl lässt sich aus demselben nicht ohne Weiteres entnehmen, weil die zu ein und derselben Art gehörigen Exemplare im Buche selbstverständlich an sehr verschiedenen Stellen zerstreut sind und die Arten selbst sich folglich mehr oder weniger häufig wiederholen. Es musste daher ein besonderes systematisches Verzeichniss der Arten angefertigt werden, welches gewissermaassen das Inhaltsverzeichniss des Catalogs darstellt und sich ohne grosse Mühe herstellen lässt. Man excerpirt zu diesem Zwecke die Namen der einzelnen Arten, bringt sie in systematische Ordnung und fügt jedem Artnamen die Nummern bei, unter wel-

---

[1] Da ausserdem von vielen einheimischen Arten oft sehr zahlreiche, auch in der Färbung und Zeichnung wenig oder gar nicht differirende Exemplare von gleichem Fundorte vorhanden sind und es schon des Raummangels wegen unmöglich war und zugleich auch von keinem Interesse gewesen wäre, sie alle in die Sammlung einzureihen, so habe ich ein für alle Mal als Maximum für die in die Sammlung aufzunehmenden, von gleichem Fundorte stammenden Exemplare einer Art die Zahl 6 festgesetzt; somit wird Alles, was bei solchen Exemplaren über 6 vorhanden ist, als Doublette angesehen und in der Vorrathskammer aufbewahrt. Bei vielen Arten, besonders bei solchen von geringer Körperdimension, habe ich jedoch die Doubletten (schon allein um sie rascher auffinden zu können), nicht von den für die Sammlung bestimmten Exemplaren getrennt, so dass sich im Museum eine nicht unbeträchtliche Anzahl von Gläsern findet, in welchen 8, 10 und selbst 20 Exemplare einer Art von gleichem Fundorte enthalten sind. Um nun diese Gläser im Cataloge zu kennzeichnen, ist in der siebenten Colonne desselben zwar gleichfalls nur die Maximalzahl 6 angegeben, derselben aber ein + Zeichen hinzugefügt. Bei Zählung der im Museum vorhandenen Exemplare berücksichtige ich dieses + Zeichen selbstverständlich nicht, sondern bringe jedes dieser Gläser, trotz der grösseren Zahl der darin enthaltenen Objecte, immer nur mit 6 in Rechnung, woraus sich ergibt, dass die weiter unten folgenden Angaben über die Zahl der im Museum ausgestellten Exemplare nicht ganz richtig sind, sondern stets der Wirklichkeit nachstehen.

chen die zu der betreffenden Art gehörigen Exemplare im Cataloge eingetragen sind. Mit Hülfe dieses Catalogs und des dazugehörigen systematischen Inhaltsverzeichnisses sind wir jederzeit im Stande, uns und jeden anderen nicht bloss über die im Museum vorhandenen Arten der betreffenden Thierclassen und ihre Anzahl, sondern auch über die Zahl und Herkunft der einzelnen Exemplare jeder Art zu informiren und zugleich die Objecte selbst, die im Museum in systematischer Reihenfolge aufgestellt sind, ohne allen Zeitverlust zu finden.

Derartige Cataloge sollen mit der Zeit für alle Thierclassen der zoologischen Abtheilung eingerichtet werden und sind für die Säugethiere, die Vögel, die Vogeleier, die Fische, die Crustaceen und die Corallen bereits eingeführt. Unter diesen letztern Catalogen weicht nur derjenige der Vogelsammlung etwas von der obenbeschriebenen Form ab, und zwar in zweifacher Hinsicht: zunächst ist in demselben, da die Vogelsammlung ausschliesslich nur ausgestopfte oder als Bälge conservirte Exemplare enthält, von denen jedes unter besonderer Nummer eingetragen wird, die Colonne, in welcher sonst die Anzahl der vorhandenen Exemplare notirt zu werden pflegt, als völlig überflüssig fortgelassen und durch eine andere, für die Angabe des Geschlechts und der Altersstufe bestimmte, ersetzt worden; ferner wird ausser dem Jahre der Acquisition, soweit möglich, auch das Datum, an welchem das Object erlegt worden, im Cataloge angegeben, da dieses Datum bei den Vögeln, die bekanntlich zu verschiedenen Zeiten des Jahres ein verschiedenes Kleid tragen, sowohl bei der Determination, als auch bei der wissenschaftlichen Bearbeitung von der grössten Bedeutung ist.

Der Catalog der osteologischen Sammlung ist gleichfalls in der vorhin beschriebenen Weise eingerichtet, nur findet sich in derjenigen Abtheilung desselben, welche die Säugethiere enthält, noch eine besondere Colonne, in welcher bemerkt ist, ob ein betreffendes Stück (Schädel oder Skelet) von einem der ausgestopften oder im Balge aufbewahrten Exemplare des Museums stammt und unter welcher Nummer dieses letztere im Säugethiercataloge eingetragen ist. Zugleich wird in der für besondere Bemerkungen reservirten Colonne des Säugethiercatalogs überall, wo nöthig, auf die Nummern der osteologischen Sammlung verwiesen und so sind wir denn jederzeit darüber orientirt, welche von den in diesen beiden, sonst völlig getrennten Abtheilungen des Museums aufbewahrten Objecten zusammengehören, d. h. von ein und demselben Individuum herrühren.

Die Cataloge der entomologischen Abtheilung endlich sind von Herrn Conservator Morawitz in ganz anderer Art eingerichtet worden. Zunächst musste bei der überwältigenden Anzahl der Insectenarten jede Ordnung separat nummerirt und catalogisirt werden und dabei war es, gleichfalls wegen der übergrossen Artenzahl, unumgänglich, innerhalb der einzelnen Ordnungen noch eine doppelte Nummerirung einzuführen, nämlich eine für die Arten, die andere für die Exemplare, wobei die letztere selbstverständlich bei jeder Art mit 1 beginnt. Diese doppelte Nummerirung erforderte ihrerseits für jede Ordnung auch doppelte Cataloge, einen für die Arten, den andern für die Exemplare. Die Cataloge für die Arten sind liniirte Bücher in Folio mit in 2 Spalten getheilten Seiten, in welche ausschliesslich nur die systematischen Namen der Arten unter fortlaufenden Nummern ohne alle Rücksicht auf das System eingetragen werden. Die Cataloge für die Exemplare dagegen werden auf einzelnen Octavblättern guten Schreibpapiers in folgender Weise geschrieben: oben steht die Nummer und der systematische Namen der Art und darunter werden die einzelnen Exemplare unter besonderen, wie schon bemerkt, bei jeder Art mit 1 beginnenden Nummern aufgeführt, und zwar nicht bloss mit Angabe des Fundorts, der Person oder Sammlung, von welcher sie acquirirt worden, und des Jahres der Acquisition, sondern es wird auch jedesmal der Namen hinzugefügt, unter welchem das betreffende Stück eingesandt oder aber früher in unserer Sammlung gestanden hat, vorausgesetzt, dass dieser Namen nicht mit dem an der Spitze des Blattes stehenden identisch ist. Da nun die Insecten in den mit fortlaufenden Nummern versehen Schiebladen in systematischer Reihenfolge aufgestellt sind, so bilden diese Octavblätter zugleich den systematischen Catalog der Sammlung und sind in der Weise geordnet, dass alle Blätter, die sich auf eine Schieblade beziehen, in entsprechende Reihenfolge gebracht und dann in einer besonderen, mit der Nummer der betreffenden Schieblade versehenen Enveloppe aufbewahrt werden. Diese allerdings etwas complicirte, aber überaus practische Art der Catalogisirung erfordert selbstverständlich viel Mühe und Zeit und da dieselbe erst im Jahre 1881 begonnen worden, so ist zur Zeit auch nur ein sehr kleiner Theil der Coleopterensammlung catalogisirt.

A. Die zoologische Abtheilung.

Die Theilung des Museums in seine heutigen drei Abtheilungen ist verhältnissmässig neueren Datums und geschah auch nicht auf einmal, sondern zuerst (im Jahre 1864) wurde die osteologische Sammlung in ihr jetziges Local in der untern Etage übergeführt und erst 11 Jahre später, im Jahre 1875, gestalteten sich die Verhältnisse derartig, dass es möglich wurde, die Vorrathskammer in der dritten Etage durch Vergrösserung der Fenster zu einem schönen hellen Raum umzugestalten und die ganze entomologische Abtheilung daselbst unterzubringen. Bis zum Jahre 1864 waren alle 3 Abtheilungen zusammen in den 13 Sälen, die jetzt von der zoologischen Abtheilung allein eingenommen werden, placirt, und zwar in folgender Weise. Im Saale № I stand die oologische Sammlung, so wie die trocken conservirten Crustaceen und Echinodermen; der Saal № II enthielt in den Schränken, die an den Wänden stehen, ausschliesslich Fische, sowohl in Spiritus conservirte, als auch ausgestopfte, und in dem Schranke, der die Mitte des Zimmers einnimmt, hatte man die grösseren ausgestopften Fische, so wie die wenigen damals vorhandenen ausgestopften Reptilien und Amphibien untergebracht. Im Saale № III standen ausschliesslich in Spiritus aufbewahrte Objecte, nämlich der Rest der Fische und sämmtliche Reptilien und Amphibien, dabei war die Mitte des Zimmers leer. Der Saal № IV enthielt in den Schränken längs den Wänden die ganze ziemlich reiche Corallensammlung, so wie die wenigen in Spiritus conservirten Mollusken und Würmer, und in der Mitte desselben standen anfänglich zwei, später vier niedrige, oben mit Vitrinen versehene Schränke mit Schiebladen, in welchen die Sammlung der trockenen Mollusken, der Conchylien, aufbewahrt wurde. In den Sälen № V, VII und VIII war die ornithologische Sammlung placirt und in der Mitte des letzten (№ VIII) standen frei auf der Diele 5 grosse ausgestopfte Fische (zwei Haie, ein Sägefisch und zwei grosse Störarten); der Saal № VI (die östliche Rotunde), in welchem sich der grosse Globus befindet, war damals geschlossen und diente als Ablegekammer. Der Saal № IX war von Säugethieren eingenommen, die man in den an den Wänden stehenden Schränken untergebracht hatte, während in der Mitte des Zimmers 8 niedrige, oben mit Vitrinen versehene Schränke mit Schiebladen standen, in welchen der grössere Theil der Käfer und Schmetterlinge aufgestellt war. Der Saal № X enthielt gleichfalls Mammalien, und zwar standen die grossen Wiederkäuer, die Dickhäuter, die Einhufer, die Wassersäugethiere und die grossen Raubthiere frei, theils auf der Diele, theils auf einem längs der ganzen Hinterwand des Zimmers angebrachten Brette, während die kleinen Antilopen und Raubthiere in zwei Schränken an den Fensterpfeilern placirt waren. In den Sälen № XI und XII befand sich die ganze osteologische Sammlung, dabei standen in № XI die Skelete der grossen Mammalien frei auf der Diele, die der kleineren aber in den 4 damals vorhandenen Schränken an den Fensterpfeilern, und im Saale № XII, dessen Mitte von dem Skelet des 1851 bei Reval gestrandeten Walfisches (*Balaenoptera longimana*) eingenommen war, hatte man in den an den Wänden stehenden Schränken sämmtliche Vogelskelete, das Wenige, was an skeletirten Reptilien, Amphibien und Fischen vorhanden war, so wie auch die Sammlung der Säugethierschädel untergebracht. Der Saal № XIII (die westliche Rotunde) endlich war hauptsächlich für die Fossilien bestimmt, jedoch standen in der Mitte desselben der ausgestopfte grosse asiatische Elephant und sein Skelet, dann unser berühmtes Mammuthskelet, so wie auf niedrigen Postamenten drei separate, mehr oder weniger gut erhaltene Mammuthschädel und eine Menge von Stosszähnen des genannten Thieres. Ausserdem enthielt der einzige damals in dieser Rotunde vorhandene grosse Schrank eine beträchtliche Anzahl fossiler Nashorn-Schädel, den berühmten Kopf nebst 2 Füssen des am Wilui gefundenen, noch mit Haut bedeckten *Rhinoceros tichorhinus*, zahlreiche Fragmente fossiler Ochsenschädel, so wie überhaupt Alles, was an fossilen Knochen und an Gypsabgüssen von solchen vorhanden war.

Diese Anordnung, die, geringe Dislocationen abgerechnet, wohl Jahrzehnte hindurch bestanden haben mochte, erfuhr im Jahre 1864 die erste eingreifendere Aenderung, indem Brandt, wie schon weiter oben angegeben, die osteologische Sammlung, jedoch mit Ausschluss der Fossilien und des Elephantenskelets, durch Wosnessensky in die neuen, dem Museum zugewiesenen Räume in der unteren Etage überführen liess, wodurch zwei grosse Säle, № XI und XII, frei wurden. Diese beiden Säle bestimmte Brandt für eine bessere Aufstellung der Säugethiere und Vögel, der beiden Classen, für welche sowohl er selbst, als auch Wosnessensky sich besonders interessirten und welche schon damals, so zu sagen, den Glanzpunkt des Museums bildeten. Im Saale № IX wurden, nachdem er geräumt war, sämmtliche Schwimmvögel untergebracht und die früher in demselben befindlichen Mammalien in die Säle № X und XII vertheilt. Die Wiederkäuer, Einhufer, Dickhäuter und ein Theil der Raubthiere, die im Saale № X überaus dicht gedrängt gestanden hatten, erhielten ihren Platz in dem beträchtlich geräumigeren Saale № XI und wurden daselbst in der früheren Weise aufgestellt, d. h. die grösseren frei, theils auf der Diele, theils auf einem längs der ganzen Hinterwand des Saales angebrachten Brette, die kleineren in den 4 Schränken zwischen den Fenstern. Der Saal № X, in welchem bis dahin nur 2 Schränke (zwischen den Fenstern) vorhanden gewesen waren, wurde neu möblirt und in demselben sämmtliche Affen, Halbaffen, Flederthiere, Insectivoren und Marsupialien nebst den Monotremen untergebracht. Der Saal № XII endlich nahm den Rest der Raubthiere, die Nager, die Edentaten und die Wassersäugethiere auf, von welchen letzteren die kleineren, meist schlecht erhaltenen und z. Th. noch aus der Kunstkammer stammenden Robben, so wie die beiden einzigen damals vorhandenen Delphine auf die Schränke, das Walross, die grossen Ohrrobben und einige meist in den 40ger Jahren hinzugekommene Seehunde in die Mitte des Zimmers auf die Diele gestellt wurden. Durch dieses Arrangement waren nicht bloss die Mammalien besser placirt worden, sondern es konnten auch die Vögel, die ganz besonders dicht gestanden hatten, beträchtlich auseinandergerückt und so aufgestellt werden, dass sie sich nicht allein besser präsentirten, sondern dass es auch möglich wurde, das massenhaft Neuhinzukommende leichter unterzubringen.

Kurze Zeit darauf, nachdem bereits die ganze herpetologische Sammlung aufgestellt war und mit der Aufstellung der Fische begonnen werden sollte, zeigte es sich, dass die für diese Thierclassen designirten Räume, die Säle № II und III, viel zu klein waren, und es wurde daher in der zweiten Hälfte des Jahres 1864 beschlossen, das Zimmer № I gleichfalls für die Aufnahme der kaltblütigen Wirbelthiere einzurichten. Die bis dahin in diesem Saale befindlichen Vogeleier vertheilte Wosnessensky in die ornithologische Sammlung, und zwar in der Weise, dass dieselben stets neben die Vogelart, von welcher sie stammten, zu liegen kamen, die trockenen Crustaceen und Echinodermen dagegen mussten wegen Mangels an Raum in die östliche Rotunde (№ VI) geschafft, also dem Anblick des Publicums entzogen werden. Nachdem man die entleerten Schränke, in welchen die Bretter durchweg in schräger, gegen den Beschauer geneigter Richtung angebracht waren, umgemacht hatte, wurde die Umstellung der Fische vorgenommen, die sich damals noch alle mit Bequemlichkeit in den beiden ersten Sälen unterbringen liessen, so dass also der Saal № III ausschliesslich für die herpetologische Sammlung verwendet werden konnte. Obwohl später, im Jahre 1866 in die Mitte dieses dritten Saales noch ein neuer grosser Schrank von quadratischer Form aufgestellt und mit ausgestopften Schildkröten und Eidechsen angefüllt worden war, liess sich die herpetologische Sammlung, die sich inzwischen beträchtlich vermehrt hatte, doch nicht vollständig in diesem Raume unterbringen und ein Theil derselben musste bis auf Weiteres theils in der Vorrathskammer, theils in den Arbeitszimmern verbleiben.

Diesem Uebelstande konnte erst nach Wosnessensky's Tode im Jahre 1871 abgeholfen werden, indem wir die östliche Rotunde (№ VI), die bis dahin als Ablegekammer gedient hatte und welche der Verstorbene nicht entbehren zu können behauptete, ausräumten und zu den eigentlichen Sammlungssälen hinzuzogen. Nach entsprechender Möblirung dieses Saales führte der Conservator Dr. A. Brandt die Corallen, sämmtliche Mollusken und das Wenige, was sich an Würmern im Saale № IV vorfand, dahin über und ordnete das Ganze nebst den bereits daselbst befindlichen trockenen Crustaceen und Echinodermen so gut und so weit es der beschränkte Raum eben erlaubte. Der Saal № IV, der in Folge dessen leer geworden war, würde zur Aufnahme eines Theils der kaltblütigen Wirbelthiere designirt, und da inzwischen bereits eine Menge der grösstentheils noch in der Vorrathskammer stehenden Fische für die Aufstellung in der Sammlung vorbereitet worden war, so mussten alle drei Classen der kaltblütigen Vertebraten von Neuem auf den nunmehr 4 Säle umfassenden Raum vertheilt werden. Es wurde daher der Schrank mit den ausgestopften Reptilien, der die Mitte des Saales № III einnahm, in die Mitte des Saales № IV übergeführt und darauf die ganze Reptiliensammlung in diesem letztern Saale untergebracht. Die Amphibien blieben in den beiden zwischen den Fenstern stehenden Schränken des Saales № III, dessen übrige Schränke mit in Weingeist conservirten Fischen angefüllt wurden, so dass also die ichthyologische Sammlung bereits damals die beiden ersten und den grössern Theil des dritten Saales einnahm. In die Mitte dieses dritten Saales placirte man die grossen ausgestopften Crocodiliden, die bis dahin z. Th. auf den Schränken gestanden hatten, z. Th. noch gar nicht ausgestopft waren, und benutzte den dadurch frei gewordenen Raum auf den Schränken zur Aufstellung einer nicht unbeträchtlichen Anzahl inzwischen ausgestopfter Störarten. So waren denn die kaltblütigen Vertebraten in diesen 4 Sälen untergebracht, mit Ausnahme jedoch der 5 grossen ausgestopften Fische, die im Saale № VIII mitten unter den Vögeln standen und wegen Mangels an Raum bis auf Weiteres daselbst verbleiben mussten.

Nachdem auf diese Weise seit dem Jahre 1864 alljährlich grössere oder kleinere Theile der Sammlung umgestellt worden waren, begann mit dem Jahre 1875, wo der neue Etat der Museen in Kraft trat und eine einmalige Summe von 8000 Rub. zur Anschaffung neuer Schränke bewilligt worden war, dieselbe Arbeit von Neuem, aber in bedeutend ausgedehnterem Maasse, indem es sich nunmehr um die Umstellung sämmtlicher Vertebraten, also eigentlich der ganzen Sammlung handelte. Die einmalige für die Completirung des Ameublements bestimmte Summe, die mit den für das mineralogische Museum bewilligten 1000 Rub. im Ganzen 9000 Rub. betrug, war auf 3 Jahre vertheilt worden und es mussten daher, entsprechend den Geldmitteln, die Schränke allmählich angeschafft werden. Da es sich nun unmöglich im Voraus bestimmen liess, welcher Art Schränke überhaupt nöthig sein und in wie weit die assignirten Geldmittel zur Anschaffung derselben ausreichen würden, so wurde beschlossen, zunächst alle im Museum noch vorhandenen leeren Stellen an den Wänden, also fast ausschliesslich die Ecken zwischen den Thüren und dem denselben zunächst gelegenen Fenster, mit neuen Schränken zu besetzen. Darauf entfernte man alle die riesigen Kachelöfen, die niemals geheizt worden und deren in den grösseren Sälen je zwei vorhanden waren, und benutzte den so gewonnenen Raum gleichfalls zur Aufstellung neuer Schränke. Alsdann wurden in den Sälen der ornithologischen Sammlung die bereits früher erwähnten Untersätze unter die Schränke gemacht und erst nach Beendigung aller dieser Arbeiten konnte an die Anfertigung von frei in der Mitte der Säle stehenden Schränken gegangen werden. Inzwischen waren aber auch 4 grosse Schränke mit zusammen 600 Schiebladen für die im Herbste 1875 in ihr jetziges Local übergeführte entomologische Abtheilung angefertigt worden und so war denn die disponible Geldsumme derartig zusammengeschmolzen, dass nur noch drei frei stehende Schränke bestellt werden konnten, zwei für den Saal № IV und einer für den Saal № V.

Diese allmähliche Vervollständigung des Mobiliars erforderte auch von Seiten der Museumsbeamten eine erhöhte Thätigkeit, indem die Aufstellung sowohl der Untersätze unter die Vogelschränke, als auch der die Stelle der Oefen ausfüllenden neuen Schränke nicht anders zu bewerkstelligen war, als nach vollständiger Entleerung der bereits vorhandenen alten. Das Ausräumen der Schränke ging nun freilich sehr rasch von statten und wurde unter Aufsicht des betreffenden Conservators von den Dienern besorgt, das Wiedereinstellen der Objecte, die in systematischer Reihenfolge aufgestellt sind, mussten dagegen die gelehrten Beamten selbst besorgen und so haben denn hauptsächlich wir beide, der seelige Russow und ich (Herr Poljakow befand sich damals auf Reisen) während der Sommermonate der Jahre 1875, 76 und 77 unsere ganze Zeit fast ausschliesslich auf das Umstellen der Sammlung verwenden müssen.

Mit Schluss des Jahres 1877 waren diese Arbeiten beendet und obwohl eine nicht unbeträchtliche Anzahl von neuen Schränken hinzugekommen war, fehlte es doch immer noch an Raum, denn inzwischen war viel Neues, unter Anderem auch die besonders an grossen Säugethieren so reiche Ausbeute von Oberst Przewalsky's erster Reise in die Mongolei hinzugekommen und aufgestellt worden. Diesem Raummangel konnte im darauf folgenden Jahre einigermaassen, aber freilich nur in sehr beschränkter Weise abgeholfen werden, indem das Local der osteologischen Abtheilung damals einen Zuwachs von 2 grossen Sälen (der früheren Amtswohnung eines Beamten) erhalten hatte und dadurch die Möglichkeit geboten war, sowohl das Mammuth und das Elephantenskelet, als auch überhaupt sämmtliche fossilen Reste, die bis dahin im Saale № XIII gestanden hatten, in die untere Etage überzuführen und mit der übrigen osteologischen Sammlung zu vereinigen. Der dadurch gewonnene Raum wurde dann in der Weise benutzt, dass man in die Mitte der westlichen Rotunde (№ XIII), neben den ausgestopften Elephanten, das Nilpferd nebst den Nashörnern und vor dieselben die Tapire und Schweine placirte, während in dem grossen Schranke, der die fossilen Reste beherbergt hatte, die Monotremen, die Marsupialien, die kleinen Pachydermen (z. B. *Hyrax, Dicotyles*), so wie die Vermilinguien (*Orycteropus, Myrmecophaga* und *Manis*) und die Gürtelthiere untergebracht wurden. In Folge dieser Dislocationen liessen sich zwar die Säugethiere in den anderen Sälen etwas auseinanderrücken und besser aufstellen, doch trat bei dem rapiden Wachsen der Sammlung in kürzester Zeit wieder Raummangel ein, und da absolut kein Platz mehr vorhanden war, um etwa neue Schränke aufzustellen, so musste daran gegangen werden, den Raum über den Schränken in rationellerer Weise auszunutzen, als es bisher geschehen war. Bis dahin waren sowohl in den Säugethiersälen, als auch in denjenigen der herpetologischen und ichthyologischen Sammlung fast auf allen Schränken ausgestopfte Repräsentanten aus den betreffenden Thierclassen aufgestellt, jedoch hatte man, schon allein um die Schränke nicht allzusehr zu belasten, dazu meist kleinere oder doch höchstens mittelgrosse Objecte ausgewählt und so blieb bei der beträchtlichen Höhe der Säle immer noch ein grosser Theil des Raumes über den Schränken unbenutzt. Um daher den ganzen Raum über den Schränken zu verwerthen, wurden im Jahre 1879 zunächst im Saale № XII, wo sich sämmtliche Pinnipedien befinden, Vorrichtungen angebracht, welche es ermöglichten, wenigstens die in schwimmender Stellung ausgestopften Robben in 3—4 Etagen über einander zu placiren. Jede dieser Vorrichtungen besteht in einer vertical an die Wand befestigten Eisenstange, an welcher sich 3 bis 4 verschiebbare, horizontal gestellte, gleichfalls eiserne Gabeln befinden, auf deren Armen das betreffende Object, natürlich ohne Holzpostament, aufgelegt wird. Solcher Apparate sind im Ganzen 9 angebracht worden, von denen jeder, je nach der Grösse und Dicke der aufzulegenden Objecte mit 3 oder 4 Gabeln versehen ist, und auf diese Weise wurde es möglich, sämmtliche kleineren und mittelgrossen Seehunde, die theils auf den Schränken, theils in der Mitte des Saales auf der Diele gelegen hatten, über den Schränken zu placiren, wobei denn auch zugleich die gänzlich verdorbenen, noch aus der Kunstkammer stammenden Exemplare ausrangirt und durch neue ersetzt worden sind.

Durch diese Einrichtung war wohl Raum gewonnen worden, jedoch nur in sehr unzureichender Weise, denn es blieben immer noch das Walross, eine Klappmütze (*Cystophora cristata*), zwei grosse Ohrrobben und sämmtliche Cetaceen in der Mitte des Saales stehen. Um nun noch mehr Raum zu schaffen, führten wir die beiden herbivoren Cetaceen, die sogenannten Sirenen (*Halicore cetacea* und *Manatus australis*) in den Saal № XIII zu den Pachydermen über und liessen sie daselbst auf etwa 3 Arschin hohe Gasröhren aufsetzen, welche letzteren, unten mit einer Eisenplatte und den nöthigen Stützeisen versehen, an die Diele angeschraubt wurden. Da diese Eisenstangen auf der Diele nur einen sehr geringen Raum einnehmen, so wurden die in der vorderen Reihe stehenden Tapire und Schweine in keiner Weise beengt und zugleich hatten wir die beiden Sirenen so placirt, dass sie auch die in der hinteren Reihe stehenden grossen Pachydermen nicht verdeckten. Auf ganz ähnlich eingerichtete Gasröhren wurden im Saale № XII auch die grossen Delphine und die Klappmütze aufgesetzt, so dass nur die beiden grossen Ohrrobben und das Walross auf der Diele übrig blieben; diese drei Exemplare waren nicht geeignet, um auf Gasröhren aufgesetzt zu werden, das Walross wegen seiner Grösse und seines colossalen Gewichts und die beiden Ohrrobben theils aus dem gleichen Grunde, theils und hauptsächlich aber desshalb, weil sie in kriechender Stellung ausgestopft sind und sich folglich, wenn sie in der Luft schwebend angebracht worden wären, sehr sonderbar ausgenommen hätten. Die drei genannten Objecte, sowie noch einige kleine Ohrrobben und Delphine wurden darauf so zwischen die Gasröhren eingeschoben, dass sie unter die erhöht aufgestellten Exemplare zu liegen kamen, und den auf diese Weise gewonnenen beträchtlichen Raum benutzten wir zur Aufstellung unserer 12 Einhufer, die bis dahin im Saale № X gestanden hatten und ihrerseits durch die Giraffen und Kameele ersetzt wurden.

Endlich wurde in demselben Jahre auch im Saale № XI eine Einrichtung getroffen, die speciell für das besuchende Publicum berechnet war und den Zweck hatte, die ausgestellten Objecte besser sichtbar zu machen. In diesem Saale standen nämlich die grossen ausgestopften Mammalien frei, theils auf der Diele, theils auf einem längs der ganzen hinteren Wand des Zimmers angebrachten Brette. Die auf der Diele stehenden Exemplare mussten wegen ihrer beträchtlichen Anzahl in zwei Reihen hinter einander aufgestellt werden, wobei denn natürlich die hintere Reihe, ungeachtet dessen, dass sie die grossen Objecte enthielt, durch die vordere Reihe mehr oder weniger verdeckt wurde, zumal im Laufe der Zeit die Zahl der Stücke sich sehr vermehrt hatte und dieselben also auch sehr dicht neben einander placirt werden mussten. Um nun die in der hinteren Reihe stehenden Objecte besser sichtbar zu machen, wurden sie, nachdem zuvor die wegen ihrer beträchtlichen Körperhöhe hinderlichen Giraffen und Kameele in den Saal № X übergeführt worden waren, auf eine aus Balken und Brettern erbaute Estrade von etwa einer halben Arschin Höhe gestellt und präsentiren sich seitdem ungleich besser, wie ehemals.

Da sich die Vorrichtung mit den beweglichen Gabeln als sehr

zweckmässig erwiesen hatte und die darauf postirten Objecte sich auch ganz hübsch ausnahmen, so wurden im Jahre 1880 zehn genau ebenso construirte Apparate im Saale № III über den Schränken an den Wänden angebracht und die mittelgrossen Stör- und Hai-Arten darauf placirt. Zugleich liessen wir auch die 5 grossen ausgestopften Fische, die immer noch im Saale № VIII mitten unter den Vögeln standen, in ähnlicher Weise, wie es mit den Cetaceen geschehen war, auf Gasröhren aufsetzen und in der Mitte des Saales № III zwischen den daselbst frei liegenden Crocodiliden an die Diele festschrauben, so dass sie also über den letztern in der Luft schweben. Durch diese Aenderung wurde die Mitte des Saales № VIII leer und nachdem das Verwaltungscomité in gewohnter Liberalität und Fürsorge die nöthigen Geldmittel bewilligt hatte, konnten drei grosse freistehende Schränke mit Untersätzen angefertigt und daselbst aufgestellt werden. In diesen Schränken brachte Hr. Conservator Dr. Bogdanow die Tauben und die Hühnervögel, mit Ausnahme der Pfauen, des Argus-Fasans und einiger Haushühner diverser Racen, unter und erhielt zugleich auch die Möglichkeit, die übrige, bis dahin sehr eng placirte Vogelsammlung wenigstens einigermaassen auseinanderzurücken und besser aufzustellen.

Im Jahre 1881 ferner unternahm Hr. Conservator Herzenstein, nachdem er die Determination der in Weingeist conservirten Fische fast beendet hatte, eine Durchsicht unserer ziemlich reichen Sammlung an Fischbälgen und bestimmte dieselbe bis auf die russischen Salmoniden- und Acipenseriden-Arten, die sich nach dem Günther'schen Cataloge nicht bestimmen liessen und deren Determination nur bei gleichzeitiger vollständiger Umarbeitung der betreffenden Familien möglich sein wird. Dabei stellte es sich denn heraus, dass unter den Bälgen eine grosse Anzahl solcher Arten vorhanden war, die in der Sammlung bis dahin noch gefehlt hatten, und da sich darunter namentlich auch viele auffallend gestaltete, also für das Publicum besonders interessante Formen vorfanden, so wurde ein grosser Theil der Bälge, über 100 Stück, im Laufe des Sommers ausgestopft und für die Aufnahme in das Museum vorbereitet. Um eine so beträchtliche Anzahl von Exemplaren zu placiren, mussten in dem quadratischen Schranke, der die Mitte des Saales № II einnimmt und ausschliesslich für die ausgestopften Fische bestimmt ist, sämmtliche Objecte umgestellt werden und als auch das noch nicht genügte, so entschlossen wir uns, die Rochen und Schollen (Pleuronectiden), die bei ihrem scheibenförmigen, flachen und meist sehr breiten Körper sehr viel Raum beanspruchen, ganz aus dem Schranke zu entfernen und in dem Saale № I an den Wänden aufzuhängen. Zu diesem Zwecke wurden an allen vier Wänden des letztgenannten Saales, unmittelbar unter dem Karnies, lange Eisenstangen angebracht und daran sowohl die Rochen, als auch die grösseren Schollen mittelst Drath aufgehängt. In ganz ähnlicher Weise wurde auch im Saale № IV ein Theil der ausgestopften Reptilien, fast ausschliesslich Meerschildkröten und grosse Trionychiden, die theils in, theils auf den Schränken gestanden hatten, an den Wänden aufgehängt und dadurch wenigstens einigermaassen dem daselbst sich bereits sehr fühlbar machenden Raummangel abgeholfen.

Im Mai des Jahres 1882 endlich bewilligte das Verwaltungscomité eine nicht unbeträchtliche Summe, um in der zoologischen Abtheilung des Museums verschiedene Vorrichtungen anzubringen, die theils auf eine bessere Ausnutzung des vorhandenen Raumes abzielten, theils auch den Zweck hatten, einzelne Theile der Sammlung vor dem ihnen drohenden Verderben zu bewahren. Die meisten dieser Vorrichtungen sind zwar erst im Herbste, also nach dem Jubiläumstage, fertig gestellt worden, dennoch müssen sie hier mitberücksichtigt werden, da wenigstens der Plan und der Beschluss, sie auszuführen, noch in die Zeit der ersten 50 Jahre seit Gründung des Museums fallen.

Was zunächst die Vorrichtungen anbetrifft, die auf eine bessere Ausnutzung des vorhandenen Raumes abzielten, so wurde im Saale № XIII über jedem der beiden daselbst befindlichen grossen Schränke ein breites Brett auf eisernen Kronsteinen angebracht und diese beiden Bretter zur Aufstellung der Tapire und Schweine-Arten benutzt. Ferner erwies es sich als vortheilhaft, die mitten im Zimmer stehenden grossen Pachydermen, den Elephanten, die Nashörner und das Nilpferd, an die dem einzigen sehr breiten Fenster gegenüberliegende, bis dahin noch unbenutzte Wand zu rücken und den früher von ihnen eingenommenen Raum zur Aufstellung anderer Objecte zu benutzen. Es wurde daher an der rechts von der Eingangsthür liegenden Wand aus Balken und Brettern eine Estrade von etwa einer Arschin Höhe construirt und darauf sämmtliche grossen Pachydermen nebst den beiden Sirenen aufgestellt; vor der Estrade auf der Diele placirten wir unsere Einhufer, die in der Mitte des Saales № XII gestanden hatten und deren Zahl sich inzwischen auf 13 vermehrt hatte, und benutzen den dadurch frei gewordenen Raum in № XII zur Aufstellung der 5 z. Th. riesigen Grunzochsen, die von Oberst Przewalsky auf seinen drei Reisen in Central-Asien erbeutet worden waren. Alsdann wurde im Saale № X, über den im Fond desselben stehenden Schränken, ein alle 3 Wände einnehmendes, also von einer Thür bis zur anderen reichendes Brett gleichfalls auf eisernen Kronsteinen angebracht und auf demselben ein Theil der grösseren Raubthiere placirt; ganz dieselbe Vorrichtung liess sich endlich auch im Saale № II, in welchem der Raum über den Schränken noch unbesetzt war, anbringen und da dieselbe ausschliesslich zur Aufnahme der meist nicht sehr hohen ausgestopften Fische dienen sollte, so konnten zwei solcher Bretter über einander angebracht werden, so dass also hier die Objecte in zwei Etagen über einander stehen.

Ungleich wichtiger, aber freilich auch kostspieliger sind die beiden Vorrichtungen, die den Zweck hatten, gewisse Theile der Sammlung vor dem ihnen drohenden Verderben zu bewahren. Bei der Bauart unseres Museums ist es nämlich leider nicht möglich, die grossen ausgestopften Säugethiere in Schränken unterzubringen, sie haben daher von jeher frei in den Sälen gestanden und sind sowohl dem Staube, als auch z. Th. wenigstens dem Betasten von Seiten des besuchenden Publicums ausgesetzt gewesen. Abgesehen von den im Ganzen nicht sehr bedeutenden Beschädigungen durch das Publicum, ist es namentlich der Staub gewesen, der sehr nachtheilig auf die Objecte eingewirkt hat, theils weil derselbe die Entwickelung der Staubläuse (*Psocus (Troctes) pulsatorius*) und auch anderer Insecten begünstigt, theils auch weil die Entfernung desselben durch Ausklopfen, Kämmen und Bürsten im Laufe der Jahre nicht ohne schädliche Folgen für die Objecte geblieben ist. Nun finden sich unter den Wiederkäuern eine Menge von Arten, wie z. B. alle Hirsche, alle Wildschafe und einzelne Antilopen, deren Haar so rigid und brüchig ist, dass sie nicht ausgeklopft werden dürfen, und deren Reinigung folglich grosse Schwierigkeiten verursacht, ja bei Exemplaren im Winterkleide eigentlich gar nicht oder doch wenigstens nicht ohne mehr oder weniger bedeutenden Verlust an Haar bewerkstelligt werden kann. Um diese Wiederkäuer, unter denen gerade die Wildschafe bei uns ganz besonders reich vertreten sind und so zu sagen den Glanzpunkt der Säugethiersammlung bilden, vor Verderbniss zu bewahren, musste eine Vorrichtung getroffen werden, um den Staub von ihnen fernzuhalten, und zu diesem Zwecke wurde der Fond des Saales № XI, wo eben der grösste Theil unserer Ruminantien steht, durch eine aus Eisen und Glas hergestellte, bis an die Lage reichende Wand abgeschlossen, so dass nunmehr die grössere hintere Hälfte dieses Saales gewissermaassen einen einzigen grossen Schrank darstellt und folglich die in demselben befindlichen Objecte sowohl vor Staub, als auch vor der Berührung durch das Publicum vollkommen geschützt sind. Freilich bietet diese Einrichtung den Nachtheil, dass diese Objecte jetzt lange nicht mehr so gut zu sehen sind, wie früher, wo sie frei standen, dafür werden sie sich aber auch ungleich länger conserviren, als es bei der ehemaligen freien Aufstellung der Fall gewesen wäre. Die andere Schutzvorrichtung endlich, die sich gleichfalls auf die Säugethiersammlung bezieht, besteht in der Anfertigung von gutgearbeiteten, dichtschliessenden Holzkasten zur Aufbewahrung der massenhaften Säugethierbälge und wird weiter unten bei der Besprechung dieser Abtheilung der Sammlung eines Genaueren erläutert werden.

In Folge der im Laufe der letzten 20 Jahre fast alljährlich ausgeführten Translocationen hat sich die Vertheilung der Sammlungen in den 13 Sälen der zoologischen Abtheilung gegen früher sehr wesentlich geändert und ist nunmehr folgende: Der Saal № I, der wegen des vom Treppenhause eingenommenen Raumes nur etwa halb so tief ist, wie die übrigen Säle, enthält ausschliesslich Fische, von denen die in Weingeist conservirten in den Schränken placirt sind, die ausgestopften dagegen theils auf den Schränken stehen, theils an der Wand hängen; auf den Schränken stehen drei Mondfische (*Orthragoriscus mola*), 2 Schwerdtfische (*Xiphias gladius* und *Histiophorus gladius*), 2 gemeine Welse (*Silurus glanis*) von beträchtlicher Grösse, so wie ein grosses Exemplar von *Lampris luna*, ein Geschenk S. K. H. des hochseeligen Herzogs M. von Leuchtenberg, und an der Wand hängen 22 Rochen verschiedener Species, ein grosser Seeteufel (*Lophius piscatorius*) und 7 Schollen (*Pleuronectidae*) verschiedener Art und z. Th. von beträchtlicher Grösse. Der Saal № II ist gleichfalls von Fischen eingenommen, und zwar sind die in Spiritus conservirten in den an den Wänden stehenden Schränken untergebracht, während der die Mitte des Zimmers einnehmende sehr grosse, fast quadratische Schrank ausschliesslich ausgestopfte enthält, nämlich 245 determinirte Exemplare aus den verschiedensten Ordnungen und Familien und 47 russische, theils europäische, theils asiatische Salmoniden, die aber noch nicht genau bestimmt und folglich auch nicht in den Catalog aufgenommen sind. Auf dem zwischen den Fenstern befindlichen Schranke steht ein ausgestopfter Rochen (*Trygon polylepis*) von beträchtlicher Grösse, der aus dem rothen Meere stammt, und auf den beiden, in 2 Etagen über einander angebrachten Brettern über den Schränken im Fond des Zimmers sind 42 ausgestopfte Fische aufgestellt, darunter 30 noch nicht näher determinirte Acipenseriden. Im Saal № III ist die eine Hälfte der Schränke mit Fischen in Weingeist angefüllt, die andere enthält sämmtliche in Spiritus conservirten Schildkröten und die ganze Amphibiensammlung. In der Mitte des Zimmers ferner liegen frei auf der Diele 17 z. Th. sehr grosse ausgestopfte Crocodiliden und über ihnen schweben, auf hohen Gasröhren angebracht, 6 grosse ausgestopfte Fische, nämlich auf der einen Seite 3 Haie (*Laemargus borealis*, *Alopecias vulpes*, ein Geschenk S. K. H. des hochseligen Herzogs M. von Leuchtenberg, und *Lamna Spalanzanii*), auf der anderen in der Mitte ein riesiger Sägefisch (*Pristis antiquorum*) und zu beiden Seiten desselben eine Kaluga (*Acipenser orientalis*) und der von Hrn. Saposhnikow geschenkte grosse Hausen (*Acipenser huso*). Ueber den Schränken endlich sind auf den vorhin erwähnten beweglichen Gabeln 18 ausgestopfte Haie verschiedener Arten und 16 ausgestopfte, noch nicht genauer determinirte, grössere Acipenseriden placirt. Der Saal № IV, dessen Mitte von 3 freistehenden Schränken eingenommen ist, enthält ausschliesslich Reptilien, sowohl in Weingeist conservirte, als auch trocken präparirte; die ersteren sind durchweg in den Schränken untergebracht, von den letzteren dagegen ist ein Theil auch frei aufgestellt, und zwar stehen auf den Schränken 14 in kletternder Stellung auf Baumstämmen placirte ausgestopfte, grosse Riesenschlangen und an der Wand hängen 23 ausgestopfte, z. Th. sehr grosse Schildkröten aus den Familien der *Thalassita* und *Trionychida*, sowie eine grosse Eidechse (*Varanus bivittatus*).

Im Saale № V, dessen Mitte gleichfalls von 3 freistehenden Schränken eingenommen ist, befinden sich sämmtliche Sing-, Schrei- und Klettervögel, sowie ein Theil der Raubvögel, welche letzteren aber in allernächster Zeit in den Saal № VII übergeführt werden sollen, da für die kleinen Sänger, die oft in 2 und sogar 3 Reihen hinter einander stehen, Raum geschafft werden muss. Der Saal № VI (die östliche Rotunde), der, wie aus dem beigelegten Plan zu ersehen ist, in der Hoffronte des Museumsgebäudes, also ganz abseits, liegt, konnte, ohne die systematische Reihenfolge in der Aufstellung der Wirbelthiere irgendwie zu stören, zur Aufnahme der Wirbellosen benutzt werden. In seiner Mitte befindet sich, wie bereits bemerkt, der grosse Globus[1], um welchen herum 4 niedrige, oben mit Vitrinen versehene Schränke mit Schiebladen stehen, in denen die ganze Conchyliensammlung untergebracht ist. Die beiden grossen Schränke, welche die

---

[1] Dieser Globus, der gewöhnlich als der Gottorp'sche bezeichnet wird und bis auf die Drehvorrichtung und die geringere Grösse auch mit der in Bacmeister's Essai sur la Bibliothèque et le Cabinet des curiosités et d'histoire naturelle de l'Académie des Sciences de St. Pétersbourg auf p. 162 gegebenen kurzen Beschreibung dieses letzteren übereinstimmt, ist nach Bacmeister's Angabe (l. c. p. 173) der Akademie im Jahre 1752 als Ersatz für den kurz vorher völlig verbrannten echten Gottorp'schen Globus übergeben worden. Er ist im Jahre 1650 von den Erben des bekannten Geographen Wilhelm Blaeu (nicht Bleau, wie Bacmeister schreibt) angefertigt und als Geschenk der Generalstaaten an den Zaren Alexei Michailowitsch nach Moskau gebracht worden, wo er früher zum Unterricht in der Seeschule benutzt worden sein soll. Auffallend ist es aber, dass auf demselben, trotz seines holländischen Ursprungs alle Aufschriften in russischer Sprache abgefasst sind, und ich vermuthe daher, dass wenigstens die auf seiner äusseren Oberfläche angebrachte Weltkarte schwerlich aus dem Jahre 1650 stammt, sondern wohl später angefertigt worden sein wird.

Wände dieser Rotunde einnehmen, enthalten den bisher aufgestellten Theil der Crustaceensammlung (ausschliesslich in Spiritus conservirte Decapoden und Stomatopoden, sowie einige trocken präparirte grosse Decapoden und Xiphosuren), sämmtliche Cephalopoden, die ziemlich reiche Corallensammlung, die meist noch nicht determinirten Echinodermen in Spiritus und endlich sämmtliche Schwämme. In den mit Schiebladen versehenen Untersätzen werden die trocken präparirten Crustaceen und Echinodermen, sowie die kleinen in Spiritus conservirten Crustaceen (*Amphipoda, Isopoda, Phyllopoda* etc.) aufbewahrt und auf den Schränken stehen einige besonders grosse Fächer- und Baumkorallen. Der Saal № VII, der die östliche Ecke des Gebäudes bildet und nach zwei Seiten Fenster besitzt, enthält in den an den Wänden stehenden Schränken ausschliesslich Raubvögel und in dem mittleren, freistehenden sehr grossen Schranke sind ausser den grossen Geiern noch sämmtliche Laufvögel (*Struthio, Rhea, Dromaius* und *Casuarius*), die Kiwis (*Apteryx*), sowie einige Hühnervögel, unter Anderen auch die viel Raum beanspruchenden Pfauen und der Argus-Fasan untergebracht. Ausserdem ist in der Ecke rechts von der Eingangsthür, welche die Verbindung zwischen diesem Saale und № V vermittelt, ein grosser von Spechten bearbeiteter Baumstumpf, ein Geschenk des Hrn. Sesemann hieselbst, placirt worden. Im Saale № VIII stehen in den Schränken an den Wänden sämmtliche Wadvögel und in den 3 die Mitte des Zimmers einnehmenden Schränken befinden sich die Tauben und die Hühnervögel; vor den Fenstern sind die 3 niedrigen, oben mit Vitrinen versehenen Schränke mit Schiebladen placirt, die zur Aufbewahrung der Vogel-Nester und -Eier dienen. Der Saal № IX enthält den Rest der Vogelsammlung, nämlich die Schwimmvögel, die alle daselbst vorhandenen Schränke füllen. In der Mitte des Zimmers steht die von S. M. dem hochseligen Kaiser Alexander Nikolajewitsch geschenkte, prachtvoll montirte Tigergruppe und zu beiden Seiten derselben 9 Bären und 9 grosse Katzen diverser Species. Ausserdem befinden sich in diesem Saale vor den beiden mittleren Fenstern zwei pultförmige Vitrinen auf Füssen, in deren jeder 4 Kasten mit Insecten für das Publicum ausgestellt sind; neben einigen z. Th. auffallend geformten,

z. Th. auch sehr grossen Käfern und einigen entweder durch ihre Grösse, oder durch die Schönheit ihrer Färbung und Zeichnung auffallenden Schmetterlingen enthalten diese Vitrinen auch den von Dr. Kolenati arrangirten und dem Museum geschenkten Kasten mit den die ganze Entwickelung des Seidenspinners (*Bombyx mori*) veranschaulichenden Präparaten, sowie zwei Kasten mit den grossen nord-amerikanischen und japanischen Seidenspinnern (*Bombyx cynthia, arrindia* etc.), die von dem bekannten Entomologen Guérin-Méneville im Pariser Acclimatisationsgarten gezogen und der Akademie geschenkt worden sind. Sowohl in diesem Saale, als auch in den 3 anderen der ornithologischen Sammlung sind ferner entweder alle Schränke, oder, wie in № V und VII, nur die an den Wänden stehenden mit Untersätzen versehen, in welchen theils in Schiebladen, theils in eigends dazu angefertigten, dicht schliessenden Holzkasten die überaus reiche Sammlung unserer ausschliesslich aus dem Reiche und den angrenzenden Ländern Asiens stammenden Vogelbälge aufbewahrt wird. Endlich sind in diesen 4 Sälen auf den Schränken noch einzelne Nester (in № IX auch ein auffallend grosses, aus der Kunstkammer stammendes exotisches Vespennest), sowie verschiedene, meist mit ausgebreiteten Flügeln gestopfte grosse Vögel aufgestellt, welche letzteren jedoch ausschliesslich zur Verzierung dienen und nicht in den Sammlungscatalog aufgenommen sind.

Im Saale № X sind in den Schränken sämmtliche Affen, Halbaffen, Flederthiere, Insectivoren, sowie ein Theil der Katzenarten und auf dem Brette über den Schränken 25 grössere Raubthiere aus den Gattungen *Felis, Hyaena* und *Canis* placirt, während in der Mitte des Saales mehrere grosse Wiederkäuer stehen, namentlich 2 Giraffen, 1 Dromedar und 7 Kameele, darunter 5 wilde, welche das Museum dem Oberst Przewalsky und dem Major Tichonow verdankt. Der Saal № XI, der grösste unter allen, ist, wie schon bemerkt, durch eine aus Eisen und Glas construirte Wand in 2 ungleiche Theile getheilt; in der grösseren Abtheilung desselben, hinter der Glaswand, stehen theils auf der Diele, theils auf der Estrade und dem längs allen 3 Wänden angebrachten Brette, sämmtliche Hirsche, Ziegen und Schafe, die grösseren Antilopen und die Rinder, mit Ausnahme der vom Oberst Przewalsky mitgebrachten Grunzochsen. Von den 6 Schränken, welche sich noch in diesem Saale befinden, ist die eine Hälfte mit den kleinen Feliden und Caniden, die andere mit den kleinen Antilopen und den Moschusthieren angefüllt. Der Saal № XII enthält in den Schränken ausser dem Rest der Caniden, die übrigen Raubthierfamilien (die Viverriden, Musteliden und die kleineren Ursiden), ferner sämmtliche Nager und die Faulthiere. Ueber den Schränken sind auf den beweglichen Gabeln 27 Robben diverser Species aufgestellt und in der Mitte des Saales stehen, auf hohen Gasröhren angebracht, ein Walfischfoetus von über zwei Faden Länge (*Balaenoptera Sibbaldi*), 3 Delphine und 2 grosse Robben; unter dem Walfischfoetus sind die 5 von Oberst Przewalsky erlegten, z. Th. riesigen Grunzochsen (*Poëphagus grunniens*) und unter den Delphinen und Robben das Walross, zwei grosse Ohrroben (*Otaria Stelleri* und *Otaria ursina*), sowie einige kleinere Robben und Delphine placirt. Im Saale № XIII (der westlichen Rotunde) endlich stehen rechts von der Eingangsthür auf einer Estrade der riesige asiatische Elephant, das Nilpferd und 4 Nashörner, sowie die beiden auf Gasröhren aufgesetzten Sirenen, und vor der Estrade auf der Diele unsere 13 Einhufer. Von den beiden grossen Schränken, die gegenwärtig in diesem Saale aufgestellt sind, enthält der eine die ausgestopften Gürtelthiere, Schuppenthiere, Ameisenfresser, die kleineren Pachydermen (die Klippdachse, die Pekari's, sowie einige junge Tapire und Wildschweine), sämmtliche Marsupialien und die Monotremen, während in dem anderen, der dem mineralogischen Museum gehört und zur Hälfte mit Objecten dieses Museums angefüllt ist, die Gypsabgüsse der Siwalik-Fossilien, die von Nordmann beschriebenen Knochenreste aus den südrussischen Höhlen, sowie die von Brandt bearbeiteten Reste aus den Altai-Höhlen untergebracht sind. Auf den beiden über den Schränken angebrachten Brettern endlich stehen 3 Tapire und 9 Repräsentanten der Gattungen *Sus*, *Porcus*, *Phacochoerus* und *Potamochoerus*.

Die vorstehende Schilderung der Veränderungen, welche im Laufe der letzten 20 Jahre in der zoologischen Abtheilung des Museums vorgenommen worden sind, dürfte vielleicht etwas zu ausführlich ausgefallen sein, dennoch wollte ich mich nicht kürzer fassen, weil es mir darauf ankam, zu zeigen, dass wir weder Zeit, noch Mühe gespart haben, um den uns zur Verfügung stehenden Raum in möglichst rationeller Weise auszunutzen, und dass daher unsere Klagen über Raummangel keineswegs auf leeren Redensarten beruhen, sondern vollkommen begründet sind. In der That sind die 13 Säle dieser Abtheilung gegenwärtig derartig angefüllt (oder eigentlich überfüllt), dass es bereits sehr schwer hält, das Neuhinzukommende zu placiren, und dabei darf nicht ausser Acht gelassen werden, dass sich die Sammlung nicht bloss durch neue Acquisitionen und Geschenke beständig vergrössert, sondern dass auch noch eine ganz beträchtliche Menge von solchen Objecten, die in der ausgestellten Sammlung fehlen, in den Vorrathskammern aufbewahrt wird, ja dass ganze grosse Thierclassen unter den Wirbellosen, wie z. B. die Echinodermen und die Würmer, noch gar nicht aufgestellt sind und bei den gegebenen Räumlichkeiten auch gar nicht aufgestellt werden können. Schränke lassen sich in den Sälen dieser Abtheilung absolut nicht mehr unterbringen, da nicht bloss aller an den Wänden vorhandene Raum besetzt, sondern auch die Mitte eines jeden Saales entweder von Schränken, oder von freistehenden Objecten eingenommen ist. Der Raum über den Schränken ist gleichfalls zum grössten Theile bereits ausgenutzt und in den wenigen Sälen, wo es noch möglich ist, Objecte über den Schränken aufzustellen, wird dieser Raum in zwei bis drei Jahren ebenfalls besetzt sein. Das Museum geht daher mit Riesenschritten dem Zeitpunkt entgegen, wo es absolut unmöglich sein wird, noch irgend etwas zu placiren, wo also ein Stillstand in der Entwickelung der Sammlungen eintreten muss, und Stillstand ist hier gleichbedeutend mit Rückschritt. Hoffen wir daher, dass die hohe Staatsregierung Mittel und Wege finden wird, um die Räumlichkeiten des Instituts möglichst bald zu vergrössern, denn es ist doch wirklich kaum denkbar, dass ein Museum, welches nicht bloss das einzige seiner Art im ganzen Reiche ist, sondern das auch unter den wissenschaftlichen Sammlungen Petersburgs, was Reichthum und Ausdehnung anbetrifft, ohne Widerrede die erste Stellung einnimmt, einzig und allein aus Mangel an Raum in seiner Fortentwickelung gehemmt und der Möglichkeit beraubt werden sollte, denjenigen Nutzen zu bringen, der von ihm erwartet werden darf und muss.

Im Anschluss an die oben gegebene Schilderung der zoologischen Abtheilung, oder der eigentlichen, dem grossen Publicum zugänglichen Museumsräume, möchte ich noch einige Worte über die Vertheilung unserer Arbeitsräume hinzufügen, die bekanntlich in derselben Etage liegen und gegenwärtig durch eine einzige Thür (früher durch zwei) mit dem Museum in Verbindung stehen. In den auf dem beigelegten Plane mit 1, 2 und 3 bezeichneten Zimmern ist das eigentliche Laboratorium installirt, wo ausgestopft, skeletirt und überhaupt alle technischen Arbeiten ausgeführt werden. № 4 ist das Arbeitszimmer des Directors und es befindet sich darin der Schrank mit dem Archiv des Museums, sowie eine kleine verschliessbare Handkammer, die unter der aus dem Zimmer № 5 in die Vorrathskammer der oberen Etage führenden Holztreppe liegt und zur Aufbewahrung der Vorräthe an Spiritus, Arsenikseife etc. dient. Das Zimmer № 5 ist für den Conservator der Säugethiersammlung bestimmt, № 6 hat von jeher als Bibliothekszimmer gedient und enthält auch heute noch den Haupttheil unserer Museums-Bibliothek, № 7 ist das Arbeitszimmer des Conservators für die Sammlung der Wirbellosen und in № 8 endlich beschäftigt sich der Conservator der ornithologischen Sammlung. In diesem letzten Zimmer befindet sich auch die Thür, welche gegenwärtig allein die Verbindung mit dem Museum vermittelt, denn seit Errichtung der grossen Glaswand im Saale № XI musste die aus dem Zimmer № 3 in diesen Saal führende Thür dem Verkehre entzogen werden.

1. Die Sammlung der Säugethiere.

In der zweiten Hälfte des vorigen Jahrhunderts ist die zoologische Sammlung der Kunstkammer eine für die damalige Zeit sehr reiche gewesen, denn nach Bacmeister[1] belief sich im Jahre 1776 die Zahl der in derselben aufgestellten Säugethiere auf 469 (diejenige der Vögel auf mehr als 1200). Dabei waren darin

---

[1] Bacmeister. Essai sur la Bibliothèque et le Cabinet de curiosités et d'histoire naturelle de l'Académie des sciences de St. Pétersbourg, p. 188.

nicht bloss die hauptsächlichsten exotischen Säugethierarten vertreten, sondern sie enthielt auch eine grosse Zahl von Formen aus dem asiatischen Russland, welche damals noch in keinem ausländischen Museum vorhanden waren und von den zahlreichen, auf Befehl der grossen Katharina veranstalteten wissenschaftlichen Expeditionen in die entfernteren Gegenden des Reichs stammten. Leider soll das Local der alten Kunstkammer, das damals keine Heizvorrichtungen besass, etwas feucht gewesen sein, ferner waren die Objecte beständig dem Lichte ausgesetzt und endlich mag es auch an den nöthigen Vorkehrungen, um dieselben vor Insectenfrass zu bewahren, gefehlt haben, genug, die Sammlung begann allmählich in Verfall zu gerathen. Nachdem bereits im letzten Jahrzehnt des vorigen Jahrhunderts der Conferenz zu wiederholten Malen Mittheilungen über einzelne gänzlich zu Grunde gegangene und folglich aus der Sammlung auszuscheidende Objecte gemacht worden waren, reichte in der Sitzung vom 14. April 1802 der Akademiker Oseretzkowsky einen eingehenden Bericht ein, über die grossen Verwüstungen, welche durch Feuchtigkeit, Licht und Insectenfrass in der Sammlung angerichtet worden waren. Namentlich hatten auch die russischen Objecte, also gerade die werthvollsten, ganz besonders stark gelitten, und es ist daher kein Wunder, wenn wir gegenwärtig von den Originalen zu den zahlreichen von Pallas und den übrigen Akademikern des vorigen Jahrhunderts beschriebenen Thierarten gar nichts mehr besitzen. Im Anfange dieses Jahrhunderts mögen die kriegerischen Zeiten einer Renovation der Sammlungen in der Kunstkammer hinderlich gewesen sein, aber auch später, nach Beendigung der Kriege, geschah so gut wie nichts dafür, sondern die Sammlung kam immer mehr in Verfall und während gerade zu jener Zeit in West-Europa sich die meisten Museen, wie namentlich dasjenige des Jardin des Plantes und des British Museum, zu wirklich grossartigen wissenschaftlichen Instituten herausbildeten, blieb unsere Kunstkammer, nach wie vor, ein Raritätencabinet, das weniger wissenschaftlichen Zwecken, als vielmehr zur Unterhaltung und vielleicht auch Belehrung des grossen Publicums diente.

Als daher Brandt im Jahre 1831 die Direction der zoologischen Sammlung übernahm, fand er die ausgestopften Säugethiere der Kunstkammer in dem denkbar miserabelsten Zustande. Ausser dem wirklich künstlerisch schön ausgestopften riesigen Elephanten (*Elephas indicus*), der durch die bekannte Krylow'sche Fabel hier zu Lande eine gewisse Berühmtheit erlangt hat, war alles Uebrige absolut unbrauchbar, und nachdem Brandt 10 bis 15 ihm besonders interessant scheinende Stücke ausgesucht und nach gründlicher Reparatur oder selbst völliger Umarbeitung in das neue Museum übergeführt hatte, liess er mit Genehmigung der Conferenz sämmtliche übrigen ausgestopften Säugethiere, nachdem ihnen vorher die etwa vorhandenen Schädel oder Gebisse herausgenommen waren, einfach fortwerfen. Ausser den montirten Exemplaren besass die Kunstkammer aber, neben einigen in Weingeist conservirten, meist aus Surinam stammenden, kleinen Mammalien, noch eine sehr beträchtliche Anzahl von brasilianischen Säugethierbälgen, die im Laufe der 20ger Jahre von Langsdorff eingesandt und von denen einige bereits von Schrader in meisterhafter Weise ausgestopft worden waren. Ferner fanden sich unter der Ausbeute von der Lütke'schen Weltumsegelung auf dem «Seniavin» noch einige Säugethierbälge vor, die zumeist aus grossen Flederthieren (*Pteropus*) von den Carolinen bestanden, alsdann der Balg des merkwürdigen, von Dr. Jaeger aus Haiti eingesandten Insectenfressers, den Brandt als *Solenodon paradoxus* beschrieben hat, und endlich das Wenige, was Ménétriés an Mammalien von seiner kaukasischen Reise mitgebracht hatte.

So werthvoll und interessant alle diese Objecte auch waren, so bestanden sie doch vorherrschend aus exotischen Formen und die russischen Säugethiere, die einstmals so reich in der Kunstkammer vertreten gewesen waren, fehlten bis auf die wenigen von Ménétriés aus dem Kaukasus mitgebrachten Arten ganz. Es galt daher zunächst russische Mammalien zu erlangen und zu diesem Zwecke knüpfte Brandt Verbindungen mit den verschiedensten, im Innern des Reichs ansässigen Personen an, unter denen, wie schon früher erwähnt, zwei besonders hervorzuheben sind, nämlich Hohenacker, Pastor in der transkaukasischen Colonie Helenendorf, und Dr. Gebler, Medicinalinspector der altaischen Bergwerke in Barnaul. Der eine versorgte die Sammlung mit kaukasischen, der andere mit altaischen Naturalien, und zwar in so reichem Maasse, dass das Museum dadurch ein sehr werthvolles Tauschmaterial erhielt. Zugleich setzte sich Brandt auch mit ausländischen Naturalienhändlern und Sammlern in Relation, namentlich mit Brandt, Ecklon, Drege und Jamrach in Hamburg, mit Dr. Michahelles in München und mit Dupont und Prevost in Paris, und acquirirte von denselben unter vielem Andern auch zahlreiche europäische, sowie mancherlei seltene exotische Mammalien. Ferner kaufte er aus den, in den 30ger Jahren zeitweilig hier stationirten Menagerien von Lehmann, Van-Aken und Berg verschiedene gefallene Thiere, die schon in sofern von ganz besonderem Werthe waren, als von denselben nicht bloss der Balg, sondern auch das Skelet verwerthet werden konnte. Ebenso hatte Brandt mitunter Gelegenheit auch von verschiedenen Privatpersonen, namentlich Jägern, das eine oder andere, in der Umgegend Petersburgs erlegte Thier zu acquiriren, besuchte zuweilen den Vogelmarkt, wo gelegentlich auch kleine Säugethiere feil geboten werden, und stand auch mit den hiesigen Kürschnern in Verkehr, unter denen besonders ein gewisser Grünberg zu nennen ist, von welchem das Museum 15 sehr schöne Mammalien, darunter einige nord-amerikanische Pelzthiere, acquirirt hat. Auf diese Weise vergrösserte sich die Säugethiersammlung ziemlich rasch und bereits im Jahre 1835 konnte Brandt Tauschverbindungen mit dem Auslande anknüpfen und ist zuerst mit dem berühmten Dr. Rüppell in Frankfurt a. M., später auch mit dem nicht weniger berühmten Prinzen Maximilian von Neuwied, sowie mit den Museen zu Leiden, Stockholm und Kopenhagen in einen für das Museum sehr vortheilhaften Tauschverkehr getreten. Dazu kamen dann noch die zahlreichen Geschenke, die ich weiter oben in einer besonderen Liste aufgeführt habe, sowie die Materialien, welche auf den im Auftrage der Akademie von den Hrn. A. von Nordmann, C. E. von Baer und W. Böhtlingk ausgeführten Reisen gesammelt worden waren und unter denen sich mancherlei für die Sammlung neue Säugethiere befanden, wie z. B. ein grosses Walross und verschiedene andere Pinnipedien von der Baer'schen Expedition nach Nowaja-Semlja. Endlich begannen am Schlusse dieses ersten Decenniums seit Gründung des zoologischen Museums auch bereits die Sammlungen Wosnessensky's aus Russisch-Amerika einzutreffen.

Im zweiten Decennium, 1842—1852, ging die Bereicherung der Säugethiersammlung noch rapider vor sich, und zwar hauptsächlich durch die soeben erwähnten, fast alljährlich eintreffenden Sendungen mit Naturalien, welche Wosnessensky während seines langjährigen Aufenthalts in den russisch-amerikanischen Colonien und an der Ostküste Asiens gesammelt hatte, und die namentlich auch an Mammalien so reich waren, dass selbst gegenwärtig noch, trotzdem sehr Vieles davon theils aufgestellt, theils in Tausch abgegeben worden, eine recht beträchtliche Anzahl dieser meisterhaft präparirten Bälge vorhanden ist. Im Jahre 1845 ferner kehrte Hr. v. Middendorff von seiner grossen Reise nach dem höchsten Norden Sibiriens zurück und brachte überaus reiche Sammlungen mit, unter denen auch vieles Interessante an Mammalien vorhanden war. Dabei erhielt das Museum, nach wie vor, fast alljährlich grössere oder kleinere Sendungen von Dr. Gebler, die Verbindung mit Hohenacker dagegen musste mit Beginn der 40ger Jahre aufgegeben werden, da derselbe, wenn ich nicht irre, Transkaukasien verlassen hatte und in sein Vaterland Würtemberg zurückgekehrt war. Dafür trat Brandt aber bald darauf mit dem bekannten Karelin in Relation und erhielt von demselben grosse Mengen aralo-kaspischer Naturalien, darunter auch viele Säugethierarten in zahlreichen Exemplaren, von welchen die Doubletten nebst denjenigen aus den Sendungen Gebler's und Wosnessensky's ein so reiches Tauschmaterial abgaben, dass in diesem Zeitraum der Tauschverkehr sehr rege betrieben werden konnte und nur wenige Ankäufe an Mammalien, theils vom Naturalienhändler Parreyss in Wien, theils von dem Reisenden Preiss (in Hamburg) effectuirt worden sind. Ferner lieferten die Menagerien von Berg und später von Salm gleichfalls manches für die Sammlung interessante Stück und auch unter den Geschenken, welche dem Museum in dieser Periode zugekommen sind, waren die Säugethiere besonders reich vertreten. Endlich fällt in diesen Zeitraum auch die Allerhöchst ertheilte Erlaubniss im Interesse des Museums eine Jagd auf Auerochsen im Bjelowesher Walde zu veranstalten, zu welchem Zwecke sich Hr. Akademiker von Middendorff im December 1847 dahin begab und 3 Exemplare erlegte, von denen dem Museum sowohl die Bälge, als auch die Skelete zugekommen sind.

Nicht weniger erfolgreich für die Vergrösserung der in Rede stehenden Abtheilung der Sammlung war auch das dritte Decennium (1852—1862), in welchem besonders ein sehr lebhafter Tauschverkehr sowohl mit vielen der grossen west-europäischen Museen, als auch mit einigen Naturalienhändlern, namentlich mit Frank in Amsterdam, betrieben worden ist. Zugleich wurde die Sammlung aber auch durch Ankäufe sehr wesentlich bereichert und namentlich fällt in diesen Zeitraum die Acquisition von 2 grossen Nashörnern, einem zweihörnigen (*Rhinoceros sumatranus*), dessen Balg im Jahre 1853 in Hamburg angekauft wurde, und einem einhörnigen (*Rhinoceros indicus*), welches im Jahre 1858 in der Kreuzberg'schen Menagerie gefallen war und von welchem wir somit auch das vollständige Skelet besitzen. Alsdann kaufte Brandt bei dem bekannten Pariser Naturalienhändler Verreaux 32 seltene exotische Säugethiere, von Dr. Buvry einige von ihm in Algerien erbeutete Repräsentanten der genannten Thierclasse und bei Dr. Krauss in Stuttgart mehrere z. Th. sehr seltene Mammalien aus dem Caplande und aus Surinam, darunter ein Riesengürtelthier (*Iriodontes gigas*) und einen Lamantin (*Manatus australis*), beide nebst den dazugehörigen Skeleten. An Geschenken ist auch mancherlei Interessantes und für die Sammlung Neues hinzugekommen, die wesentlichste Bereicherung verdankt das Museum aber den Reisen, welche in diesem Zeitraume theils von der Akademie, theils von der Kaiserlichen Russischen Geographischen Gesellschaft ausgerüstet worden sind. Die Expeditionen Dr. L. von Schrenck's und Dr. N. A. Sewerzow's hatten auch an Säugethieren ein reiches Material geliefert, welches durch Ankauf der vom Cand. R. Maack am Wilui und am Amur gemachten Sammlungen vervollständigt wurde, und gegen Schluss dieses Decenniums kehrte auch Hr. G. Radde mit überaus reicher Ausbeute zurück, die er während seines fünfjährigen Aufenthalts in Ost-Sibirien zusammengebracht hatte und welche dem Museum theils als Geschenk der Kaiserlichen Russischen Geographischen

Gesellschaft zugegangen, theils von der Akademie angekauft worden ist.

Das vierte Decennium (1862—1872) dagegen ist für die Bereicherung der Mammaliensammlung nur wenig ergiebig gewesen. Es wurden zwar im Anfange desselben noch ein Paar Tauschgeschäfte mit Frank und Verroaux abgeschlossen, jedoch hörte der Tauschverkehr mit dem Jahre 1864 fast ganz auf und auch an Ankäufen ist in diesem Zeitraum nicht viel effectuirt worden, weil der grösste Theil der Etatsumme auf die Completirung und Aufstellung der herpetologischen Sammlung aufging. Ausser einigen australischen Mammalien, die ein Melbourner Gastwirth Hr. Niehoff im Jahre 1862 hierhergebracht hatte, und 3 vom Conservator der Kasaner Universitätssammlung E. Poelzam in Nord-Persien erbeuteten Stachelschweinen (*Hystrix hirsutirostris*) sind nur russische Säugethiere angekauft worden, so die Ausbeute von Dr. Sewerzow's Reise nach Turkestan, diejenige, welche Czekanowsky von der Angara mitgebracht hatte, und endlich 15 kaukasische Ziegen und Schafe (*Capra aegagrus, Capra Pallasii* und *Ovis anatolica*) von Dr. Radde. Die Reisen, die in diese Periode fallen (A. Goebel, Fr. Schmidt, J. F. Brandt und Baron G. von Maydell), ergaben auch nur wenig an Mammalien, so dass nur die Geschenke übrig bleiben und die Thierleichen aus dem hiesigen, damals von Gebhardt unterhaltenen zoologischen Garten, unter denen aber auch nur wenig Interessantes vorhanden war.

Um so ergiebiger ist dafür das letzte Decennium gewesen und die Säugethiersammlung hat in diesem Zeitraume eine so beträchtliche Bereicherung, namentlich auch an grossen Formen, erfahren, dass Jemand, der sie seit Ende der 60ger Jahre nicht gesehen hat, sie gegenwärtig wohl kaum mehr wiedererkennen würde. Am meisten haben dazu die zahlreichen und z. Th. grossartigen Geschenke beigetragen, welche das Museum sowohl S. M. dem Kaiser Alexander Nikolajewitsch, als auch den Herren N. M. Przewalsky, S. N. Alpheraky, W. F. Kamensky, J. J. Slowzow, A. P. Prozenko, M. K. Sidorow, Oberst Iwanow, R. K. Maack, M. W. Pewzow, Tjumenzew, W. J. Basilewsky, M. W. Andrejewsky, L. P. Lagunow, sowie den Ausländern Dr. Fischer in Ternate, Ward in Rochester und

Wassermann in San-Francisco zu verdanken hat. Alsdann sind auch verschiedene, z. Th. sehr wichtige Ankäufe in dieser Zeit gemacht worden, unter denen vor Allem die Eversmann'sche Sammlung genannt werden muss, welche Dank der Vermittelung des gegenwärtigen Conservators Dr. M. N. Bogdanow für einen verhältnissmässig billigen Preis acquirirt worden ist und schon allein desshalb einen ganz besonderen wissenschaftlichen Werth besitzt, weil sie die Originale zu Eversmann's Naturgeschichte des Orenburger Landes enthält. Nächstdem haben wir sämmtliche von Dr. Albert Regel auf seinen zahlreichen Reisen in Central-Asien gesammelten Objecte, die vorzugsweise in Mammalien bestanden, angekauft und aus dem hiesigen zoologischen Garten, der seit Mitte der 70ger Jahre unter der Direction des Herrn E. Rost steht, sind uns in diesem Zeitraume nahezu 300 Säugethierleichen zugegangen, unter denen sich gleichfalls manche interessanten und für die Sammlung sogar neuen Objecte befanden. Ferner wurde im Jahre 1881 die Leiche eines sehr grossen einhörnigen Nashorns (*Rhinoceros indicus*), das in der Winkler'schen Menagerie in Moskau gefallen war, acquirirt und durch die Ankäufe im Auslande, die theils bei Boucard in London, theils bei Dr. Klunzinger und Dr. Reichenow in Berlin und bei Prof. Dr. Krauss in Stuttgart gemacht worden sind, hat die Sammlung gleichfalls viele bis dahin noch fehlenden Objecte erhalten, wie z. B. einen eigenthümlichen Tapir aus Panama (*Elasmognathus Bairdii*), einen Dugong (*Halicore cetacea*) und ein Pinselschwein (*Potamochoerus penicillatus*). Alsdann hat auch von den 6 Expeditionen, welche in diesem Zeitraume von der Akademie ausgerüstet oder unterstützt worden sind, diejenige, welche der Conservator J. S. Poljakow im Jahre 1876 an den Ob ausgeführt hat, einen nicht unbeträchtlichen Zuwachs an Mammalien geliefert, während die drei anderen Reisen (— über die Resultate der beiden letzten wissen wir selbstverständlich noch nichts Näheres —) für diese Abtheilung der Sammlung wenig oder auch selbst gar nicht in Betracht kommen. Endlich hat das Museum in allerneuester Zeit neben anderen Objecten auch einige sehr interessante hochnordische Mammalien, darunter z. B. einen über 2 Faden langen Walthierfoetus (*Balaenoptera Sibbaldi*) erhalten, die auf einer im

Jahre 1881 von der hiesigen Naturforscher-Gesellschaft ausgerüsteten Expedition an die Murmanküste erbeutet worden sind, und zwar kamen uns dieselben gewissermaassen als Ersatz dafür zu, dass zwei Museumsbeamte, die Conservatoren Dr. M. N. Bogdanow (der Leiter dieser Expedition) und Cand. S. M. Herzenstein an der Expedition Theil genommen und folglich ihre Arbeiten am Museum auf c. 3 Monate hatten unterbrechen müssen.

Mit dieser stetigen, zeitweilig sogar sehr rapiden Zunahme der Säugethiersammlung hat die Montirung, Determinirung, Catalogisirung und überhaupt das Ordnen leider nicht gleichen Schritt gehalten. Anfänglich, als die Sammlung noch klein war und der Zuwachs auch meist nur in einzelnen, speciell verschriebenen Objecten bestand, konnte das Neuhinzukommende sogleich montirt und aufgestellt werden, und auch Brandt war im Stande, nicht bloss die genaue Determination der Objecte vorzunehmen, sondern auch die nöthigen Cataloge anzufertigen. Solcher Cataloge hat er, wie ich bereits weiter oben angegeben, im Ganzen zwei abgefasst und den einen am 20. November 1831, den anderen am 17. Juni 1836 der Conferenz vorgelegt. Den Catalog von 1831, der, wie ich aus dem betreffenden Sitzungsprotocoll entnehme, sämmtliche damals vorhandenen Mammalien, sowohl die trocken, als auch die in Weingeist conservirten, im Ganzen 220 Arten in 490 Exemplaren enthielt, habe ich im Archiv leider nicht aufgefunden und vermuthe, dass Brandt ihn nach Anfertigung des neuen Catalogs als veraltet und völlig überflüssig vernichtet hat. Von dem zweiten Cataloge dagegen, der über den Bestand der Mammaliensammlung am Schlusse des Jahres 1835 Auskunft giebt, sind sogar 2 Exemplare vorhanden, die beide von Schraders' Hand geschrieben sind und von denen das eine, ohne Zweifel die der Conferenz vorgelegte Reinschrift, mit leeren, zum Nachtragen des Neuhinzukommenden bestimmten Blättern durchschossen ist. In diesem Cataloge, der Folio-Format hat und aus zusammengehefteten Bogen besteht, ist jede Seite in 4 Colonnen getheilt, von denen die erste die Anzahl der Exemplare, die 2te den systematischen Namen nebst Angabe des Autors der Art, die 3^{tte} den Fundort und die 4te den Namen der Person oder Anstalt enthält, von welcher das betreffende Object acquirirt worden ist. Im

Ganzen umfasst der Catalog 309 Arten in 491 Exemplaren, die in systematischer Reihenfolge aufgeführt sind und sich in folgender Weise auf die einzelnen Ordnungen vertheilen.

Quadrumana .	39 Arten in	77	Exemplaren
Prosimii	1 » »	1	»
Chiroptera . . .	34 » »	58	»
Insectivora . .	14 » »	16	»
Carnivora . . .	61 » »	96	»
Pinnipedia . .	10 » »	12	»
Marsupialia . .	23 » »	32	»
Rodentia	75 » »	120	»
Edentata	11 » »	28	»
Monotremata .	2 » »	3 .	»
Pachydermata .	9 » »	9	»
Solidungula . .	2 » »	2	»
Ruminantia . .	27 » »	36	»
Cetacea	1 » »	1	»
	309	491	

Leider fehlen in diesem Cataloge jegliche Angaben über die Art der Conservation der einzelnen Exemplare, dennoch unterliegt es keinem Zweifel, dass in demselben alle trocken conservirten Mammalien der damaligen Sammlung, also sowohl die ausgestopften, als auch die in Bälgen aufbewahrten, enthalten waren, denn unter den Flederthieren und Nagern finde ich Arten aufgeführt, von denen auch heute noch keine ausgestopften Exemplare, sondern nur Bälge in der Sammlung vorhanden sind. Dagegen scheinen die in Spiritus conservirten Exemplare, die im Catalog von 1831 enthalten waren, gar nicht aufgenommen zu sein, wenigstens ersehe ich aus der Anzahl der Exemplare bei einigen Arten von Edentaten, dass die noch aus der Kunstkammer stammenden, in Weingeist conservirten Exemplare dieser Arten, die auch gegenwärtig noch aufbewahrt werden, nicht mitgezählt sind. Zugleich muss ich noch eines auffallenden Umstandes gedenken, dass nämlich die Gesammtzahl der Exemplare, die im Cataloge von 1831 mit 490 angegeben ist, im Cataloge von 1835 nur 491 beträgt, obwohl die Zahl der Arten von 220 auf 309 gestiegen, sich also um 89 vermehrt hat; doch erklärt sich dieser Widerspruch einfach dadurch, dass der Catalog von 1831 den Bestand der Mammaliensammlung in der alten Kunstkammer angiebt und in denselben folglich auch alle die alten, verdorbenen, bei Ueberführung der Sammlung in das neue Local als gänzlich unbrauchbar ausrangirten Exemplare mit aufgenommen waren.

Wie man sieht, war im Beginn die Ordnung in dieser Abtheilung der Sammlung wirklich eine musterhafte, denn wenn auch der Catalog den grossen Fehler hatte, dass in demselben die einzelnen Exemplare nicht speciell bezeichnet waren, so ermöglichte er doch, abgesehen von den wenigen damals vorhandenen Mammalien in Spiritus, einen vollständigen Ueberblick über den Bestand der Sammlung und gab nicht bloss über die Arten, sondern auch über die Zahl und die Herkunft der Exemplare den nöthigen Aufschluss. Leider änderte sich die Sachlage aber sehr bald, denn als mit Beginn der 40ger Jahre neben den alljährlich theils durch Ankauf und Tausch erworbenen, theils als Geschenke zufliessenden Objecten auch die reichen Sendungen Wosnessensky's einzutreffen begannen und sich im Verlaufe von 9 Jahren alljährlich wiederholten, erhielt das Museum so colossale Mengen von undeterminirten Thieren der verschiedensten Classen, dass die Kraft eines Einzelnen nicht mehr hinreichte, um all das beständig einlaufende Material selbst nur vorläufig zu determiniren und zu catalogisiren. Nichts desto weniger hat Brandt es doch möglich gemacht, wenigstens die warmblütigen Wirbelthiere, mit denen er sich in den ersten Decennien seiner hiesigen Thätigkeit mit besonderer Vorliebe beschäftigte, grösstentheils zu determiniren und in die Cataloge einzutragen, nur beschränkte er sich dabei auf die einfache Angabe des systematischen Namens und liess die Daten über die Herkunft der Exemplare leider fort. Zu diesen Nachträgen, soweit sie die Mammalien betreffen, benutzte er das Brouillon-Exemplar des Catalogs von 1835 und hat in dem Zeitraume vom Januar 1836 bis zum März 1849 nicht weniger als 317 Arten eingetragen, so dass also die Säugethiersammlung im Anfange des Jahres 1849 bereits 627 verschiedene Arten enthielt, von denen nur ein sehr geringer Theil bloss der Gattung nach bestimmt war. Wie gross aber die Zahl aller damals vorhandenen Exemplare war, lässt sich nicht einmal annäherungsweise angeben, doch muss sie bereits sehr beträchtlich gewesen sein, da sowohl Hr. von Middendorff, als auch Wosnessensky, wenigstens die kleineren Säugethiere gewöhnlich in ganzen Reihen von Exemplaren gesammelt hatten; ebenso wenig kann auch die Zahl der zu jener Zeit montirten, also im Museum ausgestellten Exemplare angegeben werden, doch scheint schon damals die Zahl der Bälge grösser gewesen zu sein, als diejenige der ausgestopften Stücke. Mit dem Jahre 1849 hörte die Führung dieses systematischen Catalogs ganz auf, und da auch seit dem Abgange Schrader's im Jahre 1846 der frühere Accessionscatalog nicht mehr fortgesetzt wurde, so war von nun ab ein Ueberblick über den jährlichen Zuwachs und somit auch über den wirklichen Bestand der Mammaliensammlung nur mit grossem Zeitaufwande aus den zahlreichen, im Archiv deponirten Verzeichnissen der einzelnen Sendungen und Acquisitionen zu erlangen.

In den 50ger und 60ger Jahren sind verhältnissmässig nur wenige Mammalien ausgestopft und im Museum aufgestellt worden, und da die Bereicherung und Completirung der Sammlung stetig fortschritt, so vergrösserte sich die Zahl der Bälge und daneben auch diejenige der Spiritusexemplare in sehr beträchtlicher Weise. Die Bälge wurden in ganz ordinären, mit aufgenagelten Deckeln versehenen Holzkisten, die Spiritusexemplare meist in Gläsern, z. Th. jedoch auch in verlötheten Blechkisten aufbewahrt, und alle diese Objecte standen in den Vorrathskammern, deren Beaufsichtigung und Verwaltung im Jahre 1849 dem Conservator Wosnessensky übertragen worden war. Um sich in der beständig zunehmenden Masse von Bälgen, deren Conservation viel Sorgfalt erforderte, zurechtzufinden, hatte Wosnessensky das ganze Material nach Sammlungen in der Weise sortirt, dass alle während einer bestimmten Reise erbeuteten oder von einem bestimmten Händler oder Museum acquirirten Objecte zusammen in einer, oder, wo es die Menge erforderte, auch in mehreren Kisten untergebracht waren; jede dieser Kisten trug eine Aufschrift, welche anzeigte, von wem und in welchem Jahre die darin enthaltenen Objecte mitgebracht, eingeschickt oder angekauft waren, sowie ferner ob die Kiste ausschliesslich Säugethiere oder Vögel, oder aber Repräsentanten beider Classen zugleich enthielt. Specielle Verzeichnisse über den Inhalt der einzelnen Kisten existirten nicht, man hatte sich mit den im Archiv deponirten Listen benügt, die entweder mit den einzelnen Sendungen zugleich eingetroffen, oder aber für dieselben theils von Brandt, theils von Wosnessensky angefertigt worden waren.

So unvollkommen diese Einrichtung an und für sich auch war, so scheint sie im Grossen und Ganzen doch genügt zu haben, wenigstens konnte sich Wosnessensky jederzeit zurechtfinden und so war denn, so lange er lebte, das ganze Material an Bälgen vollkommen zugänglich und benutzbar. Als er aber im Jahre 1871 starb, traten Verhältnisse ein, die eine Benutzung der Balgsammlung geradezu unmöglich machten. In den Vorrathskammern fanden sich, neben etwa einem Dutzend von Kisten mit Fischbälgen, nicht weniger als 245 Kisten meist von sehr ansehnlichen Dimensionen, die sämmtlich mit Säugethier- und Vogelbälgen vollgepackt waren und über deren Inhalt weder Brandt, noch sonst jemand von den am Museum angestellten Beamten auch selbst nur annäherungsweise Auskunft zu geben im Stande war. Ein Versuch sich durch die im Archiv deponirten Listen und Verzeichnisse der einzelnen, im Laufe der vielen Jahre eingetroffenen Sendungen und Ankäufe über den Inhalt der einzelnen Kisten zu informiren, schlug auch fehl, denn einerseits fanden sich nicht für alle Sendungen und Ankäufe Verzeichnisse vor, und andererseits gaben die vorhandenen Verzeichnisse auch keineswegs mehr einen genauen Aufschluss über den Inhalt der betreffenden Kisten, indem allmählich einzelne Objecte montirt, andere in Tausch fortgegeben, in den Listen aber nicht ausgestrichen worden waren. Genug, ein Ueberblick über den wirklichen Bestand nicht bloss der Balgsammlung, sondern überhaupt der ganzen Säugethiersammlung liess sich auf keine Weise erlangen und so wurde denn schon gleich damals der Beschluss gefasst, ein Inventar sämmtlicher im Museum vorhandenen Säugethiere (und Vögel) aufzunehmen. Nun enthielt die Mammaliensammlung drei verschiedene Sorten von Objecten, nämlich ausgestopfte

Exemplare, Bälge und Spiritusexemplare, die völlig getrennt gehalten wurden, bestand also gewissermaassen aus drei gesonderten Abtheilungen, von denen jede auch besonders inventarisirt werden musste; obwohl eine solche Trennung in Abtheilungen selbstverständlich nur eine provisorische ist und nach einer genauen Determination unseres gesammten Materials an Säugethieren von selbst fortfallen wird, so besteht sie leider auch heute noch und ich bin daher gezwungen in dem vorliegenden Berichte jede der drei genannten Abtheilungen separat zu behandeln.

a) Die ausgestopften Säugethiere.

Um die Sammlung der ausgestopften und im Museum ausgestellten Mammalien für die vorzunehmende Inventarisirung vorzubereiten, mussten zunächst die einzelnen Exemplare mit fortlaufenden Nummern versehen werden. Mit dieser Arbeit wurde im Jahre 1872 der damalige Präparant P. Perschtschetzky, der eine sehr gute Handschrift hatte, beauftragt, und er hat die Nummerirung im Laufe von einigen Monaten in der Weise durchgeführt, dass er bei jedem Exemplar auf die horizontale Fläche des Holzpostaments die betreffende Nummer mit schwarzer Oelfarbe aufschrieb. Nachdem die Nummerirung beendet war, machte ich mich an die Catalogisirung der Objecte, die allerdings nicht viel Zeit erforderte, die ich aber, da ich sie nur nebenbei und mit wiederholten, oft monatelangen Unterbrechungen ausführen konnte, erst im Jahre 1874 beendet habe. Dabei stellte es sich denn heraus, dass eine nicht unbeträchtliche Anzahl von Exemplaren gar keine Etiquetten besass, theils weil die aus gewöhnlichem Schreibpapier bestehenden Etiquetten, wahrscheinlich bei der jährlich vorzunehmenden Reinigung der Sammlung, abgerissen und verloren gegangen waren, theils auch weil man es für überflüssig erachtet hatte, derartig bekannte Thiere, wie Löwen, Tiger, Bären etc. überhaupt mit Etiquetten zu versehen. Dieser Mangel an Etiquetten fiel jedoch sehr schwer ins Gewicht, freilich nicht etwa, weil die Objecte keine Namen hatten — diese liessen sich durch eine Determination sehr bald ersetzen, — sondern weil alle Daten über die Herkunft der Exemplare fehlten, und obwohl Brandt für die meisten grösseren und auffallenderen Formen diese Daten noch kannte und angegeben hat, so ist doch namentlich unter den in den 50ger und 60ger Jahren aufgestellten Exemplaren eine kleine Anzahl übrig geblieben, über deren Herkunft wir zur Zeit absolut gar nichts wissen. Vielleicht gelingt es uns später einmal aus den im Archiv deponirten Verzeichnissen das Nöthige über die Herkunft dieser Stücke zu eruiren, doch ist das immerhin noch sehr fraglich und wird in jedem Falle ohne eine sehr eingehende und zeitraubende Durchsicht des Archivs nicht zu bewerkstelligen sein.

Selbstverständlich habe ich mich bei Abfassung des Inventars, schon allein wegen Mangels an Zeit, nicht auf eine Verificirung der Determinationen einlassen können, sondern musste mich darauf beschränken, die Exemplare unter den Namen, unter welchen sie im Museum standen, in die Liste einzutragen, ausgenommen die Fälle, wo die Bestimmungen, ohne Zweifel in Folge von Verwechselung der Etiquetten, sich auf den ersten Blick als absolut falsch erwiesen; es kann daher diesem Verzeichniss auch keineswegs die Bedeutung eines wissenschaftlichen Catalogs beigelegt werden, sondern dasselbe hat ausschliesslich den Zweck, über den Bestand dieses Theils der Sammlung, sowie nach Möglichkeit auch über die Herkunft der einzelnen Exemplare die nöthige Auskunft zu geben. Uebrigens war weitaus die Mehrzahl der Exemplare, nämlich alle diejenigen, welche bis zum Jahre 1849 aufgestellt worden sind, von Brandt eigenhändig etiquettirt und wird daher auch sicherlich richtig determinirt sein, vorausgesetzt, dass nicht in der Folge Verwechselungen von Etiquetten vorgekommen sind. Die nach 1849 aufgestellten Objecte dagegen waren theils mit von Wosnessensky's Hand geschriebenen Etiquetten versehen, theils besassen sie noch die Originaletiquetten, unter welchen sie von den Händlern oder Museen eingesandt worden sind, und endlich ist in den 70ger Jahren auch eine nicht unbeträchtliche Anzahl von nur der Gattung nach bestimmten Stücken aufgestellt worden, unter denen sich vielleicht auch ganz neue Arten finden dürften. Alle diese zuletzt genannten Objecte bedürfen daher noch einer genauen Untersuchung und Vergleichung, bevor sie als definitiv bestimmt angesehen werden können, und wir haben auch bereits den Anfang zu einer solchen Durchsicht gemacht, sind aber leider nicht weit damit gekommen. Zunächst machte sich der Conservator dieser Abtheilung, Hr. Poljakow, im Jahre 1877 an eine genaue Determination unserer sämmtlichen Marsupialien, musste aber die Arbeit schon nach wenigen Wochen unterbrechen, da er von der Akademie in das Kusnetzkische Gebirge zur Bergung eines angeblich dort entdeckten Mammuthcadavers abgesandt wurde, und ist auch nachher theils durch anderweitige Arbeiten, theils durch seine späteren Reisen verhindert worden, die begonnene Arbeit fortzusetzen und zu Ende zu führen. Alsdann unterwarf im Jahre 1879 Hr. Herzenstein unser gesammtes Material an Quadrumanen einer genauen Durchsicht, und zwar mit besserem Erfolge, denn er hat die Arbeit zu Ende gebracht, so dass unsere Affen, sowohl die ausgestopften, als auch die in Bälgen conservirten, genau determinirt sind, bis auf einige wenige Stücke, die aus dem hiesigen zoologischen Garten stammen und sich nicht mit voller Sicherheit bestimmen liessen, ohne Zweifel, weil es Bastardformen sind, wie solche ja in Menagerien und zoologischen Gärten mitunter zur Welt kommen. Endlich hat Hr. Poljakow im Winter von 1880 auf 1881, also kurz vor Antritt seiner auf drei Jahre berechneten Reise nach Ost-Asien, unser Material an sibirischen Feldmäusen (*Arvicola*) untersucht und bestimmt und die Resultate seiner Untersuchungen unter dem Titel «Systematische Uebersicht der in Sibirien vorkommenden Feldmäuse» in den Schriften der Akademie[1]) veröffentlicht. Das ist auch Alles, was in den letzten Jahren für die definitive Determination unserer Mammalien geschehen ist, und da somit ein nicht unbeträchtlicher Theil der Exemplare entweder noch nicht ganz sicher, oder selbst nur der Gattung nach bestimmt ist, so kann ich die Zahl der Arten, welche im Museum ausgestellt sind, auch nur annäherungsweise angeben, habe dieselbe aber sicherlich eher zu klein, als zu gross bemessen.

Was nun die Zahl unserer ausgestopften Säugethiere anbetrifft, so betrug dieselbe am 4. Juli 1882 im Ganzen 1683, die

---

1) Записки Импер. Академіи Наукъ. XXXIX. Приложеніе 2

etwa 866 verschiedenen Arten angehören und sich in folgender Weise auf die einzelnen Ordnungen vertheilen:

Quadrumana ..	92 Arten in	150	Exemplaren
Prosimii	29 » »	40	»
Chiroptera .... c.	54 » »	91	»
Insectivora.... c.	42 » »	64	»
Carnivora .... c.	143 » »	329	»
Pinnipedia.... c.	16 » »	38	»
Rodentia ..... c.	274 » »	566	»
Edentata	24 » »	50	»
Ruminantia ... c.	83 » »	187	»
Solidungula ...	8 » »	13	»
Pachydermata..	19 » »	31	»
Cetacea.......	7 » »	8	»
Marsupialia ... c.	72 » »	108	»
Monotremata ..	3 » »	8	»
	c. 866	1683	

Es dürfte wohl einigermaassen auffallen, dass bei uns, trotz eines gut eingerichteten Laboratoriums, in welchem Jahr ein, Jahr aus wenigstens zwei, meist sogar drei Präparanten täglich während 5 Stunden sich mit dem Ausstopfen von Bälgen beschäftigt haben, im Verlaufe von 50 Jahren nicht mehr als 1683 Säugethiere, also durchschnittlich wenig über 30 Stück im Jahre, montirt worden sind, und man könnte daraus nicht ganz günstige Schlüsse in Bezug auf den Fleiss der Präparanten ziehen, zumal wenn man bedenkt, dass von den 1683 Exemplaren mehr als ein Drittel aus kleinen Nagern, Insectivoren, Flederthieren etc. besteht, von denen jedes Stück höchstens einige Stunden Arbeit erfordert. Obwohl nun in früheren Jahren in der That Zeiten vorgekommen sind, wo die Thätigkeit im Laboratorium nicht gerade eine sehr rege gewesen ist, so muss der Grund für die allerdings auffallend geringe Zahl von ausgestopften Säugethieren ganz wo anders gesucht werden und fällt keineswegs den Präparanten zur Last. Brandt hatte nämlich die Erfahrung gemacht, dass die ausgestopften und also im Museum ausgestellten Exemplare stark bleichen, während die in verschlossenen Kisten aufbewahrten Bälge ihre Farbe so gut wie gar nicht verändern, und fasste daher in den 50ger Jahren den Beschluss, möglichst wenig Objecte, also nur ganz besonders auffallende und interessante Formen, ausstopfen zu lassen und den Rest in Bälgen aufzubewahren. So wenig sich auch gegen die Richtigkeit von Brandt's Beobachtung einwenden lässt, so kann man sich mit seinem in Folge derselben gefassten Beschlusse doch keineswegs einverstanden erklären. Hinsichtlich der kleinen Mammalien ist es allerdings indifferent, ob sie ausgestopft oder in Bälgen aufbewahrt werden, da sie sich in beiden Fällen gleich gut untersuchen lassen; ja die Bälge haben sogar noch in so fern den Vorzug vor den montirten Exemplaren, als an ihnen einzelne Theile, wie z. B. die Fusssohlen, die bei vielen Nagern sehr characteristische Merkmale besitzen, leichter zu untersuchen sind, als an den ausgestopften, welche letzteren zu diesem Zweck erst vom Postament abgenommen werden müssen und mitunter, in Folge des durch die Sohle gestossenen Draths, an dieser Stelle mehr oder weniger lädirt sind. Bei den grossen Säugethieren dagegen liegt die Sache ganz anders. Zunächst lässt sich aus der ausgebreiteten Haut noch keine Vorstellung über die Form des betreffenden Thieres gewinnen, ferner ist die Untersuchung von Bälgen grosser Mammalien an und für sich schon sehr unbequem, da dieselben sehr wenig handlich sind und oft ohne vorherige besondere Präparation (Aufweichen der Haut) überhaupt nicht untersucht werden können, und endlich sind die in Kisten aufbewahrten, dicht gepackten Bälge der Beschädigung durch Insecten ungleich mehr ausgesetzt, als die von innen und aussen stark vergifteten montirten Exemplare, deren Beaufsichtigung ausserdem gar keine Schwierigkeiten darbietet, während diejenige der Bälge mit grossen Weitläufigkeiten verbunden ist. Diese Nachtheile fallen daher ungleich mehr ins Gewicht, als die geringe Einbusse an Intensität der Färbung, welche die montirten Exemplare durch Einwirkung des Lichtes erleiden, und so haben wir denn mit Beginn der 70ger Jahre wieder angefangen, mehr Säugethiere, namentlich grosse Hufthiere, zu montiren und im Museum auszustellen. Mit welchem Eifer und Erfolg in den letzten 10 Jahren nach dieser Richtung hin im Laboratorium gearbeitet worden ist, lässt sich schon daraus entnehmen, dass die Zahl der grossen, im Museum ausgestellten Hufthiere sich in dieser Zeit mehr als verdreifacht hat, denn während im Jahre 1871 im Ganzen nur 34 solcher Thiere montirt waren, sind deren gegenwärtig nicht weniger als 116 aufgestellt. Nachfolgende tabellarische Zusammenstellung wird den Zuwachs besser erläutern.

Anzahl der	i. J. 1871	i. J. 1882
Nashörner	1	4
Einhufer	4	13
Kameele	1	8
grossen Hirsche a. d. Gruppe d. Edelhirsches	2	8
Wildziegen oder Steinböcke	15	24
Wildschafe	5	45
Rinder	6	14
	34	116

Leider sind wir von jetzt ab gezwungen, das Montiren von grossen Mammalien zu sistiren, da im Museum kein Platz mehr vorhanden ist, um dergleichen viel Raum beanspruchende Objecte aufzustellen, und es muss daher eine nicht unbeträchtliche Anzahl grosser Wiederkäuer, namentlich sehr schöner Hirsche, bis auf Weiteres in Bälgen liegen bleiben.

b) Die Säugethierbälge.

Gleich nach Wosnessensky's Tode im Jahre 1871 hatte sein Nachfolger Hr. Conservator Dr. A. Brandt, sämmtliche 245 in der Vorrathskammer aufgespeicherten Kisten mit Säugethier- und Vogelbälgen einer Durchsicht unterworfen und dabei zunächst den Inhalt derjenigen Kisten, welche Repräsentanten beider genannten Classen enthielten, geschieden und in gesonderte Kisten vertheilt. An die Aufnahme eines Inventars konnte er aber leider nicht gehen, da er mit dem Arrangement und der Aufstellung der Wirbellosen in der östlichen Rotunde (№ VI), die gerade damals zu den eigentlichen Museumsräumen hinzugezogen und möblirt worden war, vollauf zu thun hatte. So blieb denn die ganze Balgsammlung bis auf Weiteres in der früheren Verfassung und erst im Jahre 1875, wo mit Einführung des neuen Museumsetats die Zahl der Conservatoren vergrössert worden war, konnte daran gegangen werden, auch in diesem Theile der Sammlung die so dringend nöthige Ordnung zu schaffen. Hr. Conservator Poljakow, der im genannten Jahre die Verwaltung der Mammaliensammlung übernahm, begann daher seine Thätigkeit mit der Aufnahme eines Inventars der Säugethierbälge und hat diese Arbeit im Laufe von 5 Monaten zu Ende gebracht. Da er aber bei unseren beengten Raumverhältnissen stets nur einige wenige Kisten zugleich vornehmen konnte, so war eine Sichtung des nach einzelnen Sammlungen, also gewissermaassen geographisch, geordneten Materials nach Gattungen, Familien oder selbst Ordnungen nicht möglich, und er musste sich meist damit begnügen, die inventarisirten Bälge wieder in dieselben Kisten einzupacken, aus welchen er sie genommen hatte. Nur die kleinen Formen, die Nager, Insectenfresser und Flederthiere, die wenig Raum beanspruchen, konnten aus den verschiedenen Kisten zusammengesucht und, nach Gruppen geordnet, in besonderen Kisten untergebracht werden. Da ferner die Bälge mit Etiquetten aus gewöhnlichem Schreibpapier versehen waren und diese Etiquetten leicht abreissen konnten und zum Theil auch abgerissen auf dem Boden der Kisten gefunden wurden, so mussten sämmtliche Objecte mit neuen Etiquetten aus Cartonpapier versehen werden, wobei aber selbstverständlich die alten Etiquetten, trotzdem man ihren Inhalt auf die neuen geschrieben hatte, für alle Fälle conservirt worden sind. Zugleich wurden sämmtliche Bälge mit fortlaufenden Nummern versehen und unter diesen Nummern, ohne alle Rücksicht auf die systematische Reihenfolge, in das dazu bestimmte Buch eingetragen, welches genau so, wie unsere oben beschriebenen Sammlungscataloge eingerichtet ist. Endlich versah Herr Poljakow jede Kiste, nachdem sie gefüllt, festgenagelt und mit Papier verklebt war, mit einer Etiquette, auf welcher angegeben war, welche Nummern in der betreffenden Kiste enthalten waren. Am Schlusse dieser Inventarisirung ergab es sich, dass das Museum damals 2667 Säugethierbälge besass, zu welchen noch die Ausbeute von Oberst Przewalsky's erster Reise hinzugerechnet werden muss, welche Ausbeute 131 Mammalien enthielt und nebst dem von mir gleich bei Entgegennahme der betreffenden Sammlung angefertigten Verzeichnisse besonders aufbewahrt wurde.

Die von Herrn Poljakow adoptirte Bezeichnung der Kisten erwies sich aber als nicht ganz practisch, denn es erforderte immer viel Zeit, um unter der Menge von Kisten diejenige zu finden, in welcher ein gesuchtes Stück enthalten war, zumal in einzelnen Kisten auch Objecte mit nicht auf einander folgenden Nummern zusammengepackt worden waren. Als daher im Jahre 1877 die Eversmann'sche Sammlung angekauft wurde und die Säugethiere derselben in den Catalog der Balgsammlung eingetragen werden mussten, nahm Herr Poljakow eine nochmalige Revision sämmtlicher Säugethierbälge vor und suchte dabei so weit möglich eine Sonderung der Objecte nach Familien, Gattungen und selbst Arten durchzuführen. Da nun in Folge dessen Objecte mit den verschiedensten, oft weit aus einander liegenden Nummern in ein und dieselbe Kiste zu liegen kamen und bei der früher adoptirten Bezeichnungsweise der Kisten gar nicht aufzufinden gewesen wären, so wurden die einzelnen Kisten mit fortlaufenden römischen Zahlen bezeichnet und zugleich im Cataloge bei jedem Stück die Nummer der Kiste, in welcher es sich befand, hinzugefügt. Ausserdem sonderte Herr Poljakow auch die kleinen Mammalien, also die Flederthiere, die Insectivoren, die wieselartigen Raubthiere (*Mustelida*) und die Nager aus, ordnete sie nach Gattungen oder nach Arten und brachte sie in besonderen, gut gearbeiteten und dicht schliessenden, flachen Holzkasten unter; diese Kasten, die ganz nach dem Muster derjenigen angefertigt sind, welche bei uns zur Aufbewahrung der kleineren Vogelbälge dienen, wurden mit entsprechenden Aufschriften versehen und im Arbeitszimmer № 5 in einem Wandschranke deponirt.

Einige Jahre später musste wiederum eine Revision der Säugethierbälge, wenigstens derjenigen, welche in ordinären Kisten aufbewahrt wurden, vorgenommen werden, um nachzusehen, ob sich nicht etwa Insecten eingenistet hatten, und da Herr Poljakow bereits im April 1881 seine grosse, auf 3 Jahre berechnete Reise nach Ost-Asien angetreten hatte, so erbot sich Herr Th. Pleske, Student der hiesigen Universität, diese Revision vorzunehmen, und hat sie im Herbste des genannten Jahres auch ausgeführt. Bei dieser Gelegenheit hat er auch jeden einzelnen Balg darauf hin untersucht, ob er so weit complet und gut ist, um montirt werden zu können, so wie ob der Schädel vorhanden ist oder nicht, und die bezüglichen Notizen auch in den Catalog eingetragen.

Die Vorrichtung zur Aufbewahrung unserer Säugethierbälge war, wie schon bemerkt, eine im höchsten Grade ungenügende und es ist wohl hauptsächlich unseren klimatischen Verhältnissen zu danken, dass im Ganzen nur so wenige Objecte durch Insectenfrass zu Grunde gegangen sind. Die Kisten, in welchen die Bälge aufbewahrt wurden, waren von ganz ordinärer Arbeit, sehr selten gefugt, meist einfach zusammengenagelt und dazu noch aus feuchtem Holze, wenigstens zeigten sie sämmtlich mehr oder weniger zahlreiche Spalten und Risse. Ferner war in Folge des wiederholten Aufreissens und Festnagelns der Deckel fast an allen Kisten der Oberrand so von Nägeln verdorben, dass die Deckel kaum noch hielten, und obgleich sowohl die Risse und Spalten, als auch sämmtliche Deckelränder stets mit Papier verklebt worden sind, so half das auch nur wenig, weil das Papier leicht platzte oder bei dem Schieben der meist sehr schweren Kisten, die einfach auf einander standen, abgerissen wurde. Alle diese Kisten, die früher in der Vorrathskammer gestanden hatten, waren im Jahre 1875, als die Vorrathskammer umgebaut und für die Aufnahme der entomologischen Sammlung eingerichtet wurde, auf die beiden obersten Treppenabsätze der Paradentreppe placirt worden und standen daselbst thurmhoch auf einander geschichtet; man kann sich also vorstellen, was es für Weitläufigkeiten verursachte, wenn einmal eine Kiste nöthig war, welche sich in einer der untersten Reihen befand, denn in jedem solchen Falle mussten erst alle darüberstehenden entfernt oder bei Seite geschoben werden, um die gewünschte überhaupt hervorziehen zu können. Dabei wurde der Haupteingang des Museums durch diese schmutzigen, kreuz und quer mit Papierstreifen beklebten Kisten im höchsten Grade verunziert und, was am Ende die Hauptsache ist, die Bälge waren bei dieser Art der Aufbewahrung keineswegs genügend vor dem Verderben geschützt, denn trotz des massenhaft verbrauchten Kamphers, Blättertabaks, Pfeffers und in letzter Zeit Naphthalins, erwiesen sich bei jeder Revision immer einige Stücke als verdorben und mussten ausrangirt werden. Da die Kisten von Jahr zu Jahr immer schlechter wurden, so stand zu befürchten, dass die Zahl der verdorbenen Bälge beständig zunehmen und auf diese Weise die ganze Balgsammlung, die neben ihrem hohen wissenschaftlichen Werthe auch einen ganz beträchtlichen Geldwerth besitzt, allmählich zu Grunde gehen würde. Einer solchen Gefahr musste folglich möglichst bald vorgebeugt werden und das ist denn auch, Dank unserem Verwaltungscomité, gegenwärtig in einer Weise geschehen, die absolut nichts zu wünschen übrig lässt.

Wie ich schon weiter oben, auf p. 138, mitgetheilt habe, wurde im Mai 1882 vom Verwaltungscomité eine nicht unbeträchtliche Geldsumme angewiesen, um eine neue Vorrichtung zur Aufbewahrung unserer Mammalienbälge zu construiren. Es wurde darauf zunächst der vorletzte Treppenabsatz unserer Paradentreppe, auf welchem weitaus der grösste Theil der Kisten mit den Säugethierbälgen gestanden hatte, geräumt und daselbst eine Etagère aus starkem Holze errichtet, die 6 Etagen besitzt und auf welcher 62 geräumige Kasten von drei verschiedenen Grössen Platz haben. Jeder dieser Holzkasten, die sehr genau gearbeitet und gelb lakirt sind, ist mit einem an Hängen befestigten Deckel, einem Schloss und, je nach der Grösse, mit 2 oder 4 messingenen Handgriffen versehen und dabei ist der obere Rand desselben gefalzt, so dass also der Deckel übergreift und vollkommen dicht schliesst, wodurch das weitläufige Verkleben des Deckelrandes mit Papier unnöthig wird. Mitte Juli, nachdem der Tischler bereits den grösseren Theil der Kasten geliefert hatte, machte ich mich mit dem jüngeren Präparanten P. Desjatow und 3 Dienern an die Arbeit, sämmtliche Säugethierbälge in den neuen Kisten unterzubringen. Dabei wurden die einzelnen Bälge von Desjatow auf etwa vorhandene Insectenbrut genau durchgesehen, von den Dienern gereinigt und alsdann, so weit möglich, nach Gattungen oder doch nach Familien geordnet, in die vorher mit fortlaufenden Nummern versehenen neuen Kasten gelegt; zugleich schrieb ich die Nummer und den Namen des Objects, so wie die nöthigen Daten über die Herkunft desselben auf einzelne Quartblätter, die gleichfalls mit fortlaufenden Nummern bezeichnet waren, so dass also am Schlusse der Arbeit, die mehr als einen Monat in Anspruch genommen hat, für jeden einzelnen Kasten ein auf einem besondern, mit der gleichen Nummer versehenen Blatte geschriebenes Inhaltsverzeichniss vorhanden war. Da aber unsere Bälge früher 87 Kisten gefüllt hatten, so war es nicht möglich, sie alle in den 62 neuen Kasten unterzubringen, und es wurden daher die defecten und zum Montiren nicht brauchbaren Bälge ausgesondert und zu ihrer Aufbewahrung diejenigen von den alten Kisten, die besser erhalten und namentlich gefugt waren, benutzt. Ebenso mussten auch zwei besonders grosse alte Kisten, die von jeher auf dem obersten Treppenabsatze gestanden hatten, beibehalten werden, da die Häute der Rinder, der grossen Hirsche etc. ihrer Grösse wegen sich in keinem der neuen Kasten placiren liessen; diese beiden Kisten sind übrigens mit verschliessbaren Deckeln versehen und dabei so gut gearbeitet, dass sich in ihnen bisher noch niemals Insectenbrut gezeigt hat. Selbstverständlich sind die im Gebrauch gebliebenen alten Kisten, deren Zahl im Ganzen 10 beträgt, gleichfalls mit Nummern (63—72) versehen und über ihren Inhalt Verzeichnisse angefertigt worden. So sind denn unsere Säugethierbälge gegenwärtig nicht bloss gegen Insectenfrass vollkommen geschützt, sondern auch so untergebracht, dass sie jederzeit ohne alle Mühe erreicht werden können, und auch wir sind mit Hülfe des Poljakow'schen Catalogs, der natürlich fortgeführt wird, und des so eben besprochenen Zettelcatalogs jederzeit im Stande, uns und jeden andern über den Bestand dieses Theils unserer Mammaliensammlung mit Leichtigkeit zu informiren.

Was nun die Zahl unserer Säugethierbälge anbetrifft, so fanden sich bei der letzten, von mir vorgenommenen Revision deren im Ganzen 3196 vor, von denen aber etwas über 200 defect und zum Ausstopfen nicht brauchbar sind; diese defecten Bälge sind theils in Folge der früheren mangelhaften Vorrichtung zu ihrer Aufbewahrung defect geworden, theils sind sie von vornherein defect gewesen, weil sie, für mercantile Zwecke bestimmt, in der Weise präparirt sind, dass sowohl die Pfoten, als auch der Kopf, oder wenigstens doch die Schnauze fehlen. Weitaus die Mehrzahl, zum mindesten zwei Drittel, aller Bälge gehört kleinen Formen an, also Flederthieren, Insectivoren, kleinen Carnivoren und Nagern, und unter den grösseren Formen haben namentlich die Raubthiere, die Pinnipedien und die Wiederkäuer das grösste Contingent geliefert, während die übrigen Ordnungen ungleich schwächer und die Cetaceen gar nicht vertreten sind.[1]) Hinsichtlich der Herkunft stammen die meisten Bälge von Thieren aus dem russischen Reiche und den angrenzenden Ländern Asiens und die exotischen Arten sind schon desshalb in geringer Zahl vorhanden, weil dieselben gewöhnlich gleich nach ihrem Eintreffen ausgestopft und im Museum ausgestellt worden sind; nichts desto weniger dürften sich immerhin ein Paar Hundert exotischer Bälge finden, die aber meist nur wenig Werth haben, da sie zum grössten Theil von Exemplaren aus Menagerien und aus dem hiesigen zoologischen Garten herstammen und über ihren Fundort somit nichts Sicheres bekannt ist. Wie viele Arten endlich in der Balgsammlung vertreten sind, lässt sich gegenwärtig auch nicht einmal annäherungsweise angeben, weil die meisten Exemplare noch nicht genauer determinirt sind, jedenfalls wird die Zahl der Arten aber nicht gross sein, da wir von den russischen Thieren gewöhnlich ganze Reihen von Exemplaren besitzen; dadurch aber erhält diese Abtheilung der Mammaliensammlung einen ganz besonderen Werth, denn gerade sie enthält neben mancherlei Doubletten das hauptsächlichste und wichtigste Material für eine künftige Bearbeitung der Säugethierfauna des russischen Reichs.

c) Die in Spiritus conservirten Säugethiere.

Die in Spiritus conservirten Säugethiere, deren sich im Laufe der Jahre eine nicht unbeträchtliche Anzahl angesammelt hatte, wurden theils in Gläsern, theils in verlötheten Blechkistchen auf-

---

1) Die in Stücke geschnittene und gegerbte Haut des 1851 bei Reval gestrandeten Walfisches (*Balaenoptera longimana*) wird seit Jahrzehnten, in mehrere Kisten verpackt, in der dem Museum gehörigen Remise im Mittelgebäude auf dem Hofe aufbewahrt. Ausgestopft kann dieselbe nicht werden, da im Museum kein Raum für einen solchen Coloss vorhanden ist, übrigens scheint es mir auch fraglich, ob sie überhaupt zum Ausstopfen noch tauglich ist, denn das Stück derselben, das ich gesehen habe, war so eigenthümlich beschaffen, dass es mir beim blossen Ansehen nicht gelang zu entscheiden, welches die äussere und welches die innere Oberfläche der Haut ist.

bewahrt und standen, der Mehrzahl nach noch gar nicht determinirt, in der Vorrathskammer an sehr verschiedenen Stellen zerstreut. Als Herr Poljakow im Jahre 1875 die Inventarisirung der Säugethierbälge beendet hatte, machte er sich auch an die Durchsicht der Spiritusexemplare, suchte das zerstreute Material zusammen und nahm zu allererst die in Blechkistchen bewahrten Stücke vor, die er vorläufig nach den einzelnen Ordnungen sortirte und in Glasgefässe umlegte. Leider war gerade damals der Vorrath an Gläsern ein so geringer, dass an eine Sortirung des ganzen Materials nicht gegangen werden konnte, und so musste sich Herr Poljakow darauf beschränken, sämmtliche Gläser mit neuen Etiquetten zu versehen und ebenso auch den Spiritus überall zu erneuern. Später ist er theils durch anderweitige Arbeiten, theils und hauptsächlich aber durch seine wiederholten Reisen abgehalten worden, die begonnene Durchsicht zu Ende zu führen, und so blieb diese Abtheilung der Sammlung bis zum Jahre 1882 unberührt in der Vorrathskammer stehen. Im Beginn dieses Jahres nahm sich der ältere Präparant J. Ananow derselben an, sonderte die Exemplare theils nach Ordnungen oder Gattungen, theils auch nach Arten in einzelne Gläser, goss neuen Spiritus auf, versah die Gläser mit fortlaufend nummerirten neuen Etiquetten und fasste dazu ein Verzeichniss ab, in welches er die grösstentheils nur vorläufig, oft nur der Ordnung nach, bestimmten Objecte unter denjenigen Namen, unter welchen er sie vorfand, mit Angabe der Daten über die Herkunft und der Anzahl der in jedem Glase vorhandenen Exemplare eintrug. Dieses Verzeichniss enthält gegenwärtig im Ganzen 392 Nummern, welche zusammen 917 Exemplare umfassen, jedoch ist das nur etwa die Hälfte des überhaupt vorhandenen Materials an Spiritus-Säugethieren; der Rest, den Herr Ananow wegen Mangels an Zeit weder sortiren, noch inventarisiren konnte, musste bis auf Weiteres in der früheren Verfassung verbleiben.

Der bei weitem grösste Theil dieser in Spiritus conservirten Mammalien besteht aus Flederthieren, Insectivoren und Nagern, jedoch sind auch aus den anderen Ordnungen verschiedene, freilich wenig zahlreiche Repräsentanten vorhanden, und ebenso, wie unter den Bälgen, prävaliren auch hier die Exemplare aus dem russischen Reiche und den angrenzenden Ländern Asiens, während die exotischen Arten nur schwach vertreten sind. Diese exotischen Formen, die Brandt wahrscheinlich zu anatomischen Zwecken hat kommen lassen, sind mit Ausnahme der Flederthiere und der mäuseartigen Nager zu Skeleten bestimmt und werden inzwischen von Prof. W. Gruber für seine myologischen Untersuchungen benutzt. Die aus Russland und den asiatischen Nachbarländern stammenden Exemplare dagegen sollen später, wenn sie genau determinirt sein werden, als Spirituspräparate in der Sammlung verbleiben und sind für eine Bearbeitung unserer Fauna schon desshalb von ganz besonderem Werthe, weil einzelne, für die systematische Artunterscheidung wichtige Theile, wie z. B. die Gaumenfalten, die Zahl und Stellung der Zitzen etc., sich an ihnen ungleich leichter untersuchen lassen, als an den in Bälgen aufbewahrten Exemplaren.

Die Trennung unserer Mammaliensammlung in die eben besprochenen drei Abtheilungen ist selbstverständlich nur eine provisorische und ebenso werden auch die gegenwärtig eingeführten drei verschiedenen Nummerirungen der Exemplare, die nur zu Confusion Veranlassung geben können, mit der Zeit durch eine einheitliche ersetzt werden. Sobald nämlich unsere Säugetiere genau determinirt sein werden, sollen die ziemlich zahlreichen Doubletten ausgeschieden und die für das Museum bestimmten Exemplare unter fortlaufenden Nummern in den bereits begonnenen Catalog eingetragen und dabei in der dazu bestimmten Colonne notirt werden, ob sie ausgestopft, als Bälge oder in Weingeist conservirt sind; es sind daher zur Zeit nur die montirten und im Museum ausgestellten Exemplare mit bleibenden, die Bälge und die Spiritusexemplare dagegen mit provisorischen Nummern versehen.

Aus der vorstehenden Schilderung ergiebt sich nun, dass die Ordnung in unserer Mammaliensammlung keineswegs eine musterhafte ist, sondern noch sehr viel zu wünschen übrig lässt, denn wir sind ja gegenwärtig nicht einmal im Stande die Zahl der vorhandenen Exemplare, geschweige diejenige der Arten genau anzugeben. So viel lässt sich aber schon jetzt sagen, dass diese Abtheilung an Artenzahl den grossen westeuropäischen Museen sehr bedeutend nachsteht und nur durch ihren Reichthum an Arten aus dem russischen Reiche und den angrenzenden Ländern Asiens excellirt. Von russischen Säugethieren besitzen wir allerdings eine sehr beträchtliche Menge, und wenn auch möglicherweise nicht alle im Reiche vorkommenden Arten in der Sammlung vertreten sind, so haben wir dafür von den meisten Arten ganze Reihen von Exemplaren, theils von verschiedenen Fundorten, theils auch verschiedenen Alters und Geschlechts, so dass also das Material für eine zu bearbeitende Mammalienfauna des russischen Reichs bei uns in einer Vollständigkeit und Reichhaltigkeit vorhanden ist, wie sonst nirgends. An exotischen Säugethieren sind wir dagegen ziemlich arm, besitzen aber doch eine nicht unbeträchtliche Anzahl brasilianischer Arten, so wie solcher aus den ehemaligen russischen Besitzungen in Nord-Amerika. Ungleich ärmer ist unsere Sammlung an australischen Formen und von afrikanischen, indischen und denjenigen aus den grossen, östlich vom Felsengebirge gelegenen Gebieten Nord-Amerika's besitzen wir nur vereinzelte Repräsentanten; leider ist aber für uns gerade der Mangel an nord-amerikanischen und nord-indischen Arten ganz besonders empfindlich, weil eben diese Formen für den Vergleich mit unseren ost- und süd-sibirischen Arten von der grössten Wichtigkeit wäre. An eine planmässige Completirung der Sammlung kann gegenwärtig auch noch nicht gegangen werden, denn dazu müsste unser Material vor Allem genau determinirt sein, und ehe es dazu kommt, wird noch sehr viel Zeit, Arbeit und Mühe erforderlich sein. So müssen wir uns denn zur Zeit mit einer mehr zufälligen und gelegentlichen Completirung begnügen, suchen aber natürlich so weit, als möglich, solche Arten zu acquiriren, welche bei einer späteren Bearbeitung der russischen Mammalienfauna zum Vergleiche unentbehrlich oder doch besonders wichtig sind.

2. Die ornithologische Sammlung.

Wie in allen Museen, so zerfällt auch bei uns die ornithologische Sammlung in zwei vollständig gesonderte Abtheilungen, nämlich in die Sammlung der Vögel und in die Sammlung der Vogeleier und Nester.

a) Die Vögel.

Stand es schon um die Säugethiere der alten Kunstkammer so schlecht, dass nur sehr wenige sich als brauchbar und der Aufbewahrung werth erwiesen, so waren die ungleich zarteren Vögel in noch viel miserablerem Zustande und hätten eigentlich sämmtlich fortgeworfen werden müssen; um jedoch die leeren Säle des neuen Museums zu füllen, suchte Brandt die einigermaassen präsentableren Stücke heraus und stellte sie fürs erste im Museum auf, war aber von vornherein darauf bedacht, dieselben so bald, als irgend möglich, durch neue zu ersetzen, und es ist daher auch vollkommen erklärlich, wesshalb heutigen Tages auch nicht ein einziger von den Vögeln mehr vorhanden ist, die einstmals in der Kunstkammer paradirt hatten. Den Grundstock unserer ornithologischen Sammlung haben daher keineswegs die Exemplare der alten Kunstkammer gebildet, sondern das in den 20ger und im Beginn der 30ger Jahre eingegangene Rohmaterial, das niemals in der Kunstkammer ausgestellt gewesen ist und folglich auch nicht durch Licht, Feuchtigkeit und Insectenfrass gelitten hatte. Dahin gehört zunächst eine sehr beträchtliche Sammlung brasilianischer Vogelbälge, welche Langsdorff in den 20ger Jahren eingesandt oder Ménétriés mitgebracht hatte, und welche im Jahre 1831 noch durch Ankauf von 20 Bälgen aus Langsdorff's Privatsammlung completirt worden war. Alsdann hatte Ménétriés im Jahre 1829 in Paris, wahrscheinlich bei einem Händler, eine Sammlung exotischer Vögel für 1200 Rub. Banco angekauft und im Jahre 1830 war die reiche Ausbeute, welche er mit Hülfe Wosnessensky's auf seiner Reise in den Kaukasus gesammelt hatte, hinzugekommen. In demselben Jahre ferner hatte Baron Kittlitz der Akademie eine während der Weltumsegelung auf dem «Seniavin» zusammengebrachte Vogelsammlung geschenkt, welche aus 314 Arten in 754 Exemplaren bestand und neben vielen exotischen Formen auch eine beträchtliche Anzahl von Vögeln aus Kamtschatka enthielt; endlich waren der Akademie im Jahre 1831 noch 40 Vogelbälge aus Californien als Geschenk vom Baron Wrangel übergeben worden.

Obwohl diese Abtheilung der Sammlung neben zahlreichen exotischen, grösstentheils amerikanischen Formen auch eine nicht unbeträchtliche Anzahl russischer Vögel besass, so stammten diese letzteren doch ausschliesslich aus den entfernteren Grenzgebieten des Reichs, nämlich aus dem Kaukasus und aus Kamtschatka, und gerade die gewöhnlichen europäischen Formen, die bekanntlich auch das Hauptcontingent der russischen Fauna bilden, fehlten ganz und mussten vor Allem angeschafft werden. Um diesem Mangel wenigstens einigermaassen abzuhelfen, hatte bereits Herr von Baer in der Sitzung vom 5. Mai 1830 den Vorschlag gemacht, dem Conservator Schrader, der ein geübter Schütze war, ein Jagdbillet zu besorgen, welches ihn ermächtigte, das runde Jahr hindurch auf den hiesigen Kronsgütern, die nicht für die Allerhöchsten Jagden reservirt sind, Thiere und Vögel zu schiessen, und durch diese Maassregel, die damals acceptirt und in der Folge (auch bis heute noch) beibehalten worden ist, hat das Museum so manchen seltenen und interessanten Vogel der hiesigen Fauna erhalten. Was nun die weitere Completirung der ornithologischen Sammlung anbetrifft, so ist dieselbe genau ebenso vor sich gegangen, wie diejenige der Säugethiersammlung, und da es auch fast dieselben Personen sind, von denen das Museum Vögel erhielt, so kann ich mich hier etwas kürzer fassen.

Russische Vögel wurden im ersten Decennium, neben einigen gelegentlich auf dem hiesigen Vogelmarkte oder von Jägern acquirirten Stücken, ausschliesslich bei Hohenacker und Dr. Gebler gekauft und ausserdem vergrösserte sich dieser Theil der Sammlung auch durch die in diesem Zeitraume von der Akademie ausgerüsteten Reisen und Expeditionen, unter denen besonders die Reisen des Herrn von Baer nach Nowaja Semlja und nach dem Russischen Lappland ein sehr reiches ornithologisches Material geliefert haben. Ferner machte Brandt auch im Auslande zahlreiche und sehr bedeutende Ankäufe, theils bei den Naturalienhändlern Brandt, Ecklon, Drege und Jamrach in Hamburg und Dupont, Prevost und Delattre in Paris, theils auch bei Dr. Michahelles in München, so wie bei dem Apotheker Luschnath in Bahia, und erhielt auch durch Tausch sowohl von Dr. Rüppell in Frankfurt a. M., als auch vom Leydener Museum zahlreiche exotische Vögel. Endlich flossen auch die Geschenke sehr reichlich ein, unter denen die von Karelin in Gurjew und Bystrow in Mesen geschenkten Vogelsammlungen ihrer Reichhaltigkeit wegen besonders hervorgehoben zu werden verdienen.

Auch im zweiten Decennium vergrösserte sich die ornithologische Sammlung sehr beträchtlich, besonders durch die zahlreichen Sendungen Wosnessensky's und durch die überaus reiche Ausbeute, welche Herr von Middendorff von seiner grossen sibirischen Reise mitgebracht hatte. Ferner erhielt das Museum in diesem Zeitraume auch eine ganze Reihe sehr werthvoller Geschenke, so neben vielem Anderen auch die von Nordmann bearbeitete Ausbeute der Demidow'schen Reise und die Sammlungen, welche Dr. Lehmann auf seiner Reise nach Buchara und Samarkand zusammengebracht hatte. Alsdann wurden auch beträchtliche Ankäufe gemacht, theils im Inlande von Karelin in Gurjew, von Dr. Gebler in Barnaul, von Abakumow in Semipalatinsk und von Dr. Kolenati, damals in Petersburg, theils im Auslande bei Guebier in Paris, Cumming in London, Preiss, Brandt und Salmin in Hamburg und Parreyss in Wien, und ausserdem erhielt das Museum in Tausch gegen russische Arten eine beträchtliche Sammlung afrikanischer, speciell abyssinischer Vögel, die in der Folge noch durch Ankauf der von Prof. Cienkowsky in Kordofan gesammelten Arten completirt wurde. Endlich lieferte auch die lange Jahre hier stationirte Menagerie von Sahm manches interessante Stück, so namentlich unsere beiden grossen Strausse, die im Jahre 1847 in der genannten Menagerie gefallen waren.

Das dritte Decennium, wo ein sehr lebhafter Tauschverkehr mit dem Auslande betrieben worden ist, war für die Vergrösserung der ornithologischen Sammlung gleichfalls sehr ergiebig und namentlich sind in diesem Zeitraum sehr viele russische Arten hinzugekommen, sowohl durch die in den 50ger Jahren ausgeführten Reisen der Herren Dr. L. von Schrenck und Dr. N. A. Sewerzow, als auch durch Ankauf der von Herrn G. Radde in der Krym und von Herrn Cand. R. Maack am Wilui und am Amur gesammelten Vögel. Ferner erhielt das Museum im Jahre 1860 die ganze, ausserordentlich reiche, ornithologische Ausbeute, welche Herr

G. Radde während seines mehrjährigen Aufenthalts in Ost-Sibirien zusammengebracht hatte, und welche theils von der Kaiserlichen Russischen Geographischen Gesellschaft geschenkt, theils von der Akademie angekauft worden ist, und endlich liefen noch vom Grafen Perowsky, vom Marine-Capitain Archimandritow, von Herrn Danilewsky und vom Medicinaldepartement des Ministeriums des Innern mehr oder weniger reiche Collectionen russischer Vögel als Geschenke ein. Aber auch an exotischen Arten hat sich diese Abtheilung nicht unbeträchtlich bereichert, und zwar nicht bloss durch Ankauf und Tausch, sondern hauptsächlich durch die Geschenke, welche das Museum dem Contre-Admiral Wonljarljarsky, dem französischen Vice-Consul in Paramaribo, Herrn Barnet-Lyon, dem Grafen Kuschelew-Besborodko und dem Kaiserlichen botanischen Garten hieselbst zu verdanken hat.

Im vierten Decennium dagegen hat die Vogelsammlung, ebenso wie diejenige der Säugethiere, einen verhältnissmässig nur geringen Zuwachs erfahren, da, wie bereits bemerkt, die vorhandenen Geldmittel für die Aufstellung und Completirung der herpetologischen Sammlung aufgingen, der Tauschverkehr fast ganz aufgegeben worden war und auch die in den 60ger Jahren unternommenen Reisen wenig oder gar nichts Ornithologisches ergeben hatten. Ausser den allerdings recht zahlreichen, in der weiter oben gegebenen Liste angeführten Geschenken sind in diesem Zeitraum durch Ankauf nur die von Czekanowsky an der Angara gesammelten Vögel, so wie ein Theil von Dr. Sewerzow's ornithologischer Ausbeute aus Turkestan und dem Orenburger Gouvernement hinzugekommen, und durch Tausch hat das Museum eine kleine, aber für uns sehr wichtige Sammlung chinesischer Vögel vom Consul Swinhoe auf Formosa acquirirt.

Dafür ist im letzten Decennium die Vergrösserung der ornithologischen Sammlung um so beträchtlicher gewesen, und zwar nicht allein durch die vielen und reichen Geschenke, welche das Museum S. M. dem Kaiser Alexander Nikolajewitsch, der Kaiserlichen Russischen Geographischen Gesellschaft, den Hrn. N. M. Przewalsky, S. N. Alpheraky, Th. E. Pleske,

W. F. Kamensky, M. W. Pewzow, Dr. Pjassetzky, G. T. Sellheim und den Ausländern Prof. C. Berg in Buenos-Ayres und Dr. Fischer in Ternate verdankt, sondern auch durch zahlreiche und sehr beträchtliche Ankäufe hauptsächlich von russischen oder in den benachbarten Gebieten Asiens gesammelten Vögeln. Unter diesen Ankäufen nimmt die Eversmann'sche Sammlung ohne Widerrede die erste Stelle ein, sowohl ihrer Reichhaltigkeit, als auch des Umstandes wegen, dass sie neben vielem Andern auch sämmtliche Originale zu Eversmann's Naturgeschichte des Orenburger Landes enthält. Alsdann wurde von einem hiesigen Kaufmann, Herrn Field, eine Sammlung ostindischer, meist im Pendshab und im nördlichen Himalaya gesammelter Vögel angekauft, die aus 370 Exemplaren bestand und schon desshalb von ganz besonderem Werthe ist, weil sie ein reiches Material zum Vergleiche mit unseren turkestanischen und südsibirischen Vogelarten darbietet. Ferner acquirirte das Museum von dem gewesenen Studenten des hiesigen Berginstituts, Hrn J. Michalowsky, 369 transkaukasische und 185 Vogelbälge aus dem Petersburger Gouvernement, von Hrn Beresowsky, dem Begleiter G. N. Potanin's, eine Sammlung von 200 Vogelarten in 400 Exemplaren aus der Umgegend der Stadt Kobdo in der nordwestlichen Mongolei und von dem verabschiedeten Unterofficier Kolomeizow über 600 Vogelbälge aus verschiedenen Theilen Turkestans. Ungleich geringer ist die Zahl der tropischen Formen gewesen, welche in diesem Zeitraume der Sammlung einverleibt worden sind, jedoch finden sich darunter mehrere sogenannte Prachtstücke; so kauften wir von Frank in Amsterdam gegen 100 exotische Vögel, darunter zwei schöne Paradiesvögel (*Diphyllodes speciosa* und *Parotia sexpennis*), von Boucard in London ein Pärchen des prachtvollen *Cometes Phaon* und noch zwei andere Colibri-Arten, von Salmin in Hamburg ein ganz eigenthümliches, sehr hübsches Perlhuhn (*Acryllium vulturinum*) aus West-Afrika, von Jamrach in London einen Kiwi (*Apteryx Owenii*) und von Schilling in Hamburg den seltenen *Didunculus strigirostris*, den nächsten Verwandten des Dodo (*Didus ineptus*), welcher letztere bekanntlich schon seit zwei Jahrhunderten ausgestorben ist. Endlich haben auch die in diesem Decennium von der Akademie ausgerüsteten Reisen nicht wenig zur Bereicherung der ornithologischen Sammlung beigetragen, sowohl die Reise des Conservators J. S. Poljakow an den Ob, als auch namentlich die turkestansche Expedition des seeligen Conservators V. Russow, welcher als Ornitholog vom Fach eine nicht nur sehr reiche, sondern in Bezug auf die verschiedenen Kleider und Altersstufen der einzelnen Vogelarten auch sehr instructive Collection mitgebracht hat.

Was die Ordnung in dieser Abtheilung der Sammlung anbetrifft, so liess sie anfänglich wenig zu wünschen übrig; alle Objecte waren determinirt und Ménétriés hatte auch einen Catalog der ganzen Vogelsammlung angefertigt, in welchem ausser dem Namen der Art und der Anzahl der Exemplare häufig auch abgekürzte Citate der bei der Determination verglichenen Beschreibung angegeben, dafür aber die ungleich wichtigeren Daten über die Herkunft der Exemplare leider sehr oft fortgelassen sind. Wann dieser Catalog, der 48 engbeschriebene Folioseiten umfasst, geschrieben worden ist, lässt sich nicht mit Bestimmtheit ermitteln, jedenfalls muss er aber nach dem Jahre 1832 abgefasst sein, denn die von Dr. Michahelles im genannten Jahre angekauften europäischen Vogelarten sind bereits darin enthalten. Ferner finden sich in diesem Cataloge auch ziemlich zahlreiche Nachträge von Brandt, die bis zum Schlusse des Jahres 1834 reichen, zu welcher Zeit die ornithologische Sammlung, wie Brandt am Schlusse des Cataloges bemerkt hat, im Ganzen 1627 Arten in 3449 Exemplaren enthielt. Da der in Rede stehende Catalog ganz vollgeschrieben und in demselben kein Platz mehr zu Nachträgen vorhanden war, so hatte Brandt ein besonderes systematisches Verzeichniss aller derjenigen Vogelarten zusammengestellt, welche in dem Zeitraume von 1835—1838 hinzugekommen waren, sich dabei aber einfach auf die Angabe der systematischen Namen beschränkt und weder die Zahl der Exemplare, noch auch die Daten über die Herkunft derselben hinzugefügt. Dieses nachträgliche Verzeichniss enthält im Ganzen 476 Arten und es ergiebt sich also daraus, dass das Museum am Schlusse des Jahres 1838 bereits 2103 verschiedene Vogelarten besass; in wie vielen Exemplaren diese Arten aber vorhanden waren, lässt sich wegen Mangels aller darauf bezüglichen Daten nicht angeben. Alsdann findet sich am Schlusse des Ménétriés'schen Catalogs von Brandt's Hand noch die Notiz, dass in dem Zeitraume vom Januar 1839 bis zum 4. März 1849 weitere 455 Arten hinzugekommen sind und dass folglich am letztgenannten Tage die Gesammtzahl aller im Museum vorhandenen Vogelarten sich auf 2568 belief; dabei verweist Brandt auf eine Beilage, die sich auch im Cataloge vorfand und aus einem Quartblatt besteht, auf welchem die Acquisitionen der Periode von 1839—1849 in sehr summarischer Weise verzeichnet sind. Während nämlich Brandt in seinem ersten Nachtrage zum Vogelcatalog die einzelnen Arten, wenn auch ohne alle Daten über die Herkunft der Exemplare, stets namentlich aufgeführt hat, enthält dieses Quartblatt einfach die Namen derjenigen Personen und Institute, von welchen das Museum in dem betreffenden Zeitraume Vögel erhalten hat, und bei jedem Namen steht eine Ziffer, welche anzeigt, wie viele der eingesandten Arten für die Sammlung neu waren. Abgesehen davon, dass eine solche Liste so gut wie gar keinen Werth hat, ist dieselbe auch nicht einmal vollständig, denn es fehlt darin der Name des Hrn. von Middendorff, sowie derjenige Dr. Kolenati's ganz und auch Wosnessensky ist nur mit 17 Arten notirt, während es doch keinem Zweifel unterliegt, dass in dem colossalen ornithologischen Material dieses letzteren die für die damalige Sammlung neuen Arten in beträchtlich grösserer Anzahl vorhanden gewesen sein müssen. Ausser dem ebenbesprochenen Catalog und den Nachträgen dazu habe ich im Archiv auch das Verzeichniss der Vogelbälge gefunden, welches Brandt selbst abgefasst und der Conferenz, wie schon bemerkt, in der Sitzung vom 11. December 1846 unter dem Titel Catalogus avium nondum effarctarum Musei zoologici Academiae vorgelegt hat. Dasselbe enthält diejenigen Bälge, welche speciell dazu bestimmt waren, ausgestopft und im Museum aufgestellt zu werden, und zwar belief sich die Zahl derselben auf 2074, die 1173 verschiedenen, fast ausschliesslich fremdländischen Arten angehören. Am Schlusse dieser Liste hat Brandt aber noch die Bemerkung gemacht, dass weder die von Hrn. von Middendorff, noch die von Dr. Kolenati und Wosnessensky gesammelten Vögel in dieselbe aufgenommen sind, so dass also dieses Verzeichniss keineswegs alle damals im Museum vorhandenen Vogelbälge enthält. Dagegen hat Brandt in dasselbe eine sehr beträchtliche Anzahl solcher Bälge aufgenommen, welche bereits im vorhin erwähnten Ménétriés'schen Cataloge aufgeführt sind, wie z. B. diejenigen der Langsdorff'schen Ausbeute, und da zugleich sowohl im Ménétriés'schen Cataloge, als auch in den Nachträgen von Brandt alle Angaben darüber fehlen, ob die aufgezählten Exemplare ausgestopft oder als Bälge präparirt waren, so lässt sich, bei dem Mangel einer speciellen Bezeichnung der einzelnen Exemplare, aus allen diesen Catalogen und Verzeichnissen doch keine richtige Vorstellung über den damaligen Bestand der Vogel-Sammlung gewinnen, denn es ist weder möglich zu ermitteln, wie gross damals die Zahl der ausgestopften Exemplare und diejenige der Bälge war, noch kann auch die Gesammtzahl der zu jener Zeit in der ornithologischen Sammlung vorhandenen Arten und Exemplare genau bestimmt werden.

Ebenso, wie in der Mammaliensammlung, hörte auch in derjenigen der Vögel die Führung von Catalogen mit dem Jahre 1849 gänzlich auf und es traten daher hier genau dieselben Zustände ein, die ich bei Besprechung der Säugethiere bereits geschildert habe. Dass nach Wosnessensky's Tode im Jahre 1871 sein Nachfolger, der Conservator Dr. A. Brandt, auch das massenhaft aufgespeicherte Material an Vogelbälgen einer Revision unterworfen und eine durchgängige Scheidung derselben von den Säugethierbälgen ausgeführt hat, ist schon weiter oben mitgetheilt und ich muss nur noch hinzufügen, dass auch die ausgestopften Vögel im Jahre 1872 vom Präparanten P. Perschtschetzky genau in derselben Weise, wie es mit den Säugethieren geschehen war, mit fortlaufenden Nummern versehen worden sind, dass aber von der Anfertigung eines Verzeichnisses derselben damals abgesehen werden musste, weil eben Niemand vorhanden war, dem man eine solche, immerhin zeitraubende Arbeit hätte übertragen können. So blieb denn auch dieser Theil der Sammlung bis auf Weiteres in einer hinsichtlich der Ordnung keineswegs befriedigenden Verfassung und eine Aenderung in dieser Beziehung trat erst mit dem Jahre 1875 ein, wo der neuangestellte Conservator V. Russow die Verwaltung der ornithologischen Sammlung übernahm.

Russow begann seine Thätigkeit an unserem Museum, die leider nur sehr kurze Zeit gedauert hat, mit einer Durchsicht der massenhaft aufgespeicherten Vogelbälge, welche der Mehrzahl nach entweder noch von Brandt und Ménétriés, oder von Prof. Nordmann, Akad. von Middendorff, Akad. von Schrenck und Dr. G. Radde determinirt waren und theils in den Schriften der Akademie, theils in den von den genannten Zoologen herausgegebenen Reisewerken beschrieben oder behandelt worden sind. Da Wosnessensky die Bälge nicht nach dem System, sondern, wie schon bemerkt, nach einzelnen Sammlungen, also gewissermaassen geographisch, geordnet hatte, so nahm Russow zuerst eine Sortirung derselben nach Ordnungen oder Familien vor und brachte sie so geordnet theils in den damals bereits fertigen, mit Schiebladen versehenen Untersätzen unter den Schränken im Saale № IX, theils in denselben Kisten unter, in welchen sie früher aufbewahrt worden waren. Bei dieser Revision erwies es sich denn, dass von den meisten russischen Arten ganze Reihen von Exemplaren vorhanden waren, theils von verschiedenen Fundorten, theils verschiedenen Geschlechts und Alters, theils endlich in verschiedenen Kleidern, so dass sie also keineswegs als Doubletten angesehen werden konnten. Alle diese Exemplare auszustopfen und im Museum aufzustellen, war schon allein unserer beengten Raumverhältnisse wegen nicht möglich, und so wurde denn der Beschluss gefasst, die Exemplare der exotischen Arten sämmtlich, von den russischen aber immer nur zwei oder drei, wo möglich Männchen, Weibchen und Junges, ausstopfen zu lassen und die übrigen in Bälgen aufzubewahren. Für die Anlage einer solchen Balgsammlung sprachen mancherlei gewichtige Gründe, zuerst Ersparniss an Raum, denn Bälge erfordern bekanntlich ungleich weniger Platz, als ausgestopfte Exemplare, ferner sind Bälge, die sich zum Ausstellen wenig eignen und folglich in verschlossenen Kasten aufbewahrt werden, vor Einwirkung des Lichts geschützt, bleichen also nicht aus, und endlich besitzen dieselben auch bei der wissenschaftlichen Untersuchung mancherlei Vorzüge, indem man an ihnen nicht allein die Schwung- und Steuerfedern leicht auseinanderbreiten, sondern auch die ganze Unterseite des Flügels bequem untersuchen kann, was bei den Ausgestopften nicht immer leicht geht und oft sogar ohne Schädigung des Exemplars gar nicht zu bewerkstelligen ist. Selbstverständlich musste aber zur Aufbewahrung der Balgsammlung auch eine Einrichtung getroffen werden, welche das Auffinden und Herbeischaffen der einzelnen Exemplare ohne allen Zeitverlust ermöglichte und also die Bälge ebenso leicht zugänglich machte, wie es die ausgestopften und im Museum aufgestellten Exemplare sind. Zu diesem Zwecke wurden ausser den bereits erwähnten, mit Schiebladen versehenen Untersätzen unter den Vogelschränken noch besondere flache, dicht schliessende Holzkasten angefertigt, welche zur Aufbewahrung der Singvögel, sowie der kleinen Kletter- und Wadvögel dienen sollten. Solcher Kasten, die sämmtlich gelb lakirt und nur $2\frac{1}{2}$ Werschok (c. 11 Ctm.) hoch sind, haben wir zwei Sorten anfertigen lassen, nämlich grössere von $11\frac{1}{2}$ Werschok (51 Ctm.) Länge und 10 Werschok (44,5 Ctm.) Breite und kleinere von 10 Werschok Länge und $5\frac{1}{2}$ Werschok (24,5 Ctm.) Breite, so dass also die letzteren fast genau halb so gross sind, wie die ersteren, wodurch in den Untersätzen unter den Schränken im Saale № VII, die zur Aufnahme dieser Kasten eingerichtet sind, gar kein Platz unnütz verloren geht, indem zwei kleine Kasten genau denselben Raum einnehmen, wie ein grosser.

Nachdem diese Kasten fertig gestellt waren, nahm Russow zuerst die Singvögel vor, schied alle exotischen Arten aus, sortirte die russischen und überhaupt die zum palaeoarctischen Faunengebiet gehörenden Formen nach Gattungen und Arten, determinirte sie theils definitiv, theils auch nur vorläufig, versah die einzelnen Exemplare mit fortlaufend nummerirten Carton-Etiquetten und brachte sie in den dazu bestimmten Kasten unter. Zugleich fertigte er für diese Kasten, die er gleichfalls mit fortlaufenden Nummern versah, ein systematisches Verzeichniss an, in welchem der Inhalt eines jeden dieser 115 Kasten detaillirt angegeben ist. Ferner hat er auch die Bälge sämmtlicher Schwimmvögel, welche bei der ersten von ihm unternommenen Revision in 25 fortlaufend nummerirte, ordinäre Kasten eingepackt werden mussten, in ganz ähnlicher Weise geordnet und etiquettirt, in den mit Schiebladen versehenen Untersätzen unter den Schränken im Saale № V untergebracht und auch dazu ein besonderes systematisches Verzeichniss angefertigt, in welchem gleichfalls der Inhalt einer jeden der 50 Schiebladen genau angegeben ist. Neben diesen Arbeiten, die nicht wenig Zeit und Mühe erfordert haben, verwaltete Russow, wie schon weiter oben angegeben, auch das technische Laboratorium und hat sich dabei keineswegs nur auf die Leitung und Beaufsichtigung der Arbeiten beschränkt, sondern auch selbstthätigen Antheil an denselben genommen und einzelne, besonders seltene oder werthvolle Objecte in meisterhafter, geradezu unübertrefflicher Weise ausgestopft. Endlich fiel gerade in die Zeit seiner Thätigkeit an unserem Museum auch die weiter oben geschilderte allmähliche Completirung des Ameublements in sämmtlichen Sälen der zoologischen Abtheilung, und da in Folge der vielen neuhinzugekommenen Schränke eine Umstellung der ganzen Sammlung nöthig geworden war, so hat er sämmtliche ausgestopften Vögel von Neuem aufgestellt und dabei mehr als die Hälfte derselben, nämlich über 3500 Exemplare, in den Catalog eingetragen, fast durchweg nach vorheriger Verificirung der Determinationen. Im Januar 1878 unterbrach Russow seine Arbeiten am Museum und reiste nach Turkestan, wohin er von der Akademie auf ein Jahr zu wissenschaftlichen Zwecken abkommandirt war; leider ist es ihm aber nicht beschieden gewesen, die begonnene Classificirung der ornithologischen Sammlung, an welcher er mit so viel Liebe und Hingebung gearbeitet hat, fortzusetzen und zu Ende zu führen, denn, wie schon bemerkt, erlag er wenige Tage nach seiner Rückkehr am 6. Januar 1879 den schwarzen Blattern, die er sich wahrscheinlich auf der Rückreise geholt hatte.

Russow's Nachfolger, Dr. M. N. Bogdanow, der Mitte Januar 1879 die Verwaltung der ornithologischen Sammlung übernahm, setzte die Arbeit in der bisherigen Weise fort und brachte zuerst das im Laufe des Jahres 1878 eingegangene Material, also die reiche von Oberst Przewalsky von seiner Reise an den Lob-Nor mitgebrachte Vogelsammlung und die nicht weniger reiche turkestansche Ausbeute Russow's, in Ordnung und vertheilte die einzelnen Exemplare, nachdem sie mit fortlaufend nummerirten Carton-Etiquetten versehen waren, in die dazu bestimmten Kasten und Schiebladen. Darauf nahm er denjenigen Theil der Balgsammlung vor, den Russow zwar vorläufig sortirt, grösstentheils auch etiquettirt und entweder in den mit Schiebladen versehenen Untersätzen unter den Schränken in den Sälen № VIII und IX, oder auch in ordinären Kisten untergebracht, aber nicht catalogisirt hatte, also die Raubvögel, die Klettervögel, die Tauben, die Hühnervögel und die Wadvögel. und fertigte ein vollständiges Verzeichniss derselben an. Zuletzt ging er an die Catalogisirung der ausgestopften und im Museum ausgestellten Vögel, und obwohl die grössere Hälfte derselben bereits von Russow in den Catalog eingetragen worden war, so hielt es Dr. Bogdanow doch für vortheilhafter und weniger zeitraubend ein ganz neues Verzeichniss derselben abzufassen, als den früheren Catalog fortzusetzen, und zwar aus folgendem Grunde. Bei der in den Jahren 1876 und 1877 nöthig gewordenen Umstellung der ganzen Vogelsammlung hatte nämlich Russow dieselbe innerhalb der einzelnen Ordnungen nach Gray's Handlist of Birds geordnet, so dass sie also von da ab in ganz anderer Reihenfolge aufgestellt war, wie im Jahre 1872, wo der Präparant P. Perschtschetzky die einzelnen Exemplare mit fortlaufenden Nummern versehen hatte. In Folge dessen waren die Nummern der in den einzelnen Schränken stehenden Exemplare selbstverständlich auch nicht mehr fortlaufend, sondern im Gegentheil meist sehr bedeutend durcheinandergeworfen, und es hätte also, wenn die Catalogisirung in der früheren Weise fortgesetzt worden wäre, fast bei jedem Exemplar immer erst die betreffende Nummer im Cataloge aufgesucht werden müssen, was natürlich sehr viel Zeit erfordert hätte und ungleich weitläufiger gewesen wäre, wie die Aufnahme eines Inventars nach den einzelnen Schränken, in welchen die Objecte bekanntlich in systematischer Reihenfolge aufgestellt sind; da ausserdem, Dank eben dieser systematischen Aufstellung, ein nach Schränken aufgenommenes Inventar zugleich auch als systematisches Verzeichniss zu gebrauchen war, so fertigte Dr. Bogdanow eine neue Liste sämmtlicher ausgestopften Vögel an und trug in dieselbe die einzelnen Exemplare unter den Benennungen ein, unter welchen er sie vorfand, ohne sich zunächst weiter auf eine Verificirung der Determinationen einzulassen.

Nachdem sich Dr. Bogdanow auf diese Weise mit dem gesammten, bei uns vorhandenen Material an Vögeln bekannt gemacht hatte und dasselbe so weit in Ordnung gebracht war, dass alles Zusammengehörige auch zusammen lag und mit Hülfe der Verzeichnisse leicht und ohne allen Zeitverlust gefunden werden konnte, ging er im Jahre 1881 an die definitive Determination, Etiquettirung und Catalogisirung der ganzen Sammlung und führt dieselbe ganz systematisch, eine Familie nach der andern vornehmend, durch. In Verbindung damit arbeitet er auch an einem kritisch gesichteten, systematischen Verzeichniss aller bisher im Russischen Reiche beobachteten Vogelarten, zu welchem er bereits vor längerer Zeit den Plan entworfen und die nöthigen literarischen Vorstudien gemacht hatte. Eine solche kritische Bearbeitung des Materials erfordert selbstverständlich ungleich mehr Zeit, als eine blosse Determination, und es rückt daher die definitive Classificirung der ornithologischen Sammlung auch nur sehr langsam vorwärts, dafür sind aber auch die Objecte nicht bloss ganz sicher und genau determinirt, sondern das Material wird auch wissenschaftlich verwerthet und auf diese Weise der Hauptzweck, dem das Museum dienen soll, wenigstens bis zu einem gewissen Grade erreicht. Zur Zeit sind bereits die Ordnungen der Tauben und Hühnervögel definitiv determinirt, die ausgestopften Exemplare mit farbigen, die Bälge mit weissen Etiquetten versehen und alle, nach Ausschluss der Doubletten, in den neuen auf p. 124 besprochenen Hauptcatalog der ornithologischen Sammlung eingetragen; gegenwärtig ist Dr. Bogdanow mit der Determination und Catalogisirung der Wadvögel beschäftigt und wird dieselbe in kurzer Zeit beendet haben, worauf dann die Schwimmvögel an die Reihe kommen sollen.

Aus dem bisher Gesagten ist ersichtlich, dass weitaus der grössere Theil unserer ornithologischen Sammlung noch keineswegs definitiv in Ordnung gebracht ist, und obwohl, mit Ausnahme einer verhältnissmässig sehr geringen Anzahl von exotischen Formen, die meisten unserer Vögel mehr oder weniger genau determinirt sind, so lässt sich die Gesammtzahl der Arten, die in der Sammlung vertreten sind, doch höchstens nur annäherungsweise angeben. Dagegen sind wir über die Zahl der vorhandenen Exemplare ganz genau informirt, und zwar besassen wir am 4. Juli 1882 nach einer von Dr. Bogdanow vorgenommenen Zählung an ausgestopften und im Museum aufgestellten Exemplaren im Ganzen 6639 und die Zahl der Bälge belief sich auf 15751, zu welchen letzteren jedoch noch weitere 1659 Bälge hinzugerechnet werden müssen, die von Oberst Przewalsky's letzter Reise nach Tibet stammen und von der übrigen Sammlung getrennt aufbewahrt werden, da der berühmte Reisende sich die Bearbeitung derselben speciell vorbehalten hat. Diese 1659 Bälge abgerechnet, gehören die übrigen 22390 theils ausgestopften, theils in Bälgen aufbewahrten Exemplare etwa 3538 verschiedenen Arten an, die sich auf die einzelnen Ordnungen in folgender Weise vertheilen:

1. *Accipitres diurni* . . . . . . 151 Arten
    » *nocturni* . . . . 56 »
2. *Passeres fissirostres* . . . . c. 279 »
    » *tenuirostres* . . . c. 303 »
    » *dentirostres* . . . c. 832 »
    » *conirostres* . . . . c. 550 »
3. *Scansores* . . . . c. 460 »
4. *Columbae* . . . . 143 »
5. *Gallinae* . . . . 153 »
6. *Struthiones* . . . . 19 »
7. *Grallae* . . . . 324 »
8. *Anseres* (seu *Natatores*) . . 268 »

3538 Arten.

Endlich besitzen wir noch eine allerdings nur sehr kleine Sammlung von in Weingeist conservirten Vögeln, die ihre Entstehung folgendem Umstande verdankt. Als sich nämlich Brandt in den 30ger Jahren speciell mit der Osteologie dieser Classe beschäftigte, brauchte er sicher bestimmte Vogelskelete, und da Vogelskelete bei den damaligen literärischen Hülfsmitteln sehr schwer zu determiniren waren, so liess er sich einfach Vögel in Weingeist kommen, die er erst genau bestimmte und dann skeletiren liess. Ein Theil dieser Vögel, meist kleine exotische Singvögel, ist, da Brandt ihrer wahrscheinlich nicht mehr bedurfte, nicht skeletirt worden, sondern übrig geblieben; da diese Objecte von vornherein zu Skeleten bestimmt waren, so hat Wosnessensky, der bekanntlich mehr als genug zu thun hatte, auf ihre Conservation keine besondere Sorgfalt verwendet, und in einzelnen Gläsern sind die Exemplare, da der Spiritus bis auf den letzten Tropfen verdunstet war, vollständig eingetrocknet. Zu Skeleten sind sie nun allerdings noch brauchbar, nur ist es noch die Frage, ob sie sich der Species nach werden bestimmen lassen. Als Russow die Verwaltung der ornithologischen Sammlung übernahm, hatte er mit den trocken conservirten Vögeln so viel zu thun, dass er nicht dazu gekommen ist, die Spiritus-Exemplare zu revidiren, und ebenso hat auch Dr. Bogdanow nicht die nöthige Zeit gehabt, sich dieser gänzlich vernachlässigten Objecte anzunehmen; erst im Beginn des Jahres 1882 unterzog sich Hr. Chlebnikow, Student der hiesigen Universität, der Mühe, sämmtliche Gläser zu revidiren und wenigstens mit frischem Spiritus zu versehen. So unbedeutend diese Sammlung an und für sich auch ist, so enthält sie doch einzelne Raritäten ersten Ranges, wie namentlich ein Exemplar von *Didunculus strigirostris*, welches Brandt zugleich mit einem abgebalgten Exemplar derselben Art im Jahre 1875 für schweres Geld bei Schilling in Hamburg angekauft hat, und zwei Arten der seltenen, auf das Skelet noch gar nicht untersuchten Gattung *Podoces*, nämlich einen *Podoces Panderi*, der von Dr. Sewerzow's Expedition an den Syr-Darja stammt, und zwei *Podoces Hendersonii*, welche Potanin's Reisebegleiter, Hr. Beresowsky, in gefrorenem Zustande aus der Gegend von Kobdo in der nordwestlichen Mongolei mitgebracht hatte. Da alle diese in Spiritus conservirten Vögel mit der Zeit skeletirt und also der osteologischen Abtheilung des Museums einverleibt werden sollen, so sind sie auch nicht in den Catalog der ornithologischen Sammlung aufgenommen worden.

So ist denn unsere Vogelsammlung, trotz der 24000 Exemplare, welche wir besitzen, keineswegs eine reiche, denn sie enthält im Ganzen höchstens 3600 Arten, während in Gray's Handlist of Birds vom Jahre 1870 nicht weniger als 11,162 Vogelarten, also mehr als die dreifache Anzahl, aufgeführt werden; nichts desto weniger muss unsere Sammlung aber doch zu den bedeutenden gerechnet werden, weil in ihr die im Russischen Reiche und den benachbarten Gebieten Asiens vorkommenden Arten ausserordentlich reich vertreten sind. Freilich fehlen uns zur Zeit noch einige wenige, im Russischen Reiche beobachtete Vogelarten, dafür besitzen wir aber, wie schon bemerkt, von den vorhandenen Arten meist ganze Reihen von Exemplaren, theils verschiedenen Alters und Geschlechts, theils in verschiedenen Kleidern, theils endlich von verschiedenen Fundorten, und es unterliegt wohl keinem Zweifel, dass es keine zweite Sammlung giebt, die ein so reiches und vollständiges Material an russischen Vögeln besässe. Ein weiterer grosser Vorzug unserer Sammlung besteht in ihrem Reichthum an Originalexemplaren, oder doch an solchen, welche als Material zu bekannten wissenschaftlichen Arbeiten gedient haben und folglich von ganz besonderem wissenschaftlichen Werthe sind. So besitzen wir die Originale zu Ménétriés' Catalogue raisonné (und zu seiner Monographie der Myiotherinen), zu allen den zahlreichen von Brandt beschriebenen und besprochenen Arten, so wie zu der von Nordmann herausgegebenen Faune pontique in Demidow's Reise; ferner das ganze Material, das in den Reisewerken der Akademiker von Middendorff und von Schrenck, so wie in Dr. Radde's Reise besprochen ist; alsdann die Eversmann'sche Sammlung und mit ihr die Typen zu seiner Naturgeschichte des Orenburger Landes, sämmtliche von Oberst Przewalsky in seinem Werke über die Mongolei und das Land der Tanguten besprochenen Arten und Exemplare, den grössten Theil der Sammlung, welche den Herren Büchner und Pleske bei ihrer Bearbeitung der Petersburger Vogelfauna gedient hat, so wie endlich auch die Originale zu den in neuester Zeit von Dr. Bogdanow veröffentlichten ornithologischen Arbeiten. An exotischen Formen dagegen sind wir verhältnissmässig sehr arm, und wenn wir auch aus allen Ordnungen und wohl auch Familien die Hauptrepräsentanten in grösserer oder geringerer Zahl besitzen, so können wir in dieser Beziehung doch in keiner Weise mit den grossen westeuropäischen Museen concurriren.

b) Die Vogeleier und Nester.

Die Sammlung von Vogeleiern, die ausser einigen Strausseneiern nichts an Kunstkammer-Exemplaren enthielt und überhaupt ziemlich arm war, stand während der ersten 30 Jahre im Saale № I in einem grossen Schranke zwischen den Fenstern, und zwar lagen die Eier in offenen Pappschachteln auf feinem weissen Sande. Als im Jahre 1864 dieser Saal zur Aufnahme eines Theils der ichthyologischen Sammlung designirt wurde, placirte man die Eier in die Schränke der ornithologischen Sammlung in der Weise, dass die zu einer betreffenden Vogelart gehörenden Eier neben den ausgestopften Vogel zu liegen kamen. Eier sind nun bekanntlich sehr empfindlich gegen Einwirkung des Lichts und so waren denn die bunten und überhaupt farbigen sämmtlich im Laufe der Jahre an der dem Lichte zugekehrten Seite völlig abgebleicht, ja einzelne waren total weiss geworden. Bei Ueberführung derselben in die ornithologische Sammlung hatte Wosnessensky, dem diese Ueberführung übertragen war, sämmtliche Eier umgedreht und die bis dahin vom Lichte abgekehrte, also noch farbige Seite nach oben gekehrt, was denn zur natürlichen Folge hatte, dass auch diese Seite in wenigen Jahren ebenso farblos wurde, wie die andere.

Als daher im Jahre 1877 der seelige Russow sich an eine Musterung dieses Theils der Sammlung machte, mussten alle Eier, mit Ausnahme der von Hause aus weissen, ausgeschlossen werden, da sie ihre Farbe gänzlich eingebüsst hatten und absolut unkenntlich, also unbrauchbar geworden waren. Zum Glück fand sich in einem der Schränke in der Vorrathskammer noch eine ziemliche Anzahl von Eiern, die, als Doubletten ausrangirt, nicht ausgestellt gewesen waren und welche, da sie in geschlossenen Schiebladen aufbewahrt worden, ihre natürliche Farbe behalten hatten. Diese Eier stammten meist von der Wosnessenskyschen Reise, so wie aus den reichen Sendungen, die Baron Wrangell in den 30ger Jahren aus Sitcha eingeschickt hatte.

Dazu kam noch ein Theil der von Hrn. A. von Middendorff auf seiner grossen Reise gesammelten Eier, so wie die von der Lehmann'schen Ausbeute und eine kleine Partie aus dem Astrachanschen Gouvernement, welche das Museum Hrn. Arzybaschew verdankte. Ausserdem besass das Museum an nicht ausgestellten Eiern noch eine ziemliche Anzahl aus Ost-Sibirien, die von den Hrn. Dr. L. von Schrenck, R. Maack und Dr. Radde gesammelt waren, ferner die Eier, welche Dr. Sewerzow von seiner Expedition an den Syr-Darja mitgebracht hatte, alsdann eine Partie nord-amerikanischer Eier, von der Smithsonian Institution als Geschenk eingesandt, eine kleine, aber höchst interessante oologische Sammlung von der Magelhaenstrasse und den Falklands-Inseln, welche Hr. Admiral Butakow dem Museum geschenkt hatte, so wie endlich 14 Vogeleier von der Insel Celebes, ein Geschenk des Hrn. Riedel in Gorontalo, und eine kleine Sammlung von Eiern, die von Hrn. Skanke, Kais. russ. Viceconsul in Wardö, von dort eingesandt worden war.

Im Jahre 1874 war eine kleine Sammlung von Eiern hinzugekommen, welche Hr. Oberst N. M. Przewalsky von seiner (ersten) Reise nach Tibet mitgebracht und selbst determinirt hatte, und welche fast ausschliesslich Raritäten ersten Ranges enthielt; im darauf folgenden Jahre wurde von einem Artillerie-Officier, Hrn. Cholodowsky, eine Sammlung von 56 Vogelnestern und 215 Eiern aus dem Kiew'schen Gouvernement angekauft und im Jahre 1876 geruhte S. M. der Kaiser Alexander Nikolajewitsch bei Gelegenheit der Feier des 150jährigen Jubiläums unserer Akademie dem Museum eine reiche Sammlung von canadischen Vogeleiern zu schenken, die Dr. Milton Ross in Toronto zusammengebracht hatte.

Um nun diese oologische Sammlung, die allerdings noch sehr lückenhaft war, geeignet aufzustellen und namentlich auch die Objecte vor der Einwirkung des Lichtes zu schützen, wurden 3 niedrige, oben mit Vitrinen versehene Schränke angefertigt, zwei mit je 12, der dritte mit 16 Schiebladen, und im Saale № VIII vor den drei Fenstern aufgestellt.

Russow suchte nun das ganze vorhandene Material an Eiern und Nestern zusammen, fügte noch mancherlei von ihm selbst in und bei Reval Gesammeltes hinzu und stellte Alles in den 3 Schränken in der Weise auf, dass die Nester (mit den darin enthaltenen Eiern) in den Vitrinen, die Eier ohne Nester aber in den Schiebladen untergebracht wurden. An eine genaue Determinirung und Catalogisirung der oologischen Sammlung hat Russow aber nicht gehen können, da er Anfang Januar 1878 nach Turkestan abreiste und, wie bereits bemerkt, wenige Tage nach seiner Rückkehr im Januar 1879 starb.

Bald nach Russow's Tode übernahm Hr. Forstmeister H. Goebel, ein bekannter Specialist auf dem Gebiete der Oologie, die Bestimmung und Catalogisirung unserer Eiersammlung, die inzwischen noch drei sehr wesentliche Bereicherungen erfahren hatte: zunächst war im Jahre 1878 die höchst interessante Eierausbeute, die Oberst N. M. Przewalsky von seiner Reise an den Lob-Nor mitgebracht hatte, hinzugekommen, alsdann war von Hrn. Forstmeister Goebel eine Sammlung von 342 Eiern aus dem Uman'schen Kreise (Kiew), die 52 Vogelarten angehörten, angekauft worden und endlich hatte auch der leider zu früh verstorbene Russow ein sehr reiches oologisches Material während seiner Reise in Turkestan gesammelt.

Im Ganzen hat Hr. Goebel 912 Nummern in den Catalog eingetragen, welche zusammen 2290 Eier umfassen; auf wie viele Arten sich aber diese 912 Nummern vertheilen, lässt sich zur Zeit nicht genau angeben, da ein Theil der exotischen Eier entweder gar nicht, oder aber nur der Gattung nach bestimmt ist. Hr. Goebel musste seine Arbeit wegen einer von ihm an's Weisse Meer unternommenen Reise unterbrechen und hat sie nach seiner Rückkehr wegen anderweitiger Beschäftigungen nicht wieder aufgenommen, so dass von unserer Eiersammlung nur ein Theil, freilich der grössere, bestimmt, etiquettirt und catalogisirt ist. Der Rest, einige 100 Exemplare, zu denen in neuester Zeit noch die an exquisiten Seltenheiten reiche Eierausbeute von N. M. Przewalsky's letzter Reise nach Tibet, ferner eine determinirte Eiersammlung aus dem Stawropol'schen Gouvernement, ein Geschenk des Hrn. Milowidow, so wie einige von Dr. Fischer geschenkte Eier aus Ternate hinzugekommen sind, harrt noch der Etiquettirung, Catalogisirung und z. Th. auch der Determination, die Hr. Dr. Bogdanow wohl erst dann wird vornehmen können, wenn er mit der Determination und Catalogisirung der ornithologischen Sammlung fertig ist.

3. Die herpetologische Sammlung.

Während von Säugethieren und Vögeln nur wenige Exemplare der alten Kunstkammer in das neue Museum übergegangen waren, bildeten unter den Reptilien und Amphibien gerade diese alten Stücke das Hauptcontingent. Meist an Pferdehaaren aufgehängt, oder auf Aloëstücken mit Holzstiften in kletternder Stellung befestigt, befanden sich diese Exemplare, die zum grösseren Theile wohl noch aus der von Peter dem Grossen angekauften Seba'schen Sammlung herrührten, in ganz eigenthümlich geformten, gewöhnlich mit engem Halse versehenen Gläsern, die entweder mit Kork, oder häufiger mit einer Glimmerplatte verschlossen und ausserdem noch mit Blase verbunden waren. Zugleich besassen die meisten Stücke künstliche Augen, gewöhnlich Glasperlen, bei deren Applicirung das Auge und die dasselbe deckenden und schützenden Theile mehr oder weniger stark beschädigt waren, und dabei hatte diese ganze Sammlung, die übrigens manches werthvolle Stück, wie z. B. ein sehr grosses Exemplar von *Uropeltis philippinus* enthielt, durch die langjährige Einwirkung des Lichts derartig gelitten, dass fast alle Objecte ganz weiss und farblos geworden waren.

Alle diese Kunstkammer-Gläser waren mit gedruckten Etiquetten versehen, auf welchen in zwei Zeilen sowohl der französische, als auch darunter der lateinische Name verzeichnet stand, und zwar hatte man die Namen sämmtlich aus Daudin's Histoire naturelle des Reptiles entlehnt. Die Determination, die vielleicht noch von Sewastjanow oder Tilesius ausgeführt worden sein mag, hatte nun wenig oder gar keinen Werth, denn wenn es schon an und für sich ein schwieriges Unternehmen ist, nach Daudin zu bestimmen, so war es bei so schlecht erhaltenen Exemplaren, wie diese, absolut unmöglich, und da ausserdem von Fundorten nichts verzeichnet war, so verlohnte es eigentlich kaum der Mühe, diese Objecte, einige wenige ausgenommen, überhaupt noch aufzubewahren. An trocken präparirten Objecten aus den beiden in Rede stehenden Thierclassen besass die Kunstkammer ein riesiges, aber leider schlecht ausgestopftes Exemplar des Mäuseschlingers (*Eunectes murinus*), mehrere Schildkrötenschalen, so wie ein sehr grosses, z. Th. ausgestopftes, z. Th. einfach getrocknetes Exemplar der Riesenschildkröte (*Chelone viridis*) und mehrere Häute von grossen Crocodiliden und Riesenschlangen, welche in der Kunstkammer z. Th. an den Wänden, z. Th. vielleicht auch an der Lage in ausgespanntem Zustande befestigt gewesen waren. Mit Ausnahme der gegerbten Schlangenhäute, an denen die Köpfe entweder ganz fehlten, oder doch stark lädirt waren, und die daher kein Interesse darboten, sondern höchstens als Leder zu verwerthen gewesen wären, sind die übrigen dieser trocken präparirten Objecte theils gleich bei Einrichtung des neuen Museums, theils auch erst in späterer Zeit und dann stets nach vorheriger Reparatur in die heutige Sammlung aufgenommen worden.

Ausser diesen Kunstkammer-Exemplaren fand Brandt noch Einiges an herpetologischen Objecten vor, das wenige Jahre vor seiner Ankunft hieselbst acquirirt und eingesandt worden war und das schon allein desshalb einen ungleich grösseren Werth besass, weil die einzelnen Stücke mit mehr oder weniger genauen Fundortsangaben versehen waren. So hatte die Akademie von ihrem Mitgliede Langsdorff verschiedene grosse Eidechsen und Schlangen aus Brasilien, leider sämmtlich in abgebalgten Exemplaren, erhalten, ferner waren von Dr. Jaeger in Port-au-Prince einige Reptilien aus San Domingo angekauft worden, die meist in Spiritus conservirt, z. Th. aber auch, wie z. B. 3 grosse gehörnte Leguane (*Metopoceros cornutus*) abgebalgt waren; alsdann hatte der im Jahre 1830 verstorbene Adjunct Dr. Mertens von seiner unter Lütke's Leitung auf dem «Seniawin» ausgeführten Weltumsegelung eine beträchtliche Anzahl von Reptilien und Amphibien, vorzugsweise von den Philippinischen Inseln, mitgebracht und endlich war auch die herpetologische Ausbeute von Ménétries' kaukasischer Reise vorhanden, die in seinem Catalogue raisonné besprochen ist und die zugleich den Grundstock zu unserer gegenwärtig so reichen Sammlung russischer Reptilien und Amphibien gebildet hat.

Obwohl sich Brandt niemals speciell mit Herpetologie beschäftigt hat, sorgte er doch für die Completirung auch dieser Abtheilung und da in derselben die europäischen Formen gänzlich fehlten, so kaufte er zunächst, im Jahre 1832, bei Dr. Michahelles in München eine kleine Sammlung theils spanischer, theils dalmatischer Reptilien und Amphibien und liess sich wenige Jahre später auch sicilianische Arten dieser beiden Thierclassen von Grohmann in Palermo kommen. Russische Reptilien und Amphibien, die im Museum gleichfalls schwach vertreten waren, wurden von Hohenacker, Dr. Gebler und einem Kolonisten Frick in Elisabethpol angekauft und ausserdem erhielt das Museum auch Einiges an Geschenken, wie namentlich eine Anzahl kaukasischer Schlangen und Eidechsen von dem Apotheker Schmidt in Tiflis und eine höchst interessante Reptiliensammlung aus dem Siebenstromlande von Dr. A. von Schrenck. Dabei vernachlässigte Brandt aber auch die exotischen Formen der beiden in Rede stehenden Thierclassen keineswegs, sondern liess sich zu wiederholten Malen sowohl von Ecklon und Brandt in Hamburg, als auch besonders von Parreyss in Wien herpetologische Objecte kommen und hatte ausserdem noch mit einigen Sammlern in Amerika directe Verbindungen angeknüpft, wie namentlich mit Riedel in Rio-Janeiro, mit dem Apotheker Luschnath in Bahia und mit Dr. Wiedemann in New Orleans, von denen die beiden letztgenannten ein ganz besonders reiches herpetologisches Material geliefert haben. Alsdann hatte sich das Museum im Jahre 1840 auch an der vom Baron Karwinsky auf Actien nach Mexico unternommenen Reise durch Ankauf dreier Actien betheiligt und erhielt von der Ausbeute dieses Reisenden auch einiges Interessante an Reptilien und Amphibien; endlich war auch in Tausch gegen Säugethiere und Vögel noch eine ziemlich beträchtliche Anzahl ost-indischer, meist javanischer Reptilien und Amphibien theils vom Museum zu Leiden, theils und hauptsächlich aber von dem Nassauer Verein für Naturkunde in Wiesbaden acquirirt worden.

In ganz ähnlicher Weise hat sich die herpetologische Sammlung auch im zweiten Decennium vergrössert. Neben einigen wenigen, aber ziemlich bedeutenden Ankäufen, theils von den Reisenden Kindermann und Preiss, theils und hauptsächlich aber von Parreyss in Wien, und den nicht unbeträchtlichen Sendungen Wosnessensky's, die besonders an californischen Reptilien und Amphibien reich waren, sind dem Museum in diesem Zeitraume namentlich recht zahlreiche Geschenke zugekommen, unter denen die von Nordmann bearbeitete herpetologische Ausbeute der Demidow'schen Reise und die höchst interessanten Reptilien und Amphibien, die von Dr. Lehmann in Buchara und Samarkand und von Dr. A. von Schrenck im Siebenstromlande gesammelt worden waren, besonders hervorgehoben zu werden verdienen.

Auch im dritten Decennium ist diese Abtheilung der Sammlung nicht unbeträchtlich bereichert worden, und zwar sind in diesem Zeitraume besonders viele ost-asiatische Formen hinzugekommen, die bis dahin im Museum noch nicht vertreten waren. Dahin gehört vor Allem die interessante herpetologische Ausbeute, die Dr. L. von Schrenck aus dem Amurlande mitgebracht hatte, und welche durch Ankauf der von Cand. R. Maack am Wilui und am Amur gesammelten Reptilien und Amphibien vervollständigt worden ist. Nächstdem erhielt das Museum von dem Kais. Russischen Consul in Hakodate, Hrn. Gaschkewitsch eine beträchtliche Anzahl japanischer Reptilien und Amphibien und von dem Reisenden des Kais. botanischen Gartens Hrn. C. Maximowicz die von ihm im Ussurilande und in der Mantschurei gesammelten Herpetologica zum Geschenk und im Jahre 1860 kam noch theils als Geschenk der Kais. Russischen Geographischen Gesellschaft, theils durch Ankauf auch die ganze sehr reiche herpetologische Ausbeute hinzu, welche Hr. G. Radde in Transbaikalien und im Amurlande zusammengebracht hatte. Aber auch an west-asiatischen Formen der beiden in Rede stehenden Classen hat das Museum eine nicht unbeträchtliche Anzahl erhalten, nämlich sämmtliche von Dr. N. A. Sewerzow während seiner im Auftrage der Akademie ausgeführten Expedition an den Syr-Darja erbeuteten Reptilien und Amphibien, zu denen noch einige am Aral-See gesammelte Eidechsen, ein Geschenk des Herrn Pekarsky, hinzugerechnet werden müssen. Dagegen ist in diesem Zeitraume im Auslande meines Wissens nur eine einzige kleine Sammlung chilenischer Reptilien und Amphibien durch Vermittelung unseres ehemaligen Conservators Schrader in Bremen angekauft worden und auch an Geschenken sind dem Museum nur wenige exotische Arten zugekommen.

Mit dem vierten Decennium beginnt für die herpetologische Sammlung gewissermaassen eine neue Epoche, denn schon im Jahre 1861 war mit der Determination und Aufstellung des vorhandenen Materials der Anfang gemacht worden und in dem Maasse, wie diese Arbeit vorwärts rückte, konnte auch eine mehr planmässige Completirung dieser bis dahin etwas vernachlässigten Abtheilung ins Werk gesetzt werden. In Folge dessen hat sich die Sammlung der Reptilien und Amphibien, was die Zahl der Arten anbetrifft, in diesem Zeitraume wenigstens verdoppelt, wenn nicht verdreifacht, und namentlich sind sehr viele exotische Formen hinzugekommen. Da Brandt mich beständig zu Ankäufen ermunterte, so knüpfte ich theils brieflich, theils auch persönlich an Ort und Stelle mit den verschiedensten Naturalienhändlern und Sammlern Verbindungen an und suchte Objecte namentlich aus solchen Gegenden zu erlangen, aus welchen wir entweder gar keine, oder doch nur wenige, meist ganz vereinzelte Repräsentanten besassen. So wurde bereits im Jahre 1862 von einem zufällig hier anwesenden Melbourner Gastwirth, Herrn Niehoff, eine kleine, aber sehr schön conservirte Sammlung süd-australischer Reptilien und Amphibien käuflich erworben, die später noch durch einige von Dr. Paessler in New South Wales gesammelte Arten completirt werden konnte. Alsdann kauften wir aus den reichen Doublettenvorräthen des bekannten Museums Godeffroy in Hamburg eine sehr beträchtliche Anzahl theils nord-australischer, theils oceanischer Reptilien und Amphibien und im Jahre 1868 hatte ich Gelegenheit von Cutter und Higgins in London Repräsentanten dieser beiden Thierclassen aus Pegu in Hinterindien und aus Ceylon, also aus Ländern, aus denen wir absolut nichts besassen, zu acquiriren. Mit west- und südafrikanischen Arten, die in der Sammlung gleichfalls äusserst schwach vertreten waren, versorgte uns Salmin in Hamburg, nordafrikanische, speciell ägyptische, erhielten wir von Keitel in Berlin, spanische und portugiesische von Dr. Schaufuss in Dresden und amerikanische sind uns theils von Salmin, Brandt, Schilling und Wessel in Hamburg, theils von Prof. Krauss in Stuttgart zugekommen. Alsdann wurden grössere Sammlungen von Reptilien und Amphibien aus den verschiedensten Gegenden der Welt von Boucard in Paris und von Erber in Wien angekauft und endlich erhielten wir sowohl von Schilling in Hamburg, als auch namentlich von dem bekannten Liebhaber der Herpetologie Effeldt in Berlin eine nicht unbeträchtliche Anzahl von Schildkröten, meist aus Central- und Süd-Amerika, z. Th. in lebenden Exemplaren. Ebenso ist auch die Sammlung der russischen Reptilien und Amphibien nicht unbeträchtlich bereichert worden durch Ankauf der vom Oberst A. Kuschakewitsch in Bessarabien, in der Krym und in der Gegend von Chodshent, von Dr. Sewerzow in Turkestan und im Orenburger Lande, von Czekanowsky an der Angara und von Dr. Radde am Ostufer des Kaspischen Meeres gesammelten Arten, und auch die in diesem Zeitraume von der Akademie ausgerüsteten Reisen des Conservators A. Goebel und des verstorbenen Brandt haben nicht unwesentlich zur Bereicherung dieses Theils der Sammlung beigetragen, namentlich verdanken wir Herrn Goebel eine reiche und dabei vorzüglich conservirte herpetologische Collection von der Insel Tscheleken und aus der Gegend von Krasnowodsk. Alsdann ist, wie man aus der weiten oben gegebenen Liste ersehen kann, auch an Geschenken nicht Wenig hinzugekommen, und verdient darunter namentlich die Sammlung brasilianischer Reptilien und Amphibien, welche Dr. Touzet dem Museum geschenkt hat, besonders hervorgehoben zu werden, nicht bloss wegen ihrer Reichhaltigkeit, sondern auch desshalb, weil unter den durchweg vorzüglich conservirten Exemplaren auch manche für uns neue Arten vorhanden waren. Endlich erhielten wir noch vom Universitäts-Museum zu Warschau in Tausch gegen einige von der Akademie edirte Schriften eine Anzahl von Schlangen und Eidechsen, die Herr Jelsky in Cayenne gesammelt hatte, und obwohl darunter keine für das Museum neue Art vorhanden war, so hatten dieselben doch des Fundorts wegen einiges Interesse, indem sie aus einem Theile Guyana's stammten, aus welchem wir sonst keine Kriechthiere besassen.

Im letzten Decennium endlich ist die Bereicherung der herpetologischen Sammlung noch rapider vor sich gegangen und ich glaube ohne Uebertreibung behaupten zu können, dass in diesem Zeitraume ebenso viele, wenn nicht mehr Arten hinzugekommen sind, wie in den vier ersten Decennien zusammengenommen. Alljährlich wurden im Auslande meist sehr bedeutende Ankäufe von exotischen Reptilien und Amphibien effectuirt, theils bei den bereits früher genannten Correspondenten des Museums, also bei Salmin, Wessel, Schilling und dem Museum Godeffroy in Hamburg, bei Frank in Amsterdam, bei Effeldt in Berlin und bei Boucard in London, theils hatte ich auch neue Verbindungen angeknüpft, namentlich mit Gerrard in London, mit Bouvier, Braconnier, Deyrolle und Tramond in Paris, Dr. Staudinger in Dresden, Dr. Klunzinger und Dr. Reichenow in Berlin, und es kam auf diese Weise eine Menge von Arten auch aus solchen Gegenden hinzu, aus denen früher gar nichts vorhanden gewesen war, wie z. B. aus Neu-Guinea, Madagascar, Cochinchina, Siam etc. Ausserdem erhielten wir verschiedene, z. Th. sehr reiche Geschenke, wie z. B. im Jahre 1876 von Dr. Winkel, Advocaten in Samarang auf Java, eine überaus reiche und werthvolle herpetologische Sammlung von den Inseln des Sunda-Molukkischen Archipels, die im Jahre 1881 durch eine Anzahl theils auf Neu-Guinea, hauptsächlich aber auf Ternate gesammelter, dem Museum von Dr. Fischer geschenkter Reptilien und Amphibien vervollständigt worden ist. War schon auf diese Weise durch Ankauf und Geschenke unsere Sammlung mit einer Menge von bisher noch nicht vorhandenen exotischen Arten bereichert worden, so kam durch den in diesem Zeitraume begonnenen Tauschverkehr deren noch eine ungleich beträchtlichere Zahl hinzu, und zwar meist solcher Formen, welche käuflich gar nicht zu haben waren. Der ausserordentliche Reichthum unseres Museums an russischen Reptilien und Amphibien, unter denen viele Arten in Hunderten von Exemplaren vorhanden waren und von denen also ein Theil ohne Beeinträchtigung der Sammlung fortgegeben werden konnte, setzte mich in den Stand, Tauschverbindungen anzuknüpfen und diese überflüssigen Exemplare sehr vortheilhaft zu verwerthen. Durch diesen Tauschverkehr, den ich sowohl mit den grossen Museen zu London, Paris, Berlin, Wien, Copenhagen, Stuttgart, Brüssel und Franfurt a/M., als auch mit einzelnen Privatsammlern, wie namentlich mit Herrn De Betta in Verona, Herrn F. Lataste in Paris, Dr. Seoane in Corunna und mit dem bekannten Naturalienhändler Herrn G. Schneider in Basel angeknüpft und unterhalten habe, sind dem Museum, wie schon bemerkt, grosse Mengen für uns neuer Reptilien- und Amphibienarten zugekommen und darunter nicht wenige Originalexemplare, oder doch wenigstens solche, welche von dem Autor der betreffenden Art selbst determinirt sind und also einen ganz besonderen Werth haben. Neben diesen ausschliesslich oder doch hauptsächlich aus tropischen Gegenden stammenden Formen hat das Museum in den letzten Jahren auch eine grosse Zahl von Reptilien und Amphibien aus den an Russland grenzenden Ländern Asiens erhalten, so vor Allem die reiche herpetologische Ausbeute, welche Oberst N. M. Przewalsky von seinen drei Reisen in Central-Asien mitgebracht und der Akademie geschenkt hat, ferner sämmtliche von Herrn S. N. Alpheraky im Tian-Schan gesammelten und dem Museum geschenkten Kriechthiere und Lurche, alsdann die sowohl von Oberst M. W. Pewzow, als auch von Herrn G. N. Potanin in der nord-westlichen Mongolei erbeuteten Arten, die uns zum grösseren Theile gleichfalls als Geschenke zugegangen sind, und endlich eine kleine Anzahl von Schlangen aus dem nördlichen Persien, die wir von dem bekannten Lepidopterologen Herrn Christoph in Sarepta angekauft haben. Ebenso beträchtlich ist auch unsere Sammlung russischer Reptilien und Amphibien in diesem Zeitraume bereichert worden, nur bestand diese Bereicherung weniger in neuen, früher noch nicht vorhanden gewesenen Arten, als vielmehr fast ausschliesslich in Exemplaren bereits vorhandener Arten, die aber grösstentheils aus neuen, bis dahin in herpetologischer Beziehung noch gar nicht untersuchten Gegenden des Reichs stammten. So kauften wir die von A. L. Czekanowsky an der unteren Tunguska, von Dr. A. Regel in der weiteren Umgegend von Chuldsha, von Herrn Becker auf dem Bogdo und am Ostufer des Kaspischen

Meeres und von W. J. Czernjawsky bei Suchum Kale gesammelten Reptilien und Amphibien und tauschten gegen Vögel die ganze herpetologische und ichthyologische Ausbeute ein, welche Dr. Sewerzow von seiner Reise an den Amu-Darja mitgebracht hatte. An Geschenken sind dem Museum gleichfalls viele russische Herpetologica zugegangen, denn ausser den in der weiter oben gegebenen Liste bereits aufgeführten, von den Herrn **Mlokosiewicz** und **Kaschkin**, **Slowzow**, **Glasenapp** und **Rykatschew** geschenkten Objecten, verdanken wir noch dem verstorbenen **Dohrandt** eine sehr hübsche Sammlung von Reptilien und Amphibien aus der Gegend von Nukuss am Amu-Darja und Herrn Dr. G. **Sievers** verschiedene sehr interessante Reptilien von der Ostküste des Kaspischen Meeres, speciell aus der Gegend der ehemaligen Oxus-Mündung. Am meisten haben aber ohne Widerrede die in diesem Decennium von der Akademie ausgesandten Reisenden, die Conservatoren J. S. **Poljakow**, V. F. **Russow** und Dr. A. **Brandt**, zur Vergrösserung der Sammlung einheimischer Reptilien und Amphibien beigetragen, denn Herr **Poljakow** brachte von seiner Reise in das Siebenstromland, neben einer grossen Zahl von Fischen, auch ein sehr reiches herpetologisches Material mit, Herrn Dr. **Brandt**, dessen Hauptaufgabe in der Erforschung einiger transkaukasischer Binnenseen bestand, verdanken wir gleichfalls eine hübsche herpetologische Sammlung, vornehmlich aus der Umgegend des Goktscha-See's, und **Russow's** turkestanische Ausbeute endlich war an Reptilien und Amphibien ganz besonders reich ausgefallen, und zwar sowohl an Arten, als auch an Exemplaren, von welchen letzteren er nicht weniger als 1500 gesammelt hat.

In den ersten drei Decennien ist für die Classificirung und Aufstellung der herpetologischen Sammlung so gut wie gar nichts geschehen. Im Museum waren, neben einigen wenigen ausgestopften Schildkröten, Krokodilen, grossen Eidechsen und der riesigen, aber schlecht montirten Anaconda (*Eunectes murinus*), hauptsächlich nur die alten, abgebleichten, später grösstentheils ausrangirten Spiritus-Exemplare aus der Kunstkammer ausgestellt, denen **Schrader** noch eine Anzahl während der 30-ger und im Beginne der 40-ger Jahre von **Parreyss** in Wien angekaufter und, wie sich aus den Benennungen entnehmen liess, von Fitzinger bestimmter Reptilien und Amphibien hinzugefügt hatte. Von russischen Arten, die gegenwärtig so reich im Museum vertreten sind, fand ich nur einen kleinen Theil von Ménétries' kaukasischer Ausbeute und einen von Karelin acquirirten ausgestopften *Varanus scincus* vom Ostufer des Kaspischen Meeres ausgestellt, alles Uebrige, selbst die von Brandt determinirten Reptilien und Amphibien der Lehmann'schen Reise, wurde in den Vorrathskammern aufbewahrt. Das damals vorhandene herpetologische Material aus dem Russischen Reiche hatte Brandt, weil er mit der Absicht umging, es zu bearbeiten, apart stellen lassen, und zwar fand ich dasselbe, meist in einzelne Gläser, aber von den allerverschiedensten Formen, auseinandergelegt, in der östlichen, zu jener Zeit noch als Ablegekammer dienenden Rotunde (№ VI) vor, die exotischen Reptilien und Amphibien dagegen waren noch gar nicht sortirt, sondern lagen theils noch in denselben Gläsern, in welchen sie angekommen waren, theils hatte man sie auch, wie z. B. die von Luschnath und Dr. Wiedemann acquirirten Sammlungen, in grosse, ganz ordinäre Gefässe von grünem Glase, wie sie hier gewöhnlich zur Aufbewahrung von eingekochtem Saft gebraucht werden, eingepackt und dann das Ganze in den beiden Vorrathskammern in der 3. Etage untergebracht, und zwar an den verschiedensten Stellen, wie es gerade der Platz erlaubte.

Um dieses ganze, nicht unbeträchtliche Material in Ordnung zu bringen, wäre es vor Allem nöthig gewesen, es zusammenzusuchen, vorläufig zu sortiren, in einzelne Gläser zu vertheilen und dann die Determination der verschiedenen Ordnungen nach den einzelnen Familien und Gattungen vorzunehmen, leider lagen aber die Verhältnisse im Jahre 1861, wo ich die Verwaltung der herpetologischen Sammlung übernahm, keineswegs so, dass an eine methodische Durchführung einer solchen Arbeit hätte gegangen werden können. Bekanntlich erfordert die Aufstellung von in Weingeist conservirten Objecten, schon allein der Glasgefässe und des Spiritus wegen, nicht unbeträchtliche Ausgaben, und die Geldmittel des Museums waren gerade damals hauptsächlich durch die im Jahre 1860 angekauften überaus reichen Sammlungen, die

Dr. Radde aus Ost-Sibirien mitgebracht hatte, derartig in Anspruch genommen, dass während der Jahre 1861 und 1862 kaum die laufenden Ausgaben für den Unterhalt des Laboratoriums bestritten werden konnten. An eine Anschaffung von Glasgefässen und Spiritus in grösseren Quantitäten war also gar nicht zu denken, und da der geringe Vorrath, den das Museum an Gläsern besass, sehr bald aufgebraucht war, so musste ich die Arbeit unterbrechen und konnte sie erst wieder aufnehmen, nachdem die inzwischen in sehr bescheidener Anzahl bestellten Gläser geliefert waren. Es ging daher in der ersten Zeit mit der Sortirung und Aufstellung der herpetologischen Sammlung nur sehr langsam vorwärts und beständig traten längere oder kürzere Unterbrechungen ein, denn bald mangelte es an Gläsern, bald war der Spiritus ausgegangen, und dabei fehlte es stets an Geld, um diese Materialien von Neuem in der nöthigen Quantität zu beschaffen. Erst mit Beginn des Jahres 1865 änderten sich diese Verhältnisse, theils weil die grössere Masse des aus früherer Zeit stammenden herpetologischen Materials allmählich doch auseinandergelegt war, theils und hauptsächlich aber weil Brandt sich für diese Abtheilung der Sammlung zu interessiren begann und den Beschluss fasste, alle irgend disponibelen Geldmittel für die Aufstellung und Bereicherung derselben zu verwenden. Von da ab ist sowohl die Aufstellung, Determinirung, Etiquettirung und Catalogisirung, als auch die Completirung unserer herpetologischen Sammlung zwar nicht gerade sehr rasch, aber doch stetig vorwärts gegangen und nur in den letzten sieben Jahren, wo meine Zeit durch die Administration des ganzen Museums sehr in Anspruch genommen war und auch noch ist, bin ich mit den Reptilien und Amphibien etwas in Rückstand gekommen und habe das Neuhinzukommende zwar stets aufgestellt und meist in die Cataloge eingetragen, bin aber nicht immer im Stande gewesen, Alles auch gleich definitiv zu determiniren. In Folge dessen hat sich eine ziemliche Anzahl von Exemplaren angesammelt, die nur der Gattung nach bestimmt sind und unter denen manche, wie z. B. die Arten der Eidechsengattung *Phrynocephalus*, von denen wir ein überaus reiches, nach Hunderten von Exemplaren zählendes Material besitzen, sich bei dem gegenwärtigen Stande der Herpetologie überhaupt nicht endgültig bestimmen lassen, sondern von Neuem bearbeitet werden müssen, was auch geschehen soll, sobald ich nur die nöthige Musse dazu finde. Aus dem gleichen Grunde, d. h. wegen Zeitmangel, habe ich auch die Bearbeitung des reichen herpetologischen Materials, welches Oberst Przewalsky von seiner letzten Reise mitgebracht hat, bisher noch nicht zu Ende bringen können und es ist daher diese Ausbeute, die zwar nicht besonders viele Arten, aber nicht weniger als 772 Exemplare enthält, noch nicht in die betreffenden beiden Cataloge aufgenommen worden.

Was nun den Gesammtbestand unserer herpetologischen Sammlung anbetrifft, so war derselbe am 4. Juli 1882 folgender:

a) Reptilien.

Der Reptiliencatalog enthielt im Ganzen 5889 Nummern, von denen aber 326 nur der Gattung nach bestimmt sind; die Zahl der vorhandenen Exemplare betrug 6947, darunter 352 trocken conservirte, und die Gesammtzahl der determinirten Species belief sich auf 1222, die sich, wie folgt, auf die 4 Ordnungen vertheilen:

Chelonia (Schildkröten)	119 Arten
Hydrosauria (Panzerechsen)	14 »
Sauria (Eidechsen)	596 »
Ophidia (Schlangen)	493 »
	1222

b) Amphibien.

Im Amphibiencataloge waren im Ganzen 1285 Nummern eingetragen, von denen 106 nur der Gattung nach bestimmt sind; die Gesammtzahl der Exemplare belief sich auf 1980, von denen nur 3 trocken conservirt sind, nämlich ein ausgestopfter gewöhnlicher Laubfrosch (*Hyla arborea*), eine gleichfalls ausgestopfte Riesenkröte oder Aga (*Bufo marinus*) und ein skeletirtes Exemplar von *Ceratophrys ornata*. An determinirten Arten besassen wir im Ganzen 283, die sich, wie folgt, auf die 3 Ordnungen vertheilen:

Peromela (Blindwühlen)	9 Arten
Anura (Froschlurche)	224 »
Urodela (Molche)	50 »
	283

Wie bei den Säugethieren und Vögeln, so ist auch hier die vaterländische Fauna am reichsten vertreten, und zwar besitzen wir von den innerhalb der Grenzen des Russischen Reichs bisher beobachteten Reptilien-Arten alle ohne Ausnahme und dabei die meisten in ganzen Reihen von Exemplaren, und von den Amphibien-Arten, von denen die meisten gleichfalls in sehr zahlreichen Exemplaren vorhanden sind, fehlt uns nur eine einzige, nämlich *Salamandra caucasica*, welche von Prof. Waga in Warschau unter dem Namen *Exaeretus caucasicus* nach 2 Exemplaren beschrieben worden ist. Aber auch an exotischen und überhaupt nichtrussischen Arten ist diese Abtheilung der Sammlung ziemlich reich, wenigstens verhältnissmässig reicher als unsere Sammlung von Säugethieren und Vögeln, denn während wir von jeder der beiden ebengenannten Classen kaum ein Drittel aller bekannten Arten besitzen, enthält unsere Sammlung von Schildkröten, Panzerechsen, Schlangen und Molchen etwa die Hälfte, oder sogar mehr als die Hälfte aller bekannten Arten und nur bei den Eidechsen, Blindwühlen und Froschlurchen stellt sich das Verhältniss ungünstiger heraus, indem wir von den beiden erstgenannten Ordnungen höchstens ein Drittel, von den Froschlurchen aber wenig mehr als ein Viertel aller bekannten Arten besitzen. Obwohl somit unsere herpetologische Sammlung, abgesehen von den russischen Arten, den grossen westeuropäischen Museen an Reichthum noch bedeutend nachsteht, ist sie doch bereits an dem Punkte angekommen, wo es Schwierigkeiten macht, sie weiter zu completiren, denn die gewöhnlicheren, im Handel vorkommenden Arten besitzen wir so ziemlich alle, und das, was uns fehlt, lässt sich käuflich entweder gar nicht, oder doch nur ganz zufällig erwerben; es steht daher zu erwarten, dass die Bereicherung der in Rede stehenden Abtheilung unseres Museums in der Folge keineswegs mehr so rapid vor sich gehen wird, wie es in den letzten 20 Jahren der Fall gewesen ist.

4. Die ichthyologische Sammlung.

Bei Gründung des heutigen Museums im Jahre 1832 war die ichthyologische Abtheilung der Sammlung unter allen ohne Widerrede die reichste, denn sie enthielt ausser den allerdings nicht sehr zahlreichen Fischen der alten Kunstkammer, die überaus reiche Ausbeute, welche Mertens während der Lütke'schen Weltumsegelung auf dem «Seniawin» bei den Philippinischen und besonders bei den Carolinischen Inseln gesammelt hatte. Die Exemplare aus der Kunstkammer, grösstentheils in Spiritus conservirt und fasst ausschliesslich surinamischen Arten angehörend, waren ebenso, wie die Reptilien und Amphibien, fast völlig entfärbt und hatten daher keinen besonderen Werth, dagegen war die Mertens'sche Sammlung nicht bloss ganz ausserordentlich reichhaltig, sondern auch schon in so fern einzig in ihrer Art, als, wie schon früher bemerkt, ausser den durchweg in Weingeist conservirten Exemplaren selbst, auch von den meisten Species vorzügliche, von Postels und Baron Kittlitz nach lebenden Exemplaren angefertigte Aquarellzeichnungen vorhanden waren. Diese meisterhaft ausgeführten Abbildungen, die, wie ich gleichfalls schon zu bemerken Gelegenheit hatte, von der Akademie an Cuvier eingesandt und von ihm bei seiner Histoire naturelle des Poissons benutzt worden sind, werden gegenwärtig im Archiv des Museums aufbewahrt und haben die Determination der Mertens-schen Fische nicht wenig erleichtert. Ausserdem fand Brandt noch eine ziemlich beträchtliche Anzahl von brasilianischen Fischbälgen vor, welche Langsdorff eingesandt hatte, ferner eine kleine Sammlung haitischer Fische in Spiritus, die von Dr. Jaeger in Port-au-Prince acquirirt worden war, alsdann eine Sammlung von 80 Fischen in Weingeist, die Baron Kittlitz im Jahre 1830 geschenkt hatte und die gleichfalls von der Weltumsegelung auf dem «Seniawin» stammte, so wie endlich die im Ganzen nicht reiche Fischausbeute, welche Ménétries von seiner Reise in den Kaukasus mitgebracht hatte. Von den Pallas'schen Originalen, die übrigens lauter sogenannte Demi-Poissons gewesen sind (d. h. Fischbälge, an welchen die eine Seite des Rumpfes mehr oder weniger abgetragen ist und die mit dieser lädirten Seite auf Papierbogen geklebt sind) war nichts vorhanden, da Pallas dieselben wahrscheinlich bei seiner Uebersiedelung in die Krym und später nach Berlin mitgenommen hat, und welche nachher bekanntlich an das Berliner Museum übergegangen sind.

Das vorhandene Material war somit zwar recht beträchtlich und interessant, bestand aber, die von Ménétries gesammelten Fische ausgenommen, ausschliesslich aus exotischen Formen, denn die Fische, welche Mertens auf Kamtschatka gesammelt hatte, und die, wie sich aus den noch vorhandenen, von Baron Kittlitz angefertigten Zeichnungen entnehmen lässt, aus lauter ihres zarten Fleisches und vielen Fettes wegen bekanntlich so schwer conservirbaren Lachs-Arten bestanden, waren auf der Reise leider verdorben und von Mertens selbst über Bord geworfen worden. Es galt also auch hier zunächst russische und die für den Vergleich unentbehrlichen europäischen Fische zu beschaffen, eine Aufgabe, die in den dreissiger Jahren wohl noch mehr Schwierigkeiten geboten haben mag, als heutzutage. Fische spielen bekanntlich in der Oeconomie des Menschen eine bedeutende Rolle, ihr Fang wird fast überall in grossem Maassstabe betrieben und sie sind in allen an den Küsten, oder an grösseren Flüssen und Seen gelegenen Städten in Menge auf dem Markte zu haben. Man sollte daher glauben, dass Nichts leichter wäre, als die Completirung einer Fischsammlung und doch liegt die Sache in der Wirklichkeit ganz anders. Im Naturalienhandel kommen Fische schon desshalb nur ausnahmsweise und in geringer Zahl vor, weil die Nachfrage nach ihnen eine verhältnissmässig sehr unbedeutende ist, und die Reisenden pflegen, wenn sie nicht speciell ichthyologische Zwecke verfolgen, das Sammeln dieser Thiere gewöhnlich ganz zu vernachlässigen, weil die Conservirung derselben mancherlei Schwierigkeiten macht und wegen des dabei in Betracht kommenden Weingeistes sehr kostspielig ist. Bei dem grossen Wasserreichthum der Fische erfordert nämlich ihre Conservation schon an und für sich sehr viel Spiritus und ausserdem muss derselbe, bevor sie zur Versendung eingepackt werden, durchaus noch erneuert werden, da er durch das den Objecten entzogene Wasser sehr bald schwach wird und folglich seine conservirende Eigenschaft einbüsst. Spiritus ist aber überall ein theurer Artikel und in uncultivirten Gegenden gar nicht zu haben; sein Transport auf Landreisen macht auch grosse Weitläufigkeiten, da ganz besondere Vorrichtungen nöthig sind, um ihn vor dem Verdunsten und namentlich auch vor dem Ausgetrunkenwerden zu schützen. Dazu kommt dann noch der Umstand, dass die Fische der Mehrzahl nach von bedeutender Grösse und mehr oder weniger breit sind, sich gewöhnlich nicht zusammenbiegen lassen und folglich zur Aufbewahrung grosse, mit breiten Oeffnungen versehene Gefässe erfordern, deren Transport dann natürlich auch grosse Schwierigkeiten und namentlich Kosten verursacht. Daher ist die Anlage oder Completirung einer ichthyologischen Sammlung auch gegenwärtig noch nicht leicht und erfordert schon allein des Alcohols wegen beträchtliche Geldmittel; Fischbälge lassen sich freilich leichter beschaffen, haben aber auch lange nicht den Werth, wie die in Alcohol conservirten Exemplare.

Um nun die ichthyologische Sammlung nach Möglichkeit zu completiren, erliess Brandt im Jahre 1831 ein Circular, welches durch Vermittelung der Akademie an die Gouverneure verschiedener Gouvernements und Gebiete im Innern des Reiches versandt wurde und die Bitte um Zusendung von Fischen und anderen Thieren nebst Angaben über die Art ihrer Conservation enthielt. Diese gewiss sehr zweckmässige Maassregel hat aber leider nicht den Erfolg gehabt, den Brandt sich von derselben versprach, denn ausser dem damaligen Gouverneur von Archangelsk, Herrn Ogarew, dem das Museum einige wenige, z. Th. leider ausgestopfte Fische aus dem weissen Meer verdankt, haben nur Baron Wrangell, Gouverneur von Sitcha, die Russisch-Amerikanische Companie und der bei derselben angestellte Capitain 1. Ranges Kuprejanow von dem Circular Notiz genommen. Von ersterem erhielt das Museum im Jahre 1836 zwei Fässchen mit 70 vorzüglich in Alcohol conservirten Fischen aus Sitcha zum Geschenk, die Russisch-Amerikanische Companie schenkte in den beiden darauf folgenden Jahren gleichfalls zwei Fässchen mit ebensolchen Fischen und Herrn Kuprejanow verdanken wir ebenfalls zwei Fischsendungen aus jenen Gewässern, von denen die eine speciell californische Arten aus der Gegend der Colonie Ross im ehemaligen Russisch-Californien enthielt. Alsdann tauschte Brandt im Jahre 1834 von dem damaligen Dorpater Professor Dr. Rathke eine kleine ichthyologische Sammlung aus dem schwarzen Meere ein, die wenige Jahre später durch die von Prof. A. von Nordmann auf seiner pontischen Reise erbeuteten Fische nicht unbeträchtlich vervollständigt wurde. Transkaukasische Fische ferner wurden von Pastor Hohenacker in der Colonie Helenendorf acquirirt, Dr. Gebler in Barnaul sandte Einiges an Fischen aus den dortigen Gewässern und von Dr. A. von Schrenck erhielt das Museum im Jahre 1841 acht Fische aus dem Balchasch-System, welche schon desshalb von ganz besonderem Interesse waren, weil sie sich sämmtlich als ganz neuen Arten angehörig erwiesen haben und vom verstorbenen Prof. Kessler, freilich erst im Jahre 1874, beschrieben worden sind. Nicht weniger erfolgreich waren auch Brandt's Bemühungen, europäische Fische zu erlangen, denn er kaufte von Grohmann in Palermo eine sehr reiche und vorzüglich in Spiritus conservirte Sammlung von Mittelmeerfischen, die 183 Arten in 348 Exemplaren enthielt, liess von Brandt in Hamburg Einiges an Nordseefischen kommen und unter den im Jahre 1838 von Parreyss in Wien erworbenen Naturalien fand sich auch eine kleine Collection von Donaufischen. An exotischen Repräsentanten dieser Classe endlich ist im ersten Decennium nicht gerade viel hinzugekommen, und zwar prävalirten dabei die amerikanischen Arten in ganz auffallender Weise, denn ausser einer kleinen Sammlung von 10 Fischen aus dem Caplande, die mit anderen süd-afrikanischen Naturalien von Ecklon und Zeyher in Hamburg angekauft worden sind, stammte alles Uebrige aus Süd- und Nord-Amerika und ist dem Museum theilweise als Geschenk von den Herren Riedel in Rio-Janeiro, Luschnath in Bahia, Dr. Fischer, Director des Kaiserl. Botanischen Gartens hieselbst und Luzenberg in New Orleans zugegangen.

Ungleich ergiebiger für die Bereicherung der ichthyologischen Sammlung ist das 2. Decennium gewesen, denn gleich im Beginne desselben, im Jahre 1842, erhielt das Museum zwei bedeutende Schenkungen, nämlich eine reiche Sammlung von vorzüglich in Weingeist conservirten Nilfischen von Dr. Clot Bey in Cairo und, was bei dem speciellen Zwecke unseres Instituts ungleich wichtiger war, sämmtliche Originale zu den von A. von Nordmann in seiner Faune pontique beschriebenen Fischen der Demidoff'schen Reise. Zwei Jahre darauf kamen die Sammlungen hinzu, welche Dr. Lehmann auf seiner Reise nach Buchara und Samarkand zusammengebracht hatte, die an Fischen aber freilich nicht viel enthielten, und im nächstfolgenden Jahre kehrte Hr. A. Th. von Middendorff von seiner Reise in den äussersten Norden Sibiriens heim und brachte unter Anderem auch ein sehr reiches ichthyologisches Material mit, das zwar hauptsächlich aus Fischbälgen besteht, aber, wie ich mich überzeugt habe, auch so ziemlich von jeder Art ein bis zwei Spiritus-Exemplare enthält. Ferner liefen in diesem Zeitraume auch einige kleinere Sendungen von Fischen aus dem Balchasch, aus Ost-Sibirien und aus Transkaukasien ein, welche das Museum den Hrn. Dr. A. von Schrenck, Sedakow, dem damaligen Generalgouverneur von Ost-Sibirien Murawiow und der Direction des Kaiserlichen Botanischen Gartens hieselbst verdankt, und endlich sandte der Reisende des Museums Wosnessensky neben zahlreichen Fischen aus den russisch-amerikanischen Colonien auch eine beträchtliche ichthyologische Sammlung aus Kamtschatka ein, die grösstentheils Lachs-Arten in abgebalgten Exemplaren enthielt. Unsere bereits damals recht ansehnliche Collection von Mittelmeerfischen erfuhr gleichfalls einen sehr wesentlichen Zuwachs, indem Hr. Dr. A. Krohn in Neapel uns eine Anzahl genau determinirter und dabei höchst seltener Fischarten, grösstentheils aus den Familien der Scopeliden und Leptocephaliden, zum Geschenk machte. An aussereuropäischen Fischen ist ausser den bereits erwähnten, auch recht Vieles hinzugekommen, namentlich auch aus solchen Gewässern, aus denen wir bis dahin nichts besassen. So erstand Brandt durch Vermittelung des Inspectors am Berliner Museum, Rammelsberg, auf einer Auction in Berlin die Bälge von 19 Fischarten aus dem Ganges, die zum Theil wenigstens von der Reise des Hrn. Lamare-Picquot stammten, erhielt als Antheil auf die vom Museum für die Preiss'sche Reise genommenen Actien neben vielen anderen Objecten auch 11 australische Fische und tauschte von Prof. J. Reinhardt in Copenhagen 18 determinirte grönländische Fischarten in 24 Exemplaren, wenn ich nicht irre, gegen russische Vögel ein. Ferner wurden von Luschnath in Bahia 43 Arten brasilianischer, von Brandt in Hamburg 33 Arten nord-amerikanischer Fische, von Parreyss in Wien zahlreiche Fischarten aus den verschiedensten Gegenden, von Cumming in London eine beträchtliche ichthyologische Collection von den Philippinen und von Prof. Cienkowsky 13 kordofanische Fische angekauft. Endlich erhielt das Museum an aussereuropäischen Fischen noch als Geschenk von Hrn. Zigra in Riga eine *Coryphaena hippurus* aus Havanna und von S. K. H. dem Herzoge Maximilian von Leuchtenberg die überaus reiche Fischsammlung, die derselbe von der Insel Madera mitgebracht hatte und die neben einer Menge höchst seltener und interessanter, grösstentheils in Weingeist conservirter Arten auch einen abgebalgten, über 2 Faden langen, sehr eigenthümlich gestalteten Haifisch (*Alopecias vulpes*) enthielt.

Während des 3. Decenniums ist die Sammlung russischer Fische hauptsächlich durch zahlreiche ost-sibirische und pontische Arten bereichert worden: die ersteren stammten sämmtlich von den in diesem Zeitraume unternommenen Reisen des Hrn. Dr. L. von Schrenck in das Amurland und auf die Insel Sachalin, R. Maack an den Wilui und den Amur, C. Maximowicz in das Ussuri-Gebiet und G. Radde nach Transbaikalien und in das Amurland; die letzteren sind theils als Geschenk von Dr. Steven in Sympheropol eingegangen, theils und hauptsächlich aber von Brandt selbst gesammelt worden, und zwar auf der Reise, die er im Jahre 1860 in Begleitung des Hrn. Radde nach Nikolajew und die Krym unternommen hatte, um das bei genannter Stadt entdeckte Skelet eines *Mastodon* zu untersuchen und zu bergen. Ausserdem erhielt das Museum von Hrn. Taratschkow eine Sammlung von Fischen aus der Oka, von Hrn. Meshakow eine gleiche aus dem Gouvernement Wologda und von Hrn. Ssaposhnikow den riesigen, über anderthalb Faden langen Hausen zum Geschenk und von der Reise des Hrn. Sewerzow an den Syr-Darja liefen 15 Arten meist im Uralflusse gefangener Fische in 27 Exemplaren ein. An west-europäischen Fischen ist in diesem Decennium nur eine sehr schön in Spiritus conservirte Sammlung von 59 Arten aus der Nordsee von Hrn. Malm in

Gothenburg angekauft worden, dagegen hat sich die Sammlung exotischer Fische ganz ausserordentlich vergrössert. Neben kleineren Ankäufen von amerikanischen, afrikanischen und chinesischen Fischen, die bei Brandt, Dr. Fischer und Salmin in Hamburg effectuirt worden sind, hat Brandt im Jahre 1856 vom Leydener Museum eine sehr reiche, aus circa 120 Arten bestehende Sammlung von Fischen aus dem Sunda-Moluckischen Archipel acquirirt und 2 Jahre später von Frank in Amsterdam eine noch reichere, weit über 200 Arten enthaltende ichthyologische Sammlung von der Insel Amboina gegen Doubletten russischer Säugethiere und Vögel eingetauscht. Dazu kamen dann noch einige Süsswasserfische aus British Guyana, Doubletten der Schomburgk'schen Ausbeute, die in Berlin angekauft wurden, so wie an Geschenken einige aegyptische Fische von Dr. Marcusen und einige japanische von dem Kais. Russischen Consul in Hakodate Hrn. Goschkewitsch hinzu.

Nicht weniger beträchtlich war die Vergrösserung der Fischsammlung auch im 4. Decennium, wo wir zunächst an russischen Fischen neben einigen von Mag. Fr. Schmidt und Cand. P. v. Glehn auf der Insel Sachalin gesammelten Arten, von Hrn. Danilewsky zwei sehr reiche ichthyologische Collectionen, die eine aus dem weissen, die andere aus dem schwarzen Meer, zum Geschenk erhielten. Alsdann wurde die an Fischen aus dem Dnjepr Liman und von den Küsten der Krym sehr reiche Ausbeute des Obersten A. Kuschakewitsch, so wie einige von A. Czekanowsky in der Angara erbeutete Fische angekauft und vom Conservator E. Pölzam in Kasan liess Brandt sich diverse Acipenseriden aus der Wolga kommen. Ebenso ergaben auch die Reisen, die in diesem Zeitraume ausgeführt worden sind, mancherlei ichthyologisches Material: so erhielten wir vom Conservator A. Goebel zwar nicht viele, aber vorzüglich in Weingeist conservirte Fische aus dem Kaspischen Meer, Dr. Sewerzow sandte eine reiche Fischsammlung aus den Gewässern Orenburgs und Turkestans ein, Brandt selbst brachte von seiner im Jahre 1867 nach Tiflis unternommenen Reise eine Menge von Fischen aus der Kura und aus Astrachan mit, und von der Ausbeute, welche Baron G. von Maydell aus dem Tschuktschenlande mitgebracht hatte, übermittelte die Sibirische Abtheilung der Kaiserlichen Russischen Geographischen Gesellschaft dem Museum eine beträchtliche Anzahl von Fischbälgen aus dem Anadyr. An westeuropäischen Fischen ferner erwarb Brandt von Prof. L. Rütimeyer in Basel durch Tausch eine sehr schöne und fast vollständige Sammlung von Fischen der Schweiz, von Dr. A. Brandt wurde ein beträchtlicher Theil der von ihm aus Triest mitgebrachten Fische angekauft und endlich muss ich hier auch der ziemlich zahlreichen Fische erwähnen, welche ich in der Algerie und später in Nizza gesammelt und dem Museum übergeben hatte. Die Collection exotischer Fische hat gleichfalls manchen interessanten und wichtigen Zuwachs erhalten, so namentlich eine sehr reiche ichthyologische Sammlung aus dem Stillen Ocean, die im Jahre 1867 von dem bekannten Museum Godeffroy in Hamburg angekauft wurde. Ausserdem acquirirte Brandt einige australische Fische, die ein Melbourner Gastwirth Hr. Niehoff hierhergebracht hatte, eine kleine Sammlung von Fischen aus den verschiedensten Gegenden von Salmin in Hamburg und vom Steuermanns-Officier Andrejew einige wenige Fische, die derselbe in der Bai von Rio-Janeiro gefangen hatte. An hier in Betracht kommenden Geschenken ferner erhielt das Museum vom früheren Cultus-Minister A. S. Norow den Kopf eines grossen Sägefisches aus dem rothen Meer, von dem Reisenden des Kaiserlichen Botanischen Gartens Hrn. C. Maximowicz eine grosse Kiste mit japanischen Fischen und vom Ehrenmitgliede der Akademie Hrn. A. Th. von Middendorff mehrere sehr schön in Weingeist conservirte Fische, welche derselbe auf den canarischen Inseln gesammelt hatte. Endlich wurden auch durch Tausch exotische Fische erworben, und zwar japanische von Dr. H. Schlegel, surinamische vom Warschauer Museum und chinesische von der hiesigen Medico-chirurgischen Akademie; diese letzteren Fische stammen von Dr. Basilewsky und sind, trotzdem ihre Conservation Manches zu wünschen übrig lässt, als Originale zu dessen Ichthyographia Chinae borealis von ganz besonderem Werthe.

Die bedeutendsten und z. Th. interessantesten Bereicherungen hat die ichthyologische Sammlung aber ohne Widerrede im letzten Decennium erfahren, theils weil gleich im Beginne desselben mit der Determination und Aufstellung des vorhandenen Materials begonnen worden war und an eine mehr planmässige Completirung gegangen werden konnte, theils auch weil gerade die in diesem Zeitraume sowohl von der Akademie, als auch von der Kaiserlichen Russischen Geographischen Gesellschaft ausgerüsteten Expeditionen ein ausserordentlich reiches ichthyologisches Material geliefert haben. Was zunächst die russischen Fische anbetrifft, so wurden durch Ankauf erworben: die überaus reiche Sammlung von Coregonen, die Hr. Conservator J. S. Poljakow von seinen, aus eigenen Mitteln bestrittenen Excursionen an den Ladoga, den Onega und die übrigen kleinen Seen des Olonetz'schen Gouvernements mitgebracht hatte, die von A. Czekanowsky in der unteren Tunguska gefangenen Fische, einige von Hrn. Jarshinsky im weissen und im Eismeer gesammelte Arten, und von Hrn. J. Michalowsky eine kleine Sammlung transkaukasischer Fische. An Geschenken erhielt das Museum Fische aus Omsk von Hrn. J. J. Slowzow, aus Tomsk von Hrn. Tjumenzew, aus dem Ilmen-See und einigen in denselben mündenden Flüssen vom Präparanten C. Prichodko, aus Nowaja-Semlja von Hrn. Tjagin, aus dem Amu-Darja von Hrn. Dohrandt, von der Murmanküste von Hrn. Th. Pleske und aus dem Hafen von Petropawlowsk in Kamtschatka von Hrn. A. Grebnitzky. Ausserdem wurden dem Museum von den Angehörigen des im Jahre 1876 verstorbenen Akademikers C. E. von Baer mehrere Kisten mit Fischen übergeben, welche der Verstorbene während seiner in den fünfziger Jahren speciell zu practisch-ichthyologischen Zwecken an den Peipus und an das kaspische Meer unternommenen Reisen gesammelt hatte; von diesen Fischen erwiesen sich leider die grossen, welche in Blech- und Eisenkisten gepackt waren, fast durchweg als unbrauchbar, weil der Spiritus aus den im Laufe der Jahre durch Rost zerfressenen Kisten ausgelaufen war, die kleinen Arten dagegen, die der Verstorbene in Glasgefässen aufbewahrt hatte, waren ganz vorzüglich erhalten und unter ihnen fanden sich fast alle die neuen, von Prof. Kessler[1])

---

1) Труды Арало-Касвійской Экспедиціи. Выпускъ IV.

beschriebenen Arten, welche Dr. O. von Grimm während der in den Jahren 1874 und 1876 veranstalteten aralo-kaspischen Expedition vermittelst der Dragge aus grösseren Tiefen erbeutet hatte. Das reichste Material an russischen Fischen lieferten aber die Reisen unserer drei gelehrten Conservatoren, J. Poljakow, V. Russow und Dr. A. Brandt: Hr. Poljakow brachte sowohl von seiner Fahrt den Ob abwärts, als auch namentlich von seiner Reise in das Siebenstromland (an die Seen Balchasch und Alakul) eine sehr grosse Anzahl der interessantesten und bis dahin z. Th. nur in einigen wenigen Exemplaren bekannten Fischarten mit, die ichthyologische Ausbeute von Russow's turkestanischer Expedition war nicht weniger reich sowohl an Arten, als auch an Exemplaren, und Hrn. Dr. A. Brandt verdanken wir eine grosse Zahl von gleichfalls sehr interessanten Fischen aus dem Goktscha, dem Tschaldyr und einigen Flüssen in der Umgegend von Kars. West-europäische Fische sind in diesem Zeitraume nicht acquirirt worden, dagegen erhielt das Museum aus einem anderen Theile des palaearctischen Faunengebiets, nämlich aus Central-Asien, ein um so reicheres ichthyologisches Material. Dahin gehört vor Allem die an ganz neuen Arten so reiche Fischausbeute, welche unser berühmter Reisender, Generalstabs-Oberst N. M. Przewalsky, von seinen drei grossen Reisen heimgebracht und dem Museum geschenkt hat, ferner eine Sammlung von 92 Fischen aus dem Tianschan, ein Geschenk des Hrn. S. N. Alpheraky in Taganrog, so wie eine ziemlich beträchtliche Menge von Fischen aus der nord-westlichen Mongolei, die theils vom Generalstabs-Oberst M. W. Pewzow, theils und hauptsächlich aber von dem Mitgliede der Kaiserlichen Russischen Geographischen Gesellschaft G. N. Potanin gesammelt und dem Museum geschenkt worden sind. Unsere Sammlung exotischer Fische endlich ist in diesem Zeitraume gleichfalls sehr wesentlich completirt worden, und zwar nicht bloss durch Ankäufe und Geschenke, sondern namentlich auch durch Tausch. Angekauft wurden von Dr. Klunzinger zwei Sammlungen von c. 200 genau determinirten Fischarten aus dem rothen Meer, Typen zu seiner «Synopsis der Fische des rothen Meeres», von Salmin in Hamburg eine beträchtliche Anzahl von Fischen aus verschiedenen Theilen Amerika's und aus Madagascar, von Frank in Amsterdam 10 Fische aus Neu-Guinea und von H. Schilling in Hamburg 16 Fische aus Chili und Ecuador, darunter auch einige Süsswasser-Arten. An Geschenken erhielt das Museum von dem bekannten Afrika-Reisenden Dr. W. Junker die von ihm bei Chartum gesammelten Fische, von Prof. A. Agassiz in Cambridge, Mass., über 60 Arten aus verschiedenen Theilen Amerika's, darunter auch mehrere Species der sonderbaren Gattung *Orestias* aus dem Titicaca-See, und vom Secretair der Kaiserlichen Russischen Geographischen Gesellschaft Prof. A. W. Grigoriew c. 60 vorzüglich in Weingeist conservirte, meist grosse Fische aus Japan. Endlich bin ich auch in der Lage gewesen, einen Theil unseres reichen Doubletten-Vorraths an russischen Fischen zu verwerthen, und habe sowohl mit den grossen Museen zu London, Paris, Wien, Copenhagen und Washington, als auch mit dem Naturalienhändler G. Schneider in Basel Tauschverbindungen angeknüpft und unterhalten, durch welche unsere Sammlung mit einer sehr beträchtlichen Anzahl von exotischen, für uns fast durchweg neuen Fischarten bereichert worden ist.

Wie man aus dem vorstehend Gesagten ersieht, ist Brandt zwar beständig bemüht gewesen, die ichthyologische Sammlung nach Möglichkeit zu vergrössern und zu completiren, hat aber, wahrscheinlich wegen Mangels an Zeit und wohl auch an Geld, von einer Aufstellung der Fische Abstand genommen. Ein Theil der Sammlung, nämlich so ziemlich Alles, was bis gegen Mitte der vierziger Jahre vorhanden und hinzugekommen war, hatte er in einzelne Gläser, aber freilich von den allerverschiedensten Formen, auseinanderlegen lassen und sich auch mit der Determination sowohl der aus der Kunstkammer und von der Mertens'schen Reise, als auch namentlich der aus den russisch-amerikanischen Colonien stammenden Fische beschäftigt, wie die auf den Etiquetten der meisten Gläser von seiner Hand gemachten Notizen bewiesen. Da er wohl mit der Absicht umgegangen sein mag, die Fische aus den russisch-amerikanischen Colonien speciell zu bearbeiten, so hatte er sie von den übrigen abgesondert und auf dem mittleren Absatz des damals als Vorrathskammer benutzten, später beseitigten und in das Arbeitszimmer № 4 umgewandelten

Treppenhauses aufstellen lassen, während die Mehrzahl der aus der Kunstkammer und sämmtliche von der Mertens'schen Reise stammenden Fische in der grossen Vorrathskammer, dem heutigen Entomologicum, auf einem grossen Repositorium nach Familien geordnet standen. Im Museum selbst waren nur etwa 200 ausgestopfte Exemplare und kaum 500 z. Th. ganz ordinäre Gläser mit in Weingeist conservirten Fischen ausgestellt[1]), der ganze grosse Rest aber, also die reichen Sammlungen, die von Mitte der vierziger bis Mitte der sechziger Jahre hinzugekommen, wurden an verschiedenen Stellen der beiden Vorrathskammern aufbewahrt, theils noch in der ursprünglichen Verpackung, theils auch in grosse Gefässe aus ordinärem grünem Glase zusammengelegt. Dass unter solchen Umständen von einem Cataloge der ichthyologischen Sammlung nicht die Rede sein konnte, versteht sich wohl von selbst, waren doch nicht einmal alle im Museum ausgestellten Fische determinirt, geschweige denn die in den Vorrathskammern liegenden. Das einzige, was sich im Archiv über die Fischsammlung vorfand, waren einige wenige Verzeichnisse, die über den Inhalt einzelner Sendungen und Ankäufe Auskunft gaben.

So lagen die Verhältnisse im Jahre 1867, als ich den Entschluss fasste, die Fischsammlung, deren im Museum ausgestellter Theil in jeder Hinsicht gegen die damals bereits zum grösseren Theile aufgestellten, determinirten und mit farbigen Etiquetten versehenen Reptilien sehr unvortheilhaft abstach, in gleicher Weise zu ordnen und aufzustellen. Zunächst galt es also, das gesammte, sehr zerstreute Material zusammenzusuchen, zu sortiren, in einzelne Gläser von gleichartiger Form auseinanderzulegen und auf diese Weise für die vorzunehmende Determination vorzubereiten. Dazu bedurfte es vor Allem einer sehr bedeutenden Anzahl von Glasgefässen, deren Beschaffung bei unserem damaligen, mehr als bescheidenen Jahresetat von 2500 Rubeln selbstverständlich nur ganz allmählich bewerkstelligt werden konnte. Da in unserem Museum, wie bereits früher bemerkt, von

---

1) Nach Brandt (Geschichte des Zoologischen Museums im Bulletin VII, Suppl. II, p. 19) soll sich die Zahl der im Jahre 1864 im Museum ausgestellten Fische im Ganzen auf 1522 Exemplare belaufen haben.

Hause aus zwei Sorten von Gläsern in Gebrauch waren, die eine mit eingeriebenen Glasstöpseln, die andere mit angeschliffenen Glasplatten, so wählte ich für die Fischsammlung die letztere Sorte, theils weil sie billiger ist, theils auch weil unser Glaslieferant, Hr. J. Rüting, Gläser von sehr grossem Durchmesser, wie sie für die breiten Fischarten erforderlich sind, damals nur mit Plattenverschluss zu liefern im Stande war. Ich begann nun meine Arbeit damit, dass ich sowohl aus dem Museum, als auch aus den Vorrathskammern alle diejenigen Fische aussuchte, die in Cylindergläsern mit Plattenverschluss aufgestellt waren, und dieselben mit frischem Spiritus und Interims-Etiquetten versah, auf welche letzteren ich genau die Daten aufschrieb, die auf den alten total verstaubten und oft kaum zu entziffernden Etiquetten gestanden hatten, ohne mich vorerst auf eine Verificirung der Determination einzulassen. Darauf liess ich mir den ganzen vorhandenen Vorrath an Cylindern mit Plattenverschluss geben und benutzte denselben zur Aufstellung derjenigen Fische, welche bis dahin in ordinären Gläsern aufbewahrt worden waren, wobei ich hinsichtlich der Etiquettirung genau in der vorhin erwähnten Weise verfuhr. Diese ganze erste Parthie, die aus etwas über 1000 Gläsern bestand, stellte ich im Museum, nach den einzelnen Ordnungen und, soweit das ohne genauere Untersuchung anging, auch nach den Familien und selbst Gattungen geordnet, auf. Darauf wurden neue Gläser bestellt und sobald dieselben fertig waren, setzte ich meine Arbeit in der ebenbeschriebenen Weise fort. Diese, so zu sagen, vorbereitende Classificirung ging natürlich nur sehr langsam vorwärts, da beständig längere oder kürzere Unterbrechungen eintraten, theils weil bald die Gläser, bald der Spiritus ausgegangen waren, theils auch weil ich nur einen kleinen Theil meiner Zeit darauf verwenden konnte. Im Jahre 1872 war endlich das ganze vorhandene Material auseinandergelegt und nunmehr konnte mit der Determination und Catalogisirung der Fischsammlung begonnen werden. Da ich mich früher niemals speciell mit Ichthyologie befasst hatte und die ganze Arbeit überhaupt nur als Nebenbeschäftigung ansah, wählte ich mir natürlich zuerst solche Fische aus, deren Bestimmung wenig Schwierigkeiten darbot und folglich rasch absolvirt werden konnte. So habe ich denn im Laufe der Sommermonate des Jahres 1872 die bei uns vorhandenen Arten der meist auf die Tropen beschränkten Gattungen *Holocentrum*, *Myripristis*, *Serranus*, *Chaetodon*, *Holacanthus*, *Acanthurus*, *Balistes*, *Ostracion* etc. (im Ganzen 568 Nummern) determinirt, mit farbigen Etiquetten versehen und in den ichthyologischen Catalog eingetragen. Ausserdem trug ich auch die von Dr. Klunzinger acquirirten Fische aus dem rothen Meer, die von Prof. Rütimeyer eingetauschten Schweizer Fische, so wie noch einiges Andere, das unzweifelhaft richtig determinirt war, nach vorheriger Etiquettirung in den genannten Catalog ein, so dass derselbe im Herbste 1872 bereits 822 Nummern enthielt.

Bald darauf, im Beginne des Jahres 1873, wandte sich der nunmehr verstorbene Prof. K. Kessler mit der Bitte an mich, ihm unsere sämmtlichen pontischen, kaspischen und aralischen Fische aus den Familien *Gasterosteidae*, *Gobioidae*, *Cyprinoidae*, *Clupeoidae* und *Syngnathidae*, die er bei einer Arbeit über die ichthyologische Fauna der drei genannten Wasserbecken benutzen wollte, zur Disposition zu stellen, und ich suchte demzufolge alles bei uns vorhandene aus diesen Meeren und den in dieselben mündenden Flüssen stammende Material aus obigen 5 Familien zusammen und sandte es ihm in's zoologische Cabinet der hiesigen Universität zu. Nachdem er die Fische untersucht und genau determinirt hatte, schickte er sie wieder zurück und ich machte mich sofort daran, die einzelnen Arten und Exemplare, nach Aussonderung der Doubletten, in passende Gläser zu placiren und nach vorheriger Etiquettirung in den Catalog einzutragen, wobei ich bei jeder Nummer speciell notirt habe, dass die Bestimmung von Kessler herrührt. In ganz derselben Weise verfuhr ich auch später mit den turkestanischen, central-asiatischen und kaukasischen Fischen, die bei uns sämmtlich ebenfalls von Kessler bestimmt sind, und da sowohl unter diesen letzteren, als auch unter den im Jahre 1873 bestimmten viele ganz neue Arten vorhanden sind, so haben die von Kessler bestimmten Fische, deren Zahl sich im Ganzen auf 1058 Nummern beläuft, einen ganz besonderen wissenschaftlichen Werth, theils als Originale zu den von ihm aufgestellten neuen Arten, theils auch weil sie überhaupt als Material zu wissenschaftlichen Arbeiten gedient haben und speciell besprochen sind. Im Frühjahr 1875 ferner besuchte uns der berühmte Ichthyologe Dr. Fr. Steindachner aus Wien in der Absicht, unser ichthyologisches Material aus Japan und aus den ehemaligen russischen Besitzungen in Amerika zu studiren, und ich kam seinen Wünschen mit um so grösserer Bereitwilligkeit entgegen, als dadurch wiederum ein Theil unserer Fischsammlung von einem Specialisten ersten Ranges determinirt wurde. Dr. Steindachner hat aber ausserdem noch die Freundlichkeit gehabt, auch andere exotische Fische unserer Sammlung zu bestimmen, so dass ich nach seiner Abreise die Möglichkeit hatte, weitere 412 Nummern, die er während seines leider nur kurzen Aufenthalts hieselbst bestimmt, zu etiquettiren und in den Catalog einzutragen. In gleicher Weise hat auch Dr. B. Dybowsky, der im Jahre 1877 einige Zeit auf der Durchreise nach Kamtschatka hier verweilte, unsere Fische aus dem Baikal und den ost-sibirischen Gewässern (mit Ausnahme jedoch der trocken conservirten) determinirt und es sind daher auch diese Exemplare, die ich unter 83 Nummern in den Catalog eingetragen habe, von grossem wissenschaftlichen Interesse, da Dr. Dybowsky ein bekannter Specialist auf dem Gebiete der Ichthyologie Ost-Sibiriens ist.

Endlich gegen Schluss des Jahres 1880 übernahm Hr. Conservator S. Herzenstein die Determination unserer sämmtlichen noch gar nicht, oder auch nicht ganz sicher bestimmten Fische und hat dieselbe ganz systematisch nach den einzelnen Familien durchgeführt. Jedesmal, wenn eine grössere Anzahl von Exemplaren bestimmt war, nahm ich sie entweder gleich, oder auch später, wie es gerade meine Zeit erlaubte, vor, sonderte die massenhaft vorhandenen Doubletten aus, legte die für die Sammlung ausgesuchten Exemplare in passende Gläser, versah sie mit farbigen Etiquetten und trug sie in den Catalog ein. Nachdem die Determination der in Spiritus conservirten Exemplare bis auf ein paar Hundert, die auf keine Beschreibung passten und daher z. Th. wohl auch ganz neuen Arten angehören könnten, beendet war, machte sich Hr. Herzenstein auch an die Bestimmung der in Kisten aufbewahrten Fischbälge, von denen die für die Sammlung ausgewählten sofort montirt und dann von mir etiquettirt und in den Catalog eingetragen wurden. So ist denn auf meinen Theil eigentlich nur die rein mechanische Arbeit des Aufstellens, Etiquettirens und Catalogisirens gekommen, denn die paar hundert Fische, die ich selbst bestimmt habe, kommen bei der Masse gar nicht in Betracht; dennoch habe ich keinen Augenblick gezögert, mich dieser keineswegs interessanten und dabei viel Zeit in Anspruch nehmenden Beschäftigung zu unterziehen, da es nur bei einer solchen Theilung der Arbeit möglich gewesen ist, den ganzen noch undeterminirten Rest unserer Fischsammlung, der c. 4000 Nummern und, die Doubletten mit eingerechnet, über 12000 Exemplare enthielt, im Verlaufe von nicht vollen 2 Jahren in definitive Ordnung zu bringen.

Ausser den obengenannten, zur Zeit nicht determinirbaren Fischen, sind bei uns auch die russischen Salmoniden und Acipenseriden, bis auf einzelne wenige Exemplare, gegenwärtig noch unbestimmt, und zwar aus folgenden Gründen: die Salmoniden, von denen wir gegen 1000 in Weingeist und 450 trocken conservirte Exemplare besitzen, hat Hr. Conservator J. Poljakow zu bearbeiten begonnen, zunächst freilich nur die Arten der Gattung *Coregonus*, und da er nach seiner Rückkehr die Bearbeitung fortzusetzen gedenkt, so hat Hr. Herzenstein von einer Bestimmung dieser Familie Abstand genommen; unsere Acipenseriden dagegen, von denen gegen 300 Spiritus-Exemplare, 48 ausgestopfte und 95 Bälge vorhanden sind, liessen sich nach der vorhandenen Literatur[1]) nicht bestimmen, sondern müssen von Neuem bearbeitet werden, wozu aber unser Material zur Zeit kaum ausreichen dürfte, da uns namentlich grosse, ausgewachsene Exemplare fehlen. Endlich sind auch die 317 Fische, die Oberst N. M. Przewalsky von seiner letzten Reise nach Tibet mitgebracht hat, zur Zeit noch nicht bestimmt, werden aber in Kurzem von Hrn. Conservator Herzenstein bearbeitet werden.

Abgesehen von den soeben aufgezählten, noch der Determi-

---

1) Der verstorbene Brandt hat zwar eine Monographie der Gattung *Acipenser* abgefasst, es aber leider unterlassen, die von ihm dazu benutzten Exemplare des Museums mit den nöthigen Etiquetten zu versehen.

nation harrenden Fische, war der Bestand unserer ichthyologischen Sammlung am 4. Juli 1882 folgender: der Catalog enthielt im Ganzen 6359 Nummern, die in Summa 12784 Exemplare umfassen; von diesen sind nur 431 trocken conservirt, d. h. ausgestopft oder in Bälgen, die übrigen 12353 werden in Spiritus aufbewahrt und vertheilen sich auf 5928 Gläser. Was die Zahl der Arten anbetrifft, so betrug dieselbe 2403, die sich auf die einzelnen Ordnungen, wie folgt vertheilen:

Acanthopterygii	1117	
Pharyngognathi	222	
Anacanthini	119	
Physostomi	662,	darunter nur 30 Salmoniden.
Lophobranchii	37	
Plectognathi	107	
Dipnoi	1	
Ganoidei	19,	darunter nur 7 Arten der Gattung *Acipenser*.
Chondropterygii	112	
Cyclostomi	6	
Leptocardii	1	
	2403	

Während wir an warmblütigen Wirbelthieren sowohl, als auch an Reptilien und Amphibien ein sehr reiches, für die Bearbeitung einer russischen Fauna nahezu ausreichendes Material besitzen, steht es um unsere Sammlung russischer Fische bei Weitem nicht so günstig; zwar haben wir aus den südlichen Theilen des Reiches, namentlich aus dem schwarzen und kaspischen Meer und den meisten in dieselben fallenden Flüssen, so wie besonders auch aus Turkestan ein überaus reiches ichthyologisches Material, dafür sind aber die Fische des Nordens und des Ostens bei uns verhältnissmässig nur sehr schwach vertreten, ja aus einzelnen grossen Strömen, wie z. B. aus der Petschora und der Lena, besitzen wir gar nichts. Obwohl wir nun mit Bestimmtheit darauf rechnen können, in der nächsten Zeit von unseren Reisenden Dr. A. v. Bunge und Mag. J. S. Poljakow Fische aus der

Lena und von der Insel Sachalin zu erhalten, so bleibt immerhin doch noch sehr viel zu thun übrig, um unsere Sammlung russischer Fische so weit zu completiren, dass sie für die Bearbeitung einer Ichthyologie des Russischen Reiches ein, wenn auch nur einigermaassen, genügendes Material abgeben könnte. An fremdländischen Fischen ist das Museum zwar nicht besonders reich, besitzt aber doch aus allen Theilen der Welt, Australien etwa ausgenommen, eine nicht ganz unbeträchtliche Anzahl von Arten, nur sind das fast lauter Meerfische, denn an Süsswasserfischen sind wir ganz unverhältnissmässig arm. Dabei fehlen uns nicht bloss die exotischen Arten, die ja überhaupt sehr schwer zu beschaffen sind, sondern auch die europäischen, denn abgerechnet die von Prof. L. Rütimeyer eingetauschten Schweizer Fische und die kleine von Parreyss in Wien angekaufte Sammlung von Donau-Fischen, besitzen wir nur ganz vereinzelte Exemplare von west-europäischen Süsswasserfischen und aus einzelnen Ländern, wie namentlich aus Portugal, aus Spanien, aus der Türkei und aus Griechenland, ist auch nicht ein einziger Fluss- oder überhaupt Süsswasserfisch im Museum vorhanden. Es kann sich daher unsere ichthyologische Sammlung in keiner Weise mit denjenigen der grossen west-europäischen Museen messen, ist aber an russischen Fischen, trotz aller noch vorhandenen Lücken schon gegenwärtig so reich, dass es weder im In-, noch im Auslande eine zweite Sammlung geben dürfte, welche der unsrigen in dieser Beziehung an die Seite gestellt werden könnte.

5. Die Sammlung der Crustaceen, Myriopoden und Arachnoiden.

a) Crustaceen.

Ueber den Bestand der Crustaceen-Sammlung in der Kunstkammer ist mir nichts bekannt, doch wird dieselbe gewiss nur sehr unbedeutend gewesen sein und neben einigen trockenen Moluckenkrebsen (*Limulus*), die auch heute noch vorhanden sind, nur die gewöhnlicheren grossen Decapoden-Arten, wie Hummern, Langusten und Krabben in trocken präparirten Exemplaren enthalten haben. Dazu kamen dann die allerdings nicht sehr zahlreichen Crustaceen der Mertens'schen Reise, einzelne Exemplare von Dr. Jaeger in Port-au-Prince und einige Arten, welche das Museum im Jahre 1831 von den Doctoren Henning, Bartels und Peters zum Geschenk erhalten hatte.

Bei dem Interesse, welches Brandt wenigstens in den ersten 25 Jahren seiner hiesigen Thätigkeit für diese Thierclasse hatte, war es natürlich, dass er Sorge dafür trug, auch diese Abtheilung der Sammlung nach Möglichkeit zu vervollständigen; so kaufte er denn bald nach Installirung des Museums in neuem Local, in der zweiten Hälfte der 30-ger Jahre, sowohl von Prevost und Dupont in Paris, als auch von Grohmann in Palermo eine sehr beträchtliche Anzahl theils exotischer, theils mediterraner Crustaceen-Arten und completirte diese Sammlung noch durch gleichfalls sehr beträchtliche Ankäufe bei Brandt in Hamburg, bei Parreys in Wien und bei Prof. Dr. Krauss in Stuttgart, welcher letztere dem Museum ausserdem noch die auf seiner süd-afrikanischen Reise gesammelten Onisciden zum Geschenk machte. Sonst liefen an Geschenken nur noch 2 Crustaceen aus Nertschinsk von Hrn. Schtschukin, so wie 1 exotischer Krebs von Dr. Fischer ein, und endlich erhielt das Museum noch eine kleine Anzahl russischer Crustaceen-Arten, die von Prof. A. von Nordmann auf seiner pontischen Reise gesammelt worden waren.

Ungleich beträchtlicher ist die Bereicherung der carcinologischen Sammlung im 2. Decennium gewesen, denn gleich im Beginne desselben, im Jahre 1842, wurden vom Leydener Museum 52 Krebs-Arten in 63 Exemplaren und von Cumming in London mehrere Hundert Crustaceen von den Philippinen angekauft. Nächstdem erhielt das Museum als Antheil auf die 3 Actien, die es für die Preiss'sche Reise nach Australien genommen hatte, neben anderen Objecten auch 13 Krebs-Arten, ferner acquirirte Brandt von Luschnath in Bahia und von Brandt in Hamburg eine Anzahl süd- und nord-amerikanischer Crustaceen und gegen Ende dieses Decenniums wurde die Philippi'sche Crustaceen-Sammlung angekauft, welche, wie schon bemerkt, aus 250 Arten in c. 2000 bei Neapel und in Sicilien erbeuteten Exemplaren bestand. Alsdann brachte Hr. A. Th. von Middendorff von seiner grossen Reise in den äussersten Norden und Osten Sibiriens ein sehr reiches carcinologisches Material mit, das theils von Brandt, theils von Dr. S. Fischer bearbeitet worden ist, und unter den fast alljährlich eintreffenden Sendungen Wosnessensky's fand sich gleichfalls eine sehr beträchtliche Anzahl von theils im ehemaligen Russisch-Amerika, theils in Kamtschatka und überhaupt am Ostufer Asiens gesammelten Crustaceen vor, von welchen Brandt gleichfalls einen Theil bearbeitet hat. Endlich sind in diesem Zeitraume auch verschiedene, z. Th. sehr reiche Geschenke eingelaufen, so von S. K. H. dem hochseligen Herzog Maximilian von Leuchtenberg 26 Crustaceen aus Madera, von Dr. A. Krohn in Neapel eine sehr interessante Sammlung neapolitanischer Krebsthiere, vom Consularagenten Hrn. Bokty in Cairo eine reiche carcinologische Sammlung aus dem rothen Meer, vom damaligen Conservator am mineralogischen Museum der Akademie, gegenwärtigen Professor in Dorpat Dr. C. Grewingk eine Anzahl von Crustaceen aus dem nördlichen Eismeer und vom Kaiserlichen Botanischen Garten hieselbst einige transkaukasische Repräsentanten dieser Thierclasse.

Mit dem Jahre 1853 hatte Brandt seine carcinologischen Studien abgeschlossen und so ist denn im dritten Decennium nur wenig für die Completirung der Crustaceen-Sammlung geschehen, nichtsdestoweniger hat sich dieselbe aber auch in diesem Zeitraume nicht ganz unwesentlich vergrössert. Angekauft wurde freilich nur sehr wenig, nämlich 4 Crustaceen-Arten aus der Nordsee von Hrn Malm in Gothenburg, 25 theils nord-amerikanische und chilenische, theils süd-afrikanische Arten von Prof. Dr. Poeppig in Leipzig und gleichfalls 25 Arten aus den russisch-amerikanischen Colonien von Hrn. Holmberg. Dagegen erhielt das Museum Mancherlei an Geschenken, so von Dr. S. Fischer, Leibarzt S. K. H. des Herzogs M. von Leuchtenberg, einige ägyptische Crustaceen, von dem bei der Russisch-Amerikanischen Companie angestellten Medicinal-Beamten Hrn. Petelin[1])

---

1) Die von Hrn. Petelin geschenkte Sammlung, die im Jahre 1853 eingetroffen ist, habe ich leider in der oben gegebenen Liste der Geschenke ausgelassen, weil im betreffenden Sitzungsprotocoll der Name des Gebers nicht vermerkt war und ich denselben erst später bei genauerer Durchsicht des von Dr. A. Brandt verfassten Catalogs der Crustaceen-Sammlung eruirt habe.

eine reiche carcinologische Sammlung von den Inseln Urup und Kadjak, von Hrn. von Steven in Sympheropol diverse Krebsthiere aus der Krym und von mir eine kleine Sammlung algierischer Crustaceen. Endlich brachte auch Hr. Dr. L. von Schrenck von seiner Reise in das Amurland ein sehr beträchtliches carcinologisches Material mit, das er meist während der Ueberfahrt in verschiedenen Theilen des atlantischen und stillen Oceans gesammelt hatte, und von der Reise, welche Brandt im Jahre 1860 in Begleitung von G. Radde in die Krym unternommen hatte, kam auch ziemlich viel an pontischen Crustaceen hinzu.

Das vierte Decennium ist für die Bereicherung der in Rede stehenden Abtheilung der Sammlung noch weniger ergiebig gewesen, da nur sehr wenig angekauft werden konnte und auch an Geschenken nicht gerade viel hinzugekommen ist. Durch Kauf erworben wurde eine kleine Sammlung oceanischer Crustaceen vom Museum Godeffroy in Hamburg, einige amerikanische Arten von Salmin und einige pontische vom Oberst A. Kuschakewitsch. Ferner brachte Hr. Conservator A. Goebel von seinen drei Reisen an das kaspische Meer neben andern Objecten auch einige Crustaceen mit und endlich erhielten wir an Geschenken diverse Arten dieser Classe aus dem weissen Meer von Hrn. Danilewsky, eine Sammlung japanischer Krebsthiere vom Flügeladjutanten Marine-Capitain Birilew, einige kaspische Arten vom Capitain 1. Ranges Iwaschinzow und 30 Crustaceen von den Cap-Verdeschen Inseln, welche das Ehrenmitglied der Akademie Hr. Dr. A. Th. von Middendorff daselbst gesammelt hatte.

Im letzten Decennium endlich wurden neben kleineren Ankäufen bei Salmin in Hamburg und Boucard in London auch drei grössere carcinologische Sammlungen angekauft, nämlich eine Sammlung von 114 Gammariden aus dem Baikal von Dr. W. Dybowsky, welche die Typen zu der Arbeit seines Bruders Dr. B. Dybowsky enthält, ferner eine reiche Collection von Crustaceen und Pycnogoniden aus dem weissen und dem Eismeer von Hrn. Jarshinsky und eine nicht weniger reiche Sammlung aus dem schwarzen Meere, die von Hrn. W. Czerniawsky zusammengebracht und bearbeitet worden ist. Alsdann hat der Conservator Dr. A. Brandt verschiedene von Prof. Lütken und Prof.

Lovén determinirte nordische Crustaceen vom Kopenhagener und Stockholmer Museum eingetauscht und von seiner im Jahre 1879 zu den kaukasischen Binnenseen unternommenen Reise auch Mancherlei an carcinologischem Material mitgebracht. Endlich kam dem Museum in diesem Zeitraume noch Einiges an Crustaceen als Geschenk zu, nämlich einige ost-indische Arten von Dr. Winkel, Advocaten auf Samarang in Java, und einige japanische von Prof. A. W. Grigorjew, Mitgliede der Kaiserlichen Russischen Geographischen Gesellschaft.

Ein Theil der carcinologischen Sammlung, nämlich diejenigen ausschliesslich trocken präparirten Arten, welche sich durch Grösse, bizarre Form oder besondere Farbenpracht auszeichneten, war im Museum ausgestellt und in einem der Schränke des Saales № I untergebracht, der Rest dagegen, also die weitaus grössere Masse der trocken präparirten und sämmtliche in Spiritus conservirten Exemplare, wurde in den Vorrathskammern aufbewahrt und hier fanden sich denn auch alle die Originale zu den von Brandt und Dr. S. Fischer beschriebenen Arten, so wie das von Mag. Gerstfeldt bei seinen Arbeiten über einige Crustaceen Sibiriens und die Flusskrebse Europa's benutzte Material. Als jedoch im Jahre 1864 der Saal № I für die Aufnahme eines Theiles der Fischsammlung designirt wurde, mussten alle bis dahin in demselben befindlichen Objecte, also auch die Crustaceen, fortgeschafft werden und wurden, mit Ausnahme der Vogeleier, die man in den Sälen der ornithologischen Sammlung vertheilte, in die damals als Vorrathskammer benutzte östliche Rotunde (№ VI) übergeführt und somit dem Anblicke des Publicums entzogen. Erst 7 Jahre später, nach dem im Mai 1871 erfolgten Tode Wosnessensky's konnte diese Rotunde zu den Sälen des Museums hinzugezogen werden, und nachdem dieselbe entsprechend möblirt worden war, wurde sie zur Aufnahme der Crustaceen, Mollusken, so wie überhaupt sämmtlicher Wirbellosen (mit Ausschluss der Insecten) bestimmt, deren specielle Verwaltung damals Wosnessensky's Nachfolger der Conservator Dr. A. Brandt übernommen hatte.

Was die Determination und Catalogisirung der Crustaceen-Sammlung anbetrifft, so war, wie schon bemerkt, die Middendorff'sche Ausbeute theils von Brandt, theils von Dr. S Fischer bearbeitet worden, ferner hatte Brandt einen Theil des von Mertens und Wosnessensky gesammelten Materials, wie z. B. die Paguren, bestimmt und Einzelnes auch beschrieben, alsdann enthielt die Philippi'sche Crustaceen-Sammlung grösstentheils determinirte Exemplare und endlich hatte Mag. Gerstfeldt im Jahre 1859 einzelne sibirische Crustaceen und das gesammte damals vorhandene Material an europäischen Flusskrebsen (*Astacus*) bestimmt und bearbeitet. Das ist auch Alles, was im Laufe der drei ersten Decennien für die Classificirung der carcinologischen Sammlung geschehen ist, ein Catalog existirte nicht und da ausserdem die ganze Sammlung in den Vorrathskammern, an den verschiedensten Stellen zerstreut, aufbewahrt wurde, so kann von einer wirklichen Ordnung in derselben wohl kaum die Rede sein. In dieser keineswegs mustergültigen Verfassung blieben die Crustaceen bis zum Beginne der 70-ger Jahre, wo der Conservator Dr. A. Brandt sich ihrer annahm, zuerst das gesammte in Weingeist conservirte Material und später auch alle trocken präparirten Exemplare zusammensuchte und in den inzwischen entsprechend möblirten Saal № VI überführte. Etwa um dieselbe Zeit unternahm Prof. Dr. Kessler seine Arbeit über die russischen Flusskrebse und bat sich dazu unser gesammtes, seit dem Jahre 1859 beträchtlich vermehrtes Material an in Weingeist conservirten Astaciden aus, das er genau determinirt und in seiner Arbeit verwerthet hat und das somit einen ganz besonderen wissenschaftlichen Werth besitzt. Das Ebengesagte gilt auch von unsern, im Jahre 1873 angekauften Gammariden des Baikal, die sämmtlich von Dr. B. Dybowsky bestimmt sind und folglich als Originalexemplare gelten können. Später in den Jahren 1876 und 1878 kamen noch die von den Hrn. Jarshinsky und W. Czerniawsky gesammelten und bearbeiteten Crustaceen aus dem weissen und schwarzen Meere hinzu, die gleichfalls von ganz besonderem Werthe sind, da sie nicht bloss zu wissenschaftlichen Arbeiten gedient haben, sondern auch nicht wenige Originalexemplare enthalten. Weitaus die grösste Masse unserer carcinologischen Sammlung ist aber vom Conservator Dr. A. Brandt bestimmt worden, der einen Theil des Materials auch zu wissenschaftlichen Arbeiten verwerthet und ausserdem noch die Aufstellung, Etiquettirung und Catalogisirung der ganzen Sammlung, so weit sie eben geordnet ist, besorgt hat. Dr. A. Brandt begann seine Arbeit mit den in Weingeist conservirten Exemplaren und hat unter diesen die *Decapoda* und *Stomatopoda* sämmtlich, von den übrigen Ordnungen aber nur einzelne Gattungen bestimmt, aufgestellt und catalogisirt; darauf machte er sich an die trocknen Crustaceen, die theils ausgestellt sind, zum grössten Theile aber in den Untersätzen unter den Schränken im Saale № VI aufbewahrt werden und daselbst 64 grosse Schiebladen füllen, und hat auch eine ziemliche Anzahl derselben determinirt, ist aber durch seine im Jahre 1879 nach Transkaukasien unternommene Reise und seinen bald darauf erfolgten Abgang vom Museum daran verhindert worden, dieselben definitiv in Ordnung zu bringen, d. h. mit farbigen Etiquetten zu versehen und in den Catalog einzutragen. Der von ihm angelegte Catalog umfasst daher nur einen Theil unserer Crustaceen-Sammlung, nämlich 1643 Nummern oder Gläser, die im Ganzen 3697 Exemplare enthalten und sich auf 733 verschiedene Arten vertheilen. Zieht man nun in Betracht, dass bei uns die meisten Arten aus den sehr artenreichen Ordnungen der *Amphipoda* und *Isopoda*, so wie fast sämmtliche *Entomostraca* entweder gar nicht bestimmt, oder, wie z. B. die 114 *Gammarus*-Arten aus dem Baikal, zwar bestimmt, aber nicht catalogisirt sind, und dass von unsern trocken conservirten Crustaceen garnichts in den Catalog eingetragen ist, so leuchtet ein, dass die Zahl der Arten, die in der Sammlung vertreten sind, beträchtlich mehr als 733 betragen muss, ja wahrscheinlich mehr als doppelt so gross sein wird. Nichts desto weniger kann unsere carcinologische Sammlung nicht zu den reichen gezählt werden und excellirt selbst nicht einmal durch das aus dem russischen Reiche stammende Material, denn dieses letztere ist gleichfalls noch sehr lückenhaft und muss noch sehr beträchtlich completirt werden, ehe es als Basis für eine zu bearbeitende Crustaceen-Fauna des Russischen Reiches genügen dürfte.

b) Myriopoden

Ueber den Bestand der Myriopoden-Sammlung in der Kunstkammer kann ich gleichfalls nichts Näheres mittheilen, vermuthe aber, dass dieselbe noch unbedeutender gewesen sein wird, wie die soeben besprochene Crustaceen-Sammlung, da im Museum keine Tausendfüssler vorhanden sind, von denen mit Bestimmtheit bekannt wäre, dass sie aus der Kunstkammer stammen. Brandt scheint also ausser einigen von Dr. Jaeger aus Port-au-Prince gesandten und den wenigen von Ménétries aus dem Kaukasus mitgebrachten Exemplaren nichts an Myriopoden vorgefunden zu haben und da er noch während seines Aufenthalts in Berlin diese Thierclasse speciell studirt, die Resultate seiner Studien aber noch nicht veröffentlicht hatte, so suchte er selbstverständlich das für die Fortsetzung dieser Studien nöthige Material zu beschaffen. Er liess sich daher sowohl von den Händlern Dupont in Paris, Brandt in Hamburg und Parreyss in Wien, als auch von den Sammlern Grohmann in Palermo und Luschnath in Bahia Alles an Myriopoden schicken, was sie eben liefern konnten, und scheint sich ausserdem noch durch Tausch Material verschafft zu haben, wenigstens behandelt er in seinen Arbeiten verschiedene exotische Arten, die er von De Haan in Leyden, von Dr. Fritze in Nassau und vom Berliner Museum erhalten hat und die nicht durch Kauf erworben sein können, da ihrer in den Protocollen nicht Erwähnung geschieht. Ferner erhielt er von Prof. Saxesen in Clausthal neben zahlreichen europäischen Myriopoden auch lebende Exemplare von *Glomeris*, die er zu anatomischen Untersuchungen über diese Gattung benutzte, und endlich übergab ihm Prof. Dr. Krauss in Stuttgart seine im Caplande gesammelten Tausendfüssler und der bekannte Reisende Dr. Moritz Wagner sandte ihm seine algierische Myriopoden-Ausbeute zur Bearbeitung zu.

Obwohl Brandt nach dem Jahre 1842 nichts mehr über die in Rede stehende Thierclasse veröffentlicht hat, scheint er sich doch noch weiter mit derselben beschäftigt zu haben, wenigstens sind im Laufe des 2-ten Decenniums noch einige verhältnissmässig bedeutende Ankäufe an Myriopoden, sowohl bei Cumming in London, als auch besonders bei Brandt in Hamburg, effectuirt worden. In den 3 letzten Decennien dagegen ist für die Bereicherung und Completirung dieser Abtheilung der Sammlung so gut wie nichts mehr geschehen und das Wenige, was in diesem langen Zeitraume hinzugekommen ist, verdanken wir hauptsächlich unseren Reisenden, von denen jeder stets auch einige Tausendfüssler mitgebracht hat. Ebenso fanden sich unter den zum Theil angekauften, zum Theil als Geschenke eingelaufenen Collectionen von in Spiritus conservirtem Rohmaterial gewöhnlich auch einige Myriopoden vor, so dass immerhin noch Einiges hinzugekommen ist, das zwar im Vergleich mit der Masse des in früheren Jahren angekauften Materials nur sehr gering ist, aber doch in so fern einen grösseren Werth besitzt, als es fast durchweg aus in Weingeist conservirten Exemplaren besteht, während sämmtliche Myriopoden aus der früheren Zeit trocken praeparirt sind.

Die von Brandt bestimmten und zum Theil auch bearbeiteten Myriopoden, wie soeben bemerkt, lauter trocken conservirte, auf Insectennadeln aufgesteckte Exemplare, waren in einem kleinen Schranke mit Schiebladen untergebracht und standen, wenigstens seit Ende der 40-ger Jahre in dem halbdunkeln Korridor zwischen den Arbeitszimmern № 7 und 8. Da dieser Korridor bis zur Ueberführung der Insecten-Sammlung in ihr heutiges Local, also bis zum Schlusse des Jahres 1875, ausschliesslich zur Aufbewahrung von entomologischem Rohmaterial diente, so bildeten die Myriopoden gewissermaassen einen Appendix der entomologischen Sammlung und diesem Umstande ist es wohl hauptsächlich zuzuschreiben, dass sich Jahrzehnte hindurch Niemand um sie gekümmert hat. Der Conservator der entomologischen Sammlung liess sie unberücksichtigt, weil sie nicht zu den Insecten, seiner ausschliesslichen Domäne, gehörten, und Wosnessensky kümmerte sich nicht um sie, weil sie nach Art der Insecten praeparirt und zugleich in einem der entomologischen Sammlung gehörenden Raume untergebracht waren. So verblieb denn diese zwar kleine, aber durch die in derselben vorhandenen Originalexemplare sehr werthvolle Collection mehr als 30 Jahre ohne jede Aufsicht und es kann daher auch nicht wunderbar erscheinen, dass sie im Laufe dieses langen Zeitraumes nicht unbeträchtlich gelitten hat, und sich bei der vor wenigen Jahren vorgenommenen Inspection, zum Theil wenigstens, als gänzlich verdorben erwies. Als uns nämlich am Schlusse des Jahres 1879, bei Gelegenheit des hier tagenden VI Congresses russischer Naturforscher und Aerzte, Hr. Seliwanow aus Rauenburg im Rjasanschen Gouvernement besuchte und den Wunsch aussprach, unsere Myriopoden-Sammlung, namentlich den von Brandt bearbeiteten Theil derselben, genauer kennen zu lernen, wurde diese kleine Sammlung hervorgeholt und da stellte es sich denn heraus, welch' arge Verwüstungen Staubläuse und der Zahn der Zeit in derselben angerichtet hatten. Verhältnissmässig am besten hatten sich noch die *Chilopoda*, also die zu den Familien *Scolopendrida*, *Lithobiida*, *Geophilida* etc. gehörenden Exemplare erhalten, von den Repraesentanten der *Chilognatha* dagegen erwiesen sich nur die ziemlich zahlreichen Arten aus der Familie *Glomerida* noch einigermaassen gut, während sämmtliche *Julida*, *Polydesmida* etc., die bekanntlich an und für sich schon sehr fragil sind, zerbrochen und dabei auseinandergefallen waren, so dass es nicht wenig Mühe verursacht hat, die zu den einzelnen Exemplaren gehörenden Bruchstücke zusammenzusuchen. Um nun diese Objecte, die ungeachtet ihres miserabelen Zustandes immerhin noch Werth und Interesse besitzen, von dem gänzlichen Untergange zu retten, haben wir sämmtliche Brandt'schen Originalexemplare in Spiritus gelegt und in einzelne Gläser vertheilt. Ungleich mehr Befriedigung gewährten Herrn Seliwanow unsere in Spiritus conservirten Myriopoden, da er unter diesen neben den Originalen zu den von Gerstfeldt aufgestellten Arten auch mehrere für die Wissenschaft ganz neue gefunden hat. Da er sich damals speciell für die Familie *Geophilida* und für die Arten der Gattung *Lithobius* interessirte, so bat er sich das bezügliche Material unserer Sammlung zur Untersuchung aus und hat dasselbe nicht bloss determinirt und in zwei Aufsätzen wissenschaftlich verwerthet, sondern auch bereichert, indem er uns aus den Doubletten seiner reichen Privatsammlung mehrere Arten geschenkt hat, die im Museum bis dahin nicht vorhanden gewesen waren.

Abgerechnet die von Gerstfeldt und Seliwanow bestimmten

Exemplare und die grösstentheils gänzlich verdorbenen Brandt'-
schen Originale, sind unsere Myriopoden nicht determinirt und
stellen also Rohmaterial dar, das keinesweges reich genannt werden
kann, denn die ganze Sammlung bestand am 4. Juli 1882 aus
104 Gläsern mit in Spiritus conservirten und 3 Kasten mit
trocken praeparirten Exemplaren, unter welchen letzteren exotische Formen aus der Ordnung *Chilognatha*, namentlich *Julus*-
Arten zum Theil von riesigen Dimensionen, praevaliren.

c) Arachniden.

Mit Ausnahme von einigen theils trocken, theils in Alcohol
conservirten grossen Vogelspinnen *(Mygale)* und Scorpionen
scheint die Kunstkammer wohl kaum etwas an Arachniden besessen zu haben, wenigstens hat sich nichts weiter im Museum
vorgefunden. Da nun weder Brandt selbst, noch sonst Jemand
unter den Akademikern und Conservatoren sich für diese Thierclasse interessirt hat, so ist für dieselbe auch so gut wie gar
nichts geschehen. Das Wenige, was wir überhaupt an Arachniden besitzen, ist grösstentheils von unseren Reisenden Dr. A. v.
Middendorff, I. Wosnessensky, Dr. L. von Schrenck,
R. Maack, G. Radde, Dr. N. Sewerzow, Mag. A. Goebel
und V. Russow gesammelt worden. Einiges ist ferner auch als
Geschenk eingegangen, so eine Flasche mit Taranteln aus Georgien von Hrn. Behrens, eine Flasche mit *Argas persicus* aus
Persien vom Oberst Woskoboinikow, ein paar Gläser mit Spinnen aus dem Stanowoi-Gebirge von Dr. Stubendorff, eine Flasche mit Spinnen von der Insel Tscheleken vom Marine-Lieutenant Ulsky und 8 Gläschen mit Spinnen aus der nordwestlichen
Mongolei von Hrn. G. N. Potanin. Endlich sind auch ein paar
Ankäufe effectuirt worden, die aber fast ausschliesslich in exotischen Scorpioniden bestanden, so dass an exotischen Aranciden
eigentlich nur das vorhanden ist, was sich zufällig in den einlaufenden Gläsern mit in Spiritus conservirtem Rohmaterial vorfand.

Am 4. Juli 1882 bestand unsere Arachniden-Sammlung, die
niemals ausgestellt gewesen ist und auch gegenwärtig noch in
der Vorrathskammer aufbewahrt wird, im Ganzen aus 538 Gläsern und Flaschen, die mit Spinnen vollgepackt sind, 155 Glä-

sern mit c. 500 Scorpioniden und 5 ziemlich grossen Kasten mit trockenen, auf Nadeln aufgesteckten Scorpionen und Spinnen, welche letzteren aber zum Theil stark lädirt sind und daher wohl nur wenig Werth haben werden. Von den Spinnen sind nur diejenigen aus dem Amurlande bestimmt, und zwar von Prof. Dr. Ed. Grube in Breslau, der auch Diagnosen der darunter befindlichen neuen Arten im akademischen Bulletin publicirt hat, und von den Scorpionen hat der verstorbene Prof. Dr. K. Kessler die aus dem russischen Reiche stammenden Exemplare determinirt und in seiner Arbeit über die russischen Scorpione verwerthet. Alles Uebrige ist zur Zeit Rohmaterial und wird es voraussichtlich noch lange bleiben, da bei uns Niemand vorhanden ist, der sich für diese Thierclasse interessirt, und unser Material an sich bei seiner Geringfügigkeit auch wohl schwerlich Jemand zu einer Bearbeitung verlocken dürfte.

6. Die malacozoologische Sammlung.

Die Conchyliensammlung der Kunstkammer, welche daselbst nach Brandt's Angabe die Mitte eines sehr grossen Saales einnahm, ist, was Zahl der Exemplare anbetrifft, nicht ganz unbedeutend gewesen und enthielt fast ausschliesslich sogenannte Schau- oder Cabinet-Stücke, d. h. solche, welche sich sei es durch auffallende Grösse, sei es durch bizarre Form oder Farbenpracht auszeichnen, hatte aber schon desshalb nur einen geringen wissenschaftlichen Werth, weil über die Herkunft der einzelnen Exemplare jegliche Daten fehlten. Ende der 20-ger Jahre, also kurz vor Auflösung der Kunstkammer, wurde diese Sammlung noch sehr beträchtlich vergrössert, theils durch die von Dr. Jaeger aus Port-au-Prince gesandten Conchylien, theils und hauptsächlich aber durch die Mollusken-Ausbeute, welche Mertens während der Weltumsegelung auf dem «Seniawin» zusammengebracht hatte und welche vorzugsweise in Weingeist conservirte Exemplare enthielt, und im Jahre 1830 kam dann noch die reiche Kastalsky'sche Sammlung hinzu, die ausschliesslich aus Meerthieren, darunter auch 821 Mollusken, bestand und von der Weltumsegelung auf dem «Moller» stammte.

Die erste Bereicherung, welche die malacozoologische Sammlung nach ihrer Ueberführung in das heutige Local erfuhr, verdankt sie S. M. dem Kaiser Nikolai Pawlowitsch, welcher der Akademie im Jahre 1833 gestattete, aus der zoologischen Sammlung der damals aufgehobenen Warschauer Universität diejenigen Objecte auszuwählen, die für das akademische Museum wünschenswerth waren und unter denen sich auch 100 Conchylien befanden. Alsdann sandte der damalige Civilgouverneur von Archangelsk, Hr. Ogarew, verschiedene Conchylien und einen *Loligo* aus dem weissen Meere als Geschenk ein und endlich wurde auch Einiges käuflich erworben, so namentlich von Grohmann in Palermo neben einigen Cephalopoden auch 1344 Conchylien aus dem Mittelmeere, die 672 verschiedenen Arten angehörten, und von Dr. R. A. Philippi eine ziemlich beträchtliche Sammlung gleichfalls mediterraner Mollusken.

Im zweiten Decennium ist diese Abtheilung des Museums noch ungleich beträchtlicher bereichert worden, und zwar sowohl durch Ankauf verschiedener, zum Theil sehr reicher Sammlungen, als auch durch die zahlreichen Geschenke, die in diesem Zeitraum eingelaufen sind, und durch die Ausbeute der beiden damals von der Akademie ausgerüsteten Expeditionen des Herrn A. Th. von Middendorff und des Praeparanten I. Wosnessensky. Angekauft wurde gleich im Beginne, nämlich im Jahre 1842, von Herrn H. Cumming in London eine sehr beträchtliche und werthvolle Conchyliensammlung, die aus 650 auf und bei den Philippinen gesammelten Arten bestand und nicht weniger als 3373 Rbl. 70 Kop. Banco gekostet hat, von welcher Summe übrigens etwas mehr als ein Drittel durch Doubletten gedeckt werden konnte. Ferner wurden von dem Apotheker Luschnath in Bahia 5 Cephalopoden und 28 Arten Conchylien aus der dortigen Gegend, vom Händler Lommel in Heidelberg 130 nord-amerikanische Arten, vom Händler Krantz in Berlin 88 gleichfalls nord-amerikanische Arten, vom Prof. Eschricht in Kopenhagen 92 groenländische Arten in 216 Exemplaren und vom Händler Parreyss in Wien 733 Arten und Varietäten grösstentheils süd-europäischer Conchylien acquirirt. An Geschenken erhielt das Museum von Dr. August Krohn 2 sehr reiche Collectionen von vorzüglich in Weingeist conservirten neapolitanischen Meerthieren, darunter auch viele Weichthiere, vom griechischen Kaufmann Aworow in Neshin eine reiche Sammlung von Mollusken aus dem Rothen Meere, von M-me Say, der Wittwe des bekannten nord-amerikanischen Zoologen, 56 determinirte Conchylien-Arten aus Nord-Amerika, vom Kaufmann Sensinow in Nertschinsk verschiedene dort vorkommende Arten von Muscheln und Schnecken, von Dr. Alexander von Schrenck eine vollständige und von ihm selbst determinirte Sammlung livländischer Land- und Süsswasser-Mollusken, von Dr. Clot-Bey, Professor in Cairo, so wie von Herrn Bokty, Consular-Agenten eben daselbst, sehr zahlreiche Mollusken aus Aegypten und aus dem rothen Meere, von Dr. Julius Stubendorff verschiedene Süsswasser-Conchylien aus Sibirien und von S. K. H. dem Herzoge Maximilian von Leuchtenberg 52 Mollusken-Arten von der Insel Madera. Endlich kam in diesem Zeitraum auch die ganze reiche Ausbeute von Conchylien, welche Hr. von Middendorff während seiner grossen sibirischen Reise zusammengebracht hatte, hinzu und ebenso fand sich unter den zahlreichen Sendungen, die von Wosnessensky aus den russisch-amerikanischen Colonien einliefen, auch eine ganz beträchtliche Anzahl von Weichthieren der verschiedensten Classen vor.

In ähnlicher, wenn auch weniger ergiebiger Weise ging die Bereicherung unserer malacozoologischen Sammlung auch im dritten Decennium vor sich. Angekauft wurden in diesem Zeitraum überhaupt nur 2 kleine Collectionen von Conchylien, nämlich eine von 53 Arten in c. 1000 Exemplaren aus verschiedenen Theilen des stillen Oceans und eine von 57 Arten aus den russisch-amerikanischen Colonien. Ungleich mehr ist an Geschenken eingelaufen. So erhielten wir im Jahre 1852 von Hrn. Noë, Professor an der medicinischen Schule in Galata, 8 Kisten mit türkischen und aegyptischen Naturalien, welche neben Pflanzen und diversen meist wirbellosen Thieren auch ziemlich viele Mollusken enthielten, deren Transport aber der Akademie fast mehr gekostet hat, als die Objecte selbst werth waren. Ferner fanden sich unter den von Hrn. Petelin von den Inseln Urup und Kadjak eingesandten Naturalien auch zahlreiche Mollusken, von Hrn.

Marine-Capitain Archimandritow kamen uns neben anderen Objecten auch Austern von der Insel Sitcha zu und Hr. Dr. Albrecht, Arzt am K. russischen Consulate in Japan, schenkte dem Museum unter Anderem auch eine sehr schöne Sammlung von Mollusken aus Hakodate, die 230 Arten in zahlreichen Exemplaren enthielt. Die wesentlichste Bereicherung aber erfuhr die Mollusken-Sammlung durch die Reisenden, welche in diesem Zeitraume theils von der Akademie, theils von andern Institutionen ausgesandt waren. So brachte Dr. L. von Schrenck von seiner Reise in das Amurland auch ein reiches malacozoologisches Material mit, das vorzugsweise aus Land- und Süsswasser-Mollusken bestand und durch die von den Herren R. Maack, G. Gerstfeldt, G. Radde und dem Botaniker C. Maximowicz gleichfalls im Amurlande oder doch im östlichen Theile Sibiriens gesammelten Weichthiere sehr wesentlich vervollständigt worden ist. Ferner erhielten wir durch den Botaniker E. Borszczow eine kleine Parthie aralo-kaspischer Muscheln und Schnecken, die er auf seiner im Auftrage der Akademie und in Gemeinschaft mit Dr. Sewerzow in jene Gegenden unternommenen Reise zusammengebracht hatte, und endlich brachte Brandt selbst im Jahre 1860 von seiner Reise nach Nikolajew und in die Krym neben andern Objecten auch recht viele Mollusken aus dem schwarzen Meere mit, die theils von ihm, theils von seinem Reisebegleiter Hrn. Radde gesammelt worden waren.

Im vierten Decennium, wo die sehr bescheidenen Geldmittel des Museums anfangs durch den Ankauf von Radde's sibirischer Ausbeute, später durch die damals begonnene Aufstellung der Reptilien, Amphibien und Fische vollkommen in Anspruch genommen waren, konnte überhaupt wenig gekauft werden und so hat denn auch die malacozoologische Sammlung durch Ankauf nur eine kaum nennenswerthe Bereicherung erfahren, denn neben einer nicht gerade beträchtlichen Anzahl von Mollusken aus dem schwarzen Meere, aus Bessarabien und aus der Krym, die sich unter den im Jahre 1866 angekauften Sammlungen des Obersten A. Kuschakewitsch fanden, wurden nur noch im Jahre 1871 von dem Naturalienhändler Salmin in Hamburg ein paar Gläser mit in Weingeist conservirten exotischen Mollusken käuflich erworben. Dagegen sind die Geschenke wiederum recht reichlich zugeflossen und unter denselben verdient vor Allem die reiche Sammlung japanischer Muscheln und Schnecken hervorgehoben zu werden, welche der Flügeladjutant S-r. Majestät, Marine-Capitain Birilew dem Museum übergeben hat und welche später von Hrn. Lischke in einer besonderen Abhandlung bearbeitet worden ist. Alsdann erhielten wir von dem Fregatten-Capitain der französischen Marine, Hrn. Garraud neben vielen anderen sehr werthvollen Objecten auch 210 Mollusken aus West-Afrika und unter den von Hrn. Dr. A. Th. von Middendorff auf den Cap-Verdeschen Inseln gesammelten und dem Museum geschenkten Naturalien, fanden sich auch 12 Mollusken-Arten in zahlreichen Exemplaren vor. Ferner hat Hr. Dr. Albrecht dem Museum 56 Arten neucaledonischer Conchylien in 71 Exemplaren zum Geschenk gemacht, Herrn Dr. Ferd. Morawitz verdanken wir eine sehr hübsche Sammlung von Cephalopoden aus Nizza, die sämmtlich von dem bekannten Verany bestimmt sind, und von Hrn. Harper Pease erhielten wir zum Theil in Tausch eine sehr reiche malacozoologische Sammlung aus Honolulu. Endlich sind auch russische Mollusken hinzugekommen, und zwar theils von der Insel Sachalin, theils aus dem kaspischen Meere; die ersteren verdanken wir den Herrn Mag. Friedr. Schmidt und Cand. P. von Glehn, so wie dem Bergingenieur Hrn. I. A. Lopatin, die letzteren sind theils vom Capitain 1. Ranges Iwaschinzow, theils und hauptsächlich aber vom Conservator des mineralogischen Museums der Akademie, Hrn. Mag. A. Goebel während seiner drei Reisen an das kaspische Meer gesammelt worden.

Genau in derselben Weise ging die Bereicherung unserer malacozoologischen Sammlung auch im letzten Decennium vor sich. Angekauft wurde nur sehr wenig, nämlich von Dr. Dybowsky eine vollständige Sammlung der im Baikal-See vorkommenden Gastropoden, die 25 Arten, darunter sämmtliche Typen zu Dr. Dybowsky's Abhandlung[1] enthält, die wenigen, aber

---

[1] Dybowsky. Die Gasteropoden-Fauna des Baikal-Sees. Mém. 7. sér. XXII, № 8.

höchst interessanten Conchylien, die der Reisende der Kaiserlichen Russischen Geographischen Gesellschaft, Hr. G. N. Potanin von seiner ersten Reise in die nordwestliche Mongolei mitgebracht hatte, eine ziemlich beträchtliche Anzahl pontischer Mollusken von Hrn. W. Czernjawsky, eine kleine Sammlung hochnordischer und europäischer Mollusken von Hrn. Verkrüzen in London und eine gleichfalls nicht besonders reiche Parthie von Schnecken und Muscheln, die von Dr. A. Regel in der weiteren Umgegend von Kuldsha gesammelt worden war. Ungleich beträchtlicher waren die Geschenke, die uns in diesem Zeitraume zugegangen sind, und darunter muss vor Allem die überaus reiche Sammlung von Conchylien aus Ternate und aus Neu-Guinea erwähnt werden, welche das Museum Hrn. Dr. Fischer, Arzt auf Ternate, verdankt. Alsdann erhielten wir von Prof. A. W. Grigorjew etwa 50 vorzüglich in Weingeist conservirte Mollusken aus Japan, vom Midshipman unserer Marine Hrn. Gawrischow 164 Conchylien, welche er theils in Singapore, theils im Caplande gesammelt hatte, von Dr. Winkel, Advocat in Samarang auf Java, 18 javanische Süsswasser-Schnecken, vom Berg-Ingenieur I. S. Bogoljubsky einige Schnecken aus der Gegend von Wladiwostok, von unserem berühmten Reisenden Oberst N. M. Przewalsky die Mollusken-Ausbeute von seiner Reise an den Lob-Nor, von Hrn. G. N. Potanin die von ihm auf seiner zweiten Reise in die nordwestliche Mongolei gesammelten Muscheln und Schnecken und vom Verwalter der Commodore-Inseln, Hrn. Candidat N. A. Grebnitzky eine sehr reiche Sammlung verschiedener in Weingeist conservirter Meerthiere von der Behrings-Insel, die auch zahlreiche Mollusken enthielt. Endlich brachte auch Hr. Conservator S. M. Herzenstein von seiner im Auftrage der hiesigen Naturforscher-Gesellschaft an die Murmanküste unternommenen Reise neben zahlreichen andern Meerthieren auch viele Mollusken mit, von denen ein Theil unserem Museum zufiel, und unter den Sammlungen, die Hr. Conservator Dr. A. Brandt während seiner Reise an die traskaukasischen Binnenseen zusammengebracht hatte, fanden sich gleichfalls einige Mollusken vor.

Bei Einrichtung des heutigen Museums wird Brandt die

Vitrinen, in welchen die Conchylien in der alten Kunstkammer gestanden hatten, wahrscheinlich mit in das neue Local herübergenommen und in der Mitte eines der Säle aufgestellt haben, jedoch blieben diese Vitrinen, über deren Form und Beschaffenheit mir nichts Näheres bekannt ist, nur kurze Zeit im Gebrauch, denn bereits im Jahre 1832 wurde für die Conchyliensammlung ein besonderer Schrank angeschafft, dem wenige Jahre später ein zweiter ganz gleicher folgte. Diese beide Schränke, die oben mit Vitrinen versehen sind und Schiebladen enthalten, sind leider im höchsten Grade unpractisch eingerichtet: jeder derselben hat eine Länge von 81 Werschok (= 362 Ctm.), ist 25 W. (= 111 Ctm.) breit und hat ohne die Vitrine eine Höhe von 20½ W. (= 91 Ctm.); die Vitrine, die nach vorn schräg abfällt, hat hinten eine Höhe von 10 W. (= 44 Ctm.), vorn dagegen nur von 3 W. (= 13 Ctm.). Jeder Schrank enthält 12 Schiebladen, die zu 4 übereinander in 3 Reihen angeordnet sind, und dabei hat jede Schieblade, die an 2 vorn angeschraubten Messingknöpfen herausgezogen werden kann, eine Länge von 25½ W. (= 113 Ctm.), eine Breite von 23½ W. (= 104 Ctm.) und ist 3¾ W. (= 16 Ctm.) tief. Hieraus ergiebt sich, dass die Schiebladen unverhältnissmässig gross und folglich sehr wenig handlich sind, denn um eine derselben zu transportiren, sind stets 2 Menschen erforderlich; ausserdem sind sie auch viel zu tief und da weitaus die Mehrzahl der Conchylien nur klein oder doch ziemlich flach ist, so geht eine Masse von Raum ganz unnütz verloren. Diesem letzteren Uebelstande ist übrigens dadurch einigermaassen abgeholfen worden, dass man in jeder einzelnen Schieblade an der Innenseite der Seitenwand etwa auf halber Höhe eine Leiste angebracht hat, auf welche 2 neben einander liegende Tragbretter aufgestellt worden sind, so dass also in jeder Schieblade die Objecte in 2 Etagen über einander liegen. Später, wenn ich nicht irre, um das Jahr 1860 herum wurden für die Conchyliensammlung noch 2 Schränke angeschafft, die dieselbe Höhe, wie die alten haben, von denen jeder aber nur 50 W. lang und 18 W. breit ist. Jeder dieser beiden neuen Schränke ist oben mit einer nach drei Seiten abgeschrägten Vitrine versehen und enthält 14 Schiebladen, die in 2 Reihen neben einander liegen und von denen die 6 oberen in jeder Reihe eine Tiefe von je 2 W. haben, während die 7-te, unterste, die zur Aufbewahrung der grösseren Arten dient, 4 W. tief ist. Da diese Schiebladen somit kleiner sind und bei einer Breite von 16 W. eine Länge von 23 W. besitzen, so sind sie auch viel handlicher, würden aber ungleich bequemer sein, wenn sie noch kleiner wären und die Grösse von höchstens 1 Arschin (= 16 W.) im Quadrat hätten.

In diesen vier Schränken ist die ganze Conchyliensammlung untergebracht, und zwar liegen die einzelnen Arten oder auch Exemplare in sehr niedrigen offenen Pappschachteln von viereckiger Gestalt und entsprechender Grösse. Einzelne besonders grosse Formen, die sich ihrer Dimensionen wegen nicht in den Schiebladen unterbringen liessen, hat man in den Vitrinen placirt, in denen ausserdem noch die hauptsächlichsten Genera, gewöhnlich durch besonders schöngefärbte und gezeichnete, oder auch auffallend gestaltete Arten repraesentirt, für das besuchende Publicum ausgestellt sind. Wie schon weiter oben bemerkt, standen diese 4 Schränke früher in der Mitte des Sales № IV, die beiden grossen dos-à-dos und an jedem Ende einer der kleinern, und sind erst im Jahre 1871 in die östliche Rotunde (№ VI) übergeführt und um den grossen Globus herum aufgestellt worden.

Bekanntlich gehören die Weichthiere zu den wenigen Thierformen, mit welchen Brandt sich niemals speciell beschäftigt hat, und so ist denn auch in den ersten 13 Jahren nach Gründung des heutigen Museums für die Classificirung und Catalogisirung derselben so gut wie gar nichts geschehen. Das aus der Kunstkammer überkommene Material, so wie alles Neuhinzukommende wurde, so weit es aus trocken conservirten Exemplaren bestand, einfach in den beiden für die Conchyliensammlung bestimmten Schränken untergebracht, gleichviel ob es determinirt war oder nicht. Die Cephalopoden, die mit Ausnahme einiger Schalen von *Nautilus*, *Argonauta* und *Spirula*, in Spiritus conservirt waren, liess Brandt sammt allen übrigen in Weingeist aufbewahrten Weichthieren, welche letztere grösstentheils von der Weltumsegelung auf dem «Seniawin» stammten, in den Vorrathskammern aufstellen, wo, beiläufig bemerkt, ein grosser Theil derselben, allerdings meist determinirt, auch heute noch steht, weil es bei unseren gegenwärtigen Räumlichkeiten eben nicht möglich ist, diese Objecte in den Sälen der Sammlung zu placiren.

Erst im Jahre 1845 trat in obigen Verhältnissen eine Aenderung ein. In diesem Jahre war nämlich Dr. A. Th. von Middendorff von seiner grossen sibirischen Reise zurückgekehrt und nachdem er am 2. August zum Adjuncten der Akademie für das Fach der Zoologie gewählt worden war, übernahm er die Verwaltung der ganzen malacozoologischen Sammlung und hat derselben bis zum Beginn des Jahres 1855, also fast 10 Jahre hindurch, vorgestanden. Obwohl Hr. von Middendorff gleich nach seiner Rückkehr an die Beschreibung seiner Reise und an die Bestimmung und Bearbeitung seiner reichen zoologischen Ausbeute ging, hat er es dennoch möglich gemacht, das ganze damals vorhandene Material an Conchylien in ausserordentlich kurzer Zeit in Ordnung zu bringen, denn bereits in der Sitzung vom 30. April 1847 stellte er der Conferenz einen Catalog der akademischen Conchyliensammlung vor, den er in Verbindung mit Dr. Jenken zusammengestellt hatte. Diesen Catalog habe ich leider weder im Archiv der Conferenz, noch in demjenigen des Museums aufgefunden und kann daher auch weder über die Einrichtung desselben, noch auch über den damaligen Bestand der Conchyliensammlung etwas Genaueres mittheilen. Dagegen fand sich im Archiv des Museums der Accessionscatalog vor, den Hr. von Middendorff eingerichtet und geführt hat, und aus demselben lässt sich entnehmen, dass die malacozoologische Sammlung gerade in dieser Zeit sehr beträchtlich gewachsen ist, und zwar nicht bloss durch die damals effectuirten, recht zahlreichen Ankäufe und die eingegangenen Geschenke, sondern namentlich auch durch den Tauschverkehr, den Hr. von Middendorff mit verschiedenen aus- und inländischen Museen und Privatpersonen angeknüpft und unterhalten hatte. Ueberhaupt ist die Middendorff'sche Verwaltung für die malacozoologische Abtheilung des Museums von der grössten Bedeutung gewesen, einerseits weil die Vergrösserung und Completirung der Sammlung nur zu jener Zeit wirklich planmässig betrieben wurde und andererseits weil das vorhandene Material nicht bloss determinirt, etiquettirt und geordnet, sondern zum Theil auch bearbeitet und in diversen Abhandlungen publicirt worden ist, die Sammlung also erst von da ab einen wissenschaftlichen Werth erhielt, der durch die Originalexemplare zu den zahlreichen, von Hrn. von Middendorff aufgestellten neuen Arten noch ganz wesentlich erhöht worden ist.

Nachdem Hr. von Middendorff im Beginne des Jahres 1855 zum beständigen Secretair der Akademie gewählt worden war und sich genöthigt gesehen hatte, die Verwaltung unserer malacozoologischen Sammlung aufzugeben, nahm sich der nunmehr verstorbene hiesige Maler und Zeichenlehrer Wilhelm Pape derselben gegen eine äusserst geringe Remuneration in ganz privater Weise an. Pape war aber durch seine Berufsthätigkeit so sehr in Anspruch genommen, dass er sich nur an Sonn- und Feiertagen mit unserer Sammlung beschäftigen konnte, und so rückte denn die Arbeit auch nur sehr langsam vorwärts; da jedoch der weitaus grösste Theil unserer Conchylien bereits von Hrn. von Middendorff bestimmt und etiquettirt war und Pape nur das Neuhinzukommende zu bestimmen, zu etiquettiren und aufzustellen hatte, so war er schon sehr bald im Stande, dem dringenden Wunsche Brandt's nachzukommen und an die Abfassung eines neuen Catalogs der seit dem Jahre 1847 sehr beträchtlich vergrösserten Conchyliensammlung zu gehen. Von diesem neuen Cataloge, der sich ausschliesslich auf die Gastropoden bezieht und unvollendet geblieben ist, existiren 2 Abtheilungen, von denen die erste 37 Genera mit im Ganzen 1122 Species umfasst und der Conferenz in der Sitzung vom 5. März 1858 vorgelegt worden ist, während die zweite nur 22 Genera mit im Ganzen 529 Arten enthält und der Conferenz am 10. Juni 1859 vorgelegt wurde. Abgesehen davon, dass dieser Catalog im Ganzen nur 1651 Arten, also einen verhältnissmässig nur kleinen Theil der Sammlung umfasst, ist derselbe leider auch so eingerichtet, dass er so gut wie gar keinen Werth hat: Pape hatte sich nämlich darauf beschränkt, in seinem Cataloge, der aus losen Blättern in Folio-Format besteht, dem Namen der Art nur noch das Citat einer Abbildung und eine möglichst allgemein lautende Fundortsangabe hinzuzufügen, alle auf die vorhandenen Exemplare bezüglichen Daten aber fortgelassen; sein Catalog giebt daher auch nur über die Anzahl der Arten Aufschluss, während jegliche Angaben über die Zahl und namentlich über die Herkunft der vorhandenen Exemplare fehlen. Für diese ganze Arbeit, die immerhin nicht wenig Zeit und Mühe erfordert hat, ist er in sehr ungenügender Weise, mit in Summe 200 Rub., honorirt worden und darin mag wohl auch der Grund dafür gelegen haben, dass er seinen Catalog nicht fortgesetzt hat, denn er beschäftigte sich auch während der 60-ger Jahre noch mit der Determination und Aufstellung unserer Conchyliensammlung und nur in den letzten Jahren vor seinem 1875 erfolgten Tode trat er seltener im Museum auf und scheint sich dann wohl auch nur mit der Bestimmung der Schnecken und Muscheln seiner eigenen Sammlung beschäftigt zu haben.

Ausser Pape hat sich auch der jetzt gleichfalls verstorbene Magister Zoologiae G. Gerstfeldt, der im Jahre 1856 einige Zeit als Conservator ohne Gage am Museum fungirte, an der Determination unserer malacozoologischen Sammlung betheiligt, und namentlich unsere Land- und Süsswassermollusken Sibiriens und des Amurlandes nicht bloss bestimmt, sondern über dieselben auch in den Memoiren der Akademie eine Abhandlung veröffentlicht. Ferner beschäftigte sich Hr. Akademiker Dr. L. von Schrenck während der Jahre 1860—1867 mit der Bearbeitung der sowohl von ihm selbst, als auch von anderen Reisenden im Amurlande, in der tatarischen Meerenge und im nord-japanischen Meere gesammelten Mollusken und hat die Resultate seiner Untersuchungen bekanntlich im II Bande seines grossen Reisewerkes publicirt; zugleich hat er aber auch das von ihm benutzte Material mit den nöthigen Etiquetten versehen und geographisch, d. h. nach den einzelnen Meeresbecken, geordnet, in einem der oben besprochenen kleineren Molluskenschränke aufgestellt. Später hat Hr. von Schrenck auch die von Lischke bearbeiteten japanischen Mollusken, die unser Museum vom Marine-Capitain Birilew zum Geschenk erhalten hatte, in ganz ähnlicher Weise, aber natürlich mit Beibehaltung der Lischke'schen Originaletiquetten in eben demselben Schranke aufgestellt. Alsdann wurden im Jahre 1877 unsere sämmtlichen aus dem Russischen Reiche stammenden Arten der Landschneckengattung *Clausilia* an Dr. O. Boettger nach Frankfurt a/M. geschickt, der sie determinirt und auch in einer im akademischen

Bulletin veröffentlichten Abhandlung besprochen hat. Ferner übernahm im Jahre 1880 Herr Cand. S. M. Herzenstein die Determination unserer Cephalopoden-Sammlung und hat auch ein Verzeichniss derselben zusammengestellt, welches im Ganzen 106 Nummern enthält, von denen aber einige nur der Gattung nach bestimmt sind, da die betreffenden Arten sich nach der vorhandenen Literatur nicht determiniren liessen, weil sie wahrscheinlich neu für die Wissenschaft sein werden. Ebenso sind auch unsere central-asiatischen Schnecken und Muscheln, die das Museum im letzten Jahrzehnt von den Herrn N. M. Przewalsky, Gr. N. Potanin, V. Russow und Dr. A. Regel erhalten hatte, bestimmt und bearbeitet worden, und zwar von dem bekannten Prof. Dr. Ed. von Martens, dem sie zur Untersuchung nach Berlin zugeschickt wurden, und der sie in einem in den Memoiren der Akademie abgedruckten Aufsatze behandelt hat. Endlich hat der ebengenannte Gelehrte auch die vom Conservator Dr. A. Brandt in Transkaukasien, namentlich im und am Goktscha-See, gesammelten Mollusken bestimmt und nebst einigen andern, theils gleichfalls aus Transkaukasien, theils aus Persien stammenden Arten im akademischen Bulletin (XXVI, p. 142—158) beschrieben.

Aus der vorstehenden Schilderung ergiebt sich, dass die Ordnung in unserer malacozoologischen Sammlung noch sehr Vieles zu wünschen übrig lässt, denn nicht bloss fehlt ein Catalog, sondern es ist auch lange nicht die Hälfte des ganzen vorhandenen Materials definitiv determinirt. Unter solchen Umständen ist es mir denn auch nicht möglich, genauere Daten über den Bestand der Mollusken-Sammlung zu geben und ich muss mich auf einige allgemeinere Angaben beschränken. Was zunächst unsere Cephalopoden-Sammlung anbetrifft, so ist dieselbe nur sehr unbedeutend, denn am 4. Juli 1882 bestand sie neben einigen trocken conservirten Schalen von *Argonauta*, *Nautilus* und *Spirula* aus 106 Gläsern mit im Ganzen 121 in Spiritus conservirten Exemplaren, die, wie schon bemerkt, von Hrn. Conservator S. Herzenstein determinirt sind und sich auf 40 verschiedene Species vertheilen, von denen aber 5 nur der Gattung nach bestimmt werden konnten. Unsere Gastropoden-Sammlung ferner ist zwar unvergleichlich reicher, denn wenn man annimmt, dass die von Pape catalogisirten 1651 Arten kaum die Hälfte der zu jener Zeit vorhandenen Arten ausmachen und dass in den beiden letzten Jahrzehnten noch sehr reiche Suiten von Schnecken hinzugekommen sind, so dürfte die Gesammtzahl der in unserem Museum repräsentirten Arten dieser Classe wohl bedeutend mehr als 4000 betragen, dennoch kommt auch diese Zahl lange nicht einem Drittel aller bekannten Gastropoden-Species gleich. Aehnlich wird es wohl auch mit unsern Zweischalern *(Lamellibranchiata* und *Brachiopoda)* stehen, doch fehlen mir leider alle Anhaltspunkte, um über den Bestand dieser beiden Classen etwas Genaueres sagen zu können. Endlich besassen wir am oben genannten Termin noch c. 200 Gläser mit Tunicaten (Ascidien und Salpen), die von jeher in der Vorrathskammer gestanden haben und grösstentheils noch nicht determinirt sind, so dass ich auch hier weder die Zahl der vorhandenen Arten, noch auch diejenige der Exemplare anzugeben im Stande bin.

Gegen Ende des Jahres 1881 übernahm Hr. Conservator S. Herzenstein, nachdem er die Determination unserer Fische nahezu beendet hatte, die Verwaltung sämmtlicher Wirbellosen (mit Ausschluss der Insecten), also auch der Conchyliensammlung und so steht denn bei den mancherlei Proben, die er von seinem Eifer und seiner Leistungsfähigkeit bereits abgelegt hat, zu erwarten, dass es ihm bald gelingen wird, auch in dieser Abtheilung die so dringend nöthige Ordnung herzustellen. Zunächst hat er das vorhandene Material vorläufig durchgesehen und zugleich auch Alles, was in den beiden letzten Decennien an Conchylien hinzugekommen und an den verschiedensten Stellen in der Vorrathskammer abgestellt worden war, zusammengesucht und in den 4 für diese Objecte bestimmten Schränken untergebracht. Bei Durchmusterung unserer Conchyliensammlung hat nun Hr. Herzenstein gefunden, dass in derselben die verschiedenen faunistischen Bezirke in ganz auffallend ungleichmässiger Weise repräsentirt sind, eine Thatsache, die sich einfach daraus erklärt, dass seit dem Jahre 1855, wo Hr. von Middendorff die Verwaltung dieser Abtheilung aufgab, auch die planmässige Completirung derselben aufhörte und die fernere Bereicherung mehr zufällig vor sich ging. So ist, um mit den nichtrussischen Arten zu beginnen, in unserer Sammlung die Mollusken-Fauna der asiatischen Inselwelt, besonders Japan's (Dr. Albrecht, Birilew, A. W. Grigorjew), der Philippinen (Dr. Mertens, H. Cumming) und der Molukken (Salmin, Dr. Winkel, Dr. Fischer) am reichsten vertreten, nächstdem folgt die Fauna des nördlichen Theils der Westküste von Nord-Amerika, also der ehemaligen Russisch-Amerikanischen Colonien (Wosnessensky, Petelin), woher gleichfalls eine beträchtliche Menge von Arten, meist in sehr zahlreichen Exemplaren vorhanden ist; alsdann besitzen wir eine ziemlich reiche Sammlung von Mollusken aus dem Mittelmeer (Grohmann, Dr. Philippi, Dr. A. Krohn) und den dasselbe begrenzenden Ländern (Parreyss), so wie von der afrikanischen Küste des rothen Meeres (Awerow, Dr. Clot-Bey, Bokty, Prof. Noë) und ebenso sind auch die Arten sowohl der Ostküste Nord-Amerika's (Lommel, Krantz, Gould, M-me Say), als auch Groenlands (Prof. Eschricht) recht gut vertreten; weniger gut steht es um unsere west-indischen (Dr. Jaeger) und oceanischen Conchylien, von welchen letztern wir nur aus Neu-Caledonien (Dr. Albrecht) und von den Sandwich-Inseln (Harper Pease) eine grössere Anzahl von Arten besitzen; noch geringer ist unser Material aus Süd-Amerika (Luschnath), so wie aus dem westlichen und südlichen Afrika (S. K. H. Herzog M. von Leuchtenberg, Garraud, Dr. A. v. Middendorff, Gawrischow) und aus den südlichen Küstenländern des asiatischen Continents, von den Sunda-Inseln, aus Süd-Ost-Afrika, aus Madagascar und aus Australien besitzen wir überhaupt nur ganz vereinzelte Arten, die gelegentlich angekauft, eingetauscht oder unter den Geschenken eingelaufen sind. Ausserdem findet sich in der Sammlung noch eine sehr beträchtliche Anzahl von exotischen, grösstentheils im indischen und stillen Ocean einheimischen Conchylien-Arten, die theils aus der Kunstkammer und aus dem Warschauer Museum, theils auch aus der Kastalsky'schen Sammlung stammen, und über deren Fundorte nichts Genaueres bekannt ist. Selbstverständlich besteht weitaus die Mehrzahl unserer nichtrussischen Mollusken aus Meeresbewohnern und von Binnenmollusken sind nur die Arten der Mittelmeerländer, der

Philippinen und der Vereinigten Staaten Nord-Amerika's einigermaassen reicher repräsentirt.

Ganz ähnlich sieht es auch mit unserer Sammlung vaterländischer Mollusken aus, auch sie weist noch grosse Lücken auf, indem bei uns nur die Fauna der Grenzgebiete des Reiches einigermaassen vollständiger, diejenige der centralen Theile dagegen meist sehr schwach und unvollständig vertreten ist. Was zunächst die Meeresformen anbetrifft, so besitzen wir ein schönes Material an nordischen Conchylien sowohl aus dem weissen Meere, als auch von der Murmanküste und überhaupt aus dem europäischen Antheil des Eismeeres, welches wir den Herrn Ogarew, Akad. von Baer, N. I. Danilewsky und Conservator S. Herzenstein verdanken. Ebenso ist bei uns auch die pontische Mollusken-Fauna ziemlich reich vertreten, dank den Sammlungen der Hrn. Akad. Brandt, G. Radde, N. I. Danilewsky, A. Kuschakewitsch und besonders W. Czernjawsky. Ferner besitzen wir aus dem Behringsmeer ein sehr reiches Conchylien-Material, das von Wosnessensky zusammengebracht und in neuester Zeit durch Hrn. N. A. Grebnitzky sehr wesentlich vervollständigt worden ist, die Mollusken des ochotskischen Meeres hat Hr. v. Middendorff in recht grosser Anzahl gesammelt und aus der tatarischen Meerenge und dem nord-japanischen Meere sind dem Museum durch die Herrn Dr. L. v. Schrenck, C. Maximowicz, Mag. Fr. Schmidt und Cand. P. von Glehn, sowie durch die Bergingenieure I. A. Lopatin und I. S. Bogoljubsky reiche Suiten von Mollusken zugegangen. Endlich muss hier auch unserer ziemlich reichen Sammlung von Mollusken des kaspischen Meeres gedacht werden, die theils von den Herrn Marine-Capitain Iwaschinzow und Conservator Mag. Ad. Goebel gesammelt worden ist, theils aus dem im Jahre 1877 dem Museum übergebenen Nachlass des Akademikers C. E. von Baer stammt. Weniger reich ist das Museum an russischen Land- und Süsswasser-Mollusken und namentlich fehlt es uns an Material aus den nördlichen und mittleren Gouvernements des europäischen Russland und aus den westlichen Theilen Sibiriens. Neben einer vollständigen Sammlung livländischer Mollusken, die der verstorbene Dr. A. v. Schrenck dem Museum geschenkt hat, besitzen wir eine ziemlich reiche Sammlung von Mollusken aus Finnland, die von Prof. A. v. Nordmann eingetauscht worden ist, alsdann wurde vom Obersten A. Kuschakewitsch eine nicht unbeträchtliche Anzahl von Binnenmollusken aus Bessarabien und der Krym angekauft und auch J. Fr. Brandt hat von seiner in Begleitung von G. Radde nach Nikolajew und in die Krym unternommenen Reise Einiges an dortigen Land- und Süsswasser-Mollusken mitgebracht; das ist denn auch so ziemlich Alles, was wir zur Zeit besitzen, denn aus den übrigen Theilen des europäischen Russland finden sich in der Sammlung nur ganz vereinzelte Stücke vor. An Binnenmollusken der kaukasischen Länder ferner ist zwar ein ziemlich ansehnliches Material vorhanden, das theils noch von Ménétries und Hohenacker stammt, theils später von den Akademikern C. E. von Baer und J. Fr. Brandt, so wie von Hrn. W. Czernjawsky und dem Conservator Dr. A. Brandt gesammelt worden ist, doch fehlen uns alle die in neuerer Zeit besonders von Hrn. Leder entdeckten und von Dr. O. Boettger beschriebenen Arten. An aralo-kaspischen Mollusken besitzen wir nur die wenigen Stücke, die der Botaniker Borszczow von seiner, in Gemeinschaft mit Dr. Sewerzow unternommenen Reise mitgebracht hat, und ebenso sind auch aus Turkestan eigentlich nur die vom verstorbenen V. Russow gelegentlich aufgelesenen Exemplare vorhanden, denn die übrigen central-asiatischen Mollusken, die von den Expeditionen der Herrn N. M. Przewalsky, Gr. N. Potanin und Dr. A. Regel stammen, sind grösstentheils schon ausserhalb der Grenzen des Reiches gesammelt worden. Aus dem westlichen Theile Sibiriens besitzen wir, wie schon bemerkt, nur sehr wenig, unter anderem einige wenige Arten aus der Umgegend von Beresow, die noch von Hofmann's Ural-Expedition herstammen, dagegen hat sich aus Ost-Sibirien im Museum ein sehr reiches Material angesammelt, das grösstentheils auch schon determinirt und bearbeitet ist. Dahin gehören vor Allem die von Hrn. A. Th. von Middendorff während seiner grossen sibirischen Reise gesammelten Land- und Süsswasser-Arten, die reiche Gastropoden-Sammlung aus dem Baikal, die von Dr. W. Dybowsky angekauft worden, ferner die von Hrn. Sensinow aus der Nertschinsker Gegend und von Dr. Stubendorff aus dem Jakutsker Gebiet gesandten, so wie die von Cand. R. Maack am Wilui und am Amur gesammelten Muscheln und Schnecken, alsdann die reiche Ausbeute, die G. Radde an diesen Thieren in Transbaikalien und im Amurlande zusammengebracht hat, die zahlreichen von den Herrn Dr. L. v. Schrenck, G. Gerstfeld und C. I. Maximowicz im Amur- und Ussuri-Lande gesammelten Arten von Binnenmollusken und endlich eine kleine Sammlung dieser Thiere von der unteren Tunguska, die von dem verstorbenen A. L. Czekanowsky acquirirt worden ist.

Die vorstehenden Daten über die Zusammensetzung unserer Mollusken-Sammlung, die mir Hr. Conservator Herzenstein freundlichst mitgetheilt hat, werden genügen, um zu zeigen, wie sehr dieselbe noch der Completirung bedarf, um für die Abfassung einer Mollusken-Fauna des Russischen Reichs oder überhaupt für wissenschaftliche Arbeiten ein ausreichendes Material zu bieten. Eine planmässige Completirung kann aber nicht eher mit Erfolg ins Werk gesetzt werden, als bis das ganze gegenwärtig vorhandene Material determinirt und überhaupt in Ordnung gebracht ist, und hierbei tritt denn wiederum die leidige Raumfrage hindernd in den Weg. Die 4 Schränke, in welchen die Conchylien gegenwärtig untergebracht sind, reichen nämlich bei Weitem nicht mehr hin, um die ganze Sammlung in systematischer Ordnung aufzustellen, und es muss daher unbedingt zum Mindesten noch ein neuer Schrank angeschafft werden, den wir aber nicht im Stande sind zu placiren, da im Museum absolut kein Raum mehr frei ist. Bei so bewandten Umständen wird somit wohl kaum etwas Anderes übrig bleiben, als die Mollusken-Sammlung aus der Rotunde in unsere Arbeitsräume überzuführen und sie in einem der durch die Bücherschränke ohnehin schon sehr beengten Zimmer unterzubringen. Eine solche Dislocation würde nun zwar mancherlei Unbequemlichkeiten nach sich ziehen, hätte aber doch auch ihr Gutes, und zwar in so fern, als die Conchyliensammlung in einen geheizten Raum zu stehen käme, was unbedingt nothwendig ist, da einzelne Formen, wie namentlich die Arten der Gattungen *Unio* und *Anodonta*, einen schroffen Temperaturwechsel absolut nicht vertragen. Wir haben nämlich zur Zeit, als Akademiker L. v. Schrenck am malacozoologischen Theile seiner Reise arbeitete, die Erfahrung gemacht, dass jedes Mal, wenn ein Kasten mit *Unio-* oder *Anodonta*-Arten aus dem kalten Museum in die geheizten Arbeitsräume gebracht worden war, die einzelnen Muscheln schon nach sehr kurzer Zeit Risse bekamen, die sich beständig mehrten, so dass manche Exemplare geradezu in kleine Stücke zersprungen sind. Wann wir aber in der Lage sein werden, die so eben projectirte Ueberführung der Conchyliensammlung in die Arbeitsräume auszuführen, lässt sich schon desshalb nicht bestimmen, weil dieselbe mit ziemlich beträchtlichen Geldausgaben für Beschaffung neuer Schränke verbunden ist, denn die gegenwärtig vorhandenen niedrigen Schränke lassen sich in keinem der Arbeitszimmer placiren, und müssen durch hohe ersetzt werden, welche letztern wohl am besten nach dem Muster unserer in letzter Zeit angeschafften Insectenschränke anzufertigen wären.

Was nun schliesslich die Aufstellung und Etiquettirung der Conchylien anbetrifft, so sind wir darüber noch zu keinem definitiven Entschluss gekommen. Gegenwärtig sind, wie schon bemerkt, die einzelnen Arten oder auch Exemplare, falls sie von verschiedenen Fundorten stammen, in flachen viereckigen Pappschachteln von entsprechender Grösse placirt, wobei die Etiquetten auf dem Boden der Schachteln liegen und meist von den Objecten verdeckt sind. Neuerdings hat nun Hr. Herzenstein begonnen, die kleinen Arten und Exemplare in Probirgläschen oder auch in einfachen, an beiden Enden mit einem Pfropf aus Watte verschlossenen Glasröhrchen unterzubringen, ein Modus, der sich als sehr practisch erwiesen hat und auch beibehalten werden soll. Um nun die Sammlung zu catalogisiren, müssen die einzelnen Exemplare nummerirt werden, was bei den grossen Stücken auch weiter keine Schwierigkeiten hat, da man die Nummern entweder direct auf die Objecte schreiben, oder auch kleine Papiernummern auf dieselben aufkleben kann; bei den kleinen Exemplaren dagegen ist ein solches Verfahren nicht möglich, und da haben sich denn die Probirgläschen oder Glasröhren als sehr geeignet erwiesen, indem man die betreffenden Nummern sehr gut auf denselben ankleben kann. Mehr Schwierigkeiten macht die Frage, wie man die Etiquetten in einer Weise anbringen soll, dass sie auch ohne Entfernung des Objects gut zu sehen sind, und da glaube ich denn, dass es am besten sein würde, die Etiquetten in verticaler oder auch leicht schräger Richtung am Hinterrande der einzelnen Schachteln (auch die Probirgläschen liegen selbstverständlich in Schachteln) zu befestigen, nur müssten in diesem Falle ganz besondere schmale Etiquetten eingeführt werden, da die bei uns gebräuchlichen zu hoch sind und die in den benachbarten Schachteln liegenden Objecte mehr oder weniger verdecken würden. Jedenfalls kann über die Form der Etiquetten erst dann ein endgiltiger Beschluss gefasst werden, wenn die nöthigen Schränke angeschafft sind und wir die Möglichkeit haben, einen Versuch mit der Aufstellung der Conchylien zu machen.

7. Die Sammlung der Würmer.

Nächst den Arachniden sind die Würmer in unserem Museum wohl am schwächsten vertreten, denn da sich weder Brandt, noch sonst Jemand von den Akademikern oder Conservatoren für diese Formen interessirt hat, so ist für diese Abtheilung der Sammlung auch so gut wie gar nichts geschehen. Nur im ersten Decennium, als Brandt noch bestrebt war, nach Möglichkeit Repräsentanten aller Thierclassen zu beschaffen, liess er von Grohmann in Palermo auch einige Anneliden kommen und kaufte im Jahre 1841 von Professor Hornschuch in Greifswald eine kleine Sammlung von Entozoen, die noch von dem bekannten Prof. Creplin determinirt waren. Das ist auch Alles, was im Laufe von 10 Jahren für diese Abtheilung der Sammlung geschah. Im folgenden Decennium ist absolut gar nichts an Würmern gekauft worden, dennoch hat sich die Sammlung nicht ganz unbedeutend vergrössert, und zwar theils durch Geschenke, theils durch die Ausbeute der beiden, in jenem Zeitraum von der Akademie ausgerüsteten Expeditionen. So erhielt das Museum im Jahre 1842 von Dr. August Krohn in Neapel eine reiche Sammlung von verschiedenen, meist wirbellosen Meerthieren, darunter auch mehrere Anneliden, und zwei Jahre später lief von demselben Gönner eine zweite Sendung neapolitanischer Meerthiere eine, in welcher die Würmer gleichfalls ziemlich zahlreich vertreten waren. Ferner kamen mit der Ausbeute des Hrn. von Middendorff auch einige hierhergehörige Formen hinzu und unter den von Wosnessensky eingeschickten Sammlungen fanden sich sowohl Anneliden von Sitcha, als auch namentlich einige Packete mit trocken conservirten Bryozoen, die grösstentheils ebenfalls aus den ehemaligen Russischen Colonien in Nord-Amerika stammten. Endlich enthielt auch die reiche und schöne zoologische Sammlung, welche das Museum von S. K. H. dem Herzoge Maximilian von Leuchtenberg geschenkt erhielt, einige Anneliden aus Madera. Ungleich geringer ist der Zuwachs gewesen, den unsere Sammlung von Würmern im Laufe des 3-ten Decenniums erfuhr, da neben den wenigen Exemplaren, welche sich in der Ausbeute der Hrn. Maack und L. von Schrenck, so wie der anderen Sibirien-Reisenden fanden, nur noch eine *Serpula* aus Sitcha hinzukam, welche wir dem Marine-Capitain Archimandritow verdanken. Nur wenig ergiebiger verlief auch das 4-te Decennium, denn ausser einer kleinen Sammlung von Anneliden aus dem weissen Meere und dem Eismeere, die Hr. N. I. Danilewsky dem Museum schenkte, erhielten wir nur noch, als Geschenk des Admirals I. I. Butakow, mehrere sehr schön in Weingeist erhaltene Exemplare von *Eunice gigantea* aus Corfu und das Medicinal-Departement des Kriegsministeriums sandte 10 Blutegel aus dem Amurlande ein mit der Anfrage, ob dieselben zu medicinischen Zwecken verwendbar wären. Im letzten Decennium endlich sind nach langer Zeit wieder einige Ankäufe an Würmern gemacht worden, und zwar wurde von Hrn. Jarshinsky eine reiche Sammlung von Wirbellosen aus dem weissen und dem Eismeere und von Hrn. W. I. Czernjawsky eine nicht weniger reiche Sammlung eben solcher Thiere aus dem schwarzen Meere angekauft, in denen beiden die Würmer ziemlich reich vertreten waren. Dagegen ist an hier in Betracht kommenden Geschenken nur eine einzige, aber allerdings höchst interessante und reiche Sammlung von Meerthieren von den Commodore-Inseln zu verzeichnen, welche der Verwalter der genannten Inseln, Hr. Cand. N. A. Grebnitzky eingeschickt hatte, und welche neben zahlreichen andern Wirbellosen auch mehrere Wurmformen enthielt.

Die Anneliden der Middendorff'schen Reise hat bekanntlich der ehemalige Dorpater Professor Dr. Ed. Grube bearbeitet und zugleich auch alle übrigen, bis zum Jahre 1846 im Museum vorhandenen Arten bestimmt oder doch die bereits vorhandenen Bestimmungen verificirt. Die Zahl der von Hrn. von Middendorff gesammelten Arten belief sich auf 14, die Zahl der sonst noch vorhandenen Arten betrug, wie ich aus einem von Grube geschriebenen Verzeichniss entnehme, 42, da jedoch 5 Arten der Middendorff'schen Ausbeute bereits früher in der Sammlung vertreten gewesen waren, so ergiebt sich, dass das Museum im Jahre 1847 im Ganzen nur 51 Arten von Anneliden besass. Später, in den 50-ger Jahren, hat Mag. G. Gerstfeldt unsere sibirischen Anneliden (7 Arten) und Planarien (3 Arten) speciell bearbeitet und die Resultate seiner Untersuchungen in einer in den Memoiren der Akademie abgedruckten Abhandlung veröffentlicht. Diese so eben besprochene, überaus artenarme Sammlung, die aber durch die in derselben vorhandenen Originale zu den von Grube und Gerstfeldt aufgestellten neuen Arten immerhin einigen Werth besitzt, war lange Zeit hindurch in einem Schranke des Saales № IV ausgestellt, wurde im Jahre 1871, als dieser Saal für die Aufnahme der herpetologischen Sammlung bestimmt worden war, mit allen übrigen daselbst befindlichen Wirbellosen in die östliche Rotunde (№ VI) übergeführt und später, als sich auch in der Rotunde kein Raum mehr fand, bis auf Weiteres in die Vorrathskammer abgestellt und mit dem inzwischen an Würmern eingegangenen Rohmaterial vereinigt; ebendahin mussten auch die in dem letzten Decennium von den Herrn Jarshinsky und Czernjawsky acquirirten, grösstentheils determinirten Würmer, so wie auch diejenigen, die Hr. Grebnitzky dem Museum geschenkt hatte, placirt werden. So besitzen wir denn gegenwärtig Alles in Allem mehr als 900 Gläser mit nichtparasitischen Würmern, die in der bereits sehr überfüllten Vorrathskammer leider so dicht gedrängt stehen, dass nicht bloss die Beaufsichtigung derselben sehr erschwert wird, sondern dass es auch kaum möglich ist, ein etwa gewünschtes Stück ohne grossen

Zeitverlust aufzufinden. Dass unter solchen Umständen von einer planmässigen Completirung dieses Theiles der Sammlung keine Rede sein kann, versteht sich von selbst und so begnügen wir uns denn gegenwärtig damit, die Gläser von Zeit zu Zeit zu revidiren und in diejenigen, in welchen der Spiritus etwa mehr oder weniger verdunstet ist, neuen nachzufüllen.

Noch trauriger steht es mit unseren Bryozoen, von denen ein Theil in Weingeist conservirt, die grössere Masse aber trocken praeparirt ist und welche, da sie sämmtlich noch undeterminirt sind, auch von jeher in der Vorrathskammer gestanden haben. Die in Spiritus conservirten Exemplare nehmen gegen 50 Gläser ein, doch lässt sich ihre Anzahl nicht näher angeben, da in einzelnen Gläsern auch mehrere Exemplare zusammen liegen, und ebenso wenig kann ich auch über die Zahl der trocken praeparirten Stücke etwas Genaueres mittheilen, da dieselben, genau so wie Pflanzen zwischen Papier gelegt, in festgeschnürten Packeten aufbewahrt werden. Diese Packete zu öffnen, lediglich um eine Zählung der Exemplare vorzunehmen, schien mir bei der Brüchigkeit der Objecte nicht rathsam, und um das ganze Material auseinanderzunehmen und zu sortiren, würde nicht bloss viel Zeit, sondern auch ein solcher Raum erforderlich sein, wie er uns zur Zeit absolut nicht zu Gebote steht.

Was endlich die Eingeweidewürmer anbetrifft, so besitzen wir davon eigentlich nur die im Jahre 1841 von Prof. Hornschuch in Greifswald angekaufte, von Prof. Creplin determinirte Sammlung, die 152 verschiedene Arten enthält und in 159 sehr ordinären Fläschchen aus grünem Glase, wie sie ehemals in Apotheken gebräuchlich waren, untergebracht ist. Zu dieser Sammlung, die niemals ausgestellt war, sondern stets in der Vorrathskammer gestanden hat, existirt auch ein sehr ausführlicher Catalog, in welchem bei jedem Exemplar nicht bloss der sogenannte Wirth (das Thier, in welchem es gelebt) und das Organ, in dem es gefunden, sondern sogar auch das Datum und der resp. Finder (meist Prof. Creplin selbst) angegeben ist. Später ist hin und wieder noch Einiges an Entozoen hinzugekommen, jedoch so wenig, dass es nicht der Mühe verlohnt, hier darauf einzugehen, zumal das Meiste auch noch unbestimmt geblieben ist. Es würde uns nun freilich nicht schwer fallen, diese Abtheilung der Sammlung zu completiren, denn bei der Masse von ganz frischen Thierleichen, die alljährlich durch die Hände unserer Praeparanten gehen, hätten wir vielfach Gelegenheit, nach Entozoen zu suchen, leider ist aber Niemand da, der sich dieser Mühe unterziehen könnte, denn der einzige Conservator, der bei uns sämmtliche Wirbellosen (mit Ausschluss der Insecten) verwaltet, ist derartig mit Arbeit überhäuft, dass er nicht einmal mit der Sichtung, Determinirung und Aufstellung des bereits vorhandenen Materials zurechtkommen, geschweige denn an eine selbstthätige Completirung desselben denken kann. Da es uns ausserdem auch an dem nöthigen Raume fehlt, um eine solche Sammlung aufzustellen, so beschränken wir uns zur Zeit darauf, Alles, was uns zufällig an Entozoen in die Hände kommt, zu conserviren, mit den nöthigen Daten über die Herkunft zu versehen und zu dem Uebrigen in die Vorrathskammer abzustellen.

8. Die Sammlung der Echinodermen.

Nicht viel besser, wie mit der soeben besprochenen Wurm-Sammlung, sieht es auch mit unseren Echinodermen aus, denn wenn wir auch ungleich mehr Stachelhäuter als Würmer besitzen, so sind dieselben dafür grösstentheils noch undeterminirt und stellen einfaches Rohmaterial dar. Ein Theil dieses Materials stammt noch aus der Kunstkammer, jedoch erwiesen sich im Ganzen nur wenige von diesen alten Exemplaren, und zwar fast ausschliesslich Seeigel, noch einigermaassen gut, während alle Seesterne, die in der Kunstkammer einfach an die Wand genagelt waren, so sehr durch Staub, Feuchtigkeit, Insectenfrass und überhaupt den Zahn der Zeit gelitten hatten, dass es absolut nicht der Mühe verlohnte, sie noch weiter aufzubewahren, zumal bei sämmtlichen auch die Daten über die Herkunft fehlten. Ausser diesen alten, ziemlich werthlosen Exemplaren waren kurz vor Auflösung der Kunstkammer noch einige von Dr. Jaeger in Port-au-Prince eingesandte Stachelhäuter, so wie die besonders an Holothurien reiche Ausbeute hinzugekommen, welche Mertens während seiner auf dem «Seniawin» ausgeführten Weltumsegelung gesammelt hatte, und da sich in der ebengenannten Ausbeute mancherlei neue Arten vorfanden, so machte sich Brandt an die Bearbeitung sowohl der Echinodermen, als auch der Coelenteraten dieser Reise und hat über dieselben mit Benutzung der von Mertens hinterlassenen handschriftlichen Notizen eine umfangreiche Abhandlung in unseren Memoiren veröffentlicht. Zu dieser Arbeit musste er sich natürlich Vergleichsmaterial schaffen, und so verschrieb er denn von Grohmann in Palermo 26 Holothurien aus dem Mittelmeere und kaufte später noch bei dem Naturalienhändler Brandt in Hamburg und bei Prof. Dr. Krauss in Stuttgart eine ganz beträchtliche Anzahl verschiedener, meist exotischer Stachelhäuter. Ausserdem waren bereits im Jahre 1833 einige Seesterne hinzugekommen, die aus der Sammlung der zu jener Zeit aufgehobenen Warschauer Universität herrührten.

Im zweiten Decennium wurde zunächst von Cumming in London und Brandt in Hamburg wiederum eine ganz beträchtliche Anzahl verschiedener, ausschliesslich exotischer Stachelhäuter angekauft und in der Sammlung, welche unserem Museum als Aequivalent für die 3 Actien zukam, mit welchen es sich an der auf Actien unternommenen Reise des Hrn. Preiss betheiligt hatte, fanden sich 17 verschiedene Arten von Echinodermen, welche theils in Australien, theils im Caplande gesammelt waren. Alsdann brachte Akademiker C. E. von Baer von seiner Reise an die Nordküste von Lappland mancherlei Stachelhäuter mit, die Ausbeute des Hrn. von Middendorff enthielt gleichfalls einige dieser Thiere, die später bekanntlich theils von Brandt, theils von Prof. Grube bearbeitet worden sind, und mit den überaus reichen Sammlungen, welche Wosnessensky während seines neunjährigen Aufenthalts in den Russisch-Amerikanischen Colonien und an der Ostküste Asiens zusammengebracht hatte, kam ebenfalls eine grosse Menge von Echinodermen hinzu. Endlich erhielt das Museum in diesem Zeitraume auch nicht wenige Geschenke an Echinodermen, so von Dr. A. Krohn einige bereits determinirte Arten aus dem Mittelmeer, von dem Consular-Agenten Bokty in Kairo und dem griechischen Kaufmann Awerow in Neshin ziemlich viele Arten von den aegyptischen Küsten und aus dem rothen Meere, von Dr. C. Grewingk 50 Seesterne aus dem nördlichen Eismeer und von S. K. H. dem Herzoge Maximilian von Leuchtenberg 7 Asteriden von der Insel Madera.

Dagegen ist diese Abtheilung der Sammlung im dritten Decennium nur wenig gewachsen, denn angekauft wurden in diesem Zeitraum überhaupt nur 2 Arten von Asteriden aus der Nordsee bei Hrn. Malm in Gothenburg und an Geschenken erhielt das Museum auch nicht gerade viel, dafür aber ausschliesslich japanische Formen, die bis dahin gänzlich gefehlt hatten, und die wir theils Hrn. Dr. Albrecht, weiland Arzt bei der Kaiserlich-Russischen Gesandtschaft in Japan, hauptsächlich aber dem damaligen Reisenden des Kaiserlichen botanischen Gartens nunmehrigen Akademiker C. I. Maximowicz zu verdanken haben.

Nicht viel ergiebiger ist auch das 4. Decennium gewesen, indem ausser einer nicht gerade besonders reichen Sammlung exotischer Echinodermen, die bei dem Naturalienhändler Salmin in Hamburg angekauft wurde, nur noch einige Geschenke zu verzeichnen sind, nämlich eine ziemliche Anzahl von Stachelhäutern, die von den Hrn. Mag. Fr. Schmidt und Cand. P. von Glehn auf der Insel Sachalin gesammelt worden waren, desgleichen einige aus dem weissen Meer, die sich in der von Hrn. N. I. Danilewsky geschenkten Sammlung vorfanden und endlich 6 Echinodermen, welche das Ehrenmitglied der Akademie Hr. Dr. A. Th. von Middendorff nebst verschiedenen anderen zoologischen Objecten von den Cap-Verdeschen Inseln mitgebracht und dem Museum übergeben hatte.

Im letzten Decennium dagegen ist wiederum recht viel an Echinodermen hinzugekommen. Gleich im Beginne desselben, im Jahre 1873, wurde von dem Naturalienhändler R. Damon in Weymouth ein sehr schönes, in Weingeist conservirtes Exemplar des seltenen *Pentacrinus caput Medusae* für die Summe von 20 £. Sterl. erworben und später sind zu wiederholten Malen recht zahlreiche, durchweg in Spiritus conservirte, exotische Echinodermen sowohl bei Salmin, als auch bei Schilling in Hamburg angekauft worden. Alsdann kamen mit den beiden, in den Jahren 1876 und 1877 von Hrn. Jarshinsky acquirirten Sammlungen gleichfalls recht zahlreiche, theils au der norwegischen West-Küste, hauptsächlich aber im nördlichen Eismeer erbeutete Stachelhäuter hinzu, die sämmtlich in Weingeist conservirt und auch von Hrn. Jarshinsky selbst bestimmt sind. An Geschenken endlich erhielt das Museum vom Bergingenieur I. S. Bogoljubsky mehrere trocken conservirte Echinodermen aus Wladiwostok, von Prof. A. W. Grigorjew 12 sehr schön in Spiritus conservirte Exemplare aus Japan, vom Verwalter der Commodore-Inseln, Hrn. Cand. N. A. Grebnitzky zahlreiche, gleichfalls sehr schön in Weingeist conservirte Stachelhäuter von den soeben genannten Inseln und unter der reichen Sammlung, welche Hr. Dr. Fischer, Arzt auf der Insel Ternate, dem Museum geschenkt hat, befanden sich auch einige theils trocken präparirte, theils in Weingeist conservirte Echinodermen aus Ternate und aus Neu-Guinea.

So hat sich denn im Laufe der Jahre eine ziemlich beträchtliche Anzahl von Echinodermen im Museum angesammelt, und zwar besassen wir am 4. Juli 1882 nach einer von Hrn. Conservator S. M. Herzenstein vorgenommenen Zählung 1640 trocken präparirte Exemplare und etwa 450 z. Th. sehr grosse Gläser, die mit in Spiritus conservirten Stachelhäutern angefüllt sind, so dass diese letztern an Zahl den trockenen Stücken nur wenig nachstehen dürften. Von diesem Material ist aber nur sehr wenig determinirt, und zwar namentlich die Exemplare der Mertens'schen Reise, die von Brandt bestimmt und beschrieben und unter denen die Holothurien in allerneuester Zeit von Dr. H. Ludwig[1]) in Bremen einer kritischen Revision unterzogen worden sind, ferner die wenigen Arten der Middendorff'schen Ausbeute, alsdann die von Dr. August Krohn geschenkten mediterranen und die von Hrn. Jarshinsky angekauften nordischen Arten, so wie endlich einige wenige besonders auffallende, oder aber ganz gewöhnliche und allgemein bekannte Formen. Alles Uebrige ist Rohmaterial und harrt noch der Bestimmung, resp. Bearbeitung. Zwar würde es keine besonderen Schwierigkeiten machen, dieses Material zu determiniren und zu ordnen,

---

[1]) Zeitschrift für wissensch. Zoologie XXXV, p. 575—599.

jedoch fehlt es uns an dem nöthigen Raum, um eine geordnete Sammlung aufzustellen, denn wollten wir z. B. unsere in Spiritus aufbewahrten Stachelhäuter nach den einzelnen Arten und Fundorten auseinanderlegen, was doch bei einer Determination unbedingt geschehen müsste, so dürfte sich die Zahl der Gläser gegen jetzt mindestens verdreifachen und es würde also auch zum mindesten ein dreimal so grosser Raum zur Aufstellung dieses Theiles der Sammlung erforderlich sein, als sie gegenwärtig einnimmt. Zur Zeit aber stehen unsere in Spiritus conservirten Echinodermen, mit Ausnahme von ein paar besonders grossen Gläsern, die in der Vorrathskammer abgestellt sind, im Saale № VI und nehmen daselbst zwar nur eine einzige Schrankabtheilung ein, sind dafür aber auch so dicht gestellt, dass auf jedem einzelnen Brette nur die in der vordersten Reihe stehenden Gläser zu sehen sind und, was die Hauptsache ist, dass absolut nichts mehr hinzugestellt werden kann. Dabei ist die Sammlung zwar nach den 4 Classen, in welche die Stachelhäuter gegenwärtig eingetheilt werden, geordnet, aber nicht durchweg, denn um Raum zu sparen und alles Vorhandene placiren zu können, musste auf die Höhe der Gläser, die den Abstand zwischen den einzelnen Brettern bedingt, Rücksicht genommen werden, und da kommt es denn ab und zu vor, dass Repräsentanten verschiedener Classen neben einander stehen, bloss weil die Gläser, in denen sie liegen, die gleiche Höhe besitzen. Man kann sich daher vorstellen, wie viel Zeit und Mühe erforderlich ist, wenn einmal ein bestimmtes Object aus dieser Masse von Gläsern herausgesucht werden muss. Ganz ebenso sieht es auch mit der Ordnung unter unseren trocken präparirten Echinodermen aus. Ein Theil dieser trockenen Exemplare war früher im Saale № I ausgestellt und in einem ziemlich grossen Schranke mit schräg gegen den Beschauer geneigten Brettern untergebracht, so dass sich die Objecte, die in niedrigen offenen Pappschachteln lagen, sehr hübsch präsentirten. Leider musste aber, als im Jahre 1864 dieser Saal zur Aufnahme eines Theils der ichthyologischen Sammlung designirt wurde, alles in demselben Befindliche hinausgeschafft werden und da im Museum absolut kein Raum vorhanden war, wo man die Stachelhäuter hätte aufstellen können, so führte

Wosnessensky sie in die grosse Vorrathskammer, das heutige Entomologicum, über, wo sie auf roh gezimmerten Repositorien placirt und mit Zeitungspapier bedeckt wurden, um sie wenigstens einigermaassen vor dem Verstauben zu schützen. Daselbst haben sie denn länger als 10 Jahre unberührt gestanden und erst im Jahre 1875, als diese Vorrathskammer in das heutige Entomologicum umgewandelt wurde und also geräumt werden musste, schaffte der damalige Conservator Dr. A. Brandt dieselben in die östliche Rotunde (№ VI) hinüber und brachte sie in den mit Schiebladen versehenen Schrankuntersätzen unter. Dort liegen sie denn auch heute noch und füllen im Ganzen 35 Schiebladen, wobei die flachen Formen, wie z. B. die Seesterne und die Schildigel *(Clypeastrida)* der Raumersparniss wegen in 4 und selbst 5 durch Zeitungspapier von einander geschiedene Etagen über einander gelegt werden mussten. Dass bei einer solchen Aufstellung von einer systematischen Ordnung nicht die Rede sein kann, versteht sich von selbst und so ist denn lediglich wegen Mangels an Raum unsere ganze Echinodermen-Sammlung, die so manches schöne und seltene Stück enthält, nicht bloss dem Anblicke des Publicums so gut wie gänzlich entzogen, sondern auch für wissenschaftliche Studien und Untersuchungen nur überaus schwer zugänglich, bringt also nach keiner Seite hin irgendwelchen Nutzen.

9. Die Sammlung der Coelenteraten.

Von den 4 Classen, in welche die Coelenteraten gegenwärtig gewöhnlich eingetheilt werden, kommen hier nur die Corallenthiere *(Anthozoa)*, die Polypomedusen *(Hydromedusae)* und die Schwämme *(Spongiae)* in Betracht, denn von den bekanntlich sehr schwer zu conservirenden Rippenquallen *(Ctenophorae)* besitzen wir nur einige wenige, dazu noch gänzlich zusammengeschrumpfte Exemplare, über die es nicht der Mühe verlohnt, besonders zu berichten.

a) Anthozoa.

Ueber die Corallen-Sammlung der Kunstkammer ist ein von Ménétries geschriebenes Verzeichniss vorhanden, das im Ganzen 66 Arten enthält, von denen weitaus die Mehrzahl, nämlich 57, aus der alten Sammlung stammt, wie das beigefügte Wort «Muséum» andeutet, während die übrigen 9 Arten erst zu Ménétries' Zeiten, also nach dem Jahre 1826, hinzugekommen sind; unter diesen letzteren sind 4 Arten von Dr. Jaeger aus Port-au-Prince eingeschickt worden, eine hat der Marine-Arzt Dr. Kyber, gleichfalls eine der Marine-Capitain Baron Wrangel geschenkt, eine stammt von der Mertens'schen Reise und zwei aus der Kastalsky'schen Sammlung. Dieses Verzeichniss, das gegen Ende des Jahres 1830 abgefasst worden zu sein scheint, ist aber lange nicht vollständig, denn wie ich aus einem der Conferenz in der Sitzung vom 10. Februar 1830 vom Akademiker C. E. von Baer über die Kastalsky'sche Sammlung abgestatteten Bericht entnehme, enthielt allein diese Sammlung 59 Corallen und ebenso besitzen wir auch gegenwärtig noch Kunstkammer-Exemplare von weit über 100 verschiedenen Arten; endlich enthielt auch die Mertens'sche Ausbeute, wie man aus Brandt's Prodromus descriptionis animalium ab H. Mertensio in orbis terrarum circumnavigatione observatorum ersehen kann, eine ganze Reihe von Anthozoen, fast ausschliesslich in Spiritus conservirte Actinien, und so vermuthe ich denn, das Ménétries ausschliesslich nur die trockenen Corallenstöcke berücksichtigt und dabei nur diejenigen in sein Verzeichniss aufgenommen hat, die entweder bestimmt waren, oder nach den Esper'schen Abbildungen leicht bestimmt werden konnten, während er alle übrigen als undeterminirt unberücksichtigt liess.

Zu dieser für die damalige Zeit sehr reichen Sammlung, deren Werth aber durch den Mangel jeglicher Daten über die Herkunft sämmtlicher Kunstkammer-Exemplare nicht wenig beeinträchtigt wird, kam im ersten Decennium nicht gerade viel hinzu. Ausser 2 Corallen aus dem Museum der damals aufgehobenen Warschauer Universität und einigen Exemplaren, die Akademiker C. E. von Baer während seiner Reise nach Nowaja Semlja gesammelt hatte, wurden bei Grohmann in Palermo 12 Actinien aus dem Mittelmeere und bei Prof. Krauss in Stuttgart einige Corallen aus Port Natal angekauft, und an Geschenken erhielt das Museum vom Marine-Arzt Dr. F. Fischer mehrere sehr schöne Stöcke, die er während einer Weltumsegelung theils auf Tahiti, theils auf den Sandwich-Inseln gesammelt hatte, und vom Marine-Capitain Kuprejanow verschiedene Repräsentanten dieser Thierclasse aus den russisch-amerikanischen Besitzungen.

Im zweiten Decennium wurde, abgesehen von einigen exotischen Anthozoen, die sich unter den von Cumming in London acquirirten Sammlungen fanden, nichts für diese Abtheilung des Museums angekauft, dennoch hat sich dieselbe auch in diesem Zeitraume nicht unbeträchtlich vergrössert. Zunächst kamen mit der Ausbeute, welche Akademiker C. E. von Baer von seiner lappländischen Reise mitgebracht hatte, einige nordische Arten dieser Classe hinzu, ferner verdankt das Museum Hrn. A. Th. von Middendorff mehrere Corallenthiere, die er während seiner grossen sibirischen Reise im ochotskischen Meere gesammelt hatte, und endlich enthielten auch die in diesem Zeitraume alljährlich eintreffenden Sendungen Wosnessensky's sowohl trokken präparirte, als auch in Weingeist conservirte Repräsentanten dieser Thierclasse, die theils aus den nördlichsten Theilen des stillen Oceans, theils von der californischen Küste, theils von den Sandwich-Inseln stammten. Ebenso kamen dem Museum auch mancherlei Geschenke an Corallenthieren zu, so von Dr. A. Krohn mehrere Arten aus dem Golf von Neapel, vom Consular-Agenten Bokty in Cairo verschiedene Arten aus dem rothen Meere und von S. K. H. dem Herzoge Maximilian von Leuchtenberg 8 Corallen von der Insel Madera.

In ganz ähnlicher, nur weniger ergiebiger Weise ging die Bereicherung der Anthozoen-Sammlung auch im dritten Decennium vor sich, denn ausser einigen Arten, die theils von Dr. L. von Schrenck während seiner Reise im stillen Ocean, theils von Brandt selbst im schwarzen Meere gesammelt worden waren, sind nur noch einige Geschenke zu verzeichnen, und zwar bestanden dieselben ausschliesslich aus japanischen Formen, welche das Museum theils dem Marine-Lieutenant Kusnezow und dem

Gesandtschafts-Arzt Dr. Albrecht, hauptsächlich aber dem Botaniker Hrn. C. I. Maximowicz verdankt.

Auch im vierten Decennium ist an Corallenthieren nichts angekauft worden, sondern das Wenige, was in diesem Zeitraum zugekommen ist, besteht ausschliesslich aus Geschenken. So erhielten wir von den Hrn. Mag. Fr. Schmidt und Cand. P. von Glehn einige hierhergehörige Formen von der Insel Sachalin und von Hrn. N. I. Danilewsky einige Arten aus dem weissen Meere, der Fregatten-Capitain der französischen Marine Hr. Garraud schenkte dem Museum 2 Corallen von der Westküste Afrika's und Hr. Dr. A. Th. von Middendorff 9 in Spiritus conservirte Anthozoen von den Cap-Verdeschen Inseln.

Erst im letzten Decennium sind wieder einige Ankäufe an Anthozoen effectuirt worden, und zwar kauften wir von Herrn Jarshinsky mehrere in Weingeist conservirte Corallenthiere aus dem weissen und dem Eismeere, vom Naturalienhändler Salmin in Hamburg einige gleichfalls in Spiritus conservirte Arten aus Siam, Borneo und von den Philippinen und von Dr. Klunzinger in Stuttgart eine Sammlung von 57 Arten trocken präparirter Corallen aus dem rothen Meere, die schon desshalb einen ganz besonderen wissenschaftlichen Werth haben, weil sie sämmtlich Belegstücke zu Dr. Klunzinger's Arbeit über die Corallen des rothen Meeres darstellen. Endlich enthielt die reiche zoologische Sammlung, welche Dr. Fischer, Arzt auf Ternate, dem Museum im Jahre 1881 geschenkt hat, auch mehrere vorzüglich conservirte Corallenstöcke von Ternate und von Neu-Guinea, die ihrer Grösse wegen nicht in Spiritus conservirt werden konnten.

Die trocken präparirten Corallen, nebst einer Anzahl ebenso conservirter Spongien, standen früher im Saale № IV und nahmen daselbst 3 grosse Schränke mit im Ganzen 8 Abtheilungen ein. Jeder einzelne Corallenstock war in ein viereckiges, schwarzlakkirtes Postament aus Gyps eingelassen, welches durch seine Schwere das Umfallen der oft sehr hohen und breiten Exemplare verhinderte, und dabei hatte man die ganze Sammlung so aufgestellt, dass nicht bloss jedes einzelne Stück vollständig zu sehen war, sondern auch, ohne an die benachbarten anzuhaken, herausgenommen werden konnte. Auf den Schränken waren einige besonders grosse Fächercorallen *(Gorgonia)* aufgestellt, die sich in den Schränken ohne grosse Raumverschwendung nicht unterbringen liessen, und in der Ecke zwischen dem Fenster und der in den Saal № V führenden Thür stand hinter einem Gitter ein prachtvoller, fast 4 Arschin (in gerader Richtung ohne Berücksichtigung der Biegungen 266 Ctm.) hoher, glänzend schwarzer Corallenstock *(Lejopathes glaberrima)*, der im Jahre 1785[1]), also vor fast 100 Jahren acquirirt worden ist.

Im Jahre 1871 musste jedoch der Saal № IV für die Reptilien und Amphibien eingeräumt werden und da inzwischen die östliche Rotunde (№ VI) zu den eigentlichen Museumsräumen hinzugezogen und dem entsprechend möblirt worden war, so führte der damalige Conservator Dr. A. Brandt sämmtliche Wirbellosen aus dem Saale № IV dahin über und placirte die Corallen-Sammlung theils in, theils auch auf die Schränke; da aber statt der früheren 8 jetzt nur 5 Schrankabtheilungen für dieselbe angewiesen werden konnten, so war Dr. A. Brandt genöthigt, die Stöcke so dicht gedrängt, oft in 3—4 Reihen hinter einander, zu stellen, dass sie nicht bloss einander zum Theil verdecken, sondern dass es auch nicht mehr möglich ist, das Neuhinzukommende zwischen zu schieben, wesshalb z. B. die im Jahre 1880 von Dr. Klunzinger angekauften Corallen aus dem rothen Meere in den Schiebladen der Schrankuntersätze placirt und dem Anblicke des Publicums entzogen werden mussten. Zugleich ging Dr. Brandt auch an die Determination zunächst der trocken präparirten Corallen und hat die einzelnen Exemplare nicht nur bestimmt und mit farbigen Etiquetten versehen, sondern auch in einen von ihm angelegten Catalog eingetragen. Dieser Catalog enthält mit Einschluss der später nachgetragenen Klunzinger'schen Corallen im Ganzen 636 Nummern, von denen aber 36 nur der Gattung nach bestimmt sind; abgerechnet diese letzteren vertheilen sich die übrigbleibenden 600 Nummern auf 284 Species, die in 635 Exemplaren vertreten sind. Ausserdem besassen wir am 4. Juli 1882 noch 145 Gläser mit in Spiritus conservirten Anthozoen, von denen aber nur die Arten der Mer-

---

[1]) Бѣляевъ. Кабинетъ Петра Великаго II, p. 15.

tens'schen Ausbeute von J. F. Brandt, einige neapolitanische Formen, die Dr. A. Krohn geschenkt hat, und die pontischen Arten der Czernjawsky'schen Sammlung determinirt sind, während alles Uebrige noch Rohmaterial darstellt, da Dr. A. Brandt durch seine im Jahre 1879 nach Transkaukasien unternommene Reise und seinen im Jahre 1880 erfolgten Abgang vom Museum verhindert worden ist, seine ursprüngliche Absicht auszuführen und sämmtliche Anthozoen zu bestimmen und in definitive Ordnung zu bringen. Diese in Spiritus conservirten Corallenthiere werden in der Vorrathskammer aufbewahrt, da im Museum absolut kein Raum vorhanden ist, um sie aufzustellen.

b) Hydromedusae.

Unsere überaus ärmliche Sammlung von Polypomedusen, die in der Kunstkammer wahrscheinlich nur sehr wenige Vertreter gehabt haben wird, ist eigentlich mehr zufällig entstanden, denn nie ist etwas für die Completirung derselben gethan worden, und das Wenige, was wir an diesen Thieren besitzen, ist fast durchweg entweder von unseren Reisenden mitgebracht worden, oder als Geschenk eingelaufen. Eine oberflächliche Durchsicht des vorhandenen Materials hat nämlich ergeben, dass die grössere Masse desselben von den Expeditionen des Akademikers C. E. von Baer, des Hrn. Dr. A. Th. von Middendorff, des Präparanten I. G. Wosnessensky und des Hrn. Dr. L. von Schrenck stammt, während die kleinere theils von Dr. A. Krohn und Hrn. N. I. Danilewsky geschenkt worden ist, theils sich unter den von den Hrn. Jarshinsky und Czernjawsky angekauften Sammlungen gefunden hat. Im Ganzen bestand die Sammlung der Polypomedusen, die seit jeher in der Vorrathskammer gestanden hat, am 4. Juli 1882 aus etwa 50 Gläsern mit Hydroiden und gegen 70 Gläsern mit Quallen (Medusen und Siphonophoren), welche letzteren aber hinsichtlich der Conservation Vieles zu wünschen übrig lassen, da sie nicht bloss mehr oder weniger zusammengeschrumpft, sondern auch fast durchweg lädirt sind. Ausserdem fand sich noch eine kleine Parthie trocken präparirter Hydroiden vor, die alle zu der Wosnessensky'schen Reiseausbeute gehören und ebenso, wie die Bryozoen dieser Reise, zwischen Papierbogen gelegt und in Packen festgeschnürt sind. Determinirt sind von diesen Thieren nur die von Dr. A. Krohn geschenkten neapolitanischen und die von Hrn. W. I. Czernjawsky angekauften pontischen Arten, so wie endlich einige wenige Formen aus dem nördlichen stillen Ocean, die Hr. Cand. C. Mereshkowsky als neu erkannt und in den Annals and Magazine of Natural History 5th series, IV (1870), p. 433—444 beschrieben und abgebildet hat; alles Uebrige ist Rohmaterial und wird es zunächst wohl auch bleiben müssen, einerseits, weil Hr. Conservator S. Herzenstein noch für Jahre hinaus mit der Determination und Classificirung der Mollusken, Crustaceen, Echinodermen etc. zu thun haben wird, und andererseits, weil es ja im Museum auch an dem nöthigen Raum fehlt, um die etwa geordneten Polypomedusen aufzustellen.

c) Spongiae.

Wie ich schon bei Besprechung unserer Corallen bemerkt habe, besass die alte Kunstkammer auch eine kleine Sammlung von zum Theil sehr auffallend geformten Schwämmen, die zwar sehr gut erhalten sind, aber leider jeglicher Daten über ihre Herkunft ermangeln, und von denen 61 Stück auf genau ebensolche Gypspostamente, wie die Corallen, aufgesetzt sind, während die übrigen 25 Stück keine Postamente besitzen und in flachen Pappschachteln liegen. Ausserdem fanden sich auch unter der Mertens'schen Ausbeute einige theils in Weingeist conservirte, theils trocken präparirte Spongien vor, von denen aber leider gleichfalls nicht bekannt ist, wo sie gesammelt worden sind. Zu dieser Sammlung ist im 1. Decennium nur sehr wenig hinzugekommen, nämlich einige Schwämme aus dem Mittelmeer, die von Grohmann in Palermo eingesandt worden waren, und die paar Formen, welche Akademiker C. E. von Baer auf seiner Reise nach Nowaja Semlja im nördlichen Eismeer gesammelt hatte. Beträchtlicher war der Zuwachs im 2. Decennium, denn neben einigen von H. Cumming in London angekauften Schwämmen von den Philippinen und einigen von Dr. A. Krohn geschenkten Arten aus der Bucht von Neapel, lief von unseren damaligen Reisenden ein nicht unbeträchtliches Material an Spongien ein: so verdanken wir dem Akademiker C. E. von Baer mehrere Formen aus dem weissen Meer und dem nördlichen Eismeer, die er während seiner Reise in das russische Lappland gesammelt hatte, Hr. A. Th. von Middendorff brachte von seiner grossen sibirischen Reise auch mehrere Spongien aus dem ochotskischen Meere mit und die reichen Sammlungen Wosnessensky's endlich enthielten eine grosse Menge von Schwämmen aus dem nördlichsten Theile des stillen Oceans, so wie auch einige von den Sandwich-Inseln. Im 3. Decennium erhielt das Museum vom damaligen Capitain-Lieutenant unserer Marine, Hrn. K. N. Possiet (dem gegenwärtigen Admiral und Minister der Wegecommunicationen) 6 Exemplare der sonderbaren japanischen Glasschwämme *(Hyalonema Sieboldii)*, welche Brandt im Jahre 1859 in einer besonderen, der Koenigl. Bayerischen Akademie der Wissenschaften zu ihrem hundertjährigen Jubiläum gewidmeten Abhandlung in Folio speciell beschrieben und abgebildet hat. Ausserdem kamen noch einige wenige Schwämme hinzu, die theils von Hrn. Dr. L. von Schrenck im atlantischen Ocean, theils von Brandt selbst im schwarzen Meere, theils von Dr. Albrecht bei Hakodate gesammelt worden waren.

Das 4. Decennium ist für die Spongien-Sammlung das weitaus ergiebigste gewesen, denn nicht bloss erhielt das Museum von den Hrn. Mag. Fr. Schmidt und Cand. P. von Glehn, so wie von Hrn. N. I. Danilewsky Schwämme von der Insel Sachalin, resp. aus dem weissen und schwarzen Meere, sondern es wurden auch mehrere, zum Theil sehr werthvolle Ankäufe gemacht; so enthielt die vom Oberst A. Kuschakewitsch angekaufte zoologische Sammlung auch einige pontische Schwämme, von Dr. A. Brandt wurden mehrere von ihm bei Triest gesammelte Spongien acquirirt und vom Naturalienhändler Umlauff in Hamburg liessen wir uns mehrere Exemplare der sonderbaren, einst so seltenen, gegenwärtig aber ganz gemeinen *Euplectella aspergillum* kommen. Am wichtigsten war aber der im Jahre 1871 effectuirte Ankauf der Spongien-Sammlung des Hrn. N. von Miklucho-Maclay, die ausschliesslich in Spiritus conservirte Exemplare enthält und theils von den canarischen Inseln, theils aus dem rothen Meere stammt. Die canarischen Schwämme, deren 14 Nummern (Gläser) vorhanden sind, hat Hr. von Maclay auf der Insel Lanzarote bei der Stadt Arecifa und im Hafen von Porto Nao gesammelt und einen Theil derselben auch bereits in der Jenaischen Zeitschrift für Medicin und Naturwissenschaften IV (1868), p. 221—240, Tafel IV—V beschrieben und abgebildet. Die Schwämme aus dem rothen Meer, die in 29 Gläsern enthalten sind, hat er theils an der arabischen Küste bei Jambo-el-Bahr und bei Djedda, theils an der afrikanischen Küste bei Suakin und bei der Insel Dahlak, unweit von Massaua, gesammelt und bemerkt in seinem an Brandt darüber abgestatteten Bericht ausdrücklich, dass dieselben in so fern ein ganz besonderes Interesse darbieten, als sie im Jahre 1869, also vor Eröffnung des Suezkanals gesammelt sind, folglich specifische Formen des rothen Meeres darstellen, dessen Fauna später bekanntlich durch Einwanderung mediterraner Formen nicht unwesentlich modificirt worden sei.

Im letzten Decennium endlich sind mit der von Hrn. Jarshinsky angekauften Sammlung wirbelloser Thiere noch einige weitere Schwämme aus dem weissen Meer und dem nördlichen Eismeer hinzugekommen, von Hrn. W. Czernjawsky wurde eine kleine Spongien-Sammlung aus dem schwarzen Meere angekauft, welche die Originale zu seiner Arbeit über die littoralen Spongien des schwarzen und kaspischen Meeres[1] enthält, Dr. A. Brandt brachte einige Süsswasserschwämme aus den transkaukasischen Binnenseen, namentlich aus dem Goktscha, mit, und an Geschenken erhielt das Museum von Hrn. Marine-Lieutenant Niedermüller zwei sehr schön erhaltene, trocken präparirte Exemplare von *Hyalonema Schultzei* von den Philippinen, und von Hrn. Contre-Admiral Baron O. A. Stackelberg einen prachtvollen, grossen, becherförmigen Schwamm *(Poterion Neptuni)*, der gleichfalls von den Philippinen stammt und auch trokken präparirt ist.

Unsere keineswegs reiche Spongien-Sammlung, von welcher ein kleiner Theil als Appendix der Corallen früher im Saale № IV ausgestellt gewesen ist, befindet sich seit Mitte der 70-ger Jahre

---

[1] Bull. d. l. Soc. Imp. des Natural. de Moscou. LIII (1878) 2de part p. 375—397, pl. V—VIII.

in der östlichen Rotunde (№ VI) und nimmt daselbst 2 Schrankabtheilungen, so wie einige Schiebladen in den Untersätzen unter den Schränken ein. Auf den Brettern in den Schränken stehen in der vordersten Reihe die auf Gypspostamente aufgesetzten Exemplare, die fast alle noch aus der Kunstkammer stammen, und hinter ihnen sind sowohl die Gläser mit den in Weingeist conservirten Schwämmen, als auch die trocken präparirten, in flachen Pappschachteln liegenden Exemplare placirt, wobei die letztern, von denen nur ein Theil in den Schiebladen untergebracht werden konnte, wegen Mangels an Raum oft in 4—5 Etagen übereinander gethürmt werden mussten. Es erinnern daher diese beiden Schrankabtheilungen, so wie die benachbarte, in welcher die in Spiritus conservirten Echinodermen stehen, auch nur wenig an ein geordnetes Museum, sondern haben vielmehr das Aussehen einer Vorrathskammer und verunzieren die Rotunde nicht wenig; dennoch liess sich dem nicht abhelfen, da in der Vorrathskammer absolut kein Platz mehr vorhanden war und wir zugleich auch das ganze Material, das wir an Spongien, resp. an Echinodermen besitzen, gern beisammen haben wollten. Im Ganzen besassen wir am 4. Juli 1882 gegen 170 Gläser mit in Weingeist conservirten Schwämmen und eine ungleich grössere Menge von trocken präparirten Exemplaren, doch liess sich die Zahl dieser letzteren nicht einmal approximativ bestimmen, einerseits, weil es zu umständlich und zeitraubend gewesen wäre, die über einander gethürmten, nur nach Entfernung der davor stehenden Exemplare zugänglichen Schachteln auf die Zahl der darin enthaltenen Stücke zu prüfen, andererseits, weil die in den Schiebladen placirten, meist flachen Formen sehr sorgfältig in Papier gewickelt und zu Packeten zusammengebunden sind, welche letzteren denn auch nicht eher eröffnet werden sollen, als bis die Möglichkeit vorhanden sein wird, ihren Inhalt in Schachteln auseinanderzulegen.

Von diesem Material ist, abgesehen von den 4 im Vorstehenden namentlich aufgeführten japanischen und philippinischen Arten, noch Folgendes determinirt: 1) eine kleine Anzahl adriatischer Schwämme, die Dr. A. Brandt gesammelt und bestimmt hat; 2) der grösste Theil unserer nordischen Spongien, sowohl derjenigen aus dem weissen und dem Eismeer, als auch derjenigen aus dem ochotskischen Meer und dem nördlichsten Theil des stillen Oceans, die Hr. von Miklucho-Maclay im Herbste des Jahres 1869 untersucht und in einer in den Memoiren der Akademie veröffentlichten Abhandlung beschrieben und abgebildet hat; 3) die von dem ebengenannten Gelehrten acquirirten Schwämme von den canarischen Inseln und aus dem rothen Meere, doch muss ich hierbei bemerken, dass nicht bloss einzelne canarische Schwämme unbestimmt sind, sondern dass auch sämmtliche Formen aus dem rothen Meere zwar mit Namen versehen, aber niemals unter diesen Namen beschrieben worden sind, somit eigentlich noch Rohmaterial bilden, dessen Bearbeitung sich Hr. von Miklucho-Maclay übrigens gleich bei Uebergabe der Sammlung ausdrücklich vorbehalten hat; 4) die pontischen und das Wenige, was wir an kaspischen Schwämmen besitzen, von Hrn. W. Czernjawsky, der dieselben, wie bereits bemerkt, auch zu einer wissenschaftlichen Arbeit verwerthet hat. Alles Uebrige ist Rohmaterial und harrt noch der Determination, an welche wohl schwerlich früher gegangen werden dürfte, als bis die nöthigen Räumlichkeiten vorhanden sind, um die ganze Spongien-Sammlung in gehöriger Weise aufzustellen.

B. Die entomologische Abtheilung.

Wie in allen Raritätenkabinetten des vorigen Jahrhunderts, so waren auch in unserer Kunstkammer die Insecten in ganz absonderlicher Weise aufgestellt. Man hatte sie nämlich in durch Glasdeckel verschlossenen Kasten in der Art zu Bildern gruppirt, dass sich gewöhnlich in der Mitte irgend ein grosser Schmetterling oder Käfer befand, um welchen herum strahlenförmig und in möglichst symmetrischer Anordnung die verschiedenartigsten Insecten standen, wobei zugleich jeder dieser Strahlen am centralen Ende mit einem kleinen Insect begann, dem gegen die Peripherie des Kastens hin successive immer grössere folgten, so dass also der Kasten stets vollkommen gefüllt war. Diese Kasten, deren nach Ménétries mündlicher Mittheilung eine nicht gerade beträchtliche Anzahl vorhanden gewesen sein soll, waren an den viereckigen Pfeilern des westlichen Saales in der unteren Etage der Kunstkammer, (wo sich gegenwärtig die ethnographische Sammlung befindet), angebracht, und zwar immer nur an einer Seite des betreffenden Pfeilers, während die drei anderen mit einfach angenagelten getrockneten Echinodermen, Crustaceen, Reptilien und Fischen decorirt waren. Dass bei einer derartigen Aufstellung von einer wissenschaftlichen Bedeutung der Insectensammlung nicht die Rede sein kann, versteht sich von selbst, waren doch die einzelnen Ordnungen nicht einmal geschieden, sondern bunt durch einander gemengt, wie es gerade die Phantasie und der aesthetische Sinn des Zusammenstellers dieser Tableaux für gut befunden hatte.

In solchem Zustande verblieben die Insecten bis zum Jahre 1826, wo Ménétries als Conservator angestellt wurde und sich unter Anderem auch dieser Abtheilung der Sammlung annahm; er sonderte zunächst die verschiedenen Insectenordnungen von einander ab, determinirte die einzelnen Stücke, so weit das überhaupt noch möglich war, und stellte sie in systematischer Reihenfolge auf, aber immer noch in denselben oder doch in ähnlichen Kasten, da sie dem Publicum durchaus sichtbar bleiben mussten. Erst mit der Ueberführung der zoologischen Sammlung in das neue Local trat in der Aufstellung dieser Abtheilung eine Aenderung ein, indem Schränke mit Schiebladen bestellt und sämmtliche Insecten in denselben untergebracht wurden.

Insecten, besonders Schmetterlinge, sind bekanntlich gegen Einwirkung von Licht sehr empfindlich und bleichen, wenn sie beständig dem Lichte ausgesetzt sind, in verhältnissmässig sehr kurzer Zeit aus, man kann sich also vorstellen, in welchem Zustande die Insecten der Kunstkammer waren, von denen manche vielleicht ein Jahrhundert hindurch dem Lichte ausgesetzt gewesen sind. Dazu kam noch das nicht ganz trockene Local der Kunstkammer, wo Alles mehr oder weniger geschimmelt haben soll, an *Ptinus* und *Anthrenus*, diesen Schrecken aller Insectensammlungen, wird es gleichfalls nicht gefehlt haben, kurz die Objecte waren nicht bloss abgebleicht, sondern zum Theil auch verschimmelt und zerfressen, und da über ihre Herkunft meist gar keine Daten existirten, so hatte die ganze Sammlung so gut, wie gar keinen Werth. Ménétries suchte nun die weniger verdorbenen, also noch einigermaassen brauchbaren Exemplare, ausschliesslich Käfer, meist Scarabaeiden und Buprestiden, — im Ganzen noch nicht 100 Stück, — heraus und warf den Rest als völlig werthlos und unbrauchbar einfach fort.

Den Grundstock unserer heutigen entomologischen Sammlung haben daher keineswegs die Insecten der alten Kunstkammer gebildet, sondern die von Ménétries während seiner mehrjährigen Reise in Brasilien gesammelten Insecten, ferner die reiche Hummel'sche Sammlung, die fast ausschliesslich Insecten aus dem St. Petersburger Gouvernement enthielt und Ende der 20-ger Jahre angekauft worden war, alsdann die überaus reiche Ausbeute, welche Ménétries mit Hülfe Wosnessensky's während der in den Jahren 1829—30 in den Kaukasus unternommenen Reise zusammengebracht hatte und endlich eine kleine Sammlung von 160 Käfern aus der Umgegend von Irkutsk, die von dem bekannten Botaniker Turtschaninow im Jahre 1830 eingeschickt worden war. Alle diese zuletzt aufgezählten Objecte waren zwar noch zur Zeit des Bestehens der alten Kunstkammer eingelaufen, sind aber niemals ausgestellt gewesen, sondern wurden in verschlossenen Kasten und Schachteln aufbewahrt und hatten daher nicht durch Licht gelitten.

In welchem der gegenwärtig vom botanischen Museum eingenommenen Zimmer des östlichen Flügels des Museumsgebäudes die entomologische Sammlung ursprünglich untergebracht war, ist mir nicht bekannt, ebenso weiss ich auch nicht, wo sie im Jahre 1834 in unseren gegenwärtigen Arbeitsräumen installirt wurde: in den 40-ger Jahren befand sie sich im Arbeitszimmer № 7, wurde aber im Beginn der 50-ger Jahre in das Zimmer № 8 übergeführt, wo ich sie im Jahre 1855 antraf. Ende der 50-ger Jahre ging sie aus mir nicht bekannten Gründen wieder in ihr ehemaliges Local, das Zimmer № 7, über, wo sie bis zum Jahre 1862 verblieb, wurde alsdann wegen Mangels an Raum definitiv in das beträchtlich grössere Zimmer № 8 verlegt und endlich gegen Ende des Jahres 1875 in ihr heutiges Local übergeführt.

Die entomologische Abtheilung hat seit Gründung des heutigen Museums immer einen besonderen Conservator gehabt und es liesse sich daher erwarten, dass sich dieselbe gegenwärtig in besserer Ordnung befindet, als die übrigen Theile der Sammlung, leider ist das aber keineswegs der Fall, und zwar liegt die Schuld daran theils in dem Mangel an Raum und an Schränken, an dem diese Abtheilung lange Jahre zu leiden gehabt hat, theils auch an gewissen anderen Umständen, deren Auseinandersetzung weiter unten folgen wird. Während nämlich alle übrigen Theile des Museums sich zwar nur langsam, aber doch stetig entwickelten, haben bei der entomologischen Abtheilung ganz besondere Verhältnisse obgewaltet, in Folge deren dieselbe zwar anfänglich einen glänzenden Aufschwung nahm, später aber wieder beträchtlich in Verfall gerieth und erst mit dem Jahre 1862 auf den richtigen Weg der, wenn auch sehr langsamen, so doch beständigen Fortentwickelung gelangte. Es müssen daher bei Betrachtung dieser Abtheilung zwei Perioden unterschieden werden, eine ältere, die mit der Verwaltung Ménétries' zusammenfällt, und eine neuere, die mit dem Jahre 1862 beginnt und von der älteren durch ein fast anderthalbjähriges Interregnum geschieden ist, während welcher Zeit die Stelle des Conservators der entomologischen Sammlung unbesetzt war.

Was nun die erste Periode anbetrifft, so hatte Ménétries, wie schon auf p. 63 bemerkt ist, gleich nach seiner Rückkehr aus dem Kaukasus, also noch vor Installirung des heutigen Museums, einen Tauschverkehr hauptsächlich mit den Pariser Entomologen eingeleitet und denselben 3 Jahrzehnte hindurch, fast bis an seinen Tod, unterhalten. Anfänglich bot ihm die reiche Ausbeute, die er mit Hülfe Wosnessensky's im Kaukasus zusammengebracht hatte, so wie die alljährlich einlaufenden, theils geschenkten, theils angekauften sibirischen Insecten ein reiches Tauschmaterial und später benutzte er dazu hauptsächlich die von Wosnessensky im Verlaufe von 9 Jahren alljährlich zu Tausenden eingeschickten Insecten aus den russisch-amerikanischen Colonien und von der Ost-Küste Asiens. Neben diesem Tauschverkehr, der natürlich nicht auf Paris beschränkt blieb und durch welchen die Sammlung sich sehr wesentlich bereicherte, wurden nach Einrichtung des heutigen Museums auch recht zahlreiche Ankäufe an Insecten effectuirt, so im Jahre 1833 von Herrn Riedel, einem Theilnehmer an Langsdorff's Reise, 100 Lepidopteren und 200 Coleopteren aus Brasilien und im darauffolgenden Jahre 300 Käfer aus dem Caplande und 230 aus Madagascar. In dem gleichen Jahre, 1834, kam ferner die Käfersammlung des damals verstorbenen Malers Mathes hinzu, die etwa 2000 meist exotische Arten in 3800 Exemplaren enthielt und welche die Akademie als Aequivalent für das von Mathes bei Herstellung der Tafeln zu Marschall de Bieberstein's Centuria plantarum vorausgenommene Geld erhalten hatte. Später wurden noch sehr reiche Collectionen exotischer Insecten von Drege in Hamburg, vom Leydener Museum, so wie von den Herrn Delattre, Chevrolat und Buquet in Paris angekauft und ebenso acquirirte Brandt in den Jahren 1837 und 1840 vom Apotheker Luschnath in Bahia mehrere Tausend in Spiritus conservirter Käfer, die in der nächsten Umgegend von Bahia gesammelt waren. Alsdann erhielt das Museum im Laufe des ersten Decenniums auch einige Geschenke an exotischen Insecten, so von Hrn. Turtschaninow eine Schachtel mit Insecten aus der chinesischen Mongolei und aus Nord-China, von Hrn. Chlebnikow eine Sammlung mexicanischer Insectem, vom Gärtner des Kaiserlichen Botanischen Gartens Hrn. Faldermann 88 exotische Orthopteren, Hemipteren, Dipteren und Neuropteren und von Hrn. Konstantin Krohn 93 Arten aegyptischer und syrischer Insecten in 400 Exemplaren. An west-europäischen Insecten wurde im Jahre 1836 die von Dr. Wiedemann zwischen Konstantinopel und dem Balkan gesammelte Ausbeute angekauft, die 252 Arten Käfer in c. 900 Exemplaren enthielt und bekanntlich von Ménétries in einer, in unseren Memoiren veröffentlichten Abhandlung speciell bearbeitet worden ist, und zwei Jahre später erwarb das Museum von Dr. Waltl in Passau 400 Coleopteren und 800 Dipteren, die aus verschiedenen Theilen Süd-Europa's stammten. Russische Insecten scheinen im ersten Decennium ausschliesslich nur bei Dr. Gebler in Barnaul acquirirt worden zu sein, und zwar fast alljährlich entweder gegen Baarzahlung, oder häufiger in Tausch gegen andere Insecten und besonders gegen Bücher, dafür hat das Museum aber eine beträchtliche Anzahl russischer Insecten geschenkt erhalten, so im Beginn des Jahres 1832 von Dr. Herrmann 4 Kästchen mit Insecten vom Ural, später vom Lehrer Chrzczonowicz eine Schachtel mit Insecten aus Bialystok, vom Kammerherrn Solomirsky 5 Schachteln mit Insecten, die er auf seiner sibirischen Reise gesammelt hatte, vom Oberst Ladyshensky eine Sammlung mongolischer Insecten, von Hrn. Turtschaninow eine Schachtel mit Insecten aus Irkutsk, von General-Adjutanten Baron Rosen 1100 transkaukasische Insecten, vom Dr. A. von Schrenck 99 Käfer aus dem Siebenstromlande und endlich vom Gouvernements-Schulendirector Stschukin in Irkutsk zahlreiche, sich fast alljährlich wiederholende Zusendungen von sibirischen Insecten, welche er entweder selbst auf seinen Inspectionsreisen gesammelt, oder von den Schullehrern des ihm unterstellten Lehrbezirks hatte sammeln lassen.

In ähnlicher, sehr rapider Weise wuchs die entomologische Sammlung auch während des 2-ten Decenniums. Neben dem lebhaft betriebenen Tauschverkehr wurden wiederum bei Drege in Hamburg, bei Buquet in Paris, bei Cumming in London, bei Parreyss in Wien und bei Dr. Klug in Berlin Massen von exotischen Insecten, fast ausschliesslich Käfer und Schmetterlinge, angekauft und das Asiatische Departement des Ministeriums des Auswärtigen liess dem Museum als Geschenk 200 chinesische Insecten zugehen, welche von den Missionairen in Peking gesammelt worden waren. Ferner acquirirte Brandt von Prof. Saxesen in Clausthal eine Sammlung von 1947 europäischen, meist in Deutschland gesammelten Insecten verschiedener Ordnungen und von Parreyss in Wien 500 Microlepidopteren und 66 Arten von Coleopteren, die aus verschiedenen Theilen Süd-Europa's stammten. An russischen Insecten ist in diesem Zeitraum im Ganzen nicht gerade viel angekauft worden, denn ausser den fast alljährlich (bis zum Jahre 1849) einlaufenden, meist sehr reichen Sendungen von Dr. Gebler in Barnaul ist meines Wissens nur noch eine kleine Sammlung von Schmetterlingen aus der Kirgisensteppe von dem Reisenden Kindermann käuflich erworben worden, dagegen sind dem Museum recht zahlreiche Geschenke an russischen Insecten zugegangen. So erhielt unser Institut von Hrn.

Sedakow in Irkutsk zwei Sendungen ost-sibirischer Coleopteren, von Dr. Stubendorff Schmetterlinge aus Jakutsk und aus dem Altaigebirge, Dr. Kolenati schenkte einen Kasten mit sehr schönen Präparaten, welche die Verwandlung des Seidenspinners (*Bombyx mori*) vom Ei an veranschaulichen, von der Moskauer Naturforscher-Gesellschaft lief eine kleine Sammlung von Coleopteren ein, die der bekannte Reisende G. S. Karelin im Altaigebirge und in der Songarei gesammelt hatte, der Marine-Lieutenant Sagoskin schenkte ein kleine Parthie von ihm im Kotzebue-Sunde gesammelter Insecten und von den Angehörigen des auf der Rückreise aus Buchara unterwegs verstorbenen Dr. A. Lehmann erhielt das Museum die ganze, an seltenen und schönen Arten so reiche Insecten-Ausbeute Lehmann's, die Ménétries bekanntlich in einer, in den Memoiren der Akademie veröffentlichten Abhandlung speciell bearbeitet hat. Die grösste Bereicherung erfuhr die entomologische Sammlung aber unstreitig durch die Ausbeute der drei in dem in Rede stehenden Decennium von der Akademie ausgerüsteten Expeditionen des Akademikers C. E. von Baer in das russische Lappland, des Hrn. A. Th. von Middendorff in den äussersten Norden und Osten Sibiriens und besonders des Präparanten J. G. Wosnessensky, der, wie schon zu wiederholten Malen bemerkt, im Verlaufe seines neunjährigen Aufenthalts in den russisch-amerikanischen Colonien und an den asiatischen Küsten des Behringsmeeres alljährlich Tausende von dort gesammelten und ganz vorzüglich conservirten Insecten aller Ordnungen eingeschickt hat.

War die entomologische Sammlung schon in den beiden ersten Decennien sehr rapid gewachsen, so erfuhr sie im dritten eine noch ungleich beträchtlichere Bereicherung und namentlich wurden in diesem Zeitraume die Schmetterlinge ganz besonders bevorzugt, weil Ménétries im Jahre 1853 an die Abfassung und Veröffentlichung eines Catalogs der Lepidopteren-Sammlung gegangen war und daher Alles aufbieten musste, um denselben möglichst reichhaltig ausfallen zu lassen. So wurden denn zahlreiche, meist sehr beträchtliche Ankäufe an Insecten, besonders an exotischen Lepidopteren, effectuirt, sowohl hier am Orte, bei den Herrn V. Motschulsky, O. Bremer, Schauffelberger und Kindermann, als auch bei Holmberg in Helsingfors, bei Delattre in Paris und bei Mann in Wien und im Jahre 1855 kaufte das Museum die Schmetterlings-Sammlung des hiesigen practischen Arztes Dr. J. Hinze an, die weit über 1000 exotische Arten enthielt, unter denen sich ein grosser Theil für unsere Sammlung als neu erwies. Weiter liess Ménétries zu wiederholten Malen von Becker in Paris, von Meyer-Dürr in der Schweiz, von Klocke und Dr. Staudinger in Dresden, von Schmidt in Laibach und von Lederer in Wien Insecten kommen, unter denen wiederum exotische und süd-europäische (spanische und griechische) Schmetterlinge ganz besonders prävalirten, vernachlässigte aber selbstverständlich auch die russischen Arten nicht, von denen in diesem Zeitraum gerade ganz besonders viel hinzugekommen ist. Fast alljährlich wurden nämlich von dem bekannten Sammler A. Becker in Sarepta grössere oder kleinere Sendungen von Insecten, meist Käfer und Schmetterlinge, acquirirt, die er theils in der Umgegend seines Wohnortes, theils auf seinen Excursionen an das kaspische Meer und in die kaukasischen Provinzen gesammelt hatte, von Herrn Pawlowsky erwarb das Museum eine Insecten-Sammlung aus der Gegend von Jakutsk, ferner wurde die ganze Insecten-Ausbeute angekauft, welche Cand. R. Maack von seinen beiden Expeditionen an den Wilui und an den Amur mitgebracht hatte und welche besonders viele Schmetterlinge enthielt, und im Jahre 1860 kam dann noch theils als Geschenk der Kaiserlichen Russischen Geographischen Gesellschaft, theils durch Ankauf die gesammte Insecten-Ausbeute hinzu, welche G. Radde während seines mehrjährigen Aufenthalts in Transbaikalien und im Amurlande zusammengebracht hatte und die sich auf c. 30000 Exemplare belief. An Geschenken ist in diesem Zeitraume gleichfalls sehr viel hinzugekommen, denn ausser den in der weiter oben gegebenen Liste aufgeführten Schenkungen der Herrn Wonljarljarsky, Dr. S. Fischer, Kindermann, Gaschkewitsch und Tatarinow, Wendrich, Bartholomaei, Barnet-Lyon, Mulsant, Dr. Stubendorff und Dr. Albrecht, erhielten wir von dem Medicinalbeamten der Russisch-Amerikanischen Compagnie, Hrn. Petelin, eine sehr beträchtliche Menge von verschiedenen Insecten, die er auf den Inseln Urup und Kadjak gesammelt hatte. Ferner unterhielt Ménétries, nach wie vor, einen sehr lebhaften Tauschverkehr sowohl mit dem Auslande, als auch besonders mit inländischen Entomologen, durch welchen unsere Sammlung gleichfalls sehr wesentlich completirt worden ist, und ausserdem wurden von dem bekannten Reisenden Th. Fr. von Siebold gegen akademische Editionen 1934 Arten von Coleopteren aus den niederländischen Besitzungen in Ost-Indien eingetauscht. Endlich ergaben auch die beiden in diesem Zeitraume von der Akademie ausgerüsteten Expeditionen des Hrn. Dr. L. von Schrenck in das Amurland und des Hrn. Dr. N. A. Sewerzow in die aralokaspischen Gebiete Einiges an entomologischem Material, namentlich brachte der erstere eine recht reiche Insecten-Ausbeute mit, während Dr. Sewerzow hauptsächlich Wirbelthiere, besonders Vögel, und nur wenig Insecten gesammelt hat.

Mit dem dritten Decennium schliesst die erste der beiden in der Geschichte unserer entomologischen Sammlung unterschiedenen Perioden ab, indem Ménétries' am 10. April 1861 erfolgter Tod fast mit dem Schlusse des genannten Decenniums zusammenfällt, und so will ich denn zunächst einen kurzen Ueberblick über die Thätigkeit des Verstorbenen an unserem Museum geben und zugleich auf diejenigen Umstände hinweisen, welchen es beizumessen ist, dass diese Abtheilung der Sammlung trotz des glänzenden Aufschwungs, den sie anfänglich genommen hatte, gegen Ende der fünfziger Jahre wieder beträchtlich in Verfall gerieth.

Gleich bei Einrichtung und Möblirung des heutigen Museums mussten natürlich auch für die entomologische Sammlung Schränke angeschafft werden, da mit Ausnahme der Hummel'schen Sammlung, die einen besondern Schrank besass, alle übrigen Insecten in einzelnen Kasten und Schachteln der allerverschiedensten Form untergebracht waren. Es wurden also zunächst ein paar Schränke mit Schiebladen angefertigt und in einem der Arbeitszimmer, (wahrscheinlich in № 7) aufgestellt: diese Schränke, die eine Höhe von etwa $2^1/_2$ Arschin hatten, waren zwar aus ordinärem Holze angefertigt und mit weisser Oelfarbe gestrichen, enthielten aber vorn mit Mahagoniholz fournirte, mit Glasdeckeln versehene

Schiebladen von sehr handlicher Grösse, deren Boden mit Korkplatten ausgelegt, deren Inneres (aber nur ausnahmsweise) mit Papier ausgeklebt war, und entsprachen somit vollkommen ihrer Bestimmung, nur war die Zahl derselben eine zu geringe, denn soweit mir bekannt, enthielten die Schränke im Ganzen nur 84 Schiebladen, eine Zahl, welche übrigens wohl hingereicht haben kann, um das in der ersten Zeit vorhandene Insecten-Material unterzubringen. Später, als Ménétries mit dem Ordnen und Aufstellen der Sammlung begann, wurden neue, niedrige, oben mit Vitrinen versehene Schränke aus Mahagoniholz angeschafft, von denen jeder 36 inwendig mit weissem Glanzpapier ausgeklebte und in 4 neben einander liegenden Reihen angeordnete Schiebladen beträchtlich grösseren Formats enthielt, und in den Räumen des Museums, anfänglich im Saale № VII, später, als die Zahl derselben sich vergrösserte, in dem beträchtlich geräumigeren Saale № VIII, stets zwei dos à-dos, aufgestellt. Solcher Schränke sind im Laufe der 3 ersten Decennien im Ganzen 10 angeschafft worden, so dass also für die geordnete Insectensammlung überhaupt nur 360 Schiebladen vorhanden waren. Selbstverständlich reichte diese Zahl bei Weitem nicht aus, um dieselbe zu placiren, und es wurden daher sowohl die ursprünglich für das Rohmaterial designirten Schränke im Arbeitszimmer, als auch der Schrank der Hummel'schen Sammlung und noch ein anderer, wahrscheinlich mit der Mathes'schen Collection angekaufter, hinzugenommen. Aber auch diese genügten bald nicht mehr und so mussten denn nicht bloss die Doubletten und das gesammte Rohmaterial, sondern auch einzelne Theile der eigentlichen Sammlung, wie z. B. die artenreichen Coleopteren-Familien der Curculioniden und Coccinelliden, die grösstentheils determinirt und vorläufig geordnet waren, in einzelnen, oft ganz ordinären Kasten und Schachteln untergebracht werden. Ein Theil dieser Kasten und Schachteln, deren Anzahl mit jedem Jahre wuchs und die schliesslich nach Hunderten zählten, wurde in einem grossen, im Zimmer № 7 (resp. № 8) vorhandenen Wandschranke aufbewahrt, die weitaus grössere Masse derselben dagegen stand frei, theils auf den Schränken im Arbeitszimmer, theils in einer grossen Nische, die sich in dem halbdunkeln Korridor zwischen den Zimmern № 7 und № 8 befindet. Diese Unmasse von Kasten und Schachteln zu beaufsichtigen hatte seine grossen Schwierigkeiten, und da viele darunter ungenügend, ja wenn die Holzdeckel sich geworfen hatten, gar nicht schlossen, so verstaubte der Inhalt nicht bloss, sondern es stellten sich allmählich auch Ptinen und Anthrenen ein und begannen ihr Zerstörungswerk. Man kann sich daher leicht vorstellen, in welcher Verfassung sich der Inhalt vieler dieser Schachteln, die Jahrzehnte hindurch frei gestanden hatten, bei der im Jahre 1862 vorgenommenen Generalrevision erwies: in sämmtlichen schlecht schliessenden Kasten waren die Insecten dick mit Staub bedeckt, in den meisten mehr oder weniger zerfressen und in einzelnen fand sich überhaupt nur noch eine dicke Staublage, aus welcher die leeren Nadeln hervorstarrten, von Insecten war nichts mehr übrig geblieben. Glücklicherweise war die Zahl solcher Kasten mit gänzlich zu Grunde gegangenem Inhalt eine verhältnissmässig geringe, um so grösser ist aber dafür die Zahl solcher gewesen, deren Inhalt durch Staub und besonders Insectenfrass mehr oder weniger verdorben war.

Was nun speciell Ménétries' Thätigkeit anbetrifft, so bekleidete er an der Kunstkammer den Posten eines Conservators der zoologischen Abtheilung, hatte also die ganze Sammlung zu beaufsichtigen und war zugleich auch verpflichtet auszustopfen. Obwohl er sich anfänglich besonders mit ornithologischen Studien befasst und auch eine monographische Arbeit über eine Gruppe brasilianischer Vögel, die *Myiotheridae*[1]), geschrieben hatte, scheint er doch schon damals auch die Entomologie mit Vorliebe cultivirt zu haben, denn in seinem 1832 erschienenen Catalogue raisonné des Objets de Zoologie recueillis dans un voyage au Caucase bilden die Insecten fast zwei Drittel des ganzen Inhalts. Als daher in der Person Schrader's ein zweiter Conservator angestellt worden war, dessen Specialität gerade in taxidermisti-

---

[1]) Ménétries' Monographie de la famille des Myiotherinae, où sont décrites les espèces qui ornent le Musée de l'Académie des Sciences ist zwar erst 1835 erschienen, aber viel früher abgefasst, denn bereits in der Sitzung vom 21. März 1827 hat der Akademiker Pander der Conferenz einen Bericht über diese Arbeit abgestattet.

schen Arbeiten bestand, reichte Ménétries in der Sitzung vom 3. October 1831 der Conferenz ein Gesuch ein, in welchem er bat, ihn von der Verpflichtung auszustopfen zu dispensiren und ihm die Verwaltung der entomologischen Sammlung anzuvertrauen. Die Conferenz genehmigte zwar dieses Gesuch, stellte jedoch die Bedingung, dass Ménétries so lange, bis das Museum im neuen Local installirt sein würde, dem Conservator Schrader bei den Arbeiten behülflich sein sollte, und so hat er denn die ausschliessliche Verwaltung der entomologischen Abtheilung erst am 4. Juli 1832 angetreten. Anfänglich, als die Sammlung noch klein war und der Zuwachs grösstentheils aus bereits determinirten Arten bestand, scheint er mit der Determination, Präparation und Aufstellung auch ganz gut zurecht gekommen zu sein und hat sogar noch Zeit gefunden, verschiedene, grössere oder kleinere, wissenschaftliche Abhandlungen über dieselbe zu veröffentlichen. Als aber allmählich massenhaftes Rohmaterial, besonders die überaus reichen Insecten-Sendungen Wosnessensky's, einzutreffen und die Sammlung überhaupt sehr rapid zu wachsen begann, mehrten sich die Arbeiten in solcher Weise, dass er sie nicht mehr zu bewältigen im Stande war, zumal er auch die rein mechanischen Arbeiten, wie das Ausspannen der Schmetterlinge, das Aufstecken und Präpariren der Käfer etc., für welche an jedem grösseren Museum ein besonderer Präparant angestellt ist, selbst ausführen musste. Dazu kam dann noch, dass er nur einen Theil seiner Zeit dem Museum widmen konnte, denn der Jahresgehalt von 714 Rub. 28 Kop., bei freier Wohnung, reichte natürlich nicht hin, um eine Familie zu ernähren, und so war er denn gezwungen, noch anderweitige Beschäftigungen zu suchen, und hat namentlich fast während der ganzen Zeit seines hiesigen Aufenthalts an verschiedenen Damenstiften und Mädchen-Pensionen Unterricht in den Naturwissenschaften ertheilt. Trotzdem er seine Thätigkeit an der Sammlung auf die beiden Ordnungen der Lepidopteren und Coleopteren einschränkte, reichte seine Kraft mit der Zeit doch nicht mehr aus, um das massenhaft aufgespeicherte und sich beständig vergrössernde Material in Ordnung zu bringen und zu erhalten, und er sah sich daher nach Hülfe wenigstens für die mechanischen Arbeiten um.

Diese Hülfe fand er denn auch sehr bald, und zwar in einem kleinen Kreise von Liebhabern der Entomologie, der sich bereits in den 30-ger Jahren um ihn gebildet hatte und sich allwöchentlich am Montag-Nachmittag in den entomologischen Arbeitsräumen zu versammeln pflegte. Fast jedes einzelne Mitglied dieses Kreises, aus dem nachmals die Russische Entomologische Gesellschaft hervorgegangen ist, hat sich in irgend einer Weise an den Arbeiten in der entomologischen Abtheilung unseres Museums betheiligt, der eine hat Schmetterlinge ausgespannt, der andere Etiquetten geschrieben, der dritte Käfer auf Nadeln gesteckt etc., und da Ménétries jede solche Leistung, auch die geringste, stets mit einer entsprechenden, bald grössern, bald kleinern Anzahl von Insecten aus den reichen Doublettenvorräthen, zu honoriren pflegte, so wurde ihm auch sehr gerne geholfen. Natürlich hatte Jeder, der sich an diesen Arbeiten betheiligte, auch freien Zutritt zur Sammlung und so war es denn allmählich ganz von selbst dahin gekommen, dass jeder der damals recht zahlreichen hiesigen Insectenliebhaber, der etwas in der Sammlung oder in der Bibliothek vergleichen oder nachsehen wollte, einfach die Schlüssel zu den betreffenden Schränken nahm und sich das Gewünschte selbst heraussuchte, so dass also die akademische Insectensammlung in einer derartig unbegrenzten Weise zugänglich war, wie es sonst in keinem Staats-Institut erlaubt ist und wie es selbst kein Privatmann mit seiner Sammlung jemals gestatten würde.

Auf solche Weise unterstützt und von den rein mechanischen Arbeiten befreit, hatte Ménétries nicht bloss die Möglichkeit sich wissenschaftlich zu beschäftigen und auch im Laufe des 2-ten Decenniums eine ganze Reihe von grösseren oder kleineren Abhandlungen zu publiciren, sondern schritt auch mit dem Ordnen und Aufstellen der Sammlung rüstig vorwärts. Gegen Schluss des genannten Decenniums war die ganze damals vorhandene Lepidopterensammlung bestimmt und in den obenerwähnten, im Museum stehenden Mahagonischränken aufgestellt. Von den Käfern, welche er nach Dejean's Catalogue des Coléoptères geordnet hatte, waren sämmtliche Pentameren gleichfalls definitiv geordnet und in den Mahagonischränken aufgestellt, der Rest, theils definitiv, theils vorläufig bestimmt, stand in den Arbeitsräumen, entweder in den dort befindlichen Schränken, oder zum geringeren Theile auch in einzelnen Kasten und Schachteln untergebracht. Ferner hatte Dr. Kolenati, der vom 25. Mai 1845 bis zum 1. August 1846 als Hülfsarbeiter an der entomologischen Abtheilung angestellt gewesen ist, auch einen Theil der Hemipteren, Neuropteren und Orthopteren determinirt und in den Mahagonischränken, deren Zahl sich damals bereits auf 8 belief, aufgestellt, und nur die Hymenopteren, die Dipteren und das Wenige, was die Sammlung an Apteren besass, bildeten einfaches Rohmaterial, obwohl auch darunter eine Anzahl determinirter Arten vorhanden war, wie z. B. die vom Berliner Professor Dr. Erichson bearbeiteten Hymenopteren und Dipteren, der Middendorff'schen und Lehmann'schen Ausbeute. Ein Catalog der Sammlung existirte aber nicht und nur für die Käfer hatte Ménétries sich in der Weise geholfen, dass er das akademische Exemplar des Dejean'schen Catalogs mit Schreibpapier durchschiessen liess und darin die Namen aller in unserer Sammlung vorhandenen Arten unterstrich und zugleich die Namen derjenigen, die im Cataloge fehlten, in der Sammlung aber vorhanden waren, an der betreffenden Stelle auf die eingeschossenen Blätter aufschrieb. Mit Hülfe dieses Catalogs konnte er sich über den Bestand der Coleopterensammlung, wenigstens über die vorhandenen Arten, jederzeit leicht orientiren, während er bei den Schmetterlingen stets die Sammlung selbst consultiren musste, um zu erfahren, ob eine betreffende Art vorhanden war oder nicht.

Mit dem Beginn des dritten Decenniums änderten sich die Verhältnisse in der entomologischen Abtheilung, und zwar sehr zum Nachtheile derselben. Ménétries, der eine sehr hohe, aber keineswegs richtige Meinung von dem Reichthume der akademischen Insectensammlung gehabt zu haben scheint, kam auf den Gedanken, Cataloge derselben zu publiciren, und übergab Brandt einen Plan der projectirten Cataloge mit der Bitte denselben der Conferenz vorzulegen. Nachdem die letztere in der Sitzung vom 16. December 1853 diesen Plan gebilligt und die nöthigen Summen für den Druck und die Anfertigung von Tafeln bewilligt hatte, ging Ménétries an die Arbeit und machte den Anfang mit der Lepidopterensammlung, theils wohl weil für dieselbe gar kein Catalog existirte, theils und hauptsächlich aber wohl desshalb, weil er in der Person eines hiesigen Architecten, Otto Bremer, einen sehr brauchbaren Gehülfen gefunden hatte. Bremer, ein leidenschaftlicher Schmetterlingssammler, hatte Ende der 40-ger Jahre die Lepidopterensammlung des hiesigen Architecten Schauffelberger, zu jener Zeit unstreitig die bedeutendste hier am Orte, bestimmt und geordnet und galt überhaupt für einen der besten Schmetterlingskenner St. Petersburgs, obwohl er eigentlich nur eine gewisse Routine besass, denn von den Gattungsmerkmalen wusste er sehr wenig und verstand die Schmetterlinge nur nach der Form, Färbung und Zeichnung der Flügel zu bestimmen. Da die Schmetterlingssammlung, wie schon oben bemerkt, bereits bestimmt und geordnet war, so ging die Arbeit, die nur in einer Verificirung der Determinationen und in der Beschreibung der als neu erkannten Arten bestand, sehr rasch vorwärts und Ménétries konnte bereits in der Sitzung vom 1. Februar 1856 der Conferenz den ersten Fascikel des Catalogs fertig gedruckt vorstellen, welcher sämmtliche damals vorhandenen Tagschmetterlinge *(Rhopalocera)*, im Ganzen 1105 Arten, enthielt. Dieser Catalog, den Brandt mit dem vielversprechenden Titel Enumeratio corporum animalium Musei Imperialis Academiae scientiarum Petropolitanae belegt und mit einer lateininischen Vorrede versehen hat, ist leider ganz in derselben Weise abgefasst, wie auch alle handschriftlichen Cataloge unserer Sammlung aus der früheren Zeit, denn er enthält lediglich eine Aufzählung der vorhandenen Arten mit Beifügung einiger Citate und gewöhnlich sehr allgemein gehaltener Fundortsangabe, giebt also nur über die Zahl der Arten, nicht aber über die Zahl und specielle Herkunft der Exemplare Auskunft und besitzt daher, abgerechnet die am Schlusse gegebenen Beschreibungen neuer oder Bemerkungen über weniger bekannte Arten, nur einen sehr geringen wissenschaftlichen Werth. Die verhältnissmässig nur kleine Zahl der im Cataloge aufgeführten Rhopaloceren mag nun Ménétries erst darüber belehrt haben, dass die akademische Lepidopterensammlung keineswegs zu den reichen gehörte und dass folglich auch ein Catalog derselben schwerlich ein besonderes

Interesse haben konnte, wenigstens fing er schon bald nach Beginn der ganzen Arbeit an, diesen Theil der Sammlung nach Möglichkeit zu completiren, und verwandte nicht bloss alle ihm zu Gebote stehenden Geldmittel, sondern auch die damals noch sehr bedeutenden Vorräthe an Käfer-Doubletten ausschliesslich dazu, um Schmetterlinge zu beschaffen. Seine Bemühungen sind auch nicht ohne Erfolg geblieben, denn der 2-te Fascikel des Catalogs, den Brandt in der Sitzung vom 12. December 1856 der Conferenz zum Druck vorstellte, enthielt zunächst einen Nachtrag zu den Rhopaloceren, der nicht weniger als 321 Arten, darunter auch mehrere neue, umfasste; darauf folgt die Aufzählung der Heteroceren, von denen aber nur ein sehr geringer Theil, nämlich 374 Arten in diesem Fascikel enthalten sind. Damit endete aber auch die Publication des Lepidopterencatalogs, denn nach Ménétries' Tode setzte Bremer die Arbeit nicht mehr fort, sondern machte sich an die Bearbeitung der Schmetterlingsfauna des Amurlandes, die zwar bereits von Ménétries in dem Reisewerke des Hrn. v. Schrenck bearbeitet, aber durch die Sammlungen der Herrn Radde, Maack und Dr. Wulffius sehr wesentlich vervollständigt worden war, und hat bekanntlich auch in den Memoiren der Akademie eine Abhandlung darüber veröffentlicht. Um jedoch den Catalog nicht ohne Abschluss zu lassen, gab Ménétries' Nachfolger, Hr. Conservator A. Morawitz, im Jahre 1863 einen 3-ten und letzten Fascikel heraus, der aber nur die von Ménétries hinterlassenen Beschreibungen einiger neuen Arten enthält, denn eine Fortsetzung des eigentlichen Catalogs hielt Hr. Morawitz für zwecklos, weil, wie er mit Recht bemerkt, die bis dahin noch nicht erschienenen Gruppen in der Sammlung keineswegs reich vertreten waren und eine Aufzählung derselben absolut kein Interesse für die Wissenschaft gehabt haben würde.

Die Abfassung dieses Catalogs und die damit zusammenhängenden Arbeiten an der Lepidopterensammlung nahmen Ménétries' Thätigkeit dermaassen in Anspruch, dass ihm absolut keine Zeit übrig blieb, auch die Coleopterensammlung in der gehörigen Weise zu fördern, und so war es ihm denn sehr willkommen, dass sich der bekannte Entomolog Victor von Motschulsky derselben annahm und sowohl das bereits vorhandene, als auch das neu hinzukommende Rohmaterial zu determiniren und aufzustellen begann. Selbstverständlich übernahm Motschulsky diese Arbeiten nicht umsonst und da kein Geld vorhanden war, um ihn zu honoriren, so kam er mit Ménétries überein, Doubletten als Honorar zu nehmen. Welcher Art die diesbezüglichen Abmachungen zwischen beiden gewesen sind, ist mir nicht bekannt, jedoch muss Ménétries sehr weit gehende Concessionen gemacht haben, denn Motschulsky begann von da ab, ganz nach seinem Belieben in der Coleopterensammlung zu schalten und zu walten. Anfänglich beschäftigte er sich in dem entomologischen Arbeitszimmer, da er aber beim Determiniren beständig seine eigene, sehr reiche Käfersammlung consultiren musste und es wahrscheinlich überhaupt viel bequemer fand, zu Hause zu arbeiten, so liess er sich das akademische Material auf's Haus bringen und untersuchte es dort. Nunmehr begann eine ganz systematische Plünderung der akademischen Coleopterensammlung, denn Motschulsky behielt, als Lohn für seine Mühe, von jeder Art, die er determinirte, wenn sie in Mehrzahl vorhanden war, jedes 2., 4., 6., etc. Exemplar für sich und dehnte dieses Verfahren auch auf die bereits bestimmten und geordneten Theile des Käfersammlung aus, die er sich Kasten nach Kasten auf's Haus bringen liess, um die Determinationen zu verificiren, und dafür gleichfalls jedes vorhandene 2., 4., 6., etc. Exemplar für sich in Anspruch nahm. Aber auch das genügte ihm noch nicht, sondern er bemächtigte sich auch der Doublettenvorräthe und begann auf eigene Hand einen Tauschverkehr mit dem Auslande, wobei er von den eingetauschten Käfern gleichfalls sämmtliche Doubletten für sich behielt, kurz er gerirte sich als alleiniger Herr der akademischen Käfersammlung und maasste sich Rechte an, die selbst dem Conservator nicht zukommen. Auf diese Weise war es denn schliesslich dahin gekommen, dass jede eintreffende Sendung, sie mochte durch Kauf oder Tausch erworben, oder als Geschenk eingelaufen sein, sofort zu Motschulsky expedirt wurde und erst zurückkam, nachdem er den Inhalt untersucht und sämmtliche Doubletten für sich genommen hatte. Dazu kam dann noch der Umstand, dass er mit den Insecten, sowohl mit den akademischen, als auch mit seinen eigenen, keineswegs zart umging, und da unsere Käfer, wegen des beständigen Mangels an Kasten, äusserst dicht gedrängt standen und nur mit der grössten Vorsicht herausgenommen werden konnten, so hat er sie in einer Weise zugerichtet, dass in denjenigen Theilen der Sammlung, die er in Händen gehabt hat, intacte Exemplare zu den grössten Seltenheiten gehören. Uebrigens muss ich hier der Wahrheit die Ehre geben und hinzufügen, dass die Schuld an dem miserabelen Zustande unserer Coleopterensammlung keineswegs Motschulsky allein beizumessen ist, sondern dass auch Ménétries selbst einen guten Theil davon trägt; er war nämlich auf den unglückseligen Gedanken gekommen, die Käfer, wenigstens die grösseren Arten, auszuspannen, d. h. ihnen durch Spreizung der Beine und Fühler eine laufende Stellung zu geben, und da er dazu nicht die nöthige Geschicklichkeit besass und die Objecte vielleicht auch nicht genügend aufgeweicht hatte, so brach er beim Ausspannen die Beine und Fühler gewöhnlich ab und klebte sie dann in sehr wenig kunstgerechter Weise mit Gummi arabicum wieder an, wobei denn mitunter auch Verwechselungen, und zwar oft recht grobe, vorgekommen sind.

Motschulsky's Beispiel, besonders die äusserst bequeme und billige Art, wie er seine Privatsammlung auf Kosten der akademischen Doubletten bereicherte, war natürlich sehr verlockend und fand auch bald Nachahmer, denn in der 2-ten Hälfte der 50-ger Jahre meldeten sich noch einige hiesige Insectenliebhaber mit dem Anerbieten, unter denselben Bedingungen, unter welchen Motschulsky die Käfersammlung ordnete, auch die übrigen Insectenordnungen zu determiniren und aufzustellen. Ménétries, der wohl kaum eine Ahnung davon gehabt haben mag, wie sehr Motschulsky sein Vertrauen missbrauchte, ging leider auf diese Proposition ein und so sind denn zwei andere Insectenordnungen, nämlich die Hymenopteren und Hemipteren, die zwar nicht besonders reich waren, aber immerhin doch mancherlei Interessantes und Werthvolles enthielten, gleichfalls ruinirt und geplündert worden, denn die resp. Bearbeiter dieser Ordnungen verfuhren genau in der Motschulsky'schen Weise, nur mit dem Unterschiede, dass Motschulsky, als wirklich kenntnissreicher Entomolog, die Objecte doch wenigstens richtig bestimmte, während die Determination der Hymenopteren und Hemipteren schon desshalb gar keinen Werth hatte und haben konnte, weil sie von in keiner Weise zu einer solchen Arbeit befähigten Anfängern gemacht worden war.

Ihren Höhepunct erreichte diese beispiellose Wirthschaft in den Jahren 1860 und 61, namentlich als die reichen Sammlungen Radde's hier angelangt waren und präparirt werden sollten: Radde's Insectenausbeute, die sich nach seinen Tagebüchern und Notizen auf mehr als 30000 Exemplare belief, war in der gewöhnlichen Weise in Papierdüten oder zwischen Watte in einzelne Schachteln verpackt und musste, um bestimmt und bearbeitet zu werden, erst auf Nadeln gesteckt, resp. ausgespannt werden. Ménétries, der damals schon sehr leidend war und sich überhaupt daran gewöhnt hatte, die Präparation der Insecten von Anderen besorgen zu lassen, vertheilte nun, mit Ausnahme der Schmetterlinge, die Bremer zur Präparation übergeben wurden, die einzelnen Schachteln an seine verschiedenen entomologischen Freunde, die sich in grosser Zahl eingefunden hatten und die Präparation unter den bis dahin üblichen Bedingungen, d. h. gegen ein entsprechendes (aber leider von ihnen selbst abgeschätztes) Honorar von Doubletten übernahmen. Dabei ging Ménétries in seiner Vertrauensseligkeit so weit, dass er nicht einmal notirte, wem und wie viele Schachteln er überhaupt zur Präparation fortgegeben hatte, so dass, als er einige Monate später schwer erkrankte und schliesslich starb, Niemand im Museum wusste, ob die Radde'schen Insecten bereits alle zurückgeliefert worden waren, oder nicht, und von wem etwa noch welche zu fordern gewesen wären. Obwohl nun Einzelnes auch später noch, theils aus freien Stücken, theils auf Reclamationen hin, zurückgegeben worden war, ist diese schöne und reiche Ausbeute dennoch in einer Weise ruinirt und geplündert worden, dass, wie sich bei der 1862 vorgenommenen Generalrevision der entomologischen Sammlung herausstellte, kaum noch ein Drittel davon übrig geblieben ist, das obendrauf noch grösstentheils aus mehr oder weniger lädirten Exemplaren besteht.

Nach Ménétries' am 10. April 1861 erfolgten Tode traten

in der entomologischen Abtheilung ganz absonderliche Verhältnisse ein, die der Sammlung, so zu sagen, den Rest gegeben haben. Ausser Bremer, der seit dem Jahre 1856 miethweise, aber mit einem festen Gehalt von anfänglich 20, später 25 Rbl. monatlich als Assistent angestellt war, arbeiteten an dieser Abtheilung seit Ende des Jahres 1860, zwar ständig, aber in ganz privater Weise, auch zwei junge Fachgelehrte, die Herrn Mag. C. Blessig und Cand. A. Morawitz: Hr. Blessig, der längere Zeit in Australien gewesen war und eine reiche Insectensammlung von dort mitgebracht hatte, beschäftigte sich zunächst ausschliesslich mit der Bestimmung und Bearbeitung seiner australischen Käfer und Hr. Morawitz war von Brandt mit der Bearbeitung der dem Museum von Dr. Albrecht geschenkten Käfer von der Insel Jesso betraut worden. Bei Besetzung der vacanten Conservatorstelle kam Bremer natürlich nicht in Frage, da er bei seiner Einseitigkeit und seinen überhaupt nur oberflächlichen Kenntnissen einem solchen Posten in keiner Weise gewachsen war, dagegen besassen die Herren Blessig und Morawitz durchaus die nöthigen Qualificationen und reflectirten auch beide auf diese Stelle. Statt nun unverzüglich einen von beiden zum Conservator vorzuschlagen, zögerte Brandt leider länger als ein Jahr, weil er, um beide anzustellen, den Posten zu theilen beschloss und machte denn auch beiden Aussichten auf eine Anstellung. Da aber ein etatmässiger Posten laut Gesetz nicht getheilt werden darf, so musste sich Brandt endlich doch entschliessen, eine Wahl zu treffen, und entschied sich für Hrn. Morawitz, der denn auch in der Sitzung vom 6. Juni 1862 von der Conferenz zum Conservator der entomologischen Abtheilung gewählt wurde. In Folge dessen fühlte sich Herr Blessig zurückgesetzt und mit vollem Rechte, denn abgesehen von den Versprechungen, die ihm Brandt gemacht, hatte er sich durch die später vorgenommene Bearbeitung der Cerambyciden des Amurlandes [1] genau ebenso,

---

[1] Mag. Blessig's Arbeit ist erst 11 Jahre später unter dem Titel: «Zur Kenntniss der Käferfauna Süd-Ost-Sibiriens, insbesondere des Amurlandes, Longicornia», von Hrn. S. von Solsky im IX Bande der Horae Societatis entomologicae Rossicae veröffentlicht und mit den in Folge der verzögerten Publication nöthig gewordenen Zusätzen und Berichtigungen versehen worden.

wie Herr Morawitz, an der Bestimmung und Bearbeitung von akademischem Material betheiligt; er verliess daher das Museum und hat für seine fast anderthalbjährige Thätigkeit an demselben keinerlei Remuneration erhalten, ja Brandt hat es nicht einmal für nöthig erachtet, darauf anzutragen, dass ihm von Seiten der Akademie ein Dank votirt werde.

Die Unentschlossenheit Brandt's bei Besetzung der vacanten Conservatorstelle ist für die entomologische Sammlung sehr verhängnissvoll gewesen, denn da kein Conservator vorhanden war, Bremer sich ausschliesslich nur um die Schmetterlinge kümmerte und die Herrn Blessig und Morawitz absolut kein Recht hatten, gegen die Uebergriffe, die sich Motschulsky und die übrigen hiesigen Amateure in jeder Hinsicht erlaubten, einzuschreiten, so wirthschafteten die letzteren in der bisherigen Weise fort und da sie voraussehen mochten, dass ihrem Wirken mit Ernennung eines neuen Conservators ein Ende gemacht werden würde, so benutzten sie die ihnen gewährte Freiheit, um die Sammlung noch recht gründlich zu plündern. Was in dieser Zeit und während der mehrmonatlichen Krankheit Ménétries' fortgekommen und ruinirt worden ist, streift an das Unglaubliche, und namentlich zeichnete sich Motschulsky vor allen Anderen aus, jedoch wurde seiner Thätigkeit an unserer Sammlung glücklicherweise sehr bald und für immer ein Ziel gesetzt, wobei es aber freilich nicht ohne einen kleinen Scandal abgegangen ist. Das Museum hatte nämlich im Jahre 1860 in Tausch gegen Amur-Schmetterlinge von Dr. Felder in Wien zwei grosse Schachteln mit prachtvollen Käfern aus Amboina erhalten, die von Motschulsky in gewohnter Weise gleich nach ihrem Eintreffen nach Hause genommen worden waren, um die Arten zu untersuchen und zu determiniren. Nun wurde im Frühjahre 1861 zufällig im Museum bekannt, dass Motschulsky in's Ausland zu reisen beabsichtige, und so ersuchte ihn Brandt brieflich um Rückgabe der Amboina-Käfer, die er aber unter allerhand nichtigen Vorwänden verweigerte. Um zu seinem Rechte zu kommen, legte Brandt die ganze Angelegenheit der Conferenz vor, und letztere fasste in der Sitzung vom 5. April 1861 den Beschluss, gerichtlich gegen Motschulsky vorzugehen, und liess durch die Polizei seinen

Reisepass in's Ausland mit Beschlag belegen. Diese Maassregel wirkte auch sofort, denn kurze Zeit darauf schickte Motschulsky die beiden Schachteln in's Museum zurück, jedoch waren dieselben kaum noch zur Hälfte gefüllt und enthielten auch lauter defecte Exemplare. Brandt, der hierbei wohl zum ersten Male einen Einblick in die damals in der entomologischen Abtheilung herrschenden Zustände gewonnen haben mochte, war über diese Impertinenz Motschulsky's dermaassen aufgebracht, dass er die beiden Schachteln sofort an Dr. Felder nach Wien expediren liess und ihn brieflich bat, zu constatiren, dass Motschulsky wirklich einen Theil des Inhalts für sich behalten hatte, eine Thatsache, über welche weder Brandt selbst, noch sonst Jemand im Museum in Zweifel war. Dr. Felder antwortete auch umgehend und schrieb, dass nicht bloss weit über die Hälfte an Stückzahl fehle, sondern dass auch ein Theil der noch vorhandenen Insecten gar nicht von ihm und auch nicht aus Amboina stamme, sandte aber die Schachteln, da er den defecten Inhalt wohl für werthlos hielt, nicht wieder zurück, so dass das Museum auch dieses letzten Restes der Amboina-Käfer verlustig gegangen ist.

Mit dem Moment, wo Hr. Cand. A. Morawitz seinen neuen Posten antrat, wurde dem soeben besprochenen Unwesen in der entomologischen Abtheilung endlich gesteuert, denn da er als Conservator für die Integrität der ihm anvertrauten Sammlung zu verantworten hatte, schloss er einfach sämmtliche Insecten- und Bücherschränke ab und nahm die Schlüssel an sich, so dass von da ab Jeder, der etwas in der Sammlung oder in der Bibliothek nachzusehen wünschte, gezwungen war, sich desshalb an ihn zu wenden. Natürlich erregte diese Maasregel grosse Unzufriedenheit unter den hiesigen Entomologen und als Brandt ein paar Jahre später die Verordnung erliess, dass die Insecten-Kasten nicht mehr geöffnet werden durften, sondern Jeder, der ein Insect genauer zu untersuchen wünschte, sich dasselbe vom Conservator herausnehmen lassen musste, steigerte sich die Unzufriedenheit der Privat-Entomologen noch mehr, obgleich die hiesige entomologische Gesellschaft kurz vorher genau dasselbe Verbot in Bezug auf die Benutzung der ihr gehörenden Eversmann'schen Sammlung erlassen hatte. Durch diese letztere Verordnung Brandt's war zwar die Sammlung vor allen weiteren Beschädigungen, die sich bisdahin beständig wiederholt hatten, vollkommen gesichert, zugleich aber auch dem Conservator eine Aufgabe zugefallen, die er nur mit Beeinträchtigung seiner eigenen Arbeiten zu leisten im Stande war, denn da fast jeden Tag einer oder auch mehrere der hiesigen Entomologen sich im Museum beschäftigten und den Conservator beständig in Anspruch nahmen, so blieb letzterem schliesslich nicht einmal so viel Zeit übrig, um die laufenden Arbeiten an der Sammlung zu besorgen, geschweige denn sich wissenschaftlich zu beschäftigen. Unter solchen Verhältnissen rückte die Determinirung und Aufstellung der Sammlung kaum vorwärts und es musste daher diesem Uebelstande unbedingt abgeholfen werden, was denn auch im Beginn der 70-ger Jahre in der Weise geschah, dass Brandt mit Genehmigung der Conferenz einen Tag in der Woche für den Besuch der entomologischen Abtheilung festsetzte, die Wahl des Tages aber dem Conservator überliess. Da es letzterem nun so ziemlich gleichgültig war, welcher Tag für den Besuch bestimmt würde, so nahm er mit denjenigen Entomologen, welche damals das Museum am häufigsten besuchten, darüber Rücksprache und da sich die meisten derselben für den Sonnabend entschieden, so wurde dieser Tag als Besuchstag festgesetzt. Obwohl also auf den Wunsch der hiesigen Entomologen Rücksicht genommen worden war und fast jeder einzelne derselben es auch ganz natürlich fand, dass der Besuch eingeschränkt wurde, erregte diese Maasregel doch eine solche Unzufriedenheit, dass von da ab eine gewisse Animosität gegen das Museum Platz griff, welche leider auch heute noch besteht, obwohl von den Entomologen, die von dieser Maasregel direct betroffen wurden, kaum noch Jemand hier am Orte vorhanden ist, indem die meisten verstorben oder fortgezogen sind. So unangenehm ein derartiges Verhältniss auch ist, so lässt es sich bei unserem Mangel an Raum und besonders an Arbeitskräften absolut nicht ändern und wir trösten uns daher mit dem Gedanken, dass es ja anderweitig auch nicht besser steht. So herrschte z. B. in Paris, wenigstens im Jahre 1861, als ich dort mit der Bestimmung meiner algierischen Käferausbeute beschäftigt war und viel in entomologischen Kreisen verkehrte, ganz dieselbe Animosität gegen das Museum des Jardin des Plantes, dessen entomologische Abtheilung gleichfalls nur an bestimmten Tagen für die dortigen Entomologen zugänglich war, und in Bezug auf andere Museen lese man nur die giftigen Bemerkungen des bekannten Entomologen Dr. G. Kraatz über das Berliner und das British Museum, welches letztere er als «öffentliche Grabstätte für die herrlichen entomologischen Schätze aus den englischen Besitzungen» bezeichnet [1].

Nachdem Brandt über die traurige Verfassung, in welcher sich die Insectensammlung nach Ménétries' Tode befand, informirt worden war, scheint ihm die entomologische Abtheilung, um welche er sich überhaupt niemals viel gekümmert hatte, geradezu verleidet worden zu sein, wenigstens wollte er von Ankäufen nichts wissen und berief sich stets darauf, dass die entomologische Sammlung in den letzten Lebensjahren Ménétries' durch den beständigen Ankauf von Lepidopteren unverhältnissmässig viel Geld verschlungen hätte. Demzufolge ist denn auch im Laufe des 4-ten Decenniums nur wenig für diese Abtheilung angekauft worden und Herr Conservator Morawitz musste sich darauf beschränken, möglichst billige Insecten zu acquiriren, da die ihm jährlich zur Disposition gestellten Geldmittel selten mehr als 200 Rubl., gewöhnlich aber viel weniger, betrugen. Neben einigen australischen Käfern, die theils bei einen zufällig hier anwesenden Gastwirth aus Melbourne, Hrn. Niehoff, erworben, theils von Museum Godeffroy in Hamburg verschrieben worden waren, sind in diesem Zeitraume nur europäische Insecten, besonders Coleopteren und Hymenopteren, angekauft worden, und zwar zu wiederholten Malen bei den Hrn. Miller, Erber, Lederer, und Türck in Wien, Dr. Schaufuss in Dresden, Dr. Foerster in Aachen, Hrn. Brischke in Danzig und dem Kupferstecher Tieffenbach in Berlin. Alsdann wurden fast alljährlich von dem bekannten Sammler A. Becker in Sarepta einige Kästchen mit Insecten aller Ordnungen angekauft, die theils aus der Gegend von Sarepta stammten, theils von Hrn. Becker auf sei-

---

[1] Kraatz. Revision der Tenebrioniden der alten Welt. Vorrede, p. VI.

nen fast in jedem Frühjahr unternommenen Excursionen in die kaukasischen und kaspischen Länder gesammelt worden waren, und in den Jahren 1867 und 68 kam dann noch die ganze Insectenausbeute hinzu, welche der leider zu früh verstorbene A. Czekanowsky während seiner Reise an die Angara gesammelt und mit seinen übrigen Sammlungen der Akademie zugestellt hatte. Die in diesem Zeitraume von unserer Akademie ausgerüsteten Reisen lieferten gleichfalls nur wenig entomologisches Material, denn die Ausbeute, welche Herr A. Goebel von seinen 3 Expeditionen an's kaspische Meer mitgebracht hat, enthielt zwar mancherlei Interessantes, z. B. von der Insel Tscheleken, war aber nicht besonders reich, Brandt selbst hatte auf seiner Reise nach Transkaukasien nur das Wenige an Insecten gefangen, was ihm bei seinen Spaziergängen in Borshom zufällig in den Weg gelaufen war, und die Hrn. Mag. Fr. Schmidt und Baron G. Maydell haben auf ihren Expeditionen überhaupt keine Insecten gesammelt. Ungleich mehr ist an Geschenken hinzugekommen und da muss zuerst die Sammlung des Hrn. A. Morawitz erwähnt werden, welche derselbe nach Antritt seines Amtes dem Museum sammt den Schränken, in welchen sie aufgestellt war, übergeben hat, welche aber in der oben auf p. 71—101 gegebenen Liste der Geschenke fehlt, weil über diese Schenkung der Akademie kein Bericht erstattet worden ist. Diese Sammlung bestand ausschliesslich aus europäischen, namentlich russischen Insecten der verschiedensten Ordnungen, und wenn darin auch nicht gerade viele Arten enthalten gewesen sein möchten, die im akademischen Museum noch nicht vertreten waren, so hatte sie doch schon desshalb einen grossen Werth, weil sämmtliche Exemplare genau etiquettirt und vorzüglich conservirt waren, folglich als Ersatz für die grösstentheils zerbrochenen und mit ungenauen Fundortsangaben versehenen Exemplare der akademischen Sammlung dienen konnten und auch gedient haben. Alsdann erhielt das Museum von den Hrn. Dr. Albrecht, Dr. Wulffius und Flügeladjutant Birilew zahlreiche Insecten, meist Käfer und Schmetterlinge, aus Japan und der Umgegend von Wladiwostok, von Hrn. Riedel in Gorontalo eine kleine Sammlung von Schmetterlingen aus Celebes und endlich übergab ich dem Museum meine algierische Käferausbeute, so wie auch viele exotische Coleopteren, die ich z. Th., gegen meine algierischen Doubletten eingetauscht hatte, im Ganzen 1000 verschiedene Arten.

Unvergleichlich günstiger für die in Rede stehende Abtheilung verlief das letzte Decennium und man kann wohl ohne Uebertreibung sagen, dass in diesem Zeitraum die vielen Schäden, welche unsere Insectensammlung durch den beständigen Mangel an Schränken, so wie durch den übermässigen Eifer einiger hiesigen Entomologen erfahren hat, so ziemlich wieder reparirt worden sind. Gleich im Beginne dieses Decenniums acquirirte das Museum die Grey'sche Insectensammlung, die zwar, wie auf p. 61 bemerkt ist, bereits im Jahre 1871 in Empfang genommen, aber erst später bezahlt worden ist und zu deren Ankaufe Brandt sich überhaupt erst dann entschloss, als der damalige Besitzer derselben, Hr. A. J. Lagoda, sich bereit erklärte, die Zahlung auf mehrere Jahre zu repartiren. Alsdann wurden im Jahre 1874 die Sammlungen angekauft, welche A. Czekanowsky von seiner Reise an die untere Tunguska mitgebracht hatte, und welche auch eine sehr beträchtliche Anzahl von Insecten der verschiedensten Ordnungen enthielten. An eine wirklich planmässige Completirung unserer Insectensammlung konnte aber erst im Jahre 1875 gegangen werden, wo der neue Etat für die akademischen Museen in Kraft trat und der Beschluss gefasst wurde, der entomologischen Abtheilung, um sie allmählich wieder in die Höhe zu bringen, alljährlich die Summe von 1000 Rubeln für Ankäufe zu assigniren. Obwohl diese Summe genau den fünften Theil des für den Unterhalt des ganzen zoologischen Museums festgesetzten Jahresetats ausmacht, liess sich bei den exorbitant hohen Preisen, welche in der Neuzeit für Insecten gefordert und auch gezahlt werden, doch nicht viel damit anfangen und es musste bei Ankäufen mit grosser Umsicht vorgegangen werden, um die vorhandenen Geldmittel möglichst vortheilhaft für die Sammlung zu verwerthen, wobei denn natürlich von einer Acquisition grosser Raritäten oder theurer Prachtstücke nicht die Rede sein konnte. Da Herr Morawitz sich damals gerade mit den Schmetterlingen, namentlich den Bombyciden, Noctuiden und den übrigen unter dem gemeinsamen Namen *Microlepidoptera* zusammengefassten Familien beschäftigte, so beschloss er zunächst, diese Abtheilung der Sammlung nach Möglichkeit zu completiren, und verwandte den grösseren Theil des ihm zur Disposition gestellten Geldes zum Ankaufe von Schmetterlingen, deren er alljährlich eine ganz beträchtliche Anzahl kommen liess fast ausschliesslich aus den reichen Doublettenvorräthen des bekannten Entomologen Dr. O. Staudinger in Blasewitz bei Dresden. Für den Rest des Geldes wurden alljährlich Käfer angekauft, besonders Carabiciden, für welche sich Herr Morawitz von jeher ganz speciell interessirt hatte, und zwar theils im Inlande, bei Dr. Sahlberg in Helsingfors, theils und hauptsächlich aber im Auslande bei dem Museum Godeffroy in Hamburg, bei den Hrn. Dr. Schaufuss und Ribbe in Dresden, Merkl in Reshiza und Reitter in Wien; dagegen hatte der früher so lebhafte Verkehr mit den Pariser Händlern leider ganz aufgehört, denn da im Verlaufe von fast 15 Jahren trotz der alljährlich von Paris einlaufenden Preislisten nichts angekauft worden war, blieben die Listen endlich aus und als Herr Morawitz die früheren Verbindungen wieder anknüpfen wollte, reussirte er längere Zeit nicht, wahrscheinlich weil die Bestellungen, die er entsprechend unseren Geldmitteln machen konnte, den Herren viel zu geringfügig erschienen sein mochten, als dass sie es der Mühe werth gehalten hätten, darauf einzugehen. Neben den Ankäufen von determinirten Insecten wurde auch mehrmals Rohmaterial acquirirt, so von Dr. Staudinger eine beträchtliche Anzahl von Coleopteren, Neuropteren etc. aus Peru, Panama und Zanzibar, von Hrn. Becker in Sarepta transkaukasische, von einem Infanterie-Lieutenant Werigin turkestanische Insecten diverser Ordnungen, von Hrn. Csenzopolsky 300 Käfer und 150 Schmetterlinge aus der Umgegend von Irkutsk, von Hrn. Gr. N. Potanin Insecten diveser Ordnungen aus der nord-westlichen Mongolei und endlich die ganze Ausbeute, welche Dr. A. Regel während seiner Reise in Ost-Buchara zusammengebracht hatte, und welche zwar sehr viele, aber leider meist mangelhaft conservirte Insecten verschiedener Ordnungen enthielt. Die wichtigste Bereicherung, welche die entomologische Abtheilung in diesem Zeitraume erfahren hat, bildet aber unstreitig die reiche und vorzüglich conservirte Käfersammlung des verstorbenen Hrn. S. M. von Solsky, die, wie schon auf pag. 62 bemerkt ist, im Jahre 1880 angekauft wurde und aus etwa 12000 Arten in c. 35000 Exemplaren bestand; denn durch diese Acquisition ist unsere Coleopterensammlung mit einem Schlage in einer Weise bereichert und completirt worden, wie es bei den sonst üblichen jährlichen Ankäufen kaum in 10 Jahren möglich gewesen wäre. Alsdann hat das Museum während des in Rede stehenden Decenniums auch mehrere und dabei z. Th. sehr bedeutende Geschenke an Insecten erhalten, die es, wie aus der weiter oben gegebenen Liste der Schenkungen zu ersehen ist, theils S. M. dem hochseligen Kaiser Alexander Nikolajewitsch (die Ausbeute von Oberst Przewalsky's, erster Reise, die auch mehrere Hundert Insecten diverser Ordnungen enthielt), theils der Frau Fürstin Obolensky, den Herrn Iljin in Kutais, Tjumenzew in Tomsk, Oberst N. M. Przewalsky, wirkl. Staatsrath W. J. Tulinow und Akademiker A. M. Butlerow hieselbst, so wie den Ausländern Dr. Winkel in Samarang auf Java und Dr. Fischer auf Ternate verdankt. Was endlich die in diesem Zeiträume von der Akademie ausgerüsteten Expeditionen anbetrifft, so sind dieselben für die entomologische Sammlung leider nicht besonders ergiebig gewesen, denn Herr Conservator Poljakow hat von seinen beiden Reisen gar keine Insecten mitgebracht und die Ausbeute der Conservatoren Russow und Dr. A. Brandt enthielt auch nicht besonders viel entomologisches Material, da beide andere Zwecke verfolgten und das Sammeln von Insecten nur ganz nebenbei betreiben konnten. Dafür ist aber diese Abtheilung des Museums von Hrn. Conservator Morawitz in um so wesentlicherer Weise bereichert worden, indem derselbe während der Sommermonate theils im hiesigen und im Nowgorod'schen Gouvernement, theils und hauptsächlich aber am estländischen Strande (bei Orro) sich mit dem Sammeln und besonders mit dem Aufziehen von Microlepidopteren beschäftigt und dem Museum alljährlich Hunderte von diesen Thierchen übermittelt hat, die dabei so vorzüglich conservirt und so kunstvoll präparirt sind, wie sie wohl kaum in einem anderen Museum anzutreffen sein dürften.

Hr. Morawitz begann seine Thätigkeit als Conservator mit

einer allgemeinen Revision des gesammten entomologischen Materials, wobei denn die traurige Verfassung, in welcher sich diese Abtheilung des Museums nach Ménétriés' Tode befand, in ihrer ganzen Grösse an den Tag trat. Verhältnissmässig am besten stand es noch mit der Lepidopterensammlung, aber freilich nur mit demjenigen Theile derselben, welcher definitiv aufgestellt war, denn der Rest, der die grössere Hälfte der Noctuiden, so wie sämmtliche Microlepidopteren umfasste und wegen Mangels an Schränken in freistehenden Kasten aufbewahrt worden war, hatte theils durch Staub, theils auch selbst durch Insectenfrass nicht unbeträchtlich gelitten; aber auch in der definitiv geordneten Sammlung liessen die Exemplare hinsichtlich der Erhaltung Vieles zu wünschen übrig, denn die meisten erwiesen sich als defect oder doch mehr oder weniger stark geflickt und ebenso fanden sich unter den ziemlich zahlreichen Doubletten auch nur äusserst wenige intacte Exemplare vor. Schlimmer sah es mit der Coleopterensammlung aus, da dieselbe nicht bloss aus fast lauter defecten und geklebten Exemplaren bestand, sondern auch arg geplündert worden war; das Rohmaterial, das in freistehenden Kasten aufbewahrt worden, war gleichfalls stark zusammengeschmolzen und dabei durch Staub und Insectenfrass mehr oder weniger verdorben und dasselbe galt auch von den Doubletten, unter denen übrigens vorherrschend nur ganz gewöhnliches Zeug vorhanden war, denn von den selteneren Arten, von denen das Museum früher ganze Reihen von Exemplaren besessen hatte, fand sich so gut wie gar nichts mehr vor. Das traurigste Bild boten aber die übrigen Insectenordnungen dar, welche in unserem Museum übrigens von jeher in sehr stiefmütterlicher Weise behandelt worden waren. Die einstmals von Dr. Kolenati determinirten und in den Sammlungsschränken aufgestellten Hemipteren, Neuropteren und Orthopteren hatte Bremer in ganz ordinäre, z. Th. sogar schlecht schliessende Kasten umgesteckt, weil er die Schiebladen, in denen sie gestanden, für die Aufstellung der Schmetterlinge brauchte, und da er bei dieser Umstellung mit grosser Hast und ohne die nöthige Vorsicht zu Werke gegangen war, so hatte er einen grossen Theil dieser Objecte verdorben und zerbrochen. Die Hemipteren und Hymenopteren, deren Determination und Aufstellung hiesige Amateure übernommen hatten, waren von diesen Herren derartig zugerichtet und geplündert worden, dass es kaum der Mühe verlohnte, den übrig gebliebenen Rest überhaupt noch weiter aufzubewahren; die Neuropteren und Dipteren, die bekanntlich sehr zart sind und mit der grössten Vorsicht behandelt werden müssen, waren zwar fast unberührt geblieben, hatten aber in Folge der mangelhaften Aufbewahrungsweise in schlecht schliessenden Kasten besonders durch Staub und z. Th. auch durch Insectenfraass ganz beträchtlich gelitten und die Orthopteren endlich (—von Apteren war so gut wie nichts vorhanden—), für welche sich glücklicherweise auch kein Bearbeiter gefunden hatte, waren zwar in ganz beträchtlicher Anzahl vorhanden, besassen aber schon desshalb nur geringen Werth, weil weitaus die Mehrzahl derselben aus in Spiritus gesammelten Exemplaren bestand und diese Formen eine solche Behandlung bekanntlich durchaus nicht vertragen. Zu diesem Allen kam dann noch die durchgängig mangelhafte Etiquettirung der ganzen Sammlung hinzu, denn Ménétries hatte es nicht bloss unterlassen zu notiren, von wem ein betreffendes Insect gesammelt oder eingesandt worden war, sondern, wie ich bereits auf p. 108 bemerkt habe, auch fast alle speciellen Fundorte durch ganz allgemein lautende Angaben ersetzt, ein Verfahren, das besonders in Bezug auf die aus dem Russischen Reiche stammenden Exemplare sehr zu bedauern ist und zur Folge hat, dass unsere Insectensammlung, wenigstens der aus der Ménétries'schen Zeit stammende Theil derselben, für zoogeographische Studien absolut nicht zu brauchen ist. Noch mangelhafter war die Etiquettirung des Rohmaterials und der Doubletten, denn hier hatte Ménétries den Fundort entweder auf den betreffenden Kasten aufgeschrieben, oder aber, wenn Insecten von verschiedenen Fundorten in einem Kasten beisammen standen, immer nur das erste Exemplar von jedem Fundorte mit einer Etiquette versehen, welche sich dann auf alle Folgenden bezog; beide Methoden waren gleich schlecht, denn da unsere Insecten bei dem beständigen Mangel an Kasten fortwährend umgesteckt worden sind, so haben die auf einzelnen Kasten aufgeschriebenen Fundortsangaben alle Bedeutung verloren, indem man ja niemals mit Sicherheit wissen kann, ob der Inhalt eines solchen Kastens auch wirklich noch der ursprüngliche ist, und bei der anderen Methode brauchte ja nur das Insect mit der Fundorts-Etiquette herausgenommen zu werden, so war für alle folgenden der Fundort unbekannt, und derartige Fälle sind leider nur zu oft vorgekommen.

Unter den obwaltenden, höchst traurigen Verhältnissen kam es zunächst darauf an, zu retten, was noch zu retten war, dazu bedurfte es aber vor Allem neuer Schränke, denn die 10 niedrigen, oben mit Vitrinen versehenen Sammlungsschränke, die damals vorhanden waren, enthielten die definitiv geordneten Theile der Lepidopteren- und Coleopterensammlung und dabei waren die 360 Schiebladen dermaassen angefüllt, dass kaum noch etwas hineingestellt werden konnte. Es wurde denn auch im Jahre 1863 ein aus 4 Abtheilungen bestehender Schrank mit im Ganzen 260 Schiebladen angeschafft, der vom Verwaltungscomité noch zu Lebzeiten Ménétries' bewilligt, aber aus mir nicht bekannten Gründen nicht angefertigt worden war. Die Schiebladen in diesem neuen Schranke hatten ein etwas kleineres Format, als die bisdahin vorhandenen, und waren dabei so eingerichtet, dass sie beliebig umgeschoben werden konnten, indem jede einzelne derselben in jedes beliebige Fach des betreffenden Schrankes hineinpasste. Durch diese überaus practische Einrichtung wurde der bisherige Uebelstand des beständigen Umsteckens der Insecten beseitigt, denn nunmehr liess sich bei etwa eingetretener oder auch nur drohender Ueberfüllung einzelner Schiebladen durch Zwischenschieben einer leeren sofort Raum schaffen, so dass also von da ab nur die Schiebladen umgeschoben wurden, ihr Inhalt aber unberührt blieb, und da auch alle in der Folge angeschafften Insectenschränke genau in derselben Weise eingerichtet sind, so können wir zur Zeit, je nach Bedürfniss, die Schiebladen aus einem Schranke in den anderen placiren, da eben jede der gegenwärtig vorhandenen 1360 Schiebladen kleineren Formats in jedes beliebige Fach eines jeden der 5 neuen Doppelschränke passt.

Diesen neuen Schrank benutzte Hr. Morawitz ausschliesslich dazu, um die in den zahllosen freistehenden Kasten und

Schachteln zerstreuten, zum nicht geringen Theil bereits determinirten Insecten unterzubringen und sie zugleich nach den einzelnen Ordnungen, Familien etc. zu sortiren und zu ordnen. Leider reichten aber die 260 Schiebladen bei Weitem nicht hin, um das ganze vorhandene und das inzwischen hinzugekommene neue Material zu placiren, und so trat denn sehr bald wieder der alte Mangel an Schränken ein, dem sich aber zu jener Zeit in keiner Weise abhelfen liess, denn die oeconomischen Summen der Akademie, aus welchen bisdahin sämmtliche Ausgaben für Beschaffung von Mobiliar bestritten worden waren, hatte die Regierung bei Einführung der Casseneinheit für das ganze Reich eingezogen und die Etatsumme des Museums, die damals 2500 Rbl. jährlich betrug, reichte kaum zum Unterhalte der Sammlungen, geschweige denn zur Anschaffung der keineswegs billigen Schränke hin. An eine systematische Aufstellung der Insectensammlung, die Hunderte von neuen Schiebladen erfordert hätte, war unter den obwaltenden Umständen also nicht zu denken und so musste sich denn Hr. Morawitz darauf beschränken, einzelne kleinere oder grössere Gruppen von Insecten vorzunehmen, sie zu determiniren und, so weit es der vorhandene Raum zuliess, in Ordnung zu bringen. Zunächst setzte er seine Arbeit über die Käferfauna der Insel Jesso fort, musste dieselbe aber, nachdem er im Jahre 1863 einen Fascikel, der die Cicindeliden und Carabiciden enthielt, veröffentlicht hatte, wegen Mangels an dem unumgänglich nöthigen Vergleichsmaterial aufgeben und wandte sich den Hymenopteren zu, mit denen er sich schon früher speciell beschäftigt und von denen er selbst ein ganz beträchtliches Material in der Umgegend von St. Petersburg, Dorpat, Berlin und Würzburg zusammengebracht hatte. Er determinirte zuerst die Gold- und Grabwespen und gab ein Verzeichniss der in der hiesigen Gegend vorkommenden Arten der Crabroniden heraus, darauf nahm er unsere Mutillen vor und veröffentlichte ein kritisches Verzeichniss aller europäischen Arten dieser Familie und endlich bestimmte er auch unsere nicht ganz unbedeutende Ameisensammlung, konnte sie aber wegen Mangels an Schränken eben so wenig definitiv aufstellen, wie auch die beiden anderen eben genannten Hymenopteren-Familien. Nächstdem ging er auf die

Orthopteren über, suchte das gesammte, in den verschiedensten Kasten und Schachteln zerstreute Material zusammen, determinirte es und säuberte die Sammlung, um Raum zu gewinnen, von allem überflüssigen Ballast, wobei Hunderte von Exemplaren ganz gewöhnlicher Arten, die entweder zerbrochen, oder auch total ausgeblichen und dabei durchweg unbekannter Herkunft waren, fortgeworfen worden sind; der Rest, der aber auch viele Exemplare ohne Fundortsangaben enthielt, wurde gereinigt, durchgängig sehr kunstvoll umpräparirt und alsdann vorläufig aufgestellt, denn für eine definitive Aufstellung mangelte es auch hier an Raum. Darauf nahm er die Neuropteren vor und beschäftigte sich längere Zeit hindurch speciell mit den Phryganiden, die in der hiesigen Gegend durch recht zahlreiche Arten vertreten sind und von denen er in jedem Frühjahr eine Menge eingefangen und präparirt hat, so dass auch von dieser Familie bereits ein ganz beträchtliches Material in der Sammlung vorhanden ist. Neben allen diesen Arbeiten, die nicht wenig Zeit und Mühe erforderten, hatte Hr. Morawitz schon gleich nach Antritt seines Amtes auch mit einer rationelleren Etiquettirung des gesammten Rohmaterials und der Doubletten begonnen: zu diesem Zwecke versah er allmählich sämmtliche Exemplare mit fortlaufenden Nummern und richtete zugleich ein besonderes Buch ein, in welches die auf die Nummern bezüglichen Fundorte, so wie überhaupt alle Daten über die Herkunft der einzelnen Objecte, so weit sie sich eben noch eruiren liessen, eingetragen wurden, so dass sowohl das Rohmaterial, als auch die Doubletten, die bisdahin nach einzelnen Sammlungen und Sendungen gesondert gestanden hatten, von da ab erst sortirt und wenigstens nach den verschiedenen Ordnungen und Familien zusammengesteckt werden konnten. Als endlich im Jahre 1873 Hr. Cand. W. Woldstedt als Hülfsarbeiter an der entomologischen Abtheilung angestellt worden war, übernahm er die Etiquettirung des Rohmaterials, so wie das Aufstecken der inzwischen eingelaufenen theils in Spiritus, theils zwischen Watte conservirten Insecten und Hr. Morawitz machte sich an das Ordnen und Determiniren der Lepidopteren, von denen, wie schon bemerkt, die grössere Hälfte der Bombyciden, so wie sämmtliche Noctuiden und Microlepidopteren noch ungeordnet geblieben waren.

Obwohl in der eben geschilderten Weise beständig an der Insectensammlung gearbeitet und bald dieser, bald jener Theil derselben determinirt und geordnet wurde, rückte sie im Grossen und Ganzen doch nur sehr langsam vorwärts und von einer wirklichen Ordnung in derselben konnte schon desshalb nicht wohl die Rede sein, weil die einzelnen Insectenordnungen an den verschiedensten Stellen, theils in Schränken, theils in besonderen Kasten und Schachteln, zerstreut standen und ein Zusammensuchen derselben trotz der auf den Kasten und Schiebladen angebrachten Aufschriften immerhin sehr viel Zeit und Mühe erforderte. Diesem Uebelstande wurde erst im Jahre 1875 abgeholfen, als der neue Museumsetat in Kraft trat und von der Regierung, wie ich schon auf p. 37 angegeben habe, zugleich auch eine besondere Geldsumme zur Beschaffung von Mobiliar bewilligt worden war. Um nicht unnützer Weise Zeit zu verlieren, bestellten wir sofort, nachdem uns im Mai 1874 die definitive Bestätigung des neuen Museumsetats bekannt geworden war, für die Insectensammlung einen grossen Doppelschrank mit im Ganzen 300 Schiebladen, dem im Laufe des nächsten Jahres noch 3 weitere mit im Ganzen 800 Schiebladen folgten, so dass die entomologische Abtheilung am Schlusse des Jahres 1875, als sie bereits in ihr heutiges Local übergeführt worden war, 5 hohe Schränke von je 2 Abtheilungen mit im Ganzen 1360 Schiebladen kleineren Formats und 10 niedrige Schränke mit im Ganzen 360 Schiebladen grösseren Formats zu Verfügung hatte. Nunmehr war die Möglichkeit vorhanden, die Insectensammlung in gehöriger Weise aufzustellen, und es wurde denn auch bereits gegen Ende des Jahres 1874, also noch im ehemaligen Local, mit dieser mühevollen und überaus zeitraubenden Arbeit begonnen. Zunächst wurden die einzelnen Insectenordnungen auf die verschiedenen Schränke vertheilt und die determinirten Theile der Sammlung in systematischer Reihenfolge aufgestellt, wobei besonders die Käfer viel Arbeit verursacht haben, theils, weil sie bei uns weitaus am reichsten vertreten sind, theils und hauptsächlich aber weil sie nicht mehr nach dem total veralteten Dejean'schen System, sondern nach dem inzwischen erschienenen Catalogus Coleopterorum von M. Gemminger und E. von Harold, also in ganz anderer Reihenfolge, aufgestellt wurden. Aber auch die Lepidopterensammlung, die Ménétries und Bremer geordnet, aber leider so dicht gedrängt aufgestellt hatten, dass nichts mehr hinzugesteckt werden konnte, musste eben dieses letzteren Umstandes wegen umgestellt werden, und so wurde denn beschlossen, die 10 niedrigen Schränke mit den Schiebladen grösseren Formats ausschliesslich für die Tagschmetterlinge, die Sphingiden und die grossen Bombyciden zu verwenden, die denn auch, nachdem Herr Morawitz die in diesen Schränken befindlichen Coleopteren (die Pentameren Dejean's) ausgeräumt hatte, von ihm in solcher Weise aufgestellt wurden, dass etwa neu hinzukommende Arten und Exemplare jederzeit leicht placirt werden können. Durch diese allgemeine Umstellung der ganzen Insectensammlung war die Zeit der beiden Conservatoren derartig in Anspruch genommen, dass sie von wissenschaftlichen Arbeiten so gut wie ganz absehen mussten, und es sind daher auch im letzten Decennium nur sehr wenige wissenschaftliche Abhandlungen aus der entomologischen Abtheilung hervorgegangen, denn ausser 2 kleinen Aufsätzen des Hrn. Woldstedt über Ichneumoniden, hat nur Hr. Dr. F. Morawitz, ein Bruder des Conservators, zwei kleine Abhandlungen über Aculeaten veröffentlicht, die auf Materialien unseres Museums begründet sind und von denen die eine unsere central-asiatischen Bienen, die andere unsere russischen Hummeln behandelt.

Als nun im Jahre 1880 die reiche Solsky'sche Käfersammlung für das Museum acquirirt worden war und mit der akademischen verschmolzen werden musste, wurde der Beschluss gefasst, mit der definitiven Aufstellung der Coleopterensammlung den Anfang zu machen und dieselbe zugleich auch in der auf p. 125 beschriebenen Weise zu catalogisiren. Diese definitive Aufstellung und Catalogisirung, die Hr. Morawitz mit den Carabiciden, Hr. Woldstedt mit den Lamellicornien begann, geht aber schon allein wegen des sehr zeitraubenden Schreibens der Nummern, der Etiquetten und der Zettel für den Catalog nur sehr langsam vorwärts, so dass am 4-ten Juli 1882 nur ein ganz geringer Theil der Käfer catalogisirt war. In Folge dessen bin ich denn auch durchaus nicht in der Lage, genauere Angaben über den gegenwärtigen Bestand unserer Insectensammlung zu machen, um aber dem Leser wenigstens einen ungefähren Begriff von der Zusammensetzung derselben zu geben, will ich nur bemerken, dass unsere Lepidopteren zur Zeit 660 Schiebladen einnehmen, und zwar sind die Rhopaloceren, so wie die Sphingiden und ein Theil der Bombyciden, wie schon bemerkt, in den alten niedrigen Schränken mit im Ganzen 360 Schiebladen aufgestellt, während der Rest der Bombyciden, die Noctuiden und sämmtliche Microlepidopteren einen aus 2 Abtheilungen bestehenden Schrank mit 300 Schiebladen füllen; die Coleopteren sind in 2 grossen, gleichfalls aus je 2 Abtheilungen bestehenden Schränken mit im Ganzen 600 Schiebladen untergebracht, jedoch bedarf es, um die ganze Sammlung in gehöriger Weise zu placiren, mindestens noch zweier solcher Schränke mit in Summa 600 Schiebladen [1]); die übrigen Ordnungen endlich, die z. Th. noch gar nicht geordnet sind, sondern, wie z. B. die Hemipteren, einfaches Rohmaterial darstellen, stehen in einem aus 2 Abtheilungen bestehenden Schranke mit im Ganzen 460 Schiebladen. Ausserdem sind noch 11 Schränke von sehr verschiedener Form vorhanden, die im Laufe der Jahre theils gelegentlich angeschafft, theils mit den einzelnen Sammlungen hinzugekommen sind, und, ausschliesslich zur Aufbewahrung des Rohmaterials und der Doubletten bestimmt, am 4-ten Juli 1882 mehr als 100000 Insecten der verschiedensten Ordnungen enthielten So wären denn die Schäden, welche unsere entomologische Sammlung einstmals erlitten hat, in den beiden letzten Decennien so ziemlich wieder reparirt, dennoch kann dieselbe, trotz der nach Hunderttausenden zählenden Exemplare, keineswegs zu den reichen gerechnet werden, ja excellirt nicht einmal durch ihren Reichthum an russischen Arten, und es wird noch viel Zeit und Mühe, so wie namentlich viel Geld erforderlich sein, ehe sie auf den Höhepunkt gelangen dürfte, um ein ausreichendes Material für die Bearbeitung einer Insectenfauna des Russischen Reichs zu bieten.

---

[1]) Diese 2 Schränke sind, dank unserem Verwaltungscomité, im Jahre 1884 angeschafft worden.

C. Die osteologische Abtheilung.

Bei Antritt des Directorats im Jahre 1831 fand Brandt in der Kunstkammer ausser den allerdings recht zahlreichen und höchst werthvollen Resten unserer grossen ausgestorbenen Mammalien, nämlich des Mammuth, des sibirischen Nashorns und der beiden Rinder-Arten, des *Bos latifrons (= priscus)* und des *Bos primigenius*, im Ganzen nur 7 Säugethierskelete [1]) und 30 meist zerbrochene Schädel vor, welche letzteren er sofort noch um einige vermehren konnte, indem er aus den verdorbenen und gänzlich unbrauchbaren ausgestopften Säugethieren und Vögeln der Kunstkammer, bevor sie fortgeworfen wurden, die Schädel herausnehmen liess. Dazu kam dann noch eine kleine Sammlung von Skeleten, welche Ménétries im Beginn des Jahres 1831 von Prof. Eschscholtz in Dorpat angekauft hatte. Ausserdem war in der Kunstkammer auch eine reiche Sammlung von Narwalzähnen vorhanden, von welcher aber gegenwärtig wenig mehr übrig ist, denn in der Sitzung vom 2. October 1835 gestattete die Conferenz 16 solcher Zähne nebst 2 Fragmenten von Mammuthhauern nach vorhergehender Annonce in den Zeitungen «zum Vortheile» des Museums zu verkaufen.

Bekanntlich besass Brandt von jeher eine besondere Vorliebe für vergleichend-anatomische, speciell osteologische Studien und so war es denn natürlich, dass er es sich von vornherein ganz besonders angelegen sein liess, gerade diese Abtheilung des Museums nach Möglichkeit zu completiren. Er begann damit, dass er Skelete der gewöhnlichsten, hier vorkommenden Säugethiere und Vögel anfertigen liess, wozu er das Material theils auf dem Vogelmarkte, theils gelegentlich von Privatpersonen, namentlich Jägern, acquirirte. Zugleich liess er sich vom Pa-

---

[1]) Darunter auch das Skelet unseres grossen ausgestopften Elephanten, das aber erst gegen Ende des Jahres 1831, also bereits im neuen Museumslocal montirt, oder wenigstens von Neuem aufgestellt worden zu sein scheint, wenigstens findet sich im Protocoll der Sitzung vom 12. October 1831 die Angabe, dass Brandt die nöthigen Geldmittel zur Montirung des Elephanten-Skelets bewilligt werden.

stor Hohenacker im Helenendorf 13 Rohskelete und 10 Schädel kaukasischer Mammalien kommen und erhielt im Jahre 1833 vom Director des Kaiserlichen botanischen Gartens Dr. Fischer 3 Säugethierschädel *(Bradypus tridactylus, Hystrix dorsata* und *Ursus arctos)* zum Geschenk. In demselben Jahre kam noch das Skelet eines Zebra, das in der Lehmann'schen Menagerie gefallen war, so wie dasjenige eines Luchses hinzu, welcher letztere hier in der Stadt, und zwar im Roshdestwenskischen Stadttheil, erschlagen worden war. Alsdann erhielt das Museum zu wiederholten Malen aus den Kaiserlichen Thierparks und Menagerien zu Gatschina, Zarskoje Selo und Peterhof Leichen dort gefallener Thiere, von denen dann nicht bloss das Fell, sondern auch das Skelet verwerthet wurde, und im Jahre 1834 kaufte Brandt gelegentlich das Skelet eines jungen Nilpferdes. Ferner schickte Baron Wrangell, Gouverneur von Sitcha, mehrere höchst interessante Skelete und Schädel von Säugethieren aus den russisch-amerikanischen Colonien ein, Capitain 1. Ranges Kuprejanow schenkte dem Museum 29 Skelete von Vögeln und Säugethieren, die gleichfalls in den genannten Colonien gesammelt waren, und von der Baer'schen Expedition nach Nowaja Semlja erhielt das Museum Skelete verschiedener, dort vorkommender Mammalien, zumeist aus der Ordnung der Pinnipedien. Die beträchtlichste Bereicherung aber erfuhr die osteologische Abtheilung gegen Ende dieses 1. Decenniums, indem Brandt im Jahre 1838 vom Reichsmuseum zu Leyden 52 Skelete sehr seltener exotischer Säugethiere und Vögel acquirirte, für welche aus den oeconomischen Summen der Akademie 3843 Gulden gezahlt worden sind. Dazu kamen dann noch im Jahre 1841 die 12 Orang-Schädel, welche S. M. der Kaiser Nikolai Pawlowitsch nebst einer reichen Collection von Racenschädeln der Eingebornen von Niederländisch-Indien der Akademie zu schenken geruht hatte. Die Sammlung der Fossilien endlich ist in diesem Zeitraume gleichfalls wesentlich gewachsen, denn neben verschiedenen Resten des Mammuth, des sibirischen Nashorns und der beiden Rinder, die theils von S. M. dem Kaiser, theils vom Grafen S. S. Uwarow, Hrn. Merkulow, General Weljaminow und Civilgouverneur Jewsejew dargebracht worden sind, sandte Dr. Gebler einen Theil der von ihm in den Höhlen des Altai gesammelten Säugethierreste ein und der damalige K. Russische Consul in Brasilien Hr. Wallenstein schenkte einige am La Plata-Strom gefundene Knochen vom *Megatherium*.

Im 2. Decennium ist diese Abtheilung der Sammlung zwar nicht gerade sehr beträchtlich gewachsen, hat aber doch mehrere sehr interessante und wichtige Bereicherungen erfahren. Angekauft wurden in diesem Zeitraume überhaupt nur 18 Skelete und 8 Schädel kaukasischer Säugethiere vom Pastor Hohenacker und der im Jahre 1851 bei Reval gestrandete Walfisch *(Balaenoptera longimana)*, dessen Skelet montirt, dessen Haut aber, wie schon bemerkt, wegen Mangels an Raum nicht ausgestopft worden ist. Von den akademischen Reisenden gingen auch mancherlei osteologische Objecte ein, so von Hrn. A. Th. von Middendorff diverse Skelete besonders von kleinen Säugethier-Arten und von Vögeln und vom Präparanten Wosnessensky eine Anzahl von Mammalien-Skeleten und Schädeln, darunter auch ein leider nicht ganz completer Schädel der Steller'schen Seekuh *(Rhytina Stelleri)*. An Geschenken erhielt das Museum von S. M. dem Kaiser Nikolai Pawlowitsch das Skelet eines Irbis *(Felis irbis)*, von der Russisch-Amerikanischen Companie zwei Tonnen mit *Rhytina*-Knochen, vom Akademiker M. Brosset Gehörne von *Capra Pallasii* und von *Ovis anatolica*, von Hrn. Mitscherlich das Skelet eines Vielfrasses *(Gulo borealis)* aus Krestowosdwishensk und von Dr. Bujalsky zwei von ihm selbst vorzüglich präparirte Schädel des gemeinen Welses *(Silurus glanis)*. Ungleich beträchtlicher ist die Bereicherung unserer Fossilien-Sammlung gewesen, und zwar hat das Museum besonders viele Nashorn-Reste erhalten. So wurden im Jahre 1842, wenn ich nicht irre, vom Küster der hiesigen St. Petri-Kirche Hrn. Frödmann, einem eifrigen Mineraliensammler, mehrere Schädel und Hörner von *Rhinoceros tichorhinus* erworben, zu denen dann noch 4 weitere Schädel dieser Art als Geschenke S. M. des Kaisers, des Grafen L. Perowsky und des Hrn. Schergin hinzukamen. Ebenso erhielt das Museum auch an Mammuth- und Rinder-Resten namhafte Geschenke sowohl von S. M. dem Kaiser und S. K. H. dem Grossfürsten-Thronfolger Alexander Nikolajewitsch, als auch vom General-Lieutenant Obrutschew, von den Grafen S. S. Uwarow und L. Perowsky, vom Generalgouverneur Murawiow, von Prof. Kowalsky, von Hrn. Schergin, vom Civilgouverneur von Irkutsk, vom Medicinal-Departement des Ministeriums des Innern, von der Kaiserlichen Russischen Geographischen und der Kaiserlichen Freien Oeconomischen Gesellschaft. Endlich wurden auf Befehl S. M. des Kaisers die von Prof. A. von Nordmann in den Höhlen bei Odessa gefundenen fossilen Knochen unserer Sammlung übergeben und die Ostindische Companie brachte der Akademie eine Collection von 81 Gypsabgüssen der von Cautley und Falconer in den Siwalik-Hügeln entdeckten fossilen Wirbelthierreste zum Geschenk dar.

Das 3. Decennium ist für die Bereicherung der osteologischen Abtheilung günstiger gewesen, da während desselben Skelete von einzelnen, schwer zu erlangenden Thieren hinzugekommen sind. Gleich im Anfange, im Jahre 1852, wurde bei Brandt in Hamburg das Skelet eines Wombat *(Phascolomys wombat)* und einige Jahre später bei Prof. Krauss in Stuttgart die Skelete eines Riesengürtelthiers *(Priodontes gigas)* und eines Manati *(Manatus australis)* angekauft. Im Jahre 1858 erstand Brandt die Leiche eines Nashorns *(Rhinoceros indicus)*, das in der Kreuzberg'schen Menagerie in Moskau gefallen war und von dem sowohl die Haut, als auch das Skelet für die Sammlung verwerthet wurden. Ausserdem kamen noch einige wenige Skelete sowohl von kleinen Mammalien, als auch von Vögeln hinzu, die theils von Brandt in Hamburg gekauft worden sind, theils von der Reiseausbeute der Hrn. Dr. L. von Schrenck und G. Radde stammten. An Geschenken erhielt das Museum von S. M. dem Kaiser Alexander Nikolajewitsch einen ungewöhnlich grossen Narwalzahn, vom Collegienrath Balabin das vollständig montirte Skelet eines riesigen Walfisches *(Balaena mysticetus)*, das leider wegen Mangels an Raum nicht aufgestellt werden konnte und sich seit Ende der sechziger Jahre im hiesigen zoologischen Garten des Hrn. Rost befindet, vom Chef des sibirischen Zollbezirks Hrn. Armstrong einen Argali-Schädel und von der Russisch-Amerikanischen Companie ein fast vollständiges *Rhytina*-Skelet, so wie drei Cetaceen-Schädel aus den Gattungen *Hyperoodon* und *Orca*. Die

Sammlung der Fossilien endlich ist zwar nur durch wenige, dafür aber um so interessantere Stücke bereichert worden, denn neben einigen theils angekauften, theils von den Hrn. General-Lieutenant von der Brüggen und Oberst-Lieutenant V. A. Kiprijanow geschenkten Resten des Mammuth, des Nashorns und des breitstirnigen Ochsen, ist eine Menge von Resten des *Mastodon* hinzugekommen; einen Theil dieser Reste verdankt das Museum den Hrn. Senator von Bradtke, damaligen Curator des Charkow'schen Lehrbezirks, und Contre-Admiral von Glasenapp in Nikolajew, die grössere Masse dagegen hat Brandt selbst auf seiner speciell zu diesem Zwecke in Begleitung des Hrn. G. Radde nach Nikolajew unternommenen Reise ausgraben und hierher befördern lassen.

Im 4. Decennium ist an Skelettheilen jetzt lebender oder doch in historischer Zeit untergegangener Thiere im Ganzen wenig hinzugekommen, jedoch findet sich darunter manches Werthvolle und Interessante. So wurden dem Museum im Jahre 1863 auf Allerhöchsten Befehl durch den Oberjägermeister Grafen Fersen mehrere Skelete und zahlreiche Schädel von Säugethieren übergeben, welche auf einer im Jahre 1860 von S. M. dem Kaiser veranstalteten Jagd in der Beloweshskaja Puschtscha erlegt worden waren, darunter auch mehrere Auerochsen. Alsdann erhielten wir von einem Französischen Marineofficier, dem Fregattencapitain Garraud einen Schädel des seltenen kleinen Nilpferdes *(Hippopotamus liberiensis)* und das Skelet eines *Gorilla*-Weibchens, das sich aber bei einer in neuester Zeit vorgenommenen genauen Untersuchung als von einem sehr alten männlichen Chimpansé stammend erwiesen hat. Käuflich wurden erworben von Dr. Paessler in Reval 2 Schädel des australischen Wolfes *(Canis dingo)*, von Hrn. J. Simaschko hieselbst diverse Skelettheile von Pinnipedien, ein *Hyperoodon*-Schädel, so wie etliche Knochen der Steller'schen Seekuh *(Rhytina Stelleri)*, vom Marineofficier Andrejew ein sehr grosser Schädel des gewöhnlichen Nilpferdes *(Hippopotamus amphibius)* und von Prof. Dr. Krauss in Stuttgart zwei Faulthierskelete. Endlich erhielten wir in Tausch vom Warschauer Museum verschiedene Skelete süd-amerikanischer Vögel und vom Consul Swinhoe zwei Schweineschädel *(Sus taivanus)* von der Insel Formosa. In ähnlicher, wenig ergiebiger Weise ging auch die Bereicherung unserer Fossilien-Sammlung vor sich, und zwar sind in diesem Zeitraume hauptsächlich Mammuthreste theils durch Kauf erworben worden, theils als Geschenke eingelaufen, darunter auch zwei vollständige, mit Haut und theilweiser Behaarung bekleidete Füsse, welche Baron G. von Maydell nebst grossen Hautstücken von seiner speciell zu diesem Zwecke unternommenen Excursion an die Alaseja mitgebracht hat. Ausserdem erhielten wir als Geschenk von den Hrn. Generaladjutant von Glasenapp und Stabscapitain Klünder einige *Mastodon*-Reste aus der Gegend von Nikolajew, so wie von Hrn. Fock einige bei Stawropol ausgegrabene Cetaceen-Reste und Prof. Lartet in Paris übermittelte dem Museum eine kleine Collection fossiler Knochen vom Pferde, Hirsche etc. aus einer der vielen Höhlen Frankreichs.

Die zahlreichsten, wichtigsten und interessantesten Bereicherungen hat die osteologische Abtheilung aber unstreitig im letzten Decennium erfahren, und zwar grösstentheils durch Geschenke, wenngleich in diesem Zeitraume auch nicht unbeträchtliche Ankäufe effectuirt worden sind. Was zunächst die Thiere der Jetztwelt anbetrifft, so wurden von Frank in Amsterdam 6 exotische Mammalien- und 2 Vogelskelete angekauft, darunter auch dasjenige des seltenen Aye-Aye *(Chiromys madagascariensis)*, von Dr. Klunzinger in Berlin ein Skelet und 5 separate Schädel des Dugong *(Halicore cetacea)*, von H. Schilling in Hamburg das Skelet eines Koala *(Phascolarctos cinereus)*, von Dr. A. Reichenow in Berlin dasjenige eines ausgewachsenen Nilpferdes *(Hippopotamus amphibius)* und von Prof. Krauss in Stuttgart ein skeletirtes weibliches Pinselschwein *(Potamochoerus penicillatus)*. Ferner erhielt das Museum in diesem Zeitraume aus dem hiesigen zoologischen Garten des Hrn. Rost eine Menge von Thierleichen, darunter auch interessantere Arten, wie z. B. *Otaria Gilliespii*, von denen nicht bloss die Bälge, sondern auch die Skelete verwerthet wurden, im Jahre 1881 acquirirten wir die Leiche eines grossen Nashorns *(Rhinoceros indicus)*, das in der Winkler'schen Menagerie in Moskau gefallen war und von dem gleichfalls Balg und Skelet montirt worden sind, und mit der für das Museum angekauften zoologischen Ausbeute des Hrn. Dr. A. Regel sind eine Menge von Säugethierschädeln hinzugekommen, besonders viele Steinböcke *(Capra sibirica)* mit z. Th. ganz enormen Gehörnen. Alsdann hatte ich während meiner Anwesenheit in Paris im Februar 1879 Gelegenheit, von den dortigen Naturalienhändlern auch einiges Osteologische zu erwerben, so bei Hrn. Bouvier das Skelet eines jungen Tapirs *(Tapirus americanus)* und den Schädel eines alten *Gorilla*-Männchens, und bei Hrn. Trammond die vorzüglich montirten Skelete einer Ohrrobbe *(Otaria gracilis)* von der Insel Amsterdam und einer riesigen Landschildkröte *(Testudo elephantina)* von den Comorren. An Geschenken endlich erhielten wir in diesem Decennium ein Bison-Skelet vom amerikanischen Bürger Hrn. Ward, eine Reihe von höchst interessanten Skeleten z. Th. sehr seltener inländischer Säugethiere von den Hrn. M. K. Sidorow, General-Major P. L. von Wrangell und W. F. Kamensky, 25 Schädel verschiedener central-asiatischer Säugethiere von unserem berühmten Reisenden N. M. Przewalsky, Antilopen-Gehörne und ein Rhinoceros-Horn von dem bekannten Afrikareisenden Dr. W. Junker, 3 Säugethierschädel aus Japan von Hrn. Schestunow, einen Schädel und diverse Knochen eines asiatischen Elephanten, die von W. St. R. Parunow auf seinem Grundstück im Petersburger Stadttheil ausgegraben worden sind, und endlich vom Verwalter der Commodore-Inseln Cand. A. N. Grebnitzky durch Vermittelung des Hrn. A. Philippeus nicht weniger als 8 grosse Kisten mit *Rhytina*-Knochen, darunter 9 vorzüglich erhaltene, complete Schädel dieser bereits im vorigen Jahrhundert ausgestorbenen Thierart. Ebenso beträchtlich ist in diesem Zeitraume auch die Bereicherung unserer Fossilien-Sammlung gewesen. Neben verschiedenen Mammuthresten, die theils angekauft, theils als Geschenke eingelaufen sind, wurden dem Museum um die Zeit des 150-jährigen Jubiläums der Akademie, im December 1876, von S. M. dem Kaiser Alexander Nikolajewitsch 2 prachtvoll erhaltene, ganz vollständige Stosszähne des Mammuth geschenkt, die schon insofern ein ganz besonderes Interesse darbieten, als es meines Wissens die einzigen sind, an welchen die Wurzel, d. h. der in der Alveole steckende Basaltheil, vorhanden ist. Alsdann erhielt das Museum vom Leibmedicus Dr. Hirsch einen schönen, nur wenig beschädigten Schädel des schmalstirnigen Ochsen *(Bos primigenius)* geschenkt und vom Kursker Gouverneur, so wie von Hrn. P. J. Pusik je einen sehr gut erhaltenen, fast completen Nashornschädel *(Rhinoceros tichorhinus)*. Die wichtigsten Acquisitionen, unschätzbare Unica, verdankt die Sammlung aber Hrn. A. Knobloch in Sarepta und der Sibirischen Abtheilung der Kaiserlichen Russischen Geographischen Gesellschaft in Irkutsk: Hr. Knobloch schenkte dem Museum neben einer grossen Menge von Ochsen-, Hirsch-, Pferde-, Kameel- und *Elasmotherium*-Resten den fast vollständigen, prachtvoll erhaltenen Schädel des letztgenannten Thieres, den Brandt in einer besonderen Abhandlung beschrieben und abgebildet hat, und von der Sibirischen Abtheilung der Kaiserlichen Russischen Geographischen Gesellschaft erhielten wir den Kopf eines *Rhinoceros Merkii* mit vollständig erhaltener Hautbekleidung, der von Dr. L. von Schrenck gleichfalls in einer besonderen Abhandlung beschrieben und abgebildet worden ist.

Die osteologische Sammlung befand sich, wie ich bereits auf p. 127 bemerkt habe, ursprünglich in den beiden letzten Sälen (№ XI und XII) und in der westlichen Rotunde (№ XIII) der heutigen zoologischen Abtheilung und bestand schon damals fast ausschliesslich aus Säugethieren und Vögeln, wobei Brandt namentlich dafür Sorge getragen hatte, die hauptsächlichsten Typen dieser beiden Classen möglichst vollständig zu besitzen, da er derselben sowohl für seine vergleichend-osteologischen Arbeiten, als auch für die Demonstrationen bei seinen Vorlesungen in dem damaligen pädagogischen Hauptinstitut bedurfte. So natürlich und gerechtfertigt auch das Bestreben war, Skelete und Schädel möglichst vieler und verschiedener Arten zu besitzen, so erhielt die Sammlung dadurch doch mehr das Gepräge einer Lehrsammlung und bot für specielle osteologische Studien, bei denen es auf ganze Reihen von Exemplaren einer und derselben Art ankommt, eigentlich nur ein dürftiges Material. Dennoch scheint es, wenigstens anfänglich, auch gar nicht in Brandt's Absicht gelegen zu haben, der Sammlung ein anderes Aussehen zu geben, was daraus zu entnehmen ist, dass fast alle Säugethiere, die in jener Zeit ausgestopft worden, ihre natürlichen Schädel besitzen, während später, wenigstens in den letzten 20 Jahren, die Schädel stets herausgenommen und durch künstliche, für die grossen Arten aus Lindenholz, für die kleinen aus Kork gefertigte, ersetzt worden sind. Die Schädel, die aus Bälgen stammen, sind nun freilich fast immer defect, indem an ihnen das Hinterhauptsbein behufs Entfernung der Hirnmasse mehr oder weniger lädirt zu sein pflegt, und es könnte sein, dass hierin der Grund dafür zu suchen ist, dass Brandt sie nicht hat herausnehmen und der osteologischen Sammlung einverleiben lassen; andererseits haben aber gerade diese Schädel schon desshalb einen ganz besonderen Werth, weil man mit Sicherheit weiss, von welcher Art sie stammen, was z. B. bei den katzenartigen Raubthieren von grosser Wichtigkeit ist, da die Arten dieser Familie einander oft sehr nahe verwandt sind und fast nur durch die Färbung und Zeichnung des Felles unterschieden werden können.

Was die Präparation unserer Skelete anbetrifft, so waren nur diejenigen der grossen Säugethiere vollständig gereinigt und die einzelnen Knochen durch Drath, und zwar leider meist durch Eisendrath, mit einander verbunden, diejenigen der kleinen Mammalien dagegen, so wie sämmtlicher Vögel und natürlich auch der wenigen vorhandenen Reptilien, Amphibien und Fische hatte man, theils um Zeit, theils um Geld zu sparen, als sogenannte natürliche Skelete präparirt, d. h. mit theilweiser Erhaltung der Bänder und der Intervertebralknorpel. Ausserdem waren die Knochen auch der grossen Säugethiere entweder gar nicht, oder doch nur sehr ungenügend ausgekocht, so dass mit der Zeit das Fett an ihnen nach aussen getreten war und die Skelete, die frei im Zimmer standen und dem Staube ausgesetzt waren, sich stellenweise geradezu mit einer dicken Schmutzkruste bedeckt hatten. Abgesehen von dem wenig aesthetischen Anblick, den solche schmutzige Skelete darbieten, und von dem übelen Geruch, den sie verbreiten, hatten sich denn natürlich allmählich auch Speckkäfer *(Dermestes lardarius)* eingefunden, denen das Fett und die noch vorhandenen Weichtheile eine willkommene Nahrung darboten und die trotz wiederholter Vergiftung der Objecte mit Sublimat und arsenigsauren Salzen nicht zu vertilgen waren. Im Gegentheil diese ungebetenen Gäste vermehrten sich zusehends und drohten auch schon in die benachbarten Räume des Museums, wo die ausgestopften Säugethiere standen, vorzudringen, so dass die grösste Gefahr vorhanden war, diese Objecte gleichfalls inficirt zu sehen. Brandt theilte daher in der Sitzung vom 23. Januar 1846 der Conferenz mit, welche Gefahr der Sammlung drohe, und trug darauf an, dass für die Skelete ein anderer Raum angewiesen werde, da sie von den ausgestopften Objecten durchaus getrennt werden müssten; leider drang er aber mit seiner Vorstellung nicht durch, hauptsächlich wohl desshalb, weil eben kein passender Raum vorhanden gewesen sein mochte, wo man die osteologische Sammlung hätte unterbringen können. Es blieb also zunächst beim Alten und, wie es nicht anders zu erwarten stand, die Speckkäfer drangen auch in die Sammlung der ausgestopften Thiere vor und begannen dort ihr Verwüstungswerk, haben aber, dank der Sorgfalt und Wachsamkeit hauptsächlich Wosnessensky's, im Ganzen nur wenig Schaden angerichtet Endlich im Jahre 1863, nachdem Brandt in der Sitzung vom 30. April 1858 nochmals und dringender eine Ueberführung der Skeletsammlung beantragt hatte, wurde in der unteren Etage des Museumsgebäudes ein Raum angewiesen, in welchem bis dahin ein Theil des akademischen Verlags aufbewahrt worden war. Nach Instandsetzung und passender Möblirung des neuen Locals führte Wosnessensky im Jahre 1864 die ganze osteologische Sammlung, mit Ausnahme jedoch des Elephanten-Skelets und sämmtlicher Fossilien, die im Saale № XIII verblieben, dahin über und so war denn die zoologische Abtheilung nicht nur die sehr gefährliche Nachbarschaft los, sondern hatte obendrauf noch 2 grosse Säle gewonnen, die, wie schon bemerkt, zu einer besseren Aufstellung der warmblütigen Wirbelthiere benutzt wurden. Die osteologische Sammlung dagegen hatte nicht unbeträchtlich an Raum eingebüsst, denn während sie in der oberen Etage 2 grosse Säle mit im Ganzen 9 Fenstern eingenommen hatte, wurde sie nunmehr zwar in 4 Zimmer placirt, die aber zusammen nur 8 Fenster hatten, und da ausserdem bei dieser Gelegenheit auch unser *Rhytina*-Skelet montirt und in die Mitte des

3-ten Zimmers gestellt wurde, so war von vornherein der Raum dermaassen eng und ungenügend, dass von einem Zulass des Publicums zu diesem Theile des Museums Abstand genommen werden musste.

Dieses neue Local, das die 3 ersten Säle des heutigen umfasste, bestand damals, wie schon bemerkt, aus 4 Zimmern, indem man vom dritten Saale einen einfenstrigen Raum durch eine mit Kalk beworfene Holzwand abgetrennt hatte; das auf diese Weise entstandene sehr kleine Zimmer war zugleich allein heizbar, in den übrigen hatte man die Oefen, falls überhaupt welche vorhanden gewesen sind, entfernt, so dass also diese Räume nicht geheizt werden konnten. Das erste und letzte Zimmer wurde rundherum mit Schränken besetzt, in den beiden mittleren dagegen liess man den Fond des Zimmers unmöblirt, so dass sich im 2. Saale damals überhaupt nur 4, im dritten sogar nur 3 Schränke befanden. Was nun die Vertheilung der osteologischen Sammlung in diesem neuen Raume anbetrifft, so war im 1. Saale in den Schränken Alles untergebracht, was wir damals an Skeleten und Schädeln kaltblütiger Wirbelthiere besassen, und in der Mitte des Zimmers standen frei auf der Diele 2 grosse Delphinskelete und das Narwalskelet, dessen Kopf aber wegen des langen Stosszähnes nicht aufgesetzt werden konnte, sondern neben dem Skelet auf dem Postamente lag. Im 2. Saale hatte man an der langen, den Fenstern gegenüberliegenden Wand die Skelete der grossen und mittelgrossen Säugethiere frei, theils auf die Diele, theils auf ein daselbst auf eisernen Kronsteinen angebrachtes Brett, hingestellt, die Mitte des Saales nahm das Skelet des bei Reval gestrandeten Walfisches ein und in den 4 Schränken waren sämmtliche 356 damals vorhandenen Vogelskelete untergebracht worden. Ganz ähnlich war auch die Anordnung im 3. Saale: im Fond desselben standen frei auf der Diele oder auf einem längs der ganzen Hinterwand angebrachten Brette die Skelete der grossen Pinnipedien, also des Walrosses, der Ohrrobben und der Seehunde, in der Mitte des Saales hatte man das damals eben erst montirte *Rhytina*-Skelet aufgestellt und in den 3 Schränken die Skelete der kleineren Mammalien placirt. Das 4. kleinste Zimmer endlich, welches Brandt, weil es heizbar war, jahrelang als Arbeitscabinet benutzte, enthielt in den Schränken die ganze damals vorhandene Sammlung von Mammalien-Schädeln. Dabei waren sämmtliche Schränke dermaassen überfüllt, dass die Objecte in 2, oft sogar in 3 und mehr Reihen hinter einander standen, und auch in dem übrigen Raum der Säle musste eine solche Menge von Skeleten placirt werden, dass nur ganz schmale Durchgänge freigelassen werden konnten. Dass unter solchen Umständen an einen Zulass des Publicums zu diesem Theile des Museums nicht zu denken war, versteht sich von selbst, war es doch kaum möglich, ohne Umrücken an die einzelnen Skelete anzukommen, und an manchen Stellen liessen sich die Schrankthüren nur dann vollständig öffnen, wenn man die zunächst stehenden Skelete fortgerückt hatte.

Mit der Ueberführung der osteologischen Sammlung in das untere Stockwerk begann für dieselbe eine höchst traurige Periode, die fast volle 14 Jahre, von 1864 bis 1878, gedauert und nicht wenig zum Ruin der Objecte beigetragen hat. Zum Unglück starb nämlich, noch bevor die Skelete und Schädel in dem neuen Local aufgestellt waren, der Präparant Konstantin Iwanow, der fast 20 Jahre hindurch diesen Theil des Museums in technischer Beziehung verwaltet und weitaus die Mehrzahl der damals vorhandenen Skelete und Schädel präparirt hatte, eines plötzlichen Todes und da seine Stelle durch den Präparanten Konstantin Prichodko, einen Ausstopfer, besetzt wurde, so blieb die osteologische Sammlung ohne technischen Aufseher und musste von Wosnessensky übernommen werden. Wosnessensky hatte aber, wie schon wiederholt bemerkt, mit der Verwaltung und Beaufsichtigung des ganzen Museums so viel zu thun, dass ihm keine Zeit übrig blieb, auch noch für die osteologische Sammlung zu sorgen, und so musste denn diese Abtheilung bis auf günstigere Zeiten einfach ihrem Schicksale überlassen werden. Indessen frassen die Speckkäfer unverdrossen fort, der Grünspan an den Messingdräthen mehrte sich zusehends, die Eisendräthe rosteten weiter und die Skelete, namentlich die sogenannten natürlichen, begannen allmählich auseinanderzufallen und dabei war Niemand vorhanden, der die Schäden hätte repariren können. Brandt, der sich damals gerade mit der Osteologie der Wale und Pachydermen beschäftigte und sich im vorhinerwähnten kleinen Zimmer dieser Etage installirt hatte, passirte die osteologische Abtheilung täglich und da ihm dabei der beständig zunehmende Verfall der Objecte nicht entgehen konnte, so fasste er den Beschluss, wiederum einen der Präparanten speciell für die osteologische Sammlung zu designiren. Da aber alle Stellen am Laboratorium besetzt waren und es an dem nöthigen Gelde mangelte, um noch einen Präparanten mehr anzustellen, so konnte dieser Beschluss erst im Januar 1868 in Ausführung gebracht werden. Mit Schluss des Jahres 1867 nämlich ging der Präparant Pamphil Iwanow, nach mehr als dreissigjährigem Dienste, als Conservator an das zoologische Cabinet der hiesigen medico-chirurgischen Akademie über und die durch diesen Abgang erledigte Stelle wurde mit einem Beamten des Verwaltungscomités, Peter Perschtschetzky, besetzt, der sich schon früher aus Liebhaberei mit Anfertigung von Skeleten befasst hatte.

Hr. Perschtschetzky, dessen Thätigkeit am Museum nicht volle 5 Jahre gewährt hat, ging mit grossem Eifer an die Reparatur der schadhaft gewordenen Skelete und an die Reinigung und Montirung der massenhaft vorhandenen Rohskelete, hat aber von letzteren im Ganzen nicht gerade viele aufgestellt, theils weil das Reinigen und Binden der Skelete sehr zeitraubend ist und nur langsam vorwärts geht, theils und hauptsächlich aber auch, weil er noch verschiedene andere, besonders schriftliche, Arbeiten zu besorgen hatte. Trotzdem ist seine kurze Wirksamkeit für die osteologische Sammlung von wesentlichem Nutzen gewesen und namentlich hat er sich durch Abfassung eines Inventars der Skelete ein grosses Verdienst um diese Abtheilung des Museums erworben. Wie schon weiter oben, auf p. 158, mitgetheilt, war Hr. Perschtschetzky im Jahre 1872 beauftragt worden, sämmtliche ausgestopften Säugethiere und Vögel für die damals in Angriff genommene Inventarisirung der Sammlung mit Nummern zu versehen, und da hat er denn nach Beendigung dieser Arbeit aus eigener Initiative auch die Skelete mit fortlaufenden Nummern versehen und ein nach den Schränken geordnetes Verzeichniss[1]) derselben angefertigt. In dieses Verzeichniss trug er bei jeder Nummer die Daten ein, die er auf den Etiquetten der betreffenden Objecte vorfand, und bei denjenigen Skeleten, deren Etiquetten bereits verloren gegangen waren, vermerkte er vorläufig nur die Gattung oder selbst nur die Ordnung, zu welcher das betreffende Stück gehörte, in der Hoffnung, die Namen und die Daten über die Herkunft bei Gelegenheit zu eruiren und später nachzutragen. Als Brandt dieses Verzeichniss zu Gesicht bekam, beschloss er sogleich, dasselbe zu revidiren und die fehlenden Daten, so weit sie ihm noch erinnerlich waren, einzutragen, hat aber leider keine Zeit gefunden, diese Nachträge zu machen, so dass das Verzeichniss unvollständig geblieben ist. Nichts desto weniger ist dasselbe uns später von einigem Nutzen gewesen, denn als bei dem im Jahre 1878 bewerkstelligten Umbau die beiden letzten Zimmer dieser Abtheilung geräumt werden mussten und bei dieser Ausräumung, die von den Dienern besorgt wurde, einzelne Objecte ihre Etiquetten einbüssten, konnten wir mit Hülfe der Nummern und des Perschtschetzky'schen Verzeichnisses die nöthigen Daten z. Th. wieder restituiren.

Als Hr. Perschtschetzky gegen Ende des Jahres 1872 das Museum verliess und in das Verwaltungscomité zurückging, traten in der osteologischen Abtheilung von Neuem dieselben Verhältnisse ein, wie im Jahre 1864 nach dem Tode des Präparanten Konstantin Iwanow. Zwar wurde ein Schüler Jegor Wassiljew, speciell für osteologische Arbeiten angestellt, doch konnte demselben begreiflicher Weise die Verwaltung der ganzen Abtheilung nicht anvertraut werden, und da Wosnessensky's Nachfolger, der Conservator Dr. A. Brandt, seine ganze Zeit der damals begonnenen Revision und theilweisen Aufstellung der Evertebraten widmen musste, so blieb die osteologische Sammlung wiederum so ziemlich ihrem Schicksale überlassen.

Sah es daher schon traurig genug in der Sammlung der auf-

---

[1]) Nach diesem Verzeichniss enthielt die Sammlung im Jahre 1872 im Ganzen 689 Skelete, nämlich 227 von Säugethieren, 356 von Vögeln, 27 von Reptilien und Amphibien und 79 von Fischen.

gestellten Skelete und Schädel aus, so spotteten die Zustände in der sogenannten Knochenküche, wo die Rohskelete aufbewahrt wurden, jeder Beschreibung. Diese Knochenküche befindet sich, wie ich schon auf p. 34 angegeben habe, im Hauptgebäude der Akademie unter dem Treppenhause und sieht mit ihren 3 Fenstern auf den Quai der grossen Newa hinaus; sie ist zwar ziemlich geräumig, aber nach Art der Kasematten gebaut, d. h. geht nach der Fronte des Hauses in 4 Nischen aus, von denen 3 mit Fenstern versehen sind, während die 4. einen stockfinstern Raum bildet, und da die Küche zugleich unter dem Strassenniveau liegt, so ist sie nicht bloss etwas feucht, sondern bei stärkerem Hochwasser auch Ueberschwemmungen ausgesetzt. In diesem Raume befindet sich ein Heerd mit einem eingemauerten grossen Kupferkessel zum Auskochen der Knochen und an den Wänden sind überall grobgezimmerte Etageren angebracht, auf welchen die Rohskelete liegen, die grossen frei, die kleinen in Kasten oder in Körben. Da die Knochenküche zugleich als Ablegekammer diente, so hatte sich daselbst im Laufe der Jahre eine Menge von alten Holzkisten, zerbrochenen Möbeln, verrosteten Blechkisten und ähnlichem Gerümpel angesammelt und ausserdem wurden auch sämmtliche Thierleichen, die seit der im Anfange der 60 ger Jahre erfolgten Eröffnung des hiesigen zoologischen Gartens alljährlich, besonders im Herbste, sehr zahlreich einliefen, dort deponirt, nachdem ihnen vorher die Haut abgezogen war. Diejenigen dieser Leichen, welche zu Skeleten bestimmt waren, wurden grob vom Fleische gereinigt und dann daselbst zum Trocknen aufgehängt, der Rest, so wie die abgeschnittenen Fleischtheile ausgeführt. Zugleich benutzten aber auch die Präparanten diesen Raum, um die ihnen privatim zugegangenen Thierleichen abzulegen, und so sammelte sich denn im Laufe des Winters stets eine nicht unbeträchtliche Menge von Cadavern an, für deren Fortschaffung gegen das Frühjahr hin, wenn Thauwetter eintrat und die gefrorenen Leichen aufzuthauen begannen, stets Sorge getragen wurde, so dass bei Lebzeiten Wosnessensky's niemals Klagen über die Knochenküche laut geworden waren. Als aber Wosnessensky im Januar 1871 schwer erkrankte und sein Zustand sich von Woche zu Woche verschlimmerte, konnte er natürlich nicht für die Fortschaffung der im Laufe des Winters aufgespeicherten Thierleichen sorgen und da auch keiner der Präparanten sich um diese Angelegenheit kümmerte, so begannen Klagen über den aus der Küche hervordringenden übelen Geruch einzulaufen, die schliesslich zur Folge hatten, dass das Verwaltungscomité an das Museum die kategorische Forderung stellte, die aufgesammelten Cadaver fortzuschaffen und überhaupt für die Reinigung der Knochenküche Sorge zu tragen. Brandt ertheilte denn auch sofort den Befehl, die faulenden Leichen unverzüglich auszuführen, und bat mich, die Knochenküche, die ich bisdahin noch niemals betreten hatte, einer eingehenderen Inspection zu unterwerfen. Ich verfügte mich also dahin und muss gestehen, dass der Anblick, der sich mir darbot, meine schlimmsten Erwartungen noch übertraf. Der Raum, an und für sich schon nicht besonders hell, war in Folge der schmutzigen, wahrscheinlich seit Jahrzehnten nicht gereinigten und dabei dicht mit Spinngeweben bedeckten Fenster fast vollkommen dunkel, und es mussten, um einen Einblick in denselben zu gewinnen, erst die Fenster von den dichten, mit einer dicken Staublage bedeckten Spinngeweben gereinigt werden. Zugleich liess ich auch das Gerümpel, das überall im Wege lag, hinausschaffen und das Local eine Nacht hindurch lüften, da es factisch kaum möglich war, in der dort herrschenden Luft zu athmen. Tagsdarauf begab ich mich in Begleitung des Conservators Dr. A. Brandt nochmals dorthin und da fanden wir denn, dass die Rohskelete, die nach Hunderten zählten, fast alle mehr oder weniger stark gelitten hatten. Als am besten erhalten erwiesen sich noch diejenigen, welche auf den oberen Brettern der Etageren gelegen hatten und bei den seit 1832 ab und zu vorgekommenen Ueberschwemmungen vom Wasser nicht berührt worden waren, die auf den unteren Brettern placirten dagegen waren sammt den total verfaulten Brettern heruntergefallen und lagen bunt durcheinander auf der gleichfalls gänzlich verfaulten Diele. Dabei waren sie meist nicht bloss völlig zerfallen, sondern auch mehr oder weniger von Ratten benagt und sämmtlich mit einer dicken Moder- und Staubschicht bedeckt. Ausserdem fanden wir in einzelnen Winkeln noch ganze Haufen von verhältnissmässig frischen, aber nur z. Th. noch durch Ligamente zusammenhängenden Knochen, die wohl sämmtlich von Thieren aus dem hiesigen zoologischen Garten stammen mochten und, da man an diesen die Weichtheile stets nur oberflächlich entfernt hatte, ganz besonders stark von Ratten benagt, folglich total verdorben waren. Kurz die Verfassung, in welcher sich unsere Rohskelete befanden, war die denkbar traurigste, denn nicht genug, dass ein grosser Theil derselben sich als völlig ruinirt und unbrauchbar erwies, fehlten auch bei den meisten die Daten über die Herkunft, da die dünnen Papier-Etiquetten theils gänzlich verloren gegangen, theils derartig vermodert waren, dass die darauf befindliche Schrift sich nicht mehr entziffern liess. Um nun der durchaus berechtigten Forderung des Verwaltungscomités nachzukommen, übernahm Dr. A. Brandt trotz seiner schon ohnehin sehr in Anspruch genommenen Zeit die Aufgabe, die Knochenküche einigermaassen in Ordnung zu bringen und namentlich reinigen zu lassen; er revidirte die noch brauchbaren Rohskelete, suchte die Etiquetten, so weit das überhaupt noch anging, zu entziffern und zu restituiren, und liess aus den auf dem Boden liegenden Knochenhaufen die Schädel heraussuchen, die übrigen Knochen aber einfach ausführen, denn an ein Zusammensuchen der einzelnen, zu jedem der zahlreichen, gänzlich zerfallenen Skelete gehörenden Theile war nicht zu denken, das hätte nicht bloss monatelange Arbeit erfordert, sondern wäre auch so ziemlich zwecklos gewesen, da ja die meisten Knochen von Ratten benagt und folglich unbrauchbar geworden waren. Zugleich wurde von da ab der Portier des Museums beauftragt, für die rechtzeitige Fortschaffung der Thierleichen zu sorgen, und da derselbe unmittelbar neben der Knochenküche logirt ist, so liegt die prompte Ausführung dieses Auftrages in seinem eigenen Interesse, denn bei jeder Vernachlässigung hat er selbst ja aus erster Hand zu leiden.

Mit Einführung des neuen Etats für die akademischen Museen im Januar 1875 trat in der osteologischen Abtheilung endlich eine Wendung zum Besseren ein. Nach diesem neuen Etat war die Zahl der technischen Beamten am Museum auf 5 festgesetzt worden, nämlich 2 ältere und 2 jüngere Präparanten und ein Lehrling, und es wurde daher der Beschluss gefasst, die eine Stelle eines älteren Präparanten mit einem Präparanten speciell für osteologische Arbeiten zu besetzen. Leider qualificirte sich aber unter dem damals vorhandenen Personal niemand für diese Stelle und so musste dieselbe denn zunächst unbesetzt bleiben, bis es uns im November desselben Jahres endlich gelang, in der Person des Hrn. Julius Ananow einen Präparanten mit den nöthigen Qualificationen zu finden. Hr. Ananow hat seine Lehrzeit im plastischen Atelier des Wirklichen Staatsraths Julian von Simaschko hieselbst absolvirt, wo er namentlich bei dem damals dort beschäftigten Dr. Zeiler aus München das Modelliren in Wachs zu lernen Gelegenheit gehabt hat, später ging er in das plastische Atelier des Candidaten A. D. Strembitzky über und hat ausserdem auch bei den Skulpteuren Dylew und Prof. Laweretzky in Gyps und auch in Marmor zu arbeiten gelernt. Da er sich bei Hrn. Strembitzky auch mit Anfertigung von Skeleten befasst hatte, so empfahl ihn der letztere für die vacante Präparanten-Stelle und hat mit dieser Empfehlung auch alle Ehre eingelegt, denn Hr. Ananow besitzt in der That eine ganz aussergewöhnliche Fertigkeit in allen möglichen technischen Arbeiten, zeichnet auch sehr hübsch, und da er sich in kurzer Zeit auch die nöthigen zoologischen und besonders osteologischen Kenntnisse, die ihm anfänglich natürlich mangelten, angeeignet hat und zugleich mit beispiellosem Eifer an die Arbeit gegangen ist, so hat das Museum mit seiner Anstellung einen überaus glücklichen Wurf gethan.

Bei dem absolut unzureichenden Raume, in welchem die osteologische Sammlung damals untergebracht war, verbot sich die Montirung und Aufstellung grösserer Skelete ganz von selbst und so musste denn Hr. Ananow seine Thätigkeit in den ersten Jahren auf Anfertigung kleinerer Skelete, so wie auf Reparatur der aus älterer Zeit stammenden und immer wieder zerfallenden Objecte beschränken. Zugleich nahm er sich auch unserer Sammlung von Säugethierschädeln an, die seit dem Tode des Präparanten K. Iwanow fast unberührt gestanden hatte und durch Fett und Staub ganz verunstaltet worden war, kochte die Schädel sämmtlich aus und brachte sie wieder in einen präsentablen

Zustand. Ebenso verfuhr er auch mit den nach dem Jahre 1864 hinzugekommenen Schädeln, welche, da kein Präparant vorhanden gewesen war, fast durchweg in rohem Zustande in die Schränke gestellt worden waren, und holte ausserdem noch eine Menge von den in der Knochenküche deponirten Schädeln hervor, so dass sich die aufgestellte Sammlung von Säugethierschädeln im Laufe von etwas über zwei Jahren, dank ausschliesslich seinen Bemühungen, ganz beträchtlich vermehrt, ja fast verdoppelt hatte. Endlich liess er auch von seinen Gehülfen, den Lehrlingen J. Wassiljew und J. Firley, einen Theil der noch brauchbaren, in der Knochenküche aufgespeicherten Skelete grösserer Mammalien macerieren und reinigen und da dieselben, wie schon bemerkt, wegen Mangels an Raum nicht aufgestellt werden konnten, so brachte er die einzelnen Knochen eines jeden Skeletes, nach vorheriger genauer Bezeichnung, in Holzkisten unter und versah die Kisten mit den nöthigen Aufschriften. Diese Kisten wurden aber nicht wieder in die feuchte Knochenküche zurückgebracht, sondern, so gut es eben ging, in den Sammlungsräumen selbst placirt, und so war denn eine nicht unbeträchtliche Anzahl von Skeleten zur Montirung vorbereitet und konnte bei einer eventuellen Erweiterung des Locals auch gleich aufgestellt werden. Diese lang ersehnte Erweiterung des Locals trat denn auch glücklicherweise sehr bald ein.

Gegen Ende des Jahres 1877 starb nämlich der Executor (Hausmeister) der Akademie und da die von ihm innegehabte Wohnung unmittelbar an die Räume der osteologischen Sammlung anstiess, so gestattete unser damaliger Präsident Graf F. Lütke auf eine diesbezügliche Vorstellung von Brandt und mir, die Räumlichkeiten der osteologischen Abtheilung durch Hinzuziehung dieser Wohnung zu vergrössern. Im Frühlinge des darauf folgenden Jahres wurde denn auch mit den nöthigen Abänderungen und Remonten begonnen und da zugleich der Beschluss gefasst worden war, das vom Saale № III abgetrennte einfenstrige Zimmer, wo Brandt sein Arbeitscabinet aufgeschlagen hatte, durch Entfernung der Holzwand wieder mit dem betreffenden Saale zu vereinigen, so musste nicht bloss dieses kleine Zimmer, das unmittelbar an die neu acquirirten Räume anstiess, sondern überhaupt der ganze Saal № III geräumt werden. Das war aber bei dem herrschenden Raummangel keine leichte Aufgabe und wurde schliesslich in der Weise bewerkstelligt, dass wir die Schädel, die im kleinen Zimmer gestanden hatten, in Kisten legten und in den Räumen der zoologischen Abtheilung, die für die ganze Zeit des Umbaues natürlich für das Publicum geschlossen blieb, unterbrachten, die Skelete dagegen, so wie auch das Mobiliar im Vestibule und auf der Paradentreppe, so gut es eben anging, placirten. Gegen Ende des Sommers waren Umbau und Remonte vollendet und die osteologische Abtheilung verfügte nunmehr über die 5 Säle, in denen sie sich auch heute noch befindet. Zugleich war das ganze Local durch 5 runde eiserne (sogenannte Outermark'sche) Oefen heizbar gemacht worden, was unumgänglich nothwendig war, da wir die Erfahrung gemacht hatten, dass die Objecte, besonders diejenigen, welche in der Nähe der Fenster standen, in den bisdahin ungeheizten Sälen mehr oder weniger Schimmel ansetzten. Natürlich reichten die vorhandenen Schränke bei Weitem nicht hin, um das beträchtlich, fast um das Doppelte, vergrösserte Local zu möbliren, und so wurde denn mit Genehmigung und auf Kosten des Verwaltungscomités nicht bloss eine ganze Anzahl neuer Schränke bestellt, sondern auch ein Theil der bereits vorhandenen, den neuen Räumlichkeiten entsprechend, umgemacht. Nachdem die Möblirung der Säle beendet war, gingen wir an die definitive Aufstellung der ganzen osteologischen Sammlung, die nach einem Plane ausgeführt wurde, den ich zusammen mit Hrn. Ananow bereits früher entworfen hatte, und wobei der letztere mir durch seinen practischen Sinn und seine Gewandtheit sehr wesentlich geholfen hat. Dieses neue Arrangement, das, einige wenige, durch das rapide Wachsen der Sammlung bedingte Abänderungen abgerechnet, auch heute noch besteht, ist folgendes:

Im Saale № I stehen links von der Eingangsthür unsere Auerochsen-, Bison- und Büffel-Skelete im Halbkreise frei auf der Diele und über ihnen sind an den beiden entsprechenden Wänden zwei Bretter auf eisernen Kronsteinen angebracht, auf welchen wir die Skelete der kleineren Wiederkäuer, der Antilopen, Ziegen, Schafe und kleineren Hirsche, placirt haben. Die vordere

Hälfte des Zimmers ist mit 2 grossen Schränken möblirt, von denen der eine gegenüber der Eingangsthür, der andere zwischen den Fenstern steht, und in welchen das Wenige, was wir an Skeleten und Schädeln kaltblütiger Wirbelthiere besitzen, untergebracht ist, und die auf den beiden Fensterbrettern aufgestellten Vitrinen enthalten ausschliesslich Affenschädel. Die Mitte des Zimmers, die früher von Delphinskeleten eingenommen war, musste unbesetzt bleiben, da sonst bei der geringen Grösse desselben kein genügender Raum zum Durchgange vorhanden gewesen wäre, dafür haben wir aber in der sehr breiten, die Verbindung mit dem folgenden Saale vermittelnden Arcade zwei niedrige Schränke einander vis-à-vis aufgestellt, die Schiebladen enthalten und oben mit Vitrinen versehen sind; in dem einen dieser Schränke liegen in der Vitrine die Schädel der Halbaffen, Chiropteren und Insectivoren, in den Schiebladen die weniger gut erhaltenen Affenschädel, so wie Gebisse und einzelne Skelettheile verschiedener Säugethiere, und der andere dient zur Aufbewahrung diverser fossiler und subfossiler Knochen, von denen die interessanteren, wie namentlich die *Cetotherium*-Reste, in der Vitrine ausgelegt sind. Ueber jedem dieser beiden Schränke ist ferner eine Console an der Wand angebracht und die eine mit dem Skelet einer riesigen Suppenschildkröte *(Chelone viridis)*, die andere mit dem Skelet einer der grossen schwarzen Landschildkröten *(Testudo elephantina* von den Comorren*)* besetzt; eine ganz ähnliche Console ist endlich auch im Saale selbst an der Wand neben dem Ofen angebracht, die das Skelet eines Casuars trägt, und darunter liegt auf einem besonderen Postament der Schädel eines asiatischen Elephanten.

In dem zweiten Saale ist die ganze hintere Hälfte gleichfalls von freistehenden Skeleten eingenommen, und zwar stehen auf der Diele eine Giraffe, zwei Kameele, ein Elen, zwei grössere Hirsche aus der Gruppe der Edelhirsche, drei grosse Antilopen, ein riesiges Argali-Schaf und vier Einhufer, während über ihnen auf einem durch eiserne Kronsteine gestützten Brette die Skelete der grossen Raubthiere aus den Gattungen *Felis, Hyaena, Canis* und *Ursus* placirt sind. Die 4 grossen Schränke in der vorderen Hälfte des Zimmers enthalten ausschliesslich Vogelskelete und in der Mitte des Saales stehen gleichfalls frei auf der Diele die Skelete zweier Nashörner, zweier Nilpferde und dreier Tapire, so wie ein kleiner Schrank mit Schiebladen, der oben mit einer hohen Vitrine versehen ist und neben verschiedenen, in den Schiebladen untergebrachten Skelettheilen theils fossiler, theils noch lebender Mammalien auch die beiden noch mit Haut bekleideten fossilen Rhinoceros-Köpfe enthält, von denen der eine bekanntlich vom verstorbenen Brandt, der andere von Hrn. Akademiker L. v. Schrenck ausführlich beschrieben worden ist. Von den 3 Vitrinen auf den Fensterbrettern sind 2 ausschliesslich mit Schädeln der verschiedenen grossen und kleinen Katzen-Arten angefüllt, während die dritte die Schädel der Hyänen, des Erdwolfs *(Proteles)*, so wie verschiedener exotischer Repräsentanten der Gattung *Canis (Canis latrans, C. Dingo* etc.*)* enthält, und in den beiden mit Füssen versehenen grösseren Vitrinen, die einander vis-à-vis in der breiten Arcade stehen, ist eine reiche Suite von Schädeln des gemeinen Wolfs *(Canis lupus)* aus den verschiedensten Gegenden Russlands ausgestellt. Ueber jeder dieser letzterwähnten Vitrinen hängen an der Wand über einander je 4 mehr oder weniger complete Argali-Schädel mit riesigen Hörnern und an demjenigen Theile der beiden einander gegenüberliegenden Saalwände, der zwischen dem Ofen und der Arcade liegt, ist, genau so wie im Saale № I, je eine Console angebracht und mit einem Straussen-Skelet besetzt, während unter jeder derselben auf einem besonderen Postament ein mehr oder weniger completer Mammuth-Schädel liegt.

Der Saal № III ist rundherum mit Schränken besetzt, von denen der grösste, der die ganze hintere, den Fenstern gegenüberliegende Wand einnimmt, die Skelete der Affen, Halbaffen, Chiropteren, Insectivoren, der kleineren Carnivoren und Pinnipedien, so wie der Nager enthält, während in den 4 Schränken in der vorderen Hälfte des Zimmers ausschliesslich Schädel ausgestellt sind, und zwar ausser einer Suite von 9 schönen Walross-Schädeln mit z. Th. riesigen Stosszähnen nur Schädel von Wiederkäuern, nämlich von Giraffen, Kameelen, Llamas, Moschusthieren, Hirschen, Antilopen und Ziegen. Da aber die Maral- und Renthierschädel wegen der colossalen Geweihe nicht in den Schränken untergebracht werden konnten, so haben wir dieselben nebst einer Anzahl von theils paarigen, theils unpaaren Geweihstangen und einer ganzen Reihe von Gehörnen der Bezoarziege *(Capra aegagrus)* und des sibirischen Steinbockes vorläufig auf den Schränken placirt, um sie später in geeigneter Weise an den Wänden aufzuhängen. Die Mitte des Zimmers nimmt das Skelet des im Jahre 1851 bei Reval gestrandeten Walfisches *(Balaenoptera longimana)* ein, und zwar haben wir, um Raum zu gewinnen, das Postament des Skeletes auf 10 etwa 2 Arschin hohe, starke eiserne Colonnen (Gasröhren) aufgesetzt, wodurch es möglich geworden ist, rund um das Postament, das natürlich viel schmäler ist, als der Rumpf des Skeletes, noch 8 Vitrinen auf Füssen und an jedem Ende einen kleinen Walschädel nebst den dazugehörigen Unterkieferästen aufzustellen; vier von diesen Vitrinen, die an der den Fenstern zugekehrten Seite des Postamentes stehen, enthalten ausschliesslich Bärenschädel, die 4 andern, an der entgegengesetzten Seite, sind mit Robbenschädeln *(Phoca* und *Otaria)* angefüllt. Die 3 Vitrinen auf den Fensterbrettern enthalten gleichfalls Schädel, und zwar nur von Repräsentanten des Hundegeschlechts, namentlich sehr viele Fuchs- und Eisfuchs-Schädel, dann Schädel von Schakalen diverser Arten, so wie auch eine kleine Sammlung von Schädeln verschiedener Racen des gemeinen Haushundes. In der Arcade sind, ganz so wie im vorhergehenden Saale, zwei Vitrinen auf Füssen, einander vis-à-vis, aufgestellt, in welchen der Rest der Bärenschädel untergebracht ist, und über jeder derselben hängen an der Wand je 4 grosse Argalischädel über einander. Endlich ist auch in diesem Saale an den einander gegenüberliegenden Wänden, und zwar auch zwischen Ofen und Arcade, je eine Console angebracht, die das Skelet eines neuholländischen Strausses *(Dromaius Novae Hollandiae)* trägt, und unter der einen von ihnen liegt auf einem besonderen Postament ein Mammuth-Schädel, unter der anderen derjenige eines asiatischen Elephanten.

Der Saal № IV ist gleichfalls rund herum von Schränken eingenommen, und zwar enthält von den beiden in der hinteren Hälfte des Zimmers placirten Schränken der kleinere, der zwischen der Arcade und der Ausgangsthür auf die Hintertreppe steht, die Skelete der Edentaten, der grosse, den Fenstern gegenüberstehende, diejenigen der kleineren Pachydermen *(Sus, Potamochoerus, Phacochoerus, Dicotyles* und *Hyrax)*, der kleineren Wiederkäuer und der Marsupialien. Von den 4 Schränken in der vorderen Hälfte des Saales ist einer mit Schädeln und Gehörnen von Schafen, der zweite ausschliesslich mit Ochsenschädeln (Auerochsen, Moschusochsen, Zebu etc.) angefüllt, der dritte enthält die Schädel der sogenannten Sirenien, nämlich 12 *Rhytina*-, 5 *Halicore*- und 2 *Manatus*-Schädel, und im vierten sind die übrigen Cetaceen-Schädel *(Delphinus, Orca* und *Hyperoodon)* untergebracht. Die Mitte des Zimmers nimmt das Skelet der *Rhytina Stelleri* ein, dessen Postament in ganz gleicher Weise, wie dasjenige des Revaler Walfisches, auf eiserne Colonnen aufgesetzt ist; unter dem Postament liegt eine Menge von *Rhytina*-Knochen, meist Rippen und Wirbel, und rund um dasselbe sind Skelete grösserer Wassersäugethiere aufgestellt, nämlich an der den Fenstern zugekehrten Seite 3 grosse Robben-Skelete *(Trichechus rosmarus, Otaria Stelleri* und *Phoca monachus)*, an der entgegengesetzten 4 Delphin-Skelete, vorn 3 Sirenien-Skelete (2 *Halicore* und 1 *Manatus)* und hinten eine Vitrine auf Füssen, die ausschliesslich Schweine-Schädel *(Sus, Porcus, Phacochoerus* und *Dicotyles)* enthält. In den 3 Vitrinen auf den Fensterbrettern ist der Rest der Raubthier-Schädel untergebracht, nämlich die Schädel der verschiedenen Arten von *Herpestes, Viverra, Paradoxurus, Enhydris, Lutra, Gulo, Mustela, Mephitis, Meles, Nasua* und *Procyon*. Alsdann stehen in der Arcade, einander gegenüber, auf besonderen Postamenten 2 *Ziphius*-Schädel und über jedem derselben sind an der Wand über einander 6 Schädelfragmente (meist nur das Stirnbein mit den Hornzapfen) des fossilen breitstirnigen Ochsen auf besonders eingerichteten Etagen angebracht. An der Wand zwischen der Arcade und dem Ofen liegen gleichfalls auf einem besonderen Postamente ein Schädelfragment (die Hirnkapsel) und ein vollständiger Unterkiefer des Pottwals *(Physeter macrocephalus)* und daneben steht etwa ein Dutzend sehr schöner Narwalzähne, von denen einer noch im Schädel festsitzt. Endlich mussten auf den Schränken noch die Skelete von 3 Robben (1 junges Walross und 2 mittelgrosse

Seehunde) placirt werden, da für dieselben kein anderer Platz vorhanden war.

Der fünfte und letzte Saal endlich, der in der Ecke des Gebäudes liegt und nach zwei Seiten Fenster besitzt, ist hauptsächlich für unsere Fossilien bestimmt, die bis zum Jahre 1878 in der oberen Etage, in der westlichen Rotunde, gestanden hatten. Gleich neben dem Eingange, rechts und links von der Arcade, stehen zwei grosse Postamente mit einer ziemlich beträchtlichen Anzahl von mehr oder weniger gut conservirten Stosszähnen des Mammuth: über dem rechts vom Eingange, also zwischen der Arcade und dem Fenster, stehenden Zahnhaufen sind an der Wand auf zwei besonders dazu eingerichteten Etageren Schädel und Schädelfragmente der beiden, bei uns vorkommenden, fossilen Ochsen, des *Bos primigenius* und des *Bos latifrons*, ausgestellt, unter denen besonders 3 von den Herrn Akad. J. Hamel, Leibmedicus Dr. Hirsch und Fabrikant A. Knobloch geschenkte, sehr gut erhaltene Schädel in die Augen fallen; über dem anderen Zahnhaufen, der zwischen der Arcade und dem Ofen placirt ist, hängen 2 grosse Photographien, welche das Museum von dem Museum in Brüssel geschenkt erhalten hat und von denen die eine das dortige Mammuthskelet, die andere ein sehr fragmentarisches Skelet von *Elephas antiquus* darstellt. Der grosse Schrank, der die ganze fensterlose Wand des Zimmers einnimmt und aus 3 Abtheilungen besteht, enthält unsere reiche Sammlung fossiler Nashorn-Schädel und -Hörner, die allein 2 Abtheilungen des Schrankes füllen, so wie die Schädel der noch lebenden Nashörner, der Nilpferde, der Tapire und der Klippdachse *(Hyrax)*. Ueber diesem Schranke ist auf eisernen Kronsteinen das Skelet eines Narwal *(Monodon monoceros)* aufgestellt und als Pendant dazu steht über dem vis-à-vis, zwischen den Fenstern, placirten Schranke das schön erhaltene Skelet einer Belucha *(Delphinapterus leucas)*, welches Herr M. K. Sidorow dem Museum geschenkt hat. Von den beiden grossen, zwischen den Fenstern stehenden Schränken enthält derjenige, der an der nach Norden gerichteten, also dem Eingange gegenüberliegenden Wand aufgestellt ist, ausschliesslich Mammuth-Reste, nämlich eine grosse Anzahl von Unterkiefern, ferner Schädelfragmente, Bekken, diverse Röhrenknochen, so wie Hautstücke, z. Th. noch mit erhaltener Behaarung, und eine Menge von Mähnenhaar, welches letztere theils noch von Adams, zum grösseren Theile aber von Akademiker Fr. Schmidt mitgebracht worden ist; der andere, an der nach Osten gerichteten Wand stehende Schrank ist mit den Resten des bei Nikolajew gefundenen *Mastodon*, so wie mit Schädelfragmenten, Unterkiefern und Zähnen des *Elasmotherium* angefüllt und enthält ausserdem noch unsere 24 Einhufer-Schädel. In der Ecke zwischen den Fenstern sind auf einer Etagere 3 complete Schädel von *Rhinoceros tichorhinus* über einander aufgestellt, die einzigen unter unseren 31 Schädeln dieser Art, von welchen auch die dazugehörigen Unterkiefer vorhanden sind, und vor der Etagere steht ein niedriger Schrank mit Schiebladen, der oben mit einer sargdeckelförmigen hohen Vitrine versehen ist; diese Vitrine dient zur Aufbewahrung des prachtvollen, von Herrn A. Knobloch geschenkten, fast ganz completen *Elasmotherium*-Schädels und in den Schiebladen sind diverse Skelettheile von fossilen Ochsen, meist Wirbel, Rippen, und kleinere Extremitätenknochen, untergebracht. Die Mitte des Zimmers nimmt unser berühmtes Mammuthskelet ein, neben welchem das Skelet unseres grossen ausgestopften *Elephas indicus* placirt ist: auf den Postamenten dieser beiden Skelete liegen, ausser den beiden, leider sehr stark zerbröckelten Stosszähnen des bei Nikolajew gefundenen *Mastodon*, die beiden von Baron G. von Maydell mitgebrachten, noch mit Haut bekleideten Mammuthfüsse, so wie die beiden riesigen Stosszähne derselben Thierart, welche der Kaufmann I. G. Gromow an der Kolyma gefunden und S. M. dem hochseligen Kaiser Alexander Nikolajewitsch dargebracht hat, und welche S. Majestät der Akademie bei Gelegenheit der Feier ihres 150-jährigen Jubiläums zu schenken geruhte; diese beiden Zähne, die noch im Schädel steckend gefunden worden sind, bilden gewissermaassen Unica, da sie, wie bereits bemerkt, meines Wissens unter den in Sammlungen aufbewahrten Mammuthhauern die einzigen sind, an welchen auch der hohle Basaltheil, der in der Alveole steckt und, als für Handelszwecke werthlos, stets abgehauen und fortgeworfen zu werden pflegt, noch vollständig erhalten ist. Endlich stehen in diesem

Saale noch 5 Vitrinen, 4 auf den Fensterbrettern und eine mit Füssen versehene hinter dem Elephantenskelet; zwei davon sind ausschliesslich mit Nager-Schädeln angefüllt, in der dritten ist Alles, was wir an Schädeln von Edentaten und Marsupialien besitzen, untergebracht und die beiden letzten enthalten ausschliesslich Backenzähne vom Mammuth, die bekanntlich in den allerverschiedensten Gegenden des Reichs gefunden werden und deren sich im Laufe der Jahre eine ganz beträchtliche Anzahl im Museum angesammelt hat.

Nachdem auf diese Weise die ganze osteologische Sammlung placirt war, nahmen Hr. Ananow und sein damaliger Gehülfe, der Lehrling J. Firley, ihre durch die Neuaufstellung zeitweilig unterbrochenen Arbeiten wieder auf und machten sich vor Allem an die Reparatur derjenigen Skelete, welche bei dem Umbau des Saales № III in das Vestibule und auf die Paradentreppe hinausgeschafft worden waren und fast durchweg mehr oder weniger gelitten hatten. Alsdann wurde der Rest der Mammalien-Schädel, der noch im Rohzustande verblieben war, so wie das inzwischen Neuhinzugekommene gereinigt und definitiv präparirt und ebenso ein beträchtlicher Theil der bereits gereinigten, aber wegen Mangels an Platz noch nicht montirten Skelete aufgestellt. Endlich nahm sich Hr. Ananow auch der Fossilien an, von denen ein grosser Theil aus einzelnen Bruchstücken bestand, passte und klebte diese letzteren an einander und füllte die etwa vorhandenen Lücken mit Papier-maché aus, wobei er diese letzteren Stellen durch einen besonderen, meist zinnoberrothen Anstrich auszeichnete, so dass man schon auf den ersten Blick erkennen kann, was an einem solchen restaurirten Stück etwa künstlich ersetzt ist. Durch diese Arbeit, die nicht bloss viel Zeit und Mühe, sondern auch grosse Umsicht, Gewandtheit und Uebung erfordert, hat er eine Menge von Knochen vervollständigt und zugleich die Zahl der Bruchstüke in der Sammlung beträchtlich verringert.

Mittlerweile war diese Abtheilung des Museums so weit gediehen, dass an die längst geplante Catalogisirung derselben gegangen werden konnte, und so beschlossen wir denn, den Anfang mit den Säugethieren zu machen, und zwar zunächst mit den lebenden oder doch, wie die Steller'sche Seekuh, in historischer

Zeit untergegangenen Arten. Zu diesem Zweck versah Hr. Ananow sämmtliche Säugethier-Skelete und -Schädel, so wie die ziemlich zahlreich vorhandenen Gehörne und Geweihe mit fortlaufenden Nummern, die mit rother Oelfarbe auf die Objecte selbst aufgetragen wurden, und fertigte einen Catalog derselben an, in welchen er unter den entsprechenden Nummern diejenigen Daten eintrug, welche er auf den Etiquetten der einzelnen Stücke vorfand. Da aber bei sehr vielen Objecten aus der älteren Zeit jegliche Daten über die Herkunft derselben fehlten, ja bei einzelnen auch nicht einmal der Art-Namen notirt war, und ein Theil des in neuerer Zeit acquirirten Materials erst definitiv determinirt werden musste, so enthielt der Catalog natürlich mancherlei Lücken, die, so weit möglich, später ausgefüllt werden sollten. Einen Theil dieser Lücken hat Hr. Ananow auch bereits ausgefüllt, theils mit Hülfe des Schrader'schen Accessionscatalogs, theils auch dadurch, dass er alle Schädel, von denen bekannt war, dass sie aus ausgestopften, im Museum befindlichen Exemplaren stammten, mit diesen letzteren verglich und dabei denn auch gewöhnlich die nöthigen Daten über die Herkunft eruirte. Darauf versah er alle Schädel und Skelete, welche definitiv determinirt waren, mit den neuen, für die osteologische Sammlung bestimmten Carton-Etiquetten von ovaler Form und notirte zugleich bei sämmtlichen Schädeln, welche ausgestopften Exemplaren angehörten oder aus Bälgen herausgenommen waren, sowohl im Cataloge, als auch auf der Rückseite der Etiquetten die Nummer, unter welcher das betreffende ausgestopfte oder als Balg aufbewahrte Stück im Catalog der Säugethier-Sammlung eingetragen war. Alle diese verschiedenartigen Arbeiten erforderten natürlich sehr viel Zeit und Hr. Ananow ist nur dadurch im Stande gewesen, sie in den wenigen Jahren auszuführen, dass er auch seine freie Zeit ausschliesslich zum Nutzen des Museums verwandt und z. B. einen grossen Theil der Nummern auf den Schädeln und fast alle Carton-Etiquetten des Abends zu Hause geschrieben hat.

Was den Bestand unserer osteologischen Sammlung anbetrifft, so enthält sie eigentlich nur warmblütige Wirbelthiere, denn die wenigen Skelete und Schädel, welche wir von Reptilien,

Amphibien und Fischen besitzen, sind kaum der Rede werth. Unter den Warmblütern prävaliren wiederum die Säugethiere, während die Vögel schwach vertreten und ausserdem auch nicht gerade im besten Zustande sind. Weitaus die Mehrzahl unserer 385 Vogelskelete ist nämlich noch in den 30-ger Jahren, wo Brandt sich speciell mit der Osteologie der Vögel beschäftigte, angefertigt worden und man kann sich daher vorstellen, dass dieselben im Laufe von mehr als 40 Jahren, besonders auch bei dem Umzuge aus der oberen in die untere Etage, so wie bei den wiederholten Umstellungen, nicht wenig gelitten haben; da ausserdem fast alle als sogenannte natürliche Skelete, d. h. mit theilweiser Erhaltung der Ligamente und Knorpel, präparirt sind, so haben die Speckkäfer und ihre Larven arge Verwüstungen unter ihnen angerichtet und die meisten sind, trotz der wiederholt an ihnen vorgenommenen Reparaturen, doch mehr oder weniger defect geblieben; endlich sind bei sehr vielen auch die Etiquetten verloren gegangen und hin und wieder scheinen sogar Verwechselungen in den Schädeln vorgekommen zu sein, kurz mit Ausnahme einiger weniger, aus der letzten Zeit stammender Stücke, haben die meisten unserer Vogelskelete wohl nur einen sehr geringen Werth und werden durch neue Exemplare ersetzt werden müssen, wesshalb ich es denn auch für überflüssig halte, mich auf eine nähere Besprechung dieses Theils der Sammlung einzulassen. Unsere Säugethier-Skelete und -Schädel dagegen, welche die Hauptmasse der Sammlung bilden, sind nicht bloss viel zahlreicher, wie die Vögel, sondern auch in unvergleichlich besserem Zustande. Abgesehen von den sehr zahlreichen Fossilien, die aus Zähnen, Schädelfragmenten, einzelnen Knochen und Knochenstücken bestehen und zur Zeit noch nicht catalogisirt sind, enthielt die Sammlung am 2. Juli 1882 an Mammalien im Ganzen 342 Skelete, darunter nur 1 fossiles (das Mammuth), und 2197 mit geringen Ausnahmen ganz complete Schädel, unter denen die Fossilien durch 6 mehr oder weniger vollständige Mammuth-Schädel, 31 meist gut erhaltene Nashorn-Schädel, 1 prachtvollen *Elasmotherium*-Schädel und 38 zum grössten Theile sehr fragmentarische Ochsen-Schädel vertreten sind. Die Skelete sind bis auf einige wenige, aus der älteren Zeit stammende, definitiv determinirt, von den Schädeln dagegen bedarf die Mehrzahl noch einer genaueren Untersuchung, ehe sie als sicher bestimmt angesehen werden kann, und ich bin daher zur Zeit auch nicht im Stande anzugeben, wie viele Arten von Säugethieren in dieser Abtheilung des Museums vertreten sind. Um dem Leser aber doch einen ungefähren Begriff über den Bestand unseres osteologischen Materials zu geben, will ich hier wenigstens mittheilen, wie sich die Schädel und Skelete auf die einzelnen Ordnungen vertheilen. Die 14 von den älteren Systematikern unter den Mammalien unterschiedenen Ordnungen sind, wie folgt, repräsentirt:

Quadrumana	174 Schädel und	29 Skelete
Prosimii	57 » »	4 »
Chiroptera	7 » »	2 »
Insectivora	41 » »	5 »
Carnivora	636 » »	103 »
Pinnipedia	170 » »	17 »
Rodentia	296 » »	62 »
Edentata	20 » »	10 »
Ruminantia	537 » »	58 »
Solidungula	24 » »	7 »
Pachydermata	111 » »	15 »
Cetacea	62 » »	19 »
Marsupialia	62 » »	11 »
Monotremata[1]	0 » »	0 »
	2197	342

Aus der vorstehenden Aufzählung ergiebt sich, dass unsere Skeletsammlung noch sehr arm ist, und in keiner Weise mit den

---

[1] Hinsichtlich der auch in osteologischer Beziehung so merkwürdigen Ordnung der Monotremen, deren gänzliche Abwesenheit in unserer osteologischen Sammlung wohl einigermaassen auffallen dürfte, muss ich bemerken, dass wir schon seit Jahren sowohl von *Ornithorhynchus*, als auch von *Echidna* Spiritus-Exemplare besitzen, die von vorn herein zu Skeleten bestimmt waren, und dass dieselben bisher nur desshalb noch nicht skeletirt worden sind, weil Prof. W. Gruber sie bei seinen myologischen Untersuchungen benutzt und gebeten hat, mit dem Skeletiren so lange zu warten, bis er die ganze Musculatur durchpräparirt haben wird.

grossen europäischen Staatsmuseen concurriren kann, ja an Stückzahl selbst von mancher Universitäts-Sammlung übertroffen werden dürfte. Die Sammlung der Mammalien-Schädel dagegen muss zu den bedeutenderen gerechnet werden und enthält bereits ein ganz namhaftes Material für vergleichend-craniologische Untersuchungen. Allerdings sind einzelne Ordnungen, wie besonders die Chiropteren und bis zu einem gewissen Grade auch die Nager, noch sehr schwach repräsentirt, jedoch besitzen wir von beiden noch eine ganz beträchtliche Anzahl von Schädeln, die in den Bälgen enthalten sind, und sobald diese letzteren definitiv bestimmt sein werden, herausgenommen und der osteologischen Abtheilung einverleibt werden sollen. Ganz besonders reich ist unsere Sammlung an Schädeln der robbenartigen Thiere, von denen ja bekanntlich viele Arten in unseren Meeren und Seen einheimisch sind. Ebenso sind auch unter den Carnivoren und Ruminantien diejenigen Arten reich repräsentirt, die im Russischen Reiche vorkommen: so besitzen wir 96 Bären-Schädel, die meist dem gemeinen Bär *(Ursus arctos)* angehören, unter denen sich aber auch ein Dutzend vom Eisbär *(Ursus maritimus)* findet, ferner 116 Fuchs-Schädel, die mit geringen Ausnahmen entweder vom gemeinen Fuchs *(Canis vulpes)*, oder vom Eisfuchs *(Canis lagopus)* stammen, alsdann eine ziemlich beträchtliche Anzahl von Schädeln des gemeinen Wolfs *(Canis lupus)* und der Fischotter *(Lutra vulgaris)*, so wie ganze Serien von Schädeln der verschiedenen Mustelen (Wiesel, Iltis, Marder, Zobel etc.); unter den Wiederkäuern sind es besonders die Wildziegen und Wildschafe, deren Schädel reich vertreten sind, denn mit Einschluss der Schädelfragmente, die z. Th. nur aus dem Stirnbein mit den Hörnern bestehen, beläuft sich die Zahl unserer Wildschaf-Schädel auf 90, diejenige der Wildziegen auf 112. Da wir bei unseren beengten Räumlichkeiten kaum noch im Stande sind, Skelete zu placiren, so haben wir unser Hauptaugenmerk, zunächst wenigstens, auf Säugethier-Schädel, deren Aufstellung weniger Raum erfordert, gerichtet und versäumen natürlich keine Gelegenheit, unsere craniologische Sammlung nach Möglichkeit zu bereichern und zu completiren. Zu diesem Zweck haben wir unter Anderem auch Verbindungen mit einem Jäger und

Fallensteller im Olonetz'schen Gouvernement und mit einem Robbenjäger im Archangel'schen Gouvernement angeknüpft und von ersterem auch bereits zahlreiche Schädel erhalten, darunter auch von solchen Thieren, die, wie z. B. der Luchs *(Felis lynx)* und der Vielfrass *(Gulo borealis)*, seltener vorkommen und daher schwieriger zu erlangen sind. Ausserdem hat der Verwalter der Commodore-Inseln, Hr. Candidat N. A. Grebnitzky, dem wir neben vielen andern Objecten auch 9 *Rhytina*-Schädel verdanken, uns Skelete und Schädel der auf und bei den von ihm verwalteten Inseln, so wie in Kamtschatka einheimischen Säugethiere und Vögel zu senden versprochen¹) und es steht daher zu erwarten, dass sich unsere osteologische und speciell craniologische Sammlung in den nächsten Jahren beträchtlich vergrössern wird. Dabei besitzen wir, wie bereits bemerkt, noch ziemlich viele Rohskelete von Säugethieren, die in der Knochenküche aufbewahrt werden, von kaltblütigen Wirbelthieren ist eine Unmasse von Doubletten nicht bloss russischer, sondern auch fremdländischer Arten vor-

---

¹) Diese Sendungen sind inzwischen eingetroffen und haben durch ihren Reichthum unsere kühnsten Erwartungen noch übertroffen. Neben einer höchst werthvollen und interessanten Sammlung seltener Säugethier- und Vögelbälge, so wie diversen vorzüglich in Weingeist conservirten Fischen und wirbellosen Thieren, die sämmtlich theils von den Commodore-Inseln, theils aus Kamtschatka stammen, enthielten die 5 Sendungen vorherrschend osteologisches Material, und zwar 30 Vogelskelete, ein prachtvolles grosses Skelet vom Walross (*Trichechus rosmarus*), ein ebensolches von einem ausgewachsenen Siwutsch (*Otaria Stelleri*), 10 Skelete von der Seeotter (*Enhydris marina*) und nicht weniger als 849 separate Säugethierschädel, die sich, wie folgt, auf die einzelnen Arten vertheilen: 6 von der Steller'schen Seekuh (*Rhytina Stelleri*), nebst zahlreichen Wirbeln und Rippen, 45 vom Schneeschaf (*Ovis nivicola*), 42 vom Schneehasen (*Lepus variabilis*), 23 von diversen Seehunden (*Phoca*), 20 vom Siwutsch (*Otaria Stelleri*), 55 vom Seebären (*Otaria ursina*), 42 vom Walross (*Trichechus rosmarus*), 90 vom gemeinen Bären (*Ursus arctos*), 16 vom Hermelin (*Mustela erminea*), 200 vom Zobel (*Mustela zibellina*), 60 von der Fischotter (*Lutra vulgaris*), 51 von der Seeotter (*Enhydris marina*), 24 vom gemeinen Fuchs (*Canis vulpes*), 160 vom Eisfuchs (*Canis lagopus*) und 15 vom kamtschadalischen Fahrhund (*Canis familiaris*). Eine weitere Sendung, die uns Hr. Grebnitzky zugedacht hatte und die das Werthvollste enthielt, nämlich 3 nahezu vollständige Skelete der Steller'schen Seekuh, von denen eines auch die bisher noch gänzlich unbekannten Handwurzelknochen und sogar die Phalangen eines Fingers besessen haben soll, ist uns leider nicht zugekommen, sondern beim Schiffbruch der »Moskwa« am Eingange in's rothe Meer zu Grunde gegangen; wenn diese Knochen vielleicht einmal an's Land geworfen werden und zufällig einem Naturforscher in die Hände gerathen sollten, könnten sie leicht zu sehr irrigen Vorstellungen über die geographische Verbreitung der *Rhytina Stelleri* Veranlassung geben.

handen, von denen ein Theil sehr gut zu Skeleten verwendet werden könnte, ebenso würde es keine Schwierigkeiten machen, Vogelskelete, wenigstens der einheimischen Arten, zu beschaffen, kurz es liesse sich ohne besonderen Geldaufwand ein osteologisches Museum herstellen, in welchem alle 5 Wirbelthier-Classen in gleichmässiger, oder doch nahezu gleichmässiger Weise vertreten wären, nur bedürfte es dazu einer sehr beträchtlichen Vergrösserung der Räumlichkeiten, denn so lange wir auf unser heutiges, bereits überfülltes Local angewiesen sind, kann von einer derartigen Erweiterung der osteologischen Sammlung selbstverständlich nicht die Rede sein.

V. Die Bibliothek des Museums.

Dem Beispiele des Botanikers Trinius folgend, kam Brandt in der Sitzung vom 24. August 1831 bei der Conferenz mit der Vorstellung ein, sämmtliche Bücher rein zoologischen und zootomischen Inhalts aus der allgemeinen Bibliothek auszusondern und in den Arbeitsräumen des neuen Museums aufzustellen, indem er mit Recht hervorhob, dass eine Bestimmung und Bearbeitung der zoologischen Sammlung nur dann mit Erfolg in's Werk gesetzt werden könnte, wenn ein ausreichender literarischer Apparat zur Hand wäre. Die Conferenz genehmigte diese Vorstellung und Brandt machte sich denn auch unverzüglich an die Arbeit, sonderte im Einverständniss mit dem damaligen Bibliothekar die betreffenden Werke aus und stellte sie in den Arbeitsräumen des Museums auf. Diese Arbeit mag nicht viel Zeit in Anspruch genommen haben, denn, wie Brandt selbst angiebt, war die Zahl der ausgewählten Werke eine sehr geringe und die ganze damalige zoologische Bibliothek liess sich in einem einzigen, mässig grossen Schranke unterbringen. Die Bücher wurden, wie das in allen Bibliotheken schon der Raumersparniss wegen geschieht, nach dem Formate aufgestellt, und für jedes der 4 Formate (12^0 nebst 16^0 und den übrigen kleinen Formaten, 8^0, 4^0 und Fol.) fertigte Brandt selbst Cataloge an, die er bereits in der Sitzung von 11. Januar 1832 der Conferenz vorlegte.

Von da ab wurden die von dem Bibliothekar der Akademie auf Wunsch der Zoologen verschriebenen zoologischen und zootomischen Werke nicht mehr in den betreffenden Catalog der Hauptbibliothek aufgenommen, sondern in ein besonderes Buch, den sogenannten Accessionscatalog, eingetragen und mit diesem Buche in's Museum expedirt, wo dann der Empfänger in eben diesem Buche quittirte, — ein sehr practischer Modus, der den Ueberblick über den jährlichen Zuwachs der Museums-Bibliothek sehr erleichtert und auch bis auf den heutigen Tag beibehalten worden ist.

Zugleich begann Brandt nun für die Completirung dieser Special-Bibliothek zu sorgen und hat dieselbe mit solchem Eifer und Erfolge betrieben, dass bereits im Jahre 1841, also nach 10 Jahren, der ursprüngliche Catalog nahezu vollgeschrieben und keine Möglichkeit mehr vorhanden war, das Neuhinzukommende ohne Störung der alphabetischen Ordnung nachzutragen. In dem genannten Jahre kam ausserdem noch durch Ankauf eines kleinen Theiles der überaus reichen Privatbibliothek des Akademikers C. E. von Baer eine so beträchtliche Menge gerade zoologischer und zootomischer Schriften hinzu, dass auch eine vollständige Umstellung der ganzen Bibliothek nöthig wurde. Da Brandt bei seinen zahlreichen und mannichfaltigen Beschäftigungen unmöglich Zeit hatte, sich mit dieser sehr zeitraubenden Arbeit zu befassen, so erwirkte er bei der Conferenz eine Summe von 300 Rubeln Banco, für welche ein hiesiger Apotheker, Hr. Gauger junior, sich erboten hatte, den Catalog umzuschreiben und überhaupt die Bibliothek zu revidiren und neu aufzustellen. Der Gauger'sche Catalog, der bis zum Anfange der 60-ger Jahre im Gebrauch war, und aus losen, nachher zusammengehefteten Blättern bestand, hatte Folio-Format und jede Seite war in 2 Spalten getheilt, von denen nur die linke die Titel der Bücher, in alphabetischer Ordnung nach den Autoren, enthielt, während die ganze rechte Spalte leer und für die später einzutragenden Werke reservirt blieb.

Ausserdem hatte sich aber im Laufe der Jahre die Zahl der Brochüren, Dissertationen und Separatabdrücke dermaassen vermehrt, dass es nicht mehr thunlich war, sie mit den gebundenen

Büchern zusammenzulassen, und daher sonderte Brandt sie aus, theilte sie nach dem Inhalte, einzelnen Thierclassen oder Ordnungen entsprechend, in besondere Abtheilungen und liess Mappen anfertigen, deren jede für eine solche Abtheilung bestimmt war. Solcher Mappen waren über 90 vorhanden, die eine Hälfte für die Brochüren in 8°, die andere für diejenigen in 4°. Zugleich fertigte Brandt für diese Mappen, entsprechend den beiden Formaten, auch 2 besondere Cataloge an, in welchen der Inhalt jeder einzelnen Mappe, in alphabetischer Folge nach den Autoren geordnet, verzeichnet war.

Natürlich waren im Laufe der Jahre aus dem einen Schranke, in welchem ursprünglich die ganze Bibliothek untergebracht war, deren 5 geworden, die im Arbeitszimmer № 6 aufgestellt waren und von denen 4 an den Wänden standen, dieselben fast vollkommen ausfüllend, während der 5., der die Folianten enthielt und nur etwa halb so hoch war, wie die übrigen, in die Mitte des Zimmers placirt wurde und zugleich als Tisch diente. Aber auch diese 5 Schränke fassten die Bibliothek bald nicht mehr, die Bücher standen nicht bloss so dicht gedrängt, dass kaum noch Etwas zwischen geschoben werden konnte, sondern ein grosser Theil der Werke in 8° war sogar in 2 Reihen hinter einander aufgestellt, was natürlich seine grossen Unbequemlichkeiten hatte. Um diesem Uebel abzuhelfen, beschloss Brandt im Jahre 1855 sämmtliche Werke systematisch-entomologischen Inhalts auszusondern und im damaligen Entomologicum, dem Arbeitszimmer № 8, aufzustellen. Da jedoch weder Brandt selbst, noch auch Ménétries die nöthige Musse hatten, diese Aussonderung zu bewerkstelligen, so übertrug Brandt sie mir und da ich damals, häuslicher Verhältnisse halber, meine Studien in Dorpat unterbrochen hatte und mich in St. Petersburg mit entomologischen Arbeiten beschäftigte, so übernahm ich diesen Auftrag um so bereitwilliger, als mir dadurch Gelegenheit wurde, mich mit der entomologischen Literatur näher bekannt zu machen. Nachdem der Catalog der entomologischen Bibliothek abgefasst und die betreffenden Werke in 2 grossen Schränken im Entomologicum aufgestellt waren, wurde der nöthige Raum gewonnen, um die zoologischen Werke entsprechend gut zu placiren.

Von der Zeit ab übernahm Ménétries die Verwaltung der entomologischen Bibliothek ganz selbstständig, während in der zoologischen, nach wie vor, das Neuhinzukommende theils von Brandt, theils von Ménétries in die Cataloge eingetragen wurde, meist jedoch von letzterem, der auch seit Jahren schon das Bindenlassen der Werke zu besorgen pflegte. Nun starb Ménétries am 10. April 1861 nach monatelanger Krankheit und da Brandt damals gerade in seine Studien über die *Rhytina* vertieft war und keine Zeit haben mochte, sich der Bibliothek anzunehmen, die Stelle Ménétries' aber länger als ein Jahr unbesetzt blieb, so trat in der Verwaltung nicht bloss der entomologischen, sondern auch der zoologischen Bibliothek eine Stockung ein, indem Wosnessensky zwar das Neuhinzukommende im Empfang nahm, aber nicht in die Cataloge eintrug, sondern einfach in eine besondere, von Brandt für die neuen Bücher designirte Schrankabtheilung legte. Diese Stockung währte bis in die 2. Hälfte des Jahres 1862, also fast 2 Jahre, und die Museumsbibliothek, die sich früher stets in musterhafter Ordnung befunden hatte, war auf dem besten Wege in Unordnung zu gerathen. Um einer solchen Eventualität, unter welcher ja alle am Museum Arbeitenden gleichmässig zu leiden gehabt hätten, vorzubeugen, nahmen wir, der damals eben zum Conservator ernannte Hr. Cand. A. Morawitz und ich, die Angelegenheit in die Hand, und zwar übernahm Hr. Morawitz die ganze entomologische Bibliothek mit Einschluss der entomotomischen Werke, ich dagegen die zoologische. Wir revidirten nun, jeder seine Abtheilung, von Grund aus, verfassten ganz neue Cataloge und fertigten ausserdem noch einen alphabetischen Zettelcatalog an, der bisher gefehlt hatte und auf Karten aus Cartonpapier in 16° geschrieben wurde. Von nun ab blieben diese beiden Abtheilungen der Museumsbibliothek nicht bloss räumlich geschieden, sondern wurden auch ganz getrennt verwaltet, indem jeder von uns beiden für die Completirung seiner Abtheilung sorgte und das Neuhinzukommende in die betreffenden Cataloge eintrug. Mit dem Jahre 1875, wo die entomologische Sammlung sammt ihrer Bibliothek in ihr jetziges Local, in der 3. Etage des östlichen Flügels, übergeführt wurde, trat in diesen Verhältnissen in so fern eine Aenderung ein, als die beiden bis dahin getrennten Zettelcataloge, der entomologische und der zoologische, in einen verschmolzen wurden und ich die Führung desselben allein übernahm.

Unser alphabetischer Catalog, der über 7000 Zettel enthält, ist in einem flachen, durch 5 Leisten in 6 Abtheilungen getheilten, verschliessbaren Holzkasten untergebracht und befindet sich auf dem mittleren niedrigen, zugleich als Tisch dienenden Bücherschranke im Arbeitszimmer № 6, welches von jeher als Bibliothek gedient hat und auch heute noch das Gros unserer Museumsbibliothek enthält. Die gebundenen Cataloge in Buchform, deren die zoologische Abtheilung 5 besitzt, sind ganz nach dem Muster der ehemaligen Brandt'schen Cataloge angefertigt, d. h. sie haben Folioformat und jede Seite ist in 2 Colonnen getheilt, von welchen die rechte ursprünglich leer und für das Neuhinzukommende reservirt blieb. Nur in so fern habe ich mir gegen früher eine kleine Abweichung erlaubt, als ich die Werke in 12^0 und den übrigen kleinen Formaten, deren Zahl nach Aussonderung der Entomologica, eine sehr geringe geworden war, mit den Werken in 8^0 vereinigt und für beide nur einen Catalog angefertigt habe; zwei andere Cataloge enthalten die Werke in 4^0 und in Fol. und die beiden letzten sind für die Brochüren und Dissertationen, die wie früher in Mappen aufbewahrt werden, bestimmt, und zwar der eine für diejenigen in 8^0, der andere für diejenigen in 4^0. Die wenigen Brochüren in Fol., die überhaupt nur 2 Mappen füllen, sind mit den Werken in Fol. in ein und denselben Catalog eingetragen und das denselben beigefügte Wort «Caps.» zeigt an, dass sie in den Capseln oder Mappen liegen. Der Catalog der entomologischen Abtheilung ist von Hrn. Morawitz etwas abweichend eingerichtet worden und besteht aus 7 Abtheilungen: die erste Abtheilung enthält die anonym erschienenen Werke ohne Berücksichtigung des Formats, in der 2. sind die Schriften der entomologischen Gesellschaften, in der 3. diejenigen über Museen, also hauptsächlich die zahlreichen Cataloge des British Museum ohne Rücksicht auf das Format enthalten, und die 4 letzten Abtheilungen umfassen die Werke der einzelnen Autoren, nach den 4 gewöhnlichen Formaten (12^0, 8^0, 4^0 und Fol.) in alphabetischer Folge geordnet. Dabei sind die Brochüren und Dissertationen, die gleichfalls in Mappen aufbewahrt werden, im Cataloge mit den gebundenen Werken zusammen eingetragen und mit einem besonderen Zeichen versehen, welches andeutet, dass sie in den Mappen zu suchen sind.

Da die Werke der Museumsbibliothek in beiden Abtheilungen innerhalb der Formate in alphabetischer Reihenfolge aufgestellt sind, so war es überflüssig, sie mit den in Bibliotheken sonst üblichen Signaturen zu versehen, dagegen mussten aber im alphabetischen Catalog auf den einzelnen Zetteln, und zwar an sichtbarer Stelle, Zeichen angebracht werden, die anzeigen, in welcher Abtheilung und bei Brochüren in welcher Mappe das betreffende Werk enthalten ist. Daher wurde denn zunächst auf allen Zetteln, die sich auf entomologische Werke beziehen, unter dem vorgerückten Namen des Autors (oder bei autorlosen, unter das erste im Titel vorkommende, gleichfalls vorgerückte Substantiv) mit Rothstift ein E angebracht. Die Zettel ferner, welche sich auf Werke der zoologischen Abtheilung beziehen, tragen, falls das Werk in Fol. ist, an der vorhin erwähnten Stelle das Wort «Fol.» oder «Fol. Caps.», wenn es sich um eine Brochüre in Fol. handelt; die Werke in 4^0 sind auf den Zetteln durch das Wort «Quarto» ausgezeichnet und die Werke in 8^0, welche weitaus die Mehrzahl bilden, besitzen auf den Zetteln gar keine besondere Bezeichnung. Die Brochüren endlich, die in nummerirten Mappen liegen und mit den Nummern dieser Mappen versehen sind, werden auch auf den Zetteln durch diese Nummern gekennzeichnet, und zwar sind die Nummern für die Brochüren in 8^0 mit arabischen, für die in 4^0 mit römischen Zahlen geschrieben.

Bei der beständigen und ziemlich rapiden Vergrösserung der Museumsbibliothek genügte das für dieselbe designirte Zimmer № 6 sehr bald nicht mehr, ungeachtet dessen, dass im Jahre 1855 die entomologischen Werke aus derselben ausgesondert und im Jahre 1863 die Zahl der Schränke noch um 3 neue vermehrt worden war. Es wurden daher, um Raum zu gewinnen, im Jahre 1865 sämmtliche Journale und Zeitschriften dieser Abtheilung in das benachbarte Zimmer № 7 übergeführt und daselbst in einem grossen Schranke aufgestellt, dem im Jahre 1879 noch ein zweiter zugefügt werden musste. Ferner wurden, gleichfalls um

Raum zu schaffen, im Jahre 1876 alle speciell ornithologischen Werke nebst den ornithologischen Journalen und Zeitschriften ausgesondert und in dem Zimmer № 8 anfänglich in 3, später aber in 5 Schränken untergebracht und ebenso sonderte ich im Jahre 1880 auch die Werke speciell herpetologischen Inhalts aus und stellte sie in einem Schranke im Zimmer № 4 auf. Trotzdem ist in dem ursprünglichen Bibliothekszimmer № 6 gegenwärtig schon wieder Mangel an Raum eingetreten und es muss daher in allernächster Zeit eine weitere Theilung der zoologischen Bibliothek, und zwar die letzte, die bei den gegenwärtig vorhandenen Arbeitsräumen überhaupt noch möglich ist, vorgenommen werden. Dieses Mal sollen die Werke malacozoologischen Inhalts an die Reihe kommen, die bereits früher, zur Zeit, als Hr. Akademiker von Middendorff die Conchyliensammlung verwaltete, von ihm in einem besonderen Schranke zusammengestellt, später aber wieder mit den übrigen Büchern vereinigt worden waren; zu ihrer Aufnahme ist das Arbeitszimmer № 5 bestimmt, das einzige, in welchem bisher noch keine Bücher stehen. So wird sich denn die Bibliothek in nächster Zeit über alle Arbeitsräume verbreitet haben, und wenn eine solche Vertheilung derselben auch ihre grossen Vorzüge und Bequemlichkeiten hat, so werden doch die Arbeitsräume, namentlich die kleineren, nur zweifenstrigen Zimmer, durch die Bücherschränke nicht unbeträchtlich eingeengt.

Was nun endlich den Bestand unserer Museumsbibliothek anbetrifft, so war derselbe am 4. Juli 1882 folgender:

A. Zoologische Abtheilung.

1167 Werke in 3564 Bänden in 8^0 (nebst 12^0)
 697 » » 1303 » » 4^0
 289 » » 459 » » Fol.
2067 Dissertationen und Brochüren in 8^0
1360 » » » » 4^0
  43 » » » » Fol.

B. Entomologische Abtheilung.

518 Werke in 1353 Bänden in 8^0 (nebst 12^0)
173 » » 300 » » 4^0

17 Werke in 19 Bänden in Fol.
615 Dissertationen und Brochüren in 8⁰
255   »   »   »   » 4⁰
  5   »   »   »   » Fol.

Somit besteht die ganze Bibliothek aus 2861 Werken in 6998 Bänden und aus 4345 Brochüren, enthält also 7206 Nummern oder Titel und 11343 Bände und Brochüren. An Journalen, Zeitschriften und überhaupt periodisch erscheinenden Schriften besitzt die Bibliothek, wenn man diejenigen, welche bereits zu erscheinen aufgehört haben, mitzählt, im Ganzen 118 (darunter 49 entomologische) in 1544 Bänden.

Abgesehen von den periodischen Schriften, bezieht sich weitaus die Mehrzahl der Werke in der Museumsbibliothek auf systematische Zoologie, was ja am Ende auch selbstverständlich ist, da die Bibliothek hauptsächlich für die Arbeiten im Museum bestimmt ist. Uebrigens sind auch die zootomischen Werke zahlreich vertreten, da Brandt sich ja bekanntlich für diese Disciplin stets besonders interessirt und also auch für Anschaffung der nöthigen Literatur gesorgt hat. Dagegen ist die Embryologie schwach vertreten, da Hr. von Baer, der lange Zeit Bibliothekar der Akademie war, die embryologischen Werke, die ihn speciell interessirten, bei sich, d. h. in der Hauptbibliothek behielt, und da nach seinem Abgange in dieser Hinsicht schon desshalb keine Veränderung eintrat, weil im Museum kaum genügender Raum für die bei den Arbeiten an der Sammlung nöthigen Werke, geschweige denn für die bei unserem Zwecke durchaus entbehrlichen Embryologica vorhanden war.

Die Museums-Bibliothek ist besonders reich an Prachtausgaben und enthält überhaupt vorwiegend illustrirte Werke, repräsentirt also einen sehr bedeutenden Geldwerth. Wie hoch sie zu schätzen ist, dürfte ohne eine sehr zeitraubende Durchsicht der zahlreichen existirenden Büchercataloge, so wie sämmtlicher akademischer Bücherrechnungen schwer anzugeben sein, dass sie aber einen sehr bedeutenden Werth hat, lässt sich schon aus der grossen Zahl der vorhandenen, meist englischen Prachtausgaben entnehmen, die bekanntlich ganz ausserordentlich theuer sind. So kosten z. B. die Gould'schen Editionen in Fol., die wir vollständig besitzen, nicht weniger als 630 L. Sterl. (per Lieferung 3 Guineen, also per Band 15 Guineen), nach dem gegenwärtigen Course somit mehr als 6000 Rubel, und ähnlicher Prachtwerke besitzen wir noch eine ganze Reihe. Ich glaube daher ohne Uebertreibung behaupten zu können, dass unsere gegenwärtige Museumsbibliothek, die Einbände nicht mitgerechnet, selbst auf antiquarischem Wege für 50000 Rub. kaum zu beschaffen sein dürfte, denn wenn man, um eine ungefähre Schätzung vorzunehmen, durchschnittlich jeden Folioband mit 25 Rub., jeden Quartband mit 10 Rub., jeden Octav- oder Duodezband mit 5 Rub. und jede Brochüre nur mit 50 Kop., also zu Preisen berechnet, die für die grösste Mehrzahl der Werke weit hinter der Wirklichkeit zurückbleiben, so ergiebt sich eine Summe von 54737 Rub. 50 Kop.

Welcher Nutzen und welche Vorzüge dem Museum durch diese Bibliothek erwachsen sind, braucht nicht erst hervorgehoben zu werden, denn Jeder, der wissenschaftlich gearbeitet hat, weiss aus Erfahrung, was es bedeutet, die nöthige Literatur gleich und beständig zur Hand zu haben; jedenfalls sind die Vortheile und Bequemlichkeiten, die wir am Museum Arbeitenden durch unsere Bibliothek geniessen, so gross, dass sie die Mühe und Arbeit, welche uns die Verwaltung derselben verursacht, reichlich aufwiegen.

Diese auserlesene Specialbibliothek, die einzige ihrer Art im ganzen Reiche, für deren Completirung beständig Sorge getragen wird, steht täglich während der Arbeitsstunden von 11—3, in der hellen Jahreszeit auch bis 4 und 5 Uhr Nachmittags, Jedem zur Benutzung offen, der sich wissenschaftlich beschäftigt, oder dieselbe aus irgend einem Grunde zu consultiren wünscht. Ausserdem werden aber auch unter den von der Akademie vorgeschriebenen Bedingungen (Caution eines Akademikers) Bücher nach Hause verliehen, nur mit Ausnahme einiger wenigen Werke, die entweder besonders kostbar und selten sind, oder aber, wie die Jahresberichte und andere Nachschlagebücher, bei den laufenden Arbeiten im Museum beständig gebraucht werden und folglich stets zur Hand sein müssen. Von der Erlaubniss, Bücher zu entleihen, wird denn auch seit Jahren beständig der ausgedehnteste Gebrauch gemacht, und zwar nicht bloss von hier ansässigen, sondern auch von auswärtigen Gelehrten, denen auf Wunsch gleichfalls Bücher zur Benutzung zugesandt werden, jedoch nicht anders, als nach vorher eingeholter Genehmigung der Conferenz.

VI. Bedeutung, Zweck und Nutzen des Museums.

Von kleinem Anfange ausgehend und ursprünglich wohl hauptsächlich nur dazu bestimmt, das Material für die Arbeiten der das Fach der Zoologie vertretenden Akademiker zu liefern, ist das Museum im Laufe seines fünfzigjährigen Bestehens zu einer Anstalt geworden, die ohne Widerrede den grossen und meist reich dotirten europäischen Staatsmuseen an die Seite gestellt werden kann. Freilich nimmt es unter ihnen, wenn man bei dem Vergleiche von der Gesammtzahl der in demselben vertretenen Thierarten ausgeht, eine der letzten Stellen ein, was ja in Anbetracht der seit jeher unzureichenden Geldmittel, die ihm zu Gebote standen, und der verhältnissmässig kurzen Zeit, die es besteht, auch kaum anders hat sein können. Fasst man dagegen, von der Gesammtzahl der Arten absehend, den Hauptzweck des Museums in's Auge, der von jeher darin bestanden hat, eine möglichst vollständige Sammlung sämmtlicher im Russischen Reiche vorkommenden Thierarten zusammenzubringen, so tritt ein ganz anderes Verhältniss ein, dann nämlich ist unsere Sammlung die reichste in der Welt und es existirt keine zweite, weder im In-, noch im Auslande, die mit der unsrigen in dieser Beziehung concurriren könnte. Zunächst bezieht sich das Ebengesagte allerdings nur auf die Wirbelthiere, auf welche schon desshalb ein ganz besonderes Gewicht gelegt worden ist, weil ihre Aufstellung und Conservation solche Räumlichkeiten und Geldmittel erfordert, wie sie Privatsammlern wohl kaum zu Gebote stehen, und von denen denn auch so gut wie gar keine Privatsammlungen existiren; übrigens unterliegt es keinem Zweifel, dass, wenn nur die Möglichkeit vorhanden wäre, die Räumlichkeiten des Museums und die Zahl seines wissenschaftlichen Arbeitspersonals zu vergrössern, auch die Wirbellosen in kurzer Zeit auf die gleiche Höhe gebracht werden könnten, denn von den meisten Classen dieser Abtheilung besitzen wir schon jetzt einen ganz respectabelen Grundstock an russischen Formen. Von den Wirbelthieren sind mit verhältnissmässig sehr geringen Ausnahmen alle bisher im Russischen Reiche beobachteten Arten im Museum vertreten und dabei besitzen wir, wie schon wiederholt bemerkt, von den allermeisten ganze Reihen von Exemplaren, die entweder aus verschiedenen Gegenden des Reiches stammen, oder verschiedene Altersstufen beider Geschlechter, verschiedene Kleider oder endlich Varietäten repräsentiren und somit für die allseitige Kenntniss der einzelnen Arten sowohl in systematischer, als auch in zoogeographischer und z. Th. selbst in biologischer Beziehung vollkommen ausreichend sind. Besonders reich ist das Museum an Originalexemplaren oder doch an solchen, welche als Material zu bekannten wissenschaftlichen Arbeiten gedient haben und daher von ganz besonderem wissenschaftlichem Interesse sind. So finden sich sämmtliche Originale zu den zahlreichen Arbeiten J. Fr. Brandt's, A. Th. von Middendorff's, L. von Schrenck's, E. Ménétries', so wie auch der noch gegenwärtig am Museum thätigen Gelehrten in unserer Sammlung, ferner besitzen wir sämmtliche Belegstücke sowohl zu G. Radde's Arbeiten über die Säugethiere und Vögel Ost-Sibiriens, als auch zu N. Przewalsky's ornithologischer Fauna der Mongolei und des Landes der Tanguten, ebenso den grössten Theil der von A. von Nordmann in Demidoff's Reise besprochenen Wirbelthiere und der von E. Eversmann in seiner Naturgeschichte des Orenburger Landes beschriebenen Säugethiere und Vögel und endlich auch sämmtliche, oder doch nahezu sämmtliche Originale zu den vom verstorbenen Prof. K. Kessler in seinen Arbeiten über die Fische Russlands und der angrenzenden Gebiete Central-Asiens aufgestellten Arten. Ueberhaupt hat unser Museum bereits gegenwärtig eine solche Bedeutung erlangt, dass die Abfassung einer auf Vollständigkeit Anspruch machenden Arbeit über irgend eine Abtheilung der Wirbelthiere des gesammten Russischen Reichs ohne Benutzung der akademischen Sammlung absolut unmöglich ist, und dass selbst die Abfassung einer Localfauna, sobald sich dieselbe auf den asiatischen Theil des Reichs oder auf die südlichen, an das schwarze Meer grenzenden europäischen Gouvernements bezieht, unbedingt eine Berücksichtigung unseres Materials erfordert.

Der Zweck des Museums ist ein eminent wissenschaftlicher, seine Sammlungen sollen ausschliesslich zu wissenschaftlichen Studien und Untersuchungen auf dem Gebiete der Systematik, der Zoogeographie und der vergleichenden Osteologie dienen und stehen daher Jedem, der sich ernstlich mit diesen Disciplinen der Wissenschaft beschäftigt, in der liberalsten Weise zur Benutzung offen, freilich unter gewissen Einschränkungen, welche theils in der Natur der Sache liegen, theils durch unsere beengten Arbeitsräume und die unzureichende Zahl unseres gelehrten Arbeitspersonals bedingt sind. Es versteht sich ja wohl ganz von selbst, dass wir einem Fremden, der die Sammlungen zu consultiren wünscht, nicht einfach die Schlüssel zu den betreffenden Schränken einhändigen und ihn nach Belieben im Museum schalten und walten lassen können, denn dabei würde, ganz abgesehen von der uns obliegenden Verantwortlichkeit für die Integrität der Sammlung, die Ordnung in derselben bald eine derartige werden, dass wir selbst nicht mehr im Stande wären, uns zurecht zu finden. Es hat sich daher Jeder, der vom Director die Erlaubniss erhalten hat, die Sammlungen zu benutzen, an den Conservator der betreffenden Abtheilung zu wenden und dieser letztere weist ihm einen Platz an und händigt ihm sowohl die Objecte, als auch die etwa nöthigen literarischen Hülfsmittel ein. Eine fernere Einschränkung besteht darin, dass es nicht gestattet ist, die Objecte irgendwie zu lädiren, geschweige denn sie anatomisch zu zergliedern, und nur in einzelnen Fällen, wo eine Untersuchung sich nicht ohne Verletzung des Objects bewerkstelligen lässt, wird die Anwendung des Scalpells gestattet, jedoch nicht anders, als nach vorher eingeholter Erlaubniss des Directors und nur unter der Bedingung, dass das Object durch eine solche Untersuchung keine Verunstaltung erleidet. Das Museum ist eben ein zoologisches und kein zootomisches, folglich liegen zootomische Untersuchungen, für jetzt wenigstens, ausserhalb des Kreises unserer Aufgaben, nichts desto weniger unterstützen wir aber, so weit es eben ohne Beeinträchtigung der Sammlung geschehen kann, auch anatomische Arbeiten und verwenden dazu unsere Doubletten, so wie einzelne von vorn herein zu Skeleten bestimmte Objecte. Es ist also die Benutzung der Sammlung durch Fremde stets mit mehr oder weniger beträchtlichen Opfern an Zeit und Mühe von Seiten des gelehrten Arbeitspersonals verbunden, doch fällt die Störung und der Aufenthalt, die dadurch in unseren eigenen Arbeiten verursacht werden, nicht besonders schwer in's Gewicht, sobald es sich um angereiste Gelehrte handelt, die meist nur kurze Zeit hier verweilen und gewöhnlich auch nur einzelne, ganz bestimmte Objecte zu untersuchen wünschen. Anders verhält es sich dagegen mit den hier ansässigen Gelehrten und Amateuren, die ja eben so gut, wie die auswärtigen, ein Recht auf die Benutzung der Sammlungen haben. Diesen Herrn das Museum zu jeder beliebigen Zeit zugänglich zu machen, ist eine absolute Unmöglichkeit, denn wenn beständig Besuch in den Arbeitsräumen wäre, dessen Wünschen die Conservatoren nachzukommen hätten, bliebe den letzteren für ihre eigenen Arbeiten keine Zeit übrig und da diese Arbeiten vorherrschend im Bestimmen und Ordnen der Sammlungen bestehen, so würde dadurch die Weiterentwickelung des Museums nicht nur beträchtlich verzögert, sondern schliesslich überhaupt in Frage gestellt werden. Es musste daher die Benutzung der Sammlung durch Fremde unbedingt eingeschränkt und geregelt werden und so setzte denn Brandt, im Beginn der 70-ger Jahre, mit Genehmigung der Conferenz, einen Tag in der Woche, den Sonnabend, fest, an welchem die Arbeitsräume des Museums für fremden Besuch offen waren, doch bezog sich diese Einschränkung von jeher nur auf die entomologische Abtheilung, denn mit den wenigen hier ansässigen Gelehrten, welche sich mit den übrigen Thierclassen beschäftigen, sind wir auch ohne besonderes Reglement stets gut ausgekommen, indem wir denselben entweder einen Platz in unseren Arbeitsräumen anwiesen, wo sie ungestört und ohne zu stören arbeiten konnten, oder aber indem wir ihnen, wie es z. B. mit dem verstorbenen Prof. Kessler stets gehalten worden ist, die gewünschten Objecte in das zoologische Cabinet der Universität hinüberschicken. Für die Entomologen dagegen, deren es hier am Orte eine ganz beträchtliche Anzahl giebt, ist das obige Reglement auch bis heute noch in Kraft geblieben und obwohl dasselbe, wie ich bereits weiter oben mitgetheilt habe, grosse Unzufriedenheit und sogar eine gewisse Animosität gegen das Museum hervorgerufen hat, so lässt sich bei unseren beengten Räumlichkeiten und unserem unzureichenden Arbeitspersonal an der Sache doch nichts ändern.

Bei dem rein wissenschaftlichen Charakter des Museums sind ihm Lehrzwecke selbstverständlich durchaus fremd und müssen ihm auch für immer fremd bleiben, schon allein desshalb, weil die in demselben aufbewahrten Objecte, zum grössten Theile wenigstens, einen viel zu hohen wissenschaftlichen Werth haben, als dass man sie Anfängern in die Hände geben könnte. Damit ist jedoch keineswegs gesagt, dass wir Lernende durchaus abweisen, im Gegentheil, es stehen ihnen die Räume der Sammlung jederzeit zur Benutzung offen, nur dürfen sie die Objecte nicht berühren, oder aus den Schränken herausnehmen, sondern müssen sich damit begnügen, dieselben durch die Glasscheiben zu betrachten. Es haben sich denn auch zu wiederholten Malen Studenten der hiesigen Universität und anderer höherer Lehranstalten mit dem Gesuche an die Verwaltung des Museums gewandt, ihnen zu gestatten, die Sammlungsräume auch an den Tagen, wo dieselben für das Publicum geschlossen sind, zu betreten, um dort zu studiren, und es ist ihnen die Erlaubniss dazu auch stets ertheilt worden, natürlich unter den soeben angeführten Einschränkungen. Dabei haben wir denn die Erfahrung gemacht, dass die Herrn gewöhnlich schon nach einigen wenigen Besuchen fortblieben, und so auffallend diese Thatsache auf den ersten Blick auch erscheinen mag, so erklärt sie sich doch auf die einfachste Weise dadurch, dass sie unter der Masse der ausgestellten Objecte eben das, was sie suchten, nicht hatten auffinden können. Zum Theil mag der Umstand daran die Schuld tragen, dass ein Theil unserer Sammlung noch nicht mit definitiven Etiquetten versehen ist und die an Bindfaden hängenden Interims-Etiquetten oft schwer zu entziffern sind, ja mitunter selbst nicht einmal gelesen werden können, wenn z. B. eine Etiquette zufällig mit der beschriebenen Seite von Zuschauer abgekehrt hängt. Aber auch selbst in denjenigen Abtheilungen der Sammlung, wo die Objecte, wie z. B. die kaltblütigen Wirbelthiere, bereits definitive Etiquetten tragen, dürfte es einem Anfänger nicht leicht fallen, sich zurecht zu finden. Oft steht er vielleicht gerade vor dem Object, das er sucht, und weiss es doch nicht, weil der Namen auf der Etiquette anders lautet, als derjenige, unter welchem das betreffende Thier in seinem Lehrbuche aufgeführt ist; denn die überaus complicirte Nomenclatur in einer grossen, wissenschaftlichen Zwecken dienenden Sammlung stimmt, besonders was die Gattungsnamen anbetrifft, in den seltensten Fällen mit der in Lehrbüchern gebräuchlichen Nomenclatur überein, welche letztere schon allein, um den Anfänger durch die zahllosen, schwer zu behaltenden Namen nicht zu verwirren, möglichst einfach zu sein pflegt. Es ist daher ein grosser Irrthum von Seiten der Anfänger, wenn sie glauben, in einer grossen Sammlung schon desshalb mehr lernen zu können, als in einer Lehrsammlung, weil die erstere ungleich mehr Objecte enthält, sie lassen dabei ganz ausser Acht, dass die Benutzung einer grossen wissenschaftlichen Sammlung auch ein solches Quantum von Kenntnissen erfordert, wie es ein Anfänger unmöglich haben kann.

Das Princip, nach welchem eine wissenschaftliche Sammlung angelegt wird, ist eben ein durchaus anderes, als dasjenige, welches bei Einrichtung einer Lehrsammlung in Betracht kommt. Um eine gute Lehrsammlung zusammenzustellen, bedarf es keineswegs einer besonders grossen Anzahl von Objecten, nur müssen dieselben richtig ausgewählt werden, und eine solche Sammlung entspricht vollkommen ihrem Zwecke, wenn sie die hauptsächlichsten Repräsentanten der verschiedenen Thierclassen enthält. Zugleich ist es aber unbedingt nöthig, dass die einzelnen Objecte dem Lernenden in die Hand gegeben werden, damit er sie genau betrachten und untersuchen kann, wobei es denn freilich nicht ohne Beschädigungen abgeht, doch hat das nichts auf sich, denn ein Lehrobject, das eine Reihe von Jahren gedient hat und in Folge des beständigen Herumreichens und Betastens mehr oder weniger lädirt, ja selbst gänzlich verdorben worden ist, hat seinen Zweck vollständig erfüllt und kann ohne Weiteres cassirt und durch ein neues Exemplar derselben Art ersetzt werden. Ganz anders verhält es sich mit einer rein wissenschaftlichen Zwecken dienenden Sammlung. Bei einer solchen kann man sich nicht mit dem Besitz der Haupttypen des Thierreichs begnügen, sondern muss stets bestrebt sein, eine möglichst grosse Anzahl verschiedener Thierarten zusammenzubringen, denn alle zu beschaffen, ist bisher noch keinem Museum gelungen und wird wohl auch niemals erreicht werden. Dabei genügt es aber nicht, die verschiedenen Thierarten in Einzelindividuen zu besitzen, sondern man muss suchen, von jeder Art ganze Reihen von Exemplaren, wo möglich aus verschiedenen Fundorten, zu beschaffen, die theils verschiedene Altersstufen beider Geschlechter repräsentiren, theils als Belegstücke für die geographische Verbreitung dienen, theils endlich Aufschluss über die Variabilitätsgrenzen der Art selbst geben. Namentlich bei weit verbreiteten und demzufolge auch der Veränderlichkeit mehr unterworfenen Arten sind derartige Reihen von Exemplaren ausserordentlich wichtig, denn oft sind die Endglieder einer solchen Reihe so von einander verschieden, dass man sie für zwei besondere Arten halten würde, wenn eben nicht die Zwischenformen vorhanden wären, welche den allmählichen Uebergang zwischen den Endgliedern vermitteln. Eine in der eben besprochenen Weise angelegte Sammlung hat nun schon an und für sich einen grossen wissenschaftlichen Werth, der noch um ein Bedeutendes erhöht wird, sobald dieselbe als Material zu einer wissenschaftlichen Arbeit gedient hat. Dann sind die einzelnen Exemplare Belegstücke für die betreffende Arbeit und können, falls sich in der Folge etwa Zweifel an der Richtigkeit der Artbestimmungen erheben sollten, jederzeit den nöthigen Aufschluss geben. Dass solche Exemplare sich in keiner Weise ersetzen lassen und folglich selbst dann noch aufbewahrt werden müssen, wenn sie durch den Zahn der Zeit gelitten haben, versteht sich von selbst und desshalb dürfen sie auch niemals zu Lehrzwecken benutzt werden. Das Gleiche gilt auch von den sogenannten Originalexemplaren, d. h. von denjenigen, welche zur Aufstellung einer neuen Species gedient haben, und die man auch in allen Museen besonders hoch schätzt und speciell zu bezeichnen pflegt. Kurz Lehrzwecke lassen sich in einer grossen, wissenschaftlichen Sammlung ohne Schaden für dieselbe nicht verfolgen und selbst in denjenigen Universitäten, welche grössere Sammlungen besitzen, wie z. B. bei uns zu Lande Helsingfors und Warschau, werden keineswegs alle Objecte für die Vorlesungen benutzt, sondern es sind dazu besondere Exemplare vorhanden, die keinen speciellen wissenschaftlichen Werth haben und sich folglich auch leicht ersetzen lassen, wenn sie im Laufe der Zeit ruinirt worden sind.

Was endlich den Nutzen anbetrifft, den das Museum bisher gebracht hat, so brauche ich mich darüber nicht eines Weiteren auszulassen, es genügt eine flüchtige Durchsicht der in den letzten fünfzig Jahren von der Akademie herausgegebenen Schriften, um sich zu überzeugen, dass mit nur sehr geringen Ausnahmen alle Arbeiten zoologischen oder zootomischen Inhalts ausschliesslich auf Materialien des Museums begründet sind. Manche dieser Arbeiten beziehen sich auch auf einzelne Theile der russischen Fauna, jedoch ist die Zahl derselben nicht gerade besonders gross, so dass also der Hauptnutzen des Museums noch aussteht, denn, wie schon zu wiederholten Malen bemerkt, ist das Hauptziel des Instituts immer dahin gerichtet gewesen, das Material zu einer möglichst vollständigen Fauna des Russischen Reichs zusammenzubringen. Gegenwärtig sind denn auch einzelne Classen der Wirbelthiere, wie namentlich die Vögel, Reptilien und Amphibien, im Museum bereits in einer solchen Reichhaltigkeit vertreten, dass wohl an die Abfassung einer Fauna rossica gegangen werden könnte, und wenn das nicht bereits geschehen ist, so hat das seinen Grund darin, dass das Material erst genau determinirt, catalogisirt und natürlich auch completirt werden musste; eine Arbeit, die nicht bloss viel Zeit und Mühe, sondern auch Geld erfordert, und bei unserem unzulänglichen wissenschaftlichen Arbeitspersonal und den geringen uns zu Gebote stehenden Geldmitteln nur sehr langsam vorwärts gegangen ist. In früheren Jahren konnte für die Determinirung der Sammlungen, wie ich bereits weiter oben angedeutet habe, überhaupt nur wenig geschehen, da ausser dem Director nur zwei Conservatoren am Museum bestanden, und als Brandt sich im Beginne der

60-ger Jahre ausschliesslich osteologischen Studien zuwandte, hörte die Determination der warmblütigen Wirbelthiere, die er seit Schrader's Abgange allein zu besorgen pflegte, gänzlich auf, denn das Wenige, was Wosnessensky später noch determinirt hat, kommt bei der Masse des aufgespeicherten Materials kaum in Betracht und bedarf in vielen Fällen ausserdem noch einer Verificirung. Erst mit dem Jahre 1875, wo der neue Etat für die Museen in Kraft trat, änderten sich die Verhältnisse, die Zahl der Conservatoren wurde auf 5 erhöht und so konnte denn endlich mit dem Ordnen der Sammlungen, die sich im Laufe der Jahre colossal vergrössert hatten, begonnen werden. Nachdem das Material, zunächst freilich nur an Wirbelthieren, vorläufig nach Arten oder auch nur nach Gattungen und selbst Familien sortirt, inventarisirt und dabei in einer Weise untergebracht war, dass es jederzeit leicht aufgesucht werden konnte, erhielten wir erst einen ungefähren Begriff von dem wirklichen Bestande der Sammlung und überzeugten uns, dass dieselbe trotz der grossen Menge von Objecten dennoch sehr beträchtliche Lücken aufwies, und zwar nicht bloss unter den exotischen, sondern leider auch unter den vaterländischen Formen. Ueberhaupt trug die Sammlung das Gepräge des zufällig Entstandenen, was ja am Ende auch nicht anders zu erwarten war, da sie theils aus Geschenken, theils aus der Ausbeute der wenigen, von 1830 bis 1875 von der Akademie ausgerüsteten, wissenschaftlichen Expeditionen, so wie aus gelegentlichen Ankäufen bestand und bis dahin niemals systematisch completirt worden war. Namentlich erwies es sich, dass die russischen Arten, auf die es bei dem speciellen Zwecke des Museums hauptsächlich ankam, ausschliesslich aus den entfernteren Grenzgebieten des Reiches, vorzugsweise aus dem nördlichen und östlichen Asien, so wie aus dem Kaukasus stammten, und dass aus dem europäischen Russland nur sehr wenig, aus den centralen Gouvernements sogar nichts vorhanden war[1]). Es galt

---

[1]) Folgender Fall ist für den damaligen Zustand der Sammlungen sehr charakteristisch. Als Oberst N. M. Przewalsky im Jahre 1875 die ornithologische Ausbeute seiner ersten Reise nach Central-Asien bearbeitete, brauchte er zum Vergleich einen gewöhnlichen Haussperling (*Passer domesticus*) und siehe da, es erwies sich, dass alle Sperlinge des Museums aus den verschiedensten Grenzge-

also zunächst das Material zu completiren und um das in erfolgreicher Weise in's Werk zu setzen, musste das Vorhandene doch erst genau determinirt werden, eine Arbeit, mit der wir auch gegenwärtig noch nicht zu Ende sind, da sie nicht bloss an und für sich sehr mühsam und zeitraubend, sondern für uns doppelt schwierig ist, da es uns an dem nöthigen Vergleichsmaterial aus West-Europa und den an Russland grenzenden asiatischen Ländern durchaus fehlt. Nichts desto weniger arbeiten wir alle nach dem einen Ziele hin und completiren, so weit es unsere geringen Geldmittel gestatten, die Sammlung fast ausschliesslich nur durch russische oder doch solche fremdländische Arten und Exemplare, welche zum Vergleich unumgänglich nothwendig sind; so steht denn zu erwarten, dass in wenigen Jahren an die Herausgabe einer vollständigen Fauna rossica wird geschritten werden können, zunächst freilich nur der Vögel, Reptilien und Amphibien, denn die Säugethiere und Fische lassen, was Vollständigkeit des Materials anbetrifft, noch sehr Vieles zu wünschen übrig und von den Wirbellosen kann überhaupt nicht die Rede sein, da sie ja mit Ausnahme einiger Insecten-Ordnungen noch gar nicht in Angriff genommen worden sind und bei dem gegenwärtigen Mangel an Raum und Arbeitskräften auch nicht in Angriff genommen werden können.

Neben dem rein wissenschaftlichen Nutzen, den das Museum bereits gebracht hat und der von ihm noch zu erwarten steht, ist dasselbe seit dem Jahre 1838 auch dem grossen Publicum zugänglich und dient somit als allgemein bildende Anstalt zur Verbreitung richtiger Begriffe über die Thierwelt überhaupt und über diejenige Russlands im Besonderen. Anfänglich war es nur während der Sommermonate an jedem Montage von 11—3 Uhr dem Publicum geöffnet, und zwar gegen Billets, die am Sonnabend im Laboratorium genommen werden mussten und von denen jedes auf 5 Personen lautete. Später, im Beginne der 60er Jahre, wo die Tagespresse bei uns einen gegen früher ganz ungeheueren

---

bieten des Reiches stammten, dass aber kein Exemplar aus Central-Russland, ja nicht einmal aus der Umgegend Petersburgs vorhanden war, und es mussten erst ein paar Stück geschossen und präparirt werden, um dem Wunsche des berühmten Reisenden nachkommen zu können.

Aufschwung nahm, begannen in den verschiedensten Residenzblättern Artikel zu erscheinen, die alle dafür plaidirten, dass das Museum ohne Billets und häufiger, wo möglich alle Tage, zugänglich sein sollte. Diese Artikel wiederholten sich beständig und nahmen allmählich einen so scharfen Ton an, dass der damalige Kultusminister A. W. Golownin sich veranlasst sah, bei der Akademie anzufragen, ob denn nicht wirklich etwas in dieser Richtung geschehen könnte. In Folge dessen ernannte die physicomathematische Classe in ihrer Sitzung vom 31. October 1862 eine besondere Commission aus den Akademikern C. E. v. Baer, J. Fr. Brandt, Fr. Ruprecht, Gr. v. Helmersen und L. v. Schrenck und beauftragte dieselbe, den Modus festzustellen, wie das Museum künftighin dem Publicum mehr zugänglich zu machen wäre. Diese Commission, die ihren Bericht in der Sitzung vom 5. December desselben Jahres abstattete, entschied sich zwar für die Abschaffung der Billets, hielt es aber doch nicht für möglich, die Einlasstage zu vermehren, sondern schlug vor, das Publicum nur einmal wöchentlich, wie früher am Montage von 11—3 Uhr, aber dafür das runde Jahr hindurch zuzulassen. Die Classe acceptirte die Vorschläge und so trat denn mit dem Januar 1863 der neue Modus in Kraft, wobei sich der Director nur das Recht vorbehielt, das Museum in jedem Frühjahr auf etwa 2 Wochen zu schliessen, um die nöthige Abstäubung und Reinigung der ausgestopften Objecte vornehmen zu lassen. Im Vergleich mit ähnlichen Anstalten im Auslande ist unser Museum allerdings weniger zugänglich, denn dort sind die meisten Sammlungen mehrmals in der Woche, ja einzelne sogar täglich, für das Publicum geöffnet, aber freilich für kürzere Zeit, gewöhnlich nur für 2 Stunden; es ist daher auch bei uns zu wiederholten Malen schon die Frage angeregt worden, das Institut zugänglicher zu machen und die Einlasstage auf zwei zu vermehren, jedoch lässt sich das bei den gegenwärtigen Verhältnissen ohne Beeinträchtigung der eigentlichen Museums-Arbeiten nicht in's Werk setzen. In den ausländischen Museen stehen entweder alle Objecte in Schränken, wie z. B. in Stuttgart, (wo sogar der Elephant, die Giraffe und andere grosse Thiere durch eine Glaswand geschützt sind), und können folglich von den Besuchern nicht berührt werden, oder aber es sind, wie z. B. in Paris, besondere Beamte für die Beaufsichtigung des Publicums angestellt, so dass also der Besuch die Museums-Arbeiten in keiner Weise beeinträchtigt, bei uns dagegen ist der Montag, wo das Museum geöffnet ist, so zu sagen ein verlorener Tag, denn da unsere 5 Diener in den Sälen der Sammlung dejouriren, so sind wir in den Arbeitsräumen ohne alle Bedienung; natürlich verursacht das mancherlei Aufenthalt, und zwar nicht bloss bei den technischen Arbeiten, wo die Diener in der einen oder anderen Weise zu helfen pflegen, sondern auch bei den wissenschaftlichen, indem es, um nur ein Beispiel anzuführen, nicht möglich ist, ein im Augenblick nöthiges Buch aus der im Nebengebäude befindlichen Haupt-Bibliothek holen zu lassen. Die Zahl der in der Sammlung dejourirenden Diener zu verringern und etwa einen derselben für die Dienstleistungen in den Arbeitsräumen zurückzubehalten, lässt sich auch nicht gut ausführen, weil alsdann die Beaufsichtigung des Publicums eine gar zu ungenügende wird; von den 5 Dienern befindet sich nämlich einer, der Portier, stets an der Eingangsthür, ein zweiter bleibt gleichfalls in der unteren Etage, im Vestibule bei der Garderobe und besorgt zugleich den Verkauf der «Führer durch das Museum», so dass also für die Beaufsichtigung in den 13 Sammlungssälen überhaupt nur 3 übrigbleiben, eine Zahl, die an und für sich schon ungenügend ist und in keinem Falle vermindert werden darf, da wir die Erfahrung gemacht haben, dass, trotzdem jeder der 3 Diener in den ihm zugewiesenen Sälen fortwährend hin und her geht und aufpasst, dass nichts berührt werde, dennoch beständig grössere oder kleinere Beschädigungen an den frei stehenden Objecten vorkommen. So sind unserem Babyrussa-Eber, der früher in der östlichen Rotunde frei auf der Diele stand, die grossen hakenförmig gekrümmten Eckzähne (Hauer) des Oberkiefers ausgezogen und mitgenommen worden, unsere grosse Ohrrobbe *(Otaria Stelleri)*, die in der Mitte des Saales № XII steht und mit dem Kopf gegen die Barrière gerichtet war, hat sämmtliche langen Schnurrhaare eingebüsst und musste, nachdem der Schaden reparirt war, umgedreht werden, so dass sie jetzt vom Beschauer abgekehrt ist und der Kopf mit der Hand nicht erreicht werden kann; an vielen unserer grossen katzenartigen Raubthiere, die im Saale № X frei auf der Diele stehen, sind die Krallen, die bekanntlich als Berloques sehr beliebt sind, ausgerissen oder abgeschnitten worden und einer der beiden Schwarzspechte, welche auf dem von Hrn. Sesemann hieselbst geschenkten Baumstumpf im Ecksaale № VII angebracht sind, ist sogar gänzlich verschwunden und hat durch einen neuen ersetzt werden müssen. Ausser solchen böswilligen Beschädigungen, deren Zahl glücklicherweise nicht sehr bedeutend ist, kommen aber beständig auch allerlei zufällige vor, namentlich bei grösserem Gedränge in den Sälen, und werden natürlich nicht eher aufhören, als bis wir in der Lage sein werden, alle unsere Objecte in Schränken aufzubewahren oder doch so aufzustellen, dass sie vom Publicum nicht berührt werden können. Endlich ist auch noch der Vorschlag gemacht worden, das Museum an einem zweiten Tage gegen Eintrittsgeld zu öffnen und diesen Tag auf den Sonntag zu verlegen. Dadurch wäre nun allerdings die Collision mit den Museums-Arbeiten vermieden, jedoch müsste alsdann eine besondere Geldsumme assignirt werden, um die Beamten und Diener, denen die Aufsicht über das Publicum obliegt, zu honoriren, da man doch unmöglich verlangen kann, dass sie ihren einzigen Ruhetag, den Sonntag, umsonst opfern sollen. Ob die dabei zu erzielende Einnahme wirklich hinreichen würde, um die nöthigen Ausgaben zu decken, lässt sich natürlich schwer vorausbestimmen, scheint mir aber doch noch etwas fraglich, denn wenn man das Eintrittsgeld auf 30 oder selbst nur 20 Kop. à Person ansetzt, so werden schwerlich viele Besucher kommen, und normirt man es auf 10 Kop., so dürfte die Einnahme gar zu gering ausfallen. Wir haben es bei der Ausstellung der Przewalsky'schen Collectionen erfahren, wie wenig sich das grosse Publicum für wissenschaftliche Sammlungen interessirt, die es nur dann besucht, wenn es eben nichts kostet. Vom Standpunkte des Museums ist diese Frage übrigens durchaus gleichgültig, weil laut Reichsgesetz alle von einer Krons-Anstalt erzielten Einnahmen einfach an das Haupt-Rentamt abzuliefern sind und keineswegs der Anstalt selbst zu Gute kommen. Will daher die hohe Staatsregierung die ebenbesprochene Einrichtung treffen, so bedarf es dazu nur der Anweisung einer besonderen Summe von 7- bis 800 Rubeln jährlich und das Museum wird dem Publicum jeden Sonntag offen stehen, sei es gegen Zahlung, sei es umsonst, ganz wie es angeordnet wird. Nur zweifle ich, dass das Publicum dabei viel gewinnen dürfte, denn wenn das Institut an 2 Tagen in der Woche zugänglich ist, so muss es natürlich an allen übrigen durchaus geschlossen sein und wir würden alsdann alle die vielen Besucher, die fast täglich um Einlass bitten und auch eingelassen werden, ein für alle Mal abweisen; die meisten dieser Besucher sind Angereiste, oder geben sich wenigstens dafür aus, und wir verweigern ihnen den Eintritt schon desshalb nur im äussersten Nothfalle, weil bei allen solchen Extra-Besuchen für die begleitenden Museumsdiener ein kleines Trinkgeld abzufallen pflegt, das ihnen bei ihrer geringen Monatsgage von 9 Rbl. 33 Kop. wohl zu gönnen ist.

Was die Anzahl der Besucher an den Montagen anbetrifft, so existiren darüber für die ersten 20 Jahre absolut keine Nachrichten. Erst im Jahre 1857 begann Wosnessensky, dem die Verabfolgung der Eintrittskarten oblag, die Zahl der für jeden Montag ausgegebenen Karten zu notiren, und wenn man annimmt, dass auf jede derselben durchschnittlich nur 3 Personen gekommen sind, so stellt sich heraus, dass bis zum Jahre 1863 jährlich während der Sommermonate in runder Zahl 10,000 Personen die Sammlung in Augenschein genommen haben. Als im Jahre 1863 die Eintrittskarten abgeschafft und das Museum das runde Jahr hindurch an jedem Montage geöffnet war, stieg wider Erwarten die Zahl der Besucher nur sehr unbedeutend und betrug z. B. im Jahre 1864 nicht viel über 13,000, nachdem sich aber die Kunde von dem freien Zutritt gehörig im Publicum verbreitet hatte, trat auch eine sehr rapide Steigerung in der Zahl der Besucher ein, denn im Jahre 1870 betrug dieselbe bereits mehr als 36,000, stieg im Jahre 1874 auf 74,555 und erreichte im Jahre 1876 mit 80,212 ihr Maximum, trotzdem das Museum vom Jahre 1875 ab in den Monaten Juni und Juli geschlossen blieb. In den beiden folgenden Jahren nahm die Frequenz beträchtlich ab, stieg aber im Jahre 1879 wieder auf mehr als 62,000 und hält sich seitdem ziemlich auf gleicher Höhe, nämlich zwischen 50- und 60,000, ungeachtet dessen, dass das Museum alljährlich während der warmen Jahreszeit auf 4 oder sogar auf 5 Monate geschlossen werden muss, um die durch den Mangel an Raum bedingten Abänderungen und Umstellungen in der Sammlung vorzunehmen, die sämmtlich auf den Sommer verschoben werden, da es unmöglich ist, sich während der kalten Jahreszeit in den nicht heizbaren Räumen zu beschäftigen. Die Gesammtzahl der Besucher vertheilt sich selbstverständlich in sehr verschiedener Weise auf die einzelnen Montage, doch ist seit Beginn der 70er Jahre selbst in der dunkeln Herbst- und Winterzeit und bei dem schlechtesten Wetter kein Montag vorgekommen, wo nicht wenigstens 400 Personen das Museum besucht hätten. Am stärksten ist der Besuch natürlich an denjenigen Montagen, auf welche ein Feiertag fällt, wie in der Weihnachts- und Osterzeit und besonders am Pfingstmontage; an solchen Tagen entsteht in den Sälen ein ganz unglaubliches Gedränge, denn da das Museum nur einen Zugang von der Strasse hat, so müssen alle diejenigen, welche die Besichtigung der Sammlungen beendet haben, sämmtliche Säle wieder zurück passiren, um den Ausgang zu erreichen, und folglich stossen die Ströme der Hinaus- und Hineingehenden auf einander, wobei denn oft geradezu Stockungen entstehen. Dass es bei solchen Gelegenheiten nicht ohne Beschädigungen abgeht, versteht sich von selbst, jedoch sind wir bisher noch ziemlich glimpflich abgekommen, ausgenommen den Pfingstmontag des Jahres 1876, wo fast 10,000 Personen das Museum besucht haben sollen und das Gedränge ein solches war, dass nicht weniger als 18 Glasscheiben in den Schränken eingedrückt, fast alle Holzpfosten der Barrièren umgebrochen und neben leichteren Beschädigungen der frei stehenden Objecte leider auch eine nicht ganz unbeträchtliche Anzahl von Gläsern mit Spiritus-Fischen zerbrochen worden sind. Um derartigen Calamitäten aus dem Wege zu gehen, richten wir es seitdem immer so ein, dass die Schliessung des Museums für die Sommerarbeiten noch vor Pfingsten erfolgt.

Ueber den Nutzen, den das besuchende Publicum aus der Besichtigung der Sammlungen zieht, lässt sich natürlich schwer ein Urtheil fällen, jedoch glaube ich, dass derselbe in den ersten 25 Jahren wohl nur ein sehr geringer gewesen sein wird, da die

Objecte entweder gar keine Aufschriften besassen, oder aber feingeschriebene, an Bindfaden hängende Interims-Etiquetten trugen, die durchweg in lateinischer Sprache abgefasst und folglich für den grössten Theil der Besucher unverständlich waren. Das Publicum erfuhr also weder den Namen, noch auch irgend etwas über die Herkunft der einzelnen Objecte und musste sich mit dem blossen Besehen begnügen, ein Uebelstand, dem erst im Jahre 1864 durch Herausgabe eines «Führer durch das Museum» abgeholfen wurde. Dieser Führer, dessen Einrichtung ich schon auf pag. 112 besprochen habe, ist vom ehemaligen Conservator Dr. A. Brandt zusammengestellt und enthält natürlich nur eine verhältnissmässig sehr kleine Anzahl von Objecten, nur die wichtigsten oder in irgend welcher Beziehung besonders interessanten, aber gerade so viele, als bei einem einmaligen Besuche von ein paar Stunden bequem besichtigt werden können. Die fünf Auflagen, welche dieses Büchlein bisher erlebt hat, sprechen zur Genüge dafür, wie sehr es dem Bedürfnisse des Publicum entspricht, und ich zweifle nicht, dass die im Laufe weniger Jahre auf mehr als das Sechsfache gestiegene Zahl der Besucher zum grössten Theile diesem Führer zuzuschreiben ist. Aber auch über die im Führer nicht vorzeichneten Objecte bleibt das Publicum gegenwärtig nicht mehr ganz im Unklaren, wenigstens geben die farbigen Etiquetten, mit denen bereits ein grosser Theil der Sammlung versehen ist, darüber Aufschluss, aus welchem der fünf Welttheile ein betreffendes Exemplar stammt, und wenn es uns erst möglich sein wird, das auf pag. 113 erwähnte Project, alle Schränke mit den nöthigen russischen Inschriften zu versehen, in Ausführung zu bringen, so wird unser Museum die Popularität, deren es sich gegenwärtig erfreut, sicherlich niemals einbüssen, sondern stets unter allen wissenschaftlichen Sammlungen der Residenz die vom Publicum am meisten frequentirte bleiben.

SCHLUSSWORT.

Der vorstehende Bericht erscheint beträchtlich post festum und obwohl derselbe, da es sich um einen abgeschlossenen Zeitraum handelt, durch die ungebührlich lange Verzögerung des Druckes, nicht nur keine Einbusse erlitten, sondern im Gegentheil sehr an Vollständigkeit gewonnen hat, scheint es mir doch nicht überflüssig, ein paar Worte über die Gründe dieser Verzögerung hinzuzufügen. Als ich im November 1882 den Bericht der physico-mathematischen Classe unserer Akademie vorlegte, hatte ich ihn zwar vollendet, jedoch waren nur die 7 ersten Bogen vollständig druckfertig, der Rest hingegen bedurfte noch der allendlichen Redaction, die ich im Laufe des Druckes allmählich zu bewerkstelligen hoffte. Leider nahmen aber meine verschiedenen Beschäftigungen, die mit der Verwaltung des zoologischen Museums und der 2-ten (ausländischen) Abtheilung der akademischen Bibliothek zusammenhängen, mich derartig in Anspruch, dass ich keine Zeit fand, die Fortsetzung des Berichts rechtzeitig für den Druck zu vollenden, und es traten daher schon sehr bald längere oder kürzere Verzögerungen in demselben ein. Ausserdem fand ich im Jahre 1883 bei der alljährlich vorzunehmenden Revision der Museumsbibliothek in einer Schrankabtheilung, in welcher Mertens'sche, Postels'sche etc. Manuscripte und Handzeichnungen aufbewahrt werden, eine Mappe mit allen den handschriftlichen Catalogen der Sammlung aus der ältern Zeit, von deren Existenz ich zwar aus den Sitzungsprotocollen der Akademie unterrichtet war, die ich aber weder im Archiv des Museums, noch in demjenigen der Conferenz hatte auffinden können. Diese Cataloge enthielten eine solche Masse von Daten über den früheren Bestand der Sammlung, dass ich sie unmöglich unberücksichtigt lassen konnte, und so war ich denn gezwungen, die meisten Abschnitte über die einzelnen Thierclassen von Grund aus umzuarbeiten. Abgesehen davon, dass Umarbeiten schon an für sich eine höchst langweilige Beschäftigung ist, war mein Interesse an dem ganzen Berichte bereits einigermaassen erkaltet, und da ich die wenige Zeit, welche mir meine administrativen Obliegenheiten übrig lassen, natürlich viel lieber zu wissenschaftlichen Untersuchungen, als zu der soeben erwähnten Umarbeitung verwandte, gerieth der Druck gänzlich in Stocken und ich muss offen gestehen, dass es mir nicht wenig Ueberwindung gekostet hat, den Bericht überhaupt zu Ende zu bringen. Obwohl nun fast das ganze 4-te Capitel, das die Sammlungen selbst behandelt, in der vorliegenden Form zu sehr verschiedenen Zeiten im Laufe der letzten 6 Jahre ausgearbeitet worden ist, habe ich mich doch streng daran gehalten, den Zustand des Museums so zu schildern, wie er am 4. Juli 1882 gewesen ist, und habe demzufolge auch alle späteren Acquisitionen entweder einfach fortgelassen, oder ihrer doch höchstens in Anmerkungen gedacht.

Inzwischen hat sich im Museum natürlich Vieles verändert, theils zum Besseren, theils aber leider auch zum Schlechteren.

Zum Bessern in so fern, als die Sammlungen, namentlich die ornithologische, die ichthyologische und die osteologische, sich seit dem obengenannten Termin hauptsächlich durch Geschenke in sehr beträchtlicher Weise vergrössert haben und wir mit dem Ordnen, Bestimmen und Aufstellen der Objecte so rüstig vorwärts geschritten sind, dass die Zahl der im Museum ausgestellten Vertebraten gegenwärtig bereits auf über 40000 Exemplare[1])

---

[1]) Nachfolgende Zusammenstellung giebt über die Fortschritte des Museums den nöthigen Aufschluss.

	Im Jahre 1864.	Im Jahre 1882.	Im Jahre 1889.
Säugethiere......	1060 Ex.	1683 Ex.	2609 Ex.
Vögel..........	5675 »	6639 »	7463 »
Reptilien und Amphibien........	810 »	8927 » (in 7174 №)	14169 » (in 9311 №)
Fische..........	1522 »	12784 » (in 6359 №)	17357 » (in 9050 №)
	9067 Ex.	30033 Ex.	41598 Ex.

Ausserdem befindet sich in den Sälen der ornithologischen Abtheilung, in den Untersätzen unter den Schränken, auch unsere reiche Sammlung von vorzugsweise russischen Vogelbälgen, die mit Einschluss der etwaigen Doubletten bereits auf 30000 Exemplare gestiegen und demzufolge so eng gepackt ist, dass sich die Przewalsky'sche Vogelsammlung, die bisher separat aufbewahrt worden, und jetzt nach dem so frühen Tode des berühmten Reisenden mit der übrigen Sammlung vereinigt werden soll, daselbst nicht mehr unterbringen lässt.

gestiegen ist. Zugleich sind wir auch bezüglich des Hauptzieles, das im Museum von jeher verfolgt worden ist, um einen bedeutenden Schritt vorwärts gekommen, indem es endlich möglich geworden ist, mit der Herausgabe einer russischen Fauna zu beginnen. Hr. Conservator Th. Pleske, der nach dem Abgange des Dr. M. Bogdanow am 1. Januar 1886 die Verwaltung der ornithologischen Sammlung übernahm, hat den Reigen mit den Vögeln eröffnet und auch bereits die erste Lieferung seiner Ornithographia rossica mit parallelem Texte in russischer und deutscher Sprache publicirt[1]). Um nämlich das colossale Material, das wir an russischen Vögeln besitzen, und das sich mit Einschluss der zufälligen Gäste auf c. 1000 Arten und gegen 25000 Exemplare beläuft, leichter bewältigen zu können, hat Hr. Pleske die Bearbeitung und Herausgabe nach einzelnen Familien oder selbst Gattungen vornehmen müssen und den Anfang mit der schwierigen Ordnung der Sänger gemacht, aus welcher die Gattung *Sylvia* mit 13 Arten die erste Lieferung bildet. Die 2-te Lieferung, welche die Gattung *Phylloscopus* enthält, ist bereits im Drucke und der Verfasser hofft überhaupt die einzelnen Lieferungen in ununterbrochener Reihe und höchstens mit nur ganz kurzen Zwischenpausen einander folgen lassen zu können. Mit den Reptilien und Amphibien ferner bin ich allmählich auch schon so weit vorgerückt, dass das ganze vorhandene Material an russischen Formen genau determinirt und untersucht ist, und dass ich, sobald nur die kritische Sichtung der einschlagenden Literatur beendet sein wird, an die Herausgabe der Herpetographia rossica werde gehen können. Was endlich die Klassen der Säugethiere und Fische anbetrifft, so wird an ihnen gleichfalls beständig fortgearbeitet, nur ist, wie schon bemerkt, das vorhandene Material für die Bearbeitung einer russischen Fauna immer noch gar zu lückenhaft.

Was die Veränderungen zum Schlechteren anbelangt, so bestehen sie darin, dass jener verhängnissvolle Moment, auf welchen ich im vorstehenden Berichte zu wiederholten Malen hingewiesen

---

[1]) Pleske. Ornithographia rossica. Die Vogelfauna des Russischen Reichs II, Lief. I Grassmücken (*Sylvia*). St. Petersburg 1889.

habe, gegenwärtig bereits eingetreten ist, der Moment nämlich, wo das Museum sich wegen Raummangels nicht weiter fortentwickeln kann und, da Stillstand in diesem Falle gleichbedeutend mit Rückschritt ist, allmählich in Verfall gerathen muss, wenn nicht bald Abhülfe geschafft wird. In der That sieht es mit unseren Raumverhältnissen schlimm genug aus: kein irgend brauchbarer Platz im Museum ist unbenutzt geblieben, an allen Wänden stehen Schränke, die Mitte der Säle ist entweder von Schränken, oder freistehenden Objecten eingenommen, der Raum über den Schränken ist gleichfalls nach Möglichkeit zur Aufstellung von ausgestopften Thieren ausgenutzt und dabei steht Alles so dicht gedrängt, dass ohne weitläufige und zeitraubende Deplacements kaum noch ein Object in der Sammlung untergebracht werden kann. Wie ungeheuer die Ueberfüllung des Museums ist, lässt sich schon daraus entnehmen, dass genau in demselben Raume, in welchem im Jahre 1864 9067 Exemplare, darunter kaum 50 von grossen Dimensionen, standen, gegenwärtig fast die fünffache Anzahl, nämlich 41,598 Exemplare, darunter über 300 grosse, placirt sind, eine Anzahl, die allenfalls in einem doppelt so grossen Raume in geeigneter Weise aufgestellt werden könnte. In Folge dieses Raummangels sind wir denn auch genöthigt gewesen, bereits im Jahre 1887 das Ausstopfen, wenigstens von grösseren Thieren, gänzlich zu sistiren, und lassen das gesammte technische Personal, um es doch zu beschäftigen, osteologische Präparate anfertigen, theils weil gerade die Skeletsammlung in den letzten Jahren, Dank hauptsächlich dem Verwalter der Commodore-Inseln, Hrn. N. Grebnitzky, einen ganz enormen Zuwachs erfahren hat, theils auch weil die Räumlichkeiten derselben etwas erweitert worden sind. Der neu hinzugekommene Raum, der in der unteren Etage liegt, die Hoffronte des östlichen Flügels bildet und unmittelbar an die Skeletsammlung grenzt, war früher von der anthropologischen Abtheilung des ethnographischen Museums eingenommen und wurde im Jahre 1887, nach Ueberführung dieser letzteren in das neue, hinter der alten Kunstkammer an der Zollgasse liegende Gebäude, dem zoologischen Museum zugewiesen, jedoch mit der ausdrücklichen Bedingung, dass fortan auch die osteologische Sammlung dem Publicum geöffnet werden sollte. Ob es uns möglich sein wird, dieser Bedingung zu entsprechen, lässt sich gegenwärtig noch nicht mit Bestimmtheit angeben, denn die Sammlung hat sich, wie schon bemerkt, sehr bedeutend vermehrt und der neue Raum ist keineswegs besonders gross: er besteht zwar aus 5 Zimmern, jedoch ist von denselben nur ein einziges fünffenstrig und bildet einen schönen Saal, während die 4 übrigen 2 oder 3 Fenster besitzen und entweder lang und schmal, oder aber, wie die beiden vordersten, die an das Treppenhaus grenzen, nur halb so tief sind, wie die übrigen. Sobald es möglich sein wird, die neuen Räume entsprechend zu möbliren, wird sich die Skeletsammlung allerdings besser, wie früher, placiren lassen, ob es aber angehen wird, alle Objecte, mit Ausnahme des Mammuths, des Elephanten, der Steller'schen Seekuh und des Revaler Walfisches, in Schränken unterzubringen und so vor den unvermeidlichen Beschädigungen durch das Publicum zu schützen, bleibt noch fraglich, zumal wir genöthigt gewesen sind, das erste der neuhinzugekommenen Zimmer, welches an das Treppenhaus grenzt, für die Aufstellung unserer Schildkrötensammlung, die bisher in der zoologischen Abtheilung in den Sälen № III und IV stand, zu verwenden. Diese letztere Anordnung liess sich, so unbequem sie auch ist, in keiner Weise umgehen, da durchaus Raum geschafft werden musste, um des in den letzten Jahren massenhaft hinzugekommene Material an Fischen in der Sammlung unterzubringen.

Raummangel ist eine Calamität, an welcher die meisten Museen zu leiden haben, und bis vor kurzem waren gerade die grössten west-europäischen Sammlungen zu London, Paris, Wien und Berlin in ganz ähnlicher Lage, wie unser Museum gegenwärtig, jedoch ist überall rechtzeitig und in ausreichender Weise Abhülfe geschafft worden. Die naturhistorische Abtheilung des British Museum ist in ein riesiges palastähnliches Gebäude im South Kensington Museum übergeführt worden, im Jardin des plantes, wo den Sammlungen von früher her schon bedeutende Räumlichkeiten zugewiesen waren, wurde bereits im Jahre 1879, wo ich das Institut zum letzten Male sah, an einem grossen Neubau mit Oberlicht gearbeitet, der ausschliesslich zur Aufnahme der Säugethier-Sammlung bestimmt war und in welchem sie gegenwärtig auch installirt ist; die zoologischen Sammlungen des Wiener Hof-Naturaliencabinets sind in einen eigends zu diesem Zwecke errichteten Prachtbau übergeführt worden und auch die Berliner Sammlung, die früher im Universitätsgebäude in sehr wenig dazu geeigneten Räumlichkeiten untergebracht war, hat ihr neues Local, ein grosses dreistöckiges Haus, bezogen. Was im Auslande möglich ist, wird auch bei uns nicht in den Bereich des Unmöglichen gehören, und wenn wir auch nicht erwarten können, dass die hohe Staatsregierung für das Museum einen Kensingtoner Palast errichtet, so unterliegt es doch keinem Zweifel, dass sie für eine entsprechende Erweiterung der Räumlichkeiten Sorge tragen und so dem Institut die weitere Fortentwickelung ermöglichen wird, denn es ist doch absolut undenkbar, dass man ein Museum, dem, was Reichthum und wissenschaftliche Bedeutung der Sammlungen anbetrifft, im ganzen Reiche kein zweites an die Seite gestellt werden kann, lediglich aus Mangel an Raum zu Grunde gehen lassen sollte. Allerdings müsste der Raum gegen jetzt zum Mindesten verdreifacht werden, denn bei einer Verdoppelung wäre es zwar möglich, die vorhandenen Sammlungen ganz gut unterzubringen, nur würden bei dem rapiden Wachsthum derselben die Räume in wenigen Jahren wieder überfüllt und die Anstalt von Neuem in der Lage sein, in welcher sie sich gegenwärtig befindet.

Ausser den Räumlichkeiten müssten aber selbstverständlich auch die Geldmittel des Museums vergrössert werden, denn mit einer Etatsumme von 5000 Rubeln lässt sich eine Sammlung von solcher Ausdehnung, wie die unsrige, kaum erhalten, geschweige denn in systematischer Weise completiren. Wir waren daher vom Jahre 1875 an, wo wir zuerst einen Ueberblick über den wirklichen Bestand der Sammlungen erhielten, auch genöthigt, um die bemerkten Lücken möglichst auszufüllen, unsere Ankäufe fast ausschliesslich auf russische oder doch palaearktische Formen einzuschränken und selbst dazu reichten die Mittel oft nicht aus, so dass wir mehrmals Sammlungen, die uns von russischen Reisenden und Collectoren unter für das Museum wirklich sehr vortheilhaften Bedingungen zu Kauf angeboten wurden, wegen Geldmangels zurückweisen mussten. In Folge einer solchen Einschränkung hat die Sammlung gegenwärtig denn auch ein ganz anderes Gepräge bekommen, als sie zu Zeiten Brandt's besass. Brandt war stets bemüht, neben russischen Objecten, hauptsächlich Repräsentanten möglichst vieler verschiedener Gattungen zu beschaffen, und kaufte und tauschte daher vorherrschend exotische Formen ein, ein Verfahren, gegen dessen Richtigkeit sich wohl kaum etwas einwenden lässt, das aber dennoch aufgegeben werden musste, einerseits weil die Etatsumme, trotz ihrer Verdoppelung im Jahre 1875, längst nicht mehr den wirklichen Bedürfnissen der Sammlung entsprach, andererseits und hauptsächlich aber weil das Doubletten-Material an Säugethieren und Vögeln vollständig erschöpft war und der früher so lebhaft und mit so viel Nutzen für das Museum betriebene Tauschverkehr ohne Beeinträchtigung der Sammlung nicht mehr fortgeführt werden konnte. So ist denn das Museum aus einem allgemeinen, ein mehr locales, russisches oder doch palaearktisches geworden, wenigstens prävaliren unter unseren Warmblütern die palaearktischen Formen in ganz auffallender Weise vor denjenigen aus den auf der westlichen und südlichen Halbkugel gelegenen Faunengebieten, welche letzteren bei uns überhaupt nur äusserst lückenhaft vertreten sind, mit alleiniger Ausnahme der herpetologischen Sammlung, die einen durchaus allgemeinen Charakter trägt und in ziemlich gleichmässiger Weise Vertreter aller Faunengebiete enthält. Obgleich nun das Museum, eingedenk des Hauptzieles, welches bei uns von jeher verfolgt worden ist, seinen localen Charakter niemals ganz verlieren darf, wäre es doch immerhin sehr wünschenswerth, dasselbe wieder zu einem allgemeinen, das Thierreich der ganzen Erde umfassenden, umzugestalten, um so mehr, als es das einzige Institut seiner Art im ganzen Reiche ist und folglich die Stelle eines Central-Museums vertritt. Zu einer solchen Umgestaltung bedarf es aber freilich ganz anderer Räumlichkeiten und Geldmittel, als sie uns gegenwärtig zur Disposition stehen.

Aber mit Raum und Geld allein ist dem Museum noch keineswegs geholfen, es müsste auch das Arbeitspersonal, wenigstens das gelehrte, vergrössert und zugleich dafür gesorgt werden, dass sämmtliche Beamte in einer Weise gagirt werden, die es ihnen ermöglicht, auch ohne Nebenverdienst eine, wenn auch bescheidene Existenz zu führen. Ueber die Zahl der gelehrten und technischen Beamten, so wie über die durchaus ungenügende Besoldung derselben habe ich mich im Cap. III, resp. Cap. II (p. 41) eines Weiteren ausgelassen und kann mich daher hier auf die Bemerkung beschränken, dass zum allerwenigsten noch 2 weitere gelehrte Conservatoren erforderlich sind, um sämmtliche Thierclassen in Angriff zu nehmen, nämlich der eine für die niederen Wirbellosen und der andere für die entomologische Abtheilung, welche letztere so umfangreich ist, dass die beiden gegenwärtig an derselben angestellten Conservatoren absolut damit nicht zurecht kommen können. In Bezug auf die Gehaltsverhältnisse kann ich nur hinzufügen, dass dieselben in allen grösseren west-europäischen Museen beträchtlich bessere sind, als bei uns, und dass bereits auch die Kaiserliche Eremitage vor einigen Jahren mit gutem Beispiele vorangegangen ist und ihre Beamten so gestellt hat, dass sie nicht genöthigt sind, Nebenverdienst zu suchen, und folglich ihre ganze Arbeitskraft dem Institute widmen können.

Nur wenn dem Mangel an Raum, an Geld und an Arbeitskräften in entsprechender Weise abgeholfen wird, kann die Weiterexistenz des Museums als vollkommen garantirt gelten und es wäre sicherlich nicht schwer, dasselbe in wenigen Jahren zu einem Institut umzugestalten, das nicht bloss den grossen west-europäischen Museen würdig an die Seite gestellt werden könnte, sondern auch den Nutzen bringen würde, der von ihm erwartet werden kann und muss. Neben der Zoologie würden aber auch alle anderen in der Akademie vertretenen Wissenschaften gewinnen, indem ihnen zu ihrer Entwickelung ein weiterer Spielraum geboten wäre, denn es lässt sich wohl kaum in Abrede stellen, dass das Museum in seiner gegenwärtigen Lage für die Akademie geradezu eine Last ist, und zwar eine recht drückende, steht es doch allen von der Akademie projectirten Unternehmungen, sobald dieselben mit Geldopfern verbunden sind, hindernd im Wege und obwohl es bereits seit Jahren jeden irgend brauchbaren Raum an sich reisst und fast alle disponibelen Geldsummen verschlingt, fristet es doch nur ein kümmerliches Dasein. Hoffen wir daher, dass die hohe Staatsregierung es nicht bei palliativen Maasregeln bewenden lässt, sondern radicale Abhülfe schafft, nur müsste das möglichst bald geschehen, denn hier ist wirklich

periculum in mora!

Erklärung der beigelegten Grundpläne des Museumsgebäudes.

I. Grundplan der 2-ten Etage, wo sich die zoologische Abtheilung befindet.
    I—XIII die Säle der Sammlung.
    1—8 die Arbeitsräume.
    a. Räumlichkeiten des botanischen Museums.
    b. Räumlichkeiten des mineralogischen Museums.

II. I Grundplan der unteren Etage, wo sich die osteologische Abtheilung befindet.
    I—V die Säle der Sammlung.
    a. Die Räume, die früher von dem ethnographischen Museum eingenommen waren und jetzt zur osteologischen Abtheilung hinzugezogen sind.
    b. Wohnung eines Beamten.

II Grundplan der 3-ten oder Entresol-Etage, wo die entomologische Abtheilung untergebracht ist.
    I Vorzimmer, II Bibliothek und Arbeitsraum, III—IV Säle der Sammlung.
    a. Räume des botanischen Museums.
    b. Bodenräume über den Sälen der zoologischen Abtheilung.

Corrigenda.

Pag.	34	Zeile 18 von unten statt über der 4. und 5. lies über dem 3. und 4.					
»	38	»	16	»	»	lezten	lies letzten
»	46	Anmerkung 2			»	Ménétrie's	» Ménétriés'
»	84	letzte Zeile			»	*Bas*	» *Bos*
»	125	Zeile	5	von unten	»	versehen	» versehenen
»	144	»	3	» »	»	Stellung	» Stelle
»	146	»	7	» »	»	des British Museum lies das British Museum	
»	152	»	15	» »	»	fehlenden	lies fehlende
»	153	»	1	» oben	»	1881	» 1880
»	153	»	10	» unten	»	Schraders'	» Schrader's
»	157	»	6	» oben	»	benügt	» begnügt
»	159	»	8	» unten	»	unter	» mit
»	172	»	15	» »	»	wäre	» wären.
»	197	»	13	» »	»	weiten	» weiter.
»	211	»	16	» oben	»	Goschkewitsch	» Gaschkewitsch
»	223	»	9	» »	»	in neuem	» im neuen
»	249	»	6	» »	»	Gerstfeld	» Gerstfeldt
»	252	»	2	» »	»	eino	» ein
»	256	»	6	» »	»	in unseren Memoiren lies im Recueil des Actes	
»	266	»	7	» »	»	IV (1870) p. 433—444 lies II (1878) p. 433—451.	
»	274	»	17	» unten	»	Insectom	lies Insecten
»	279	»	7	» oben	»	Insecten Material	» Insecten-Material
»	283	»	4	» »	»	25.	» 23.
»	303	»	20	» »	»	Doppelsschrank	» Doppelschrank
»	316	»	9	» »	»	kleine	» schmale